关系网络型组织学习行为与组织知识理论

南星恒◎著

中国财经出版传媒集团

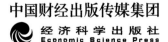

经济科学出版社
Economic Science Press

图书在版编目（CIP）数据

关系网络型组织学习行为与组织知识理论／南星恒
著．—北京：经济科学出版社，2022.10
ISBN 978 - 7 - 5218 - 4114 - 5

Ⅰ. ①关…　Ⅱ. ①南…　Ⅲ. ①组织管理学　Ⅳ.
①C936

中国版本图书馆 CIP 数据核字（2022）第 191152 号

责任编辑：杜　鹏　胡真子
责任校对：靳玉环
责任印制：邱　天

关系网络型组织学习行为与组织知识理论
南星恒◎著
经济科学出版社出版、发行　新华书店经销
社址：北京市海淀区阜成路甲 28 号　邮编：100142
编辑部电话：010 - 88191441　发行部电话：010 - 88191522
网址：www. esp. com. cn
电子邮箱：esp_bj@ 163. com
天猫网店：经济科学出版社旗舰店
网址：http://jjkxcbs. tmall. com
北京时捷印刷有限公司印装
710×1000　16 开　23 印张　350000 字
2022 年 10 月第 1 版　2022 年 10 月第 1 次印刷
ISBN 978 - 7 - 5218 - 4114 - 5　定价：128. 00 元
（图书出现印装问题，本社负责调换。电话：010 - 88191510）
（版权所有　侵权必究　打击盗版　举报热线：010 - 88191661
QQ：2242791300　营销中心电话：010 - 88191537
电子邮箱：dbts@esp. com. cn）

前　言

　　生活在今天的我们，面临着纷繁复杂、琳琅满目的产物，如智能手机、5G、平板、笔记本电脑、支付宝、微信、机器人、无人机、高铁、航天飞机、空间站……满足人们生活、学习和工作的所有物品日新月异、变化万千，无奇不在、无所不有，没有做不到，只有想不到。这种变化和丰富多彩意味着什么？创新及其创新精神，人类的无限创造力，工具的创新、产品的创新、方法的创新、思维的创新、制度的创新、机制的创新、流程的创新、组织的创新……人类社会的进化与发展时时刻刻源自千奇百怪的创新。那么创新又来自哪里？什么引发了令人无限遐想的创新？创新的原动力是什么？追其根，溯其源，创新源自知识的大爆炸，知识是创新的源泉，知识的涌现和碰撞必将带来创新的源头活水。21世纪是知识经济的时代，自然也是创新的时代，知识经济的本质就是创新经济。知识经济时代是知识生产、传播、应用的时代，更是知识作为经济增长基础性作用的时代，知识的创生与繁衍是国家或区域创新发展的核心推动力，知识成为土地、劳动和资本之外最为重要的资本形式，甚至已经远远超过其他三种资本成为经济发展的核心要素。在物质资本时代，自然资源等物质财富是经济发展的基础，物的稀缺性制约着人类经济社会发展，也制约了人的物质精神文化生活的发展。在金融资本时代，资金是一个国家或者企业发展的稀缺资源，资金为王成为企业制胜的法宝。知识经济时代，尽管经济发展无法离开自然资源和资金，但所有物的稀缺性都在知识的发明创造中不断被稀释和消除，新知识、新发明与新创造成为人类社会发展的稀缺资源，人类的聪明才智弥补了资源的稀缺性。知识是创新的知识，创新是知识的创新。

知识如何生产？知识又如何大爆炸？知识如何产生创新，又进而产生如此丰富多彩的物质生活？唯一的路径就是学习，无论是个人的学习还是组织的学习。如果说个人的学习是个人大脑神经网络的生化反应以及引起的行为变化，那么组织又是如何学习的？组织能学习吗？组织会学习吗？这是多少年来组织理论研究和探究的领域，破解知识经济时代知识型组织的密钥应该是组织学习。组织是由很多人构成的系统，组织学习行为直接反映到组织成员的个人学习行为中，组织学习是个人学习的综合，但并非个人学习的加总。任何组织学习都以组织成员的个人学习为基础，离开了成员的个人学习，组织学习将不复存在。根据系统论的观点，无论是个人学习还是群体学习，组织学习或者跨组织学习都是系统的学习，系统的学习就是信息对系统的刺激引起系统心理活动后的系统行为及其潜在行为改变的过程。

根据视企业是生命体的隐喻思维，组织可以类比为一个具有学习能力的个人；同样，系统与个人一样也具有学习能力。由此，组织学习自然可以从个体层面扩展到组织整体层面，不仅个人能学习，组织整体也可以学习，自然任何系统都可以学习。就个人学习来说，学习是人的心理活动，人的心理活动源自人的脑活动，是大脑中神经细胞的生化反应。个人学习就是个人大脑中神经元之间的网络联结，学习的过程是神经元网络的修复与联结过程，个人学习的神经网络原理为理解组织学习的机理提供了很好的理论依据。就个人学习理论而言，本书提出认知统一论思想，认为认知统一论综合了行为主义、认知主义以及建构主义，认知主义强调的脑机制及其神经系统是学习的物质基础，行为主义的"刺激—反应"是学习的表象，建构主义强调学习的社会建构是学习的环境。

　　任何一个人的学习，无论心理还是行为的变化都是源自大脑的物质基础的运行，即大脑中神经细胞的生化反应。就生物心理学而言，个人学习就是个人大脑中神经元之间的网络联结，学习的过程是神经元网络的修复与联结过程。基于此，根据组织的系统学习思想，组织学习的关系网络理论从组织内部关系网络的视角揭示了组织内部的学习机理及其内部黑箱，通过与个人学习行为的类比分析将组织学习定义为组织内外部信息刺激引起组织内部关系网络的构建与修复，并导致组织整体行为及其潜在行为的变化，也可称为联结主义学习，或者称为关系网络型组织学习。组织学习通常是一个中性概念，同样存在事物的两面性，组织学习最终通过组织记忆产生两种效应：正效应和负效应。正效应形成组织知识，负效应形成组织惯性。组织惯性和组织知识都是组织学习和组织记忆的结果，组织惯性形成组织防卫，阻碍了组织的变革和创新，组织知识促使组织不断创新与变革，两种相反的力量都源自组织学习，即所谓成也学习，败也学习。

　　本书沿着个人学习—组织学习—组织知识—智力资本的理论逻辑，把生物心理学、神经生物学、认知心理学、群体行为理论、组织行为学、价值创造理论等不同学科有机融合，借用个人学习中大脑神经网络联结的思想，创造性地提出了组织学习的关系网络理论，从个人智力与学习拓展到组织情境中的组织学习和组织记忆，将组织学习视为组织中人与人之间关系的联结，是基于关系网络的构建与修复。由此，本书认为组织学习同样是一种网络的修复和联结。如果说个人学习是神经元之间的联结，那么组织学习则是组织成员之间关系网络的联结。组织学习具有共同价值观和心智模式以及由权威和命令引致的强制性学习特性。群体理论有助于研究组织知识与组织惯性之间的转化，本书的研究由此展开。

南星恒

2022 年 6 月

目　录

第一章　个人学习理论 ···································· 1

　　第一节　学习的微观物质基础——生物心理学阐释 ·········· 2

　　第二节　学习的认知心理学分析 ························ 20

　　第三节　学习理论 ································· 57

第二章　个人学习的扩展：组织学习行为 ··············· 92

　　第一节　组织学习理论——关系网络的视角 ·············· 93

　　第二节　组织学习的动因与环境 ····················· 118

　　第三节　结构、制度与组织学习 ····················· 136

第三章　基于群体行为组织学习理论 ················· 148

　　第一节　组织是一个学习的共同体 ··················· 149

　　第二节　自组织行为与组织学习 ····················· 168

　　第三节　组织学习与群体行为 ······················ 187

第四章　组织学习模式及其群体行为演化理论 ·········· 219

　　第一节　群体行为与组织学习 ······················ 220

第二节 群体行为与演化学习 ……………………………………… 240

第三节 群体行为演化与组织学习 ………………………………… 249

第五章 组织学习效应：组织知识与组织惯性 ……………………… 256

第一节 组织记忆与组织忘却 ……………………………………… 256

第二节 组织知识的形成、维护与更新 …………………………… 275

第三节 组织惯性的形成与作用机理 ……………………………… 300

结语 ……………………………………………………………………… 324

参考文献 ………………………………………………………………… 329

第一章

个人学习理论

在人类智能的发展中，学习和记忆起着决定性的作用（徐秉烜，1981），学习和记忆的循序渐进促进了人类智能的改进，人类智能也促进了学习和记忆的进化。那么，学习是如何发生的？心理变化如何促使从经验到行为变化的过程？生理物质基础又如何影响心理的变化？如何才能使心理的变化适应环境的变化？……关于学习和记忆的一系列问题仍待进一步深入探究。姚梅林（2010）提出了经典的学习定义，他认为，学习是因经验而引起的、以心理变化适应环境变化的过程，可通过行为或行为潜能的变化体现出来。学习是基于原来保存的经验的行为改变，在相同测试过程中的经验导致的行为改变，学习的结果一定是行为的改变，由此，导致行为改变的起因是学习者经验的调整。学习过程就是环境适应过程，适应和学习使人和动物能在不断改变着的环境条件下生存下来。由此，个人学习的本源是以脑活动为基础的一系列心理活动，最终表现为人的行为改变。学习可能是行为的改变、信息的加工、知识的建构，但学习无法离开人的大脑的运行。脑是学习的基础，学习是脑的功能，学习和经验能塑造脑，促进脑的发展，但脑并不是学习的机器（刘儒德，2010）。

人脑就是一个完整的系统，人的学习就是这个系统的自组织活动，脑系统的运行是学习的物质基础，物质基础决定了一切意识形态，包括情绪、意识等心理活动。人类大脑是由生理属性和社会属性两方面因素构成的，生理活动是大脑运行的生命物质基础，社会活动是大脑运动的社会基础，两者相互依存、相互促进（张炳光，2004）。人类同时存在于两个世界中：物质世界和精神世界（心理世界）。在物质世界中，事物总是存在于特定的时空世界中，并具备物理的属性和运行法则；而心理世界则涉及意识、情绪、记忆、注意、思想、观念等，这些活动都依赖于心理的运行法则。在人类世界中，物质世界无法离开精神世界，离开精神世界的物质世界不具有灵性，同样，精神世界无法离开物质世界，离开了物质世界的精神世界是一种纯粹的虚无缥缈，所以人是身心合一的物种。对于个人学习而言，学习是物质与精神的统一，是大脑和心理的统一。学习首先是一种人的心理活动，但其基础仍然是人的脑机能和脑神经活动，对于金鱼和其他脊椎动物的研究促使人们把学习和记忆看成是生物发展的一种形式（易汀，1989）。从宏观来看，学习是人与环境的关系；而从微观来看，学习就是人的脑及其神经系统的高级认知行为及其活动。

第一节　学习的微观物质基础——生物心理学阐释

一般认为，学习主要是指人或者动物通过神经系统接受外界环境信息而影响自身行为的过程，记忆是指获得的信息或经验在脑内储存和提取的神经活动过程（王佩等，2008），两者与人或动物的神经系统密切相关，学习和记忆的基质是神经元及其突触的可塑性为经验所改变（方崇仪，1988）。学习和记忆的细胞生物学研究（翁恩琪等，1987）认为，神经系统的结构和功能模式主要决定于遗传因子的控制，但在个体发育的关键期，适当的环境刺激对其成长与发育具有一定的影响。在环境因子的作用下和学习的过程中，通过改变原先存在的突触的功能有效性乃至神经系统的构筑而导致新的行为模式的出现，就是学习和记忆的生物学基础。学习的微观物质基础就应该是脑机能及其神经元细胞的生理，生物物理和生物化学的变化和反应，学习等认知活动的发生依赖大脑神经系统的活动（姚梅林，2010）。与其说学习是由经验引起的心理活动适应环境变化的过程，还不如说学习就是脑神经系统的变化对环境变化的适应性。在宏观的行为层面上，我们将学习定义为由经验的获得而导致的行为或行为潜能的改变；而在微观的神经水平上，学习是指神经元之间突触的新连接以及已有突触连接的变化（增强或减弱）（刘儒德，2010）。学习的生物心理学认为，学习就是脑活动，所有的认知活动都是神经活动的结果，这意味着模式识别、阅读、注意、记忆、想象、意识、思维、语言的运用以及其他的认知形式都反映了神经元的活动，这些神经元的绝大多数都集中于大脑皮层中（罗伯特·索尔所等，2012）。思维、意识、注意、情绪等心理活动都以脑这个物质实体为基础，从经验到行为改变的学习过程中，脑活动作为一个中介和桥梁，学习必须以脑功能和脑活动的生物生化反应为基础，脑细胞的活动机理是研究人的学习行为的生物学基础。

一、学习行为与脑神经系统

任何一个人的学习，无论心理还是行为的变化都是源自大脑这个物质基础的运行，认知神经科学的研究都基于一个假设：人类所有的认知过程都是以人脑中的神经活动为基础，因此，认知过程和神经活动有特定的对应关系（汪晓东等，2011）。学习表现为人的心理活动，人的心理活动表现为人的脑活动，人的脑活动最终是以大脑中神经细胞的生化反应为基础，所以学习是一种心理活动，最终仍然是大脑的生物物理与化学反应。

（一）脑结构与学习的神经生理机制

大脑结构在很大程度上直接影响了学习的生物物理与化学反应，哺乳动物大脑最重要的部分是大脑皮层，大脑皮层中不同区域细胞的微观结构具有明显的差异性，不同的结构对应不同的功能。

1. 与学习有关的脑结构

大脑皮层分为六层，在每一层中细胞被组织成一些垂直于大脑皮层各分层的柱状结构，称为细胞柱，在一个特定的细胞柱中的神经元细胞具有类似的性质，外部刺激会产生相同的反应（詹姆斯·卡拉特，2011）。每个大脑半球的表面被划分为四个具有不同功能的区域：额叶（frontal lobe）、颞叶（temporal lobe）、顶叶（parietal lobe）和枕叶（occipital lobe）。研究表明，颞叶与记忆关系最为密切，因为海马这个长时记忆的储存机构在颞叶内侧；额叶与先后次序的记忆有很大关系；顶叶与长时记忆和短时记忆都有关系（康琳等，2012）。颞叶可能参与了学习记忆的全过程，梗塞面积和神经功能缺失程度的同步观察表明，若颞叶梗塞，鼠的学习记忆障碍程度直接与梗塞面积大小有关，提示颞叶的广泛区域均参与了学习记忆的过程（向敬等，1994）。用微电极对动物所做的实验研究表明，枕—颞部位某个区域的神经元对刺激的颜色或色调特别敏感；中颞叶区的神经元则能检测运动；后顶叶皮层中有个部位的神经元为眼球运动编制执行的指令程序；听觉皮层的神经元则编码音色（克里斯托夫·科赫，2012）。舒斯云教授经过多年的研究发现，人类的学习和记忆发生在脑的边缘区，恰好位于大脑几个已知学习记忆结构（颞叶、间脑、海马、新皮层）的中心（王忠明，2004）。大脑皮质联合区、海马及邻近结构、丘脑、下丘脑等脑区与学习的关系更为密切，各种陈述性信息的学习主要依赖于海马、内侧颞叶、间脑以及它们之间形成的神经网络。大脑的纹状体、运动皮层、小脑、杏仁核以及它们之间形成的神经网络决定了对各种操作技巧或行为习惯等程序性的学习。对海马、神经递质及其受体、蛋白激酶和突触可塑性，尤其是长时程增强（long-term potentiation，LTP）在学习记忆过程中的重要作用取得学界的普遍共识（李欢欢等，2003）。海马被认为是大脑内与记忆存储相关的重要部位，海马区受损的阿尔兹海默病的患者仍能够保留对患病前的记忆，但对近期事物记忆存在明显缺陷，由此表明海马负责记忆的存储过程（汪晓东等，2011）。

2. 与学习有关的脑功能

尽管对人类学习和记忆的脑内区域研究有了很大的进展，但至今学者依然认为不存在具体的记忆物质（易汀，1989），几乎可以肯定，记忆痕迹含有神经元的物理化学变化，也可能涉及脱氧核糖核酸（deoxyribo-nucleic acid，DNA）（Thompson Richard F. et al.，1988）。所以，关于学习和记忆的生物机理不能以寻找具体的记忆物质或记忆痕迹为目标，而是要建立在神经系统的网络构建与联结，更为微观的研究集中于神经元细胞之间的大量联结。学习活动不是由单一的神经系统决定的，而是由大脑的多个不同部位和神经回路共同参与，换言之，大脑由多功能系统组成，不同类型的学习，其大脑定位有所不同（姚梅林，2010）。从人脑的功能解剖得知，人体的每一个器官在脑中都有专门的区域与之相对应，这是一些高度特化了的脑区，它们适合专门接收、加工该类信息或调控相应的器官，这些区域的几何面积大小对应于该器官功能上的发达程度以及功能的精细程度（李书珍等，1987）。当一个人看到苹果时，对于苹果光或影等方面的感官知觉（它的颜色、形状、触感、气味等）被转译入神经元相互联结形成的整体网络中，网络中的相应神经元会共同被激发，产生了对苹果的认知。这些激发或者说电化学冲动并非集中于某一个单独的脑神经区域，而是分布于广阔的复杂神经网络中（戴维·布鲁克斯，2012）。卡尔·拉什利（Lashley）认为神经系统有两个基本的活动规律：一是等势说，即大脑皮层所有区域对学习这种复杂的行为过程同等重要，任何部位脑皮层可以相互替代执行学习与记忆功能；二是整体活动说，即脑内各个皮层作为一个整体而发挥作用，参与的脑皮层越多，面积越大，学习与记忆的效果越好（詹姆斯·卡拉特，2011）。无论哪一种理论学说，有一点是肯定的：大脑是一个整体，各功能区之间都有特定的神经通路，大的方面是联合皮层将感觉区和运动区联系起来，小的方面是各神经核团之间的投射联系（王忠明，2004）。

（二）脑功能与神经网络

脑是一个复杂的神经网络系统，神经元之间有广泛的连接和相互作用，其重要功能之一就是学习和记忆（王书荣，1990）。尽管大脑具有各自独特的功能定位，但是很多神经系统的活动都依赖于整体的神经网络，特别是高级认知活动（认知、注意、学习、记忆和思维等），它们都建立在不同功能、不同区域的神经元之间的大量联结基础上。

1. 学习的脑神经系统

脑内有数量巨大的神经元，它们组成许多具有不同功能的、相对独立而又相互连接的功能模块，成为功能子系统。一个功能子系统包括完成同一功能的有关脑区，功能子系统之间有连接通路，以不同方式广泛连接而形成脑内整体网络（唐孝威，2008）。美国加利福尼亚大学舍别尔教授应用扫描电子显微镜研究发现，人脑是由 5 000 多万种细胞构成的，细胞总数约为 1 000 亿个，而与输入信息的编码，储存，提取有关的神经细胞约为 140 亿 ~ 200 亿个，一个神经细胞可同 6 万 ~ 30 万个其他神经细胞的纤维相通，而 140 亿 ~ 200 亿个神经细胞之间的联系通道就可达 10^{140} 条左右（石怀天，1985）。大脑皮层的一个细胞平均与其他细胞具有 4 000 个联结，在大脑新皮层部分就有 3.3×10^{13} 个联结，这些神经细胞密切相连构成一个复杂的网络系统，每一个神经细胞都可以被看作一个简单处理器（崔刚等，2006）。仅 60 个神经元相互联结的可能性就多达 10^{81} 种，这个数字相当于已知宇宙中粒子总数的 10 倍（戴维·布鲁克斯，2012）。但是，李子中教授认为，人脑中上千亿个细胞中的 98.5% ~ 99% 处于休眠状态，有 1% ~ 1.5% 的细胞参加脑的神经功能活动，每个人大脑中活动的细胞的多少决定着每个人的聪明与记忆程度（王忠明，2004），由此可见，大脑的潜力无穷大，人的聪明程度与大脑神经细胞的激活程度以及神经网络的发达程度有很大关系。

学习是经验改变行为和新行为获得的过程。记忆是习得行为的保持或再现的过程，这些都是心理过程，而且也是有突触的神经系统的高级生理过程

（方崇仪，1988）。神经系统的基本单元是神经元（neuron），它是一种特异化的细胞，能够在这个神经系统中传递神经信息。一个神经元包括四个具有不同功能的部分：树突、细胞体、轴突和突触前端。树突负责接收来自其他神经元的信息，轴突负责将冲动传递给其他神经元、器官和肌肉组织。神经元之间的联系依赖于轴突和树突的生化反应，通常，轴突末梢的一侧释放一种化学物质，并作用于另一个神经元树突的膜上以完成神经信号的传递。然而，神经网络的构建与神经元细胞的激活并非完全取决于先天性生物生理机制，而更多地需要人的身体自身和外部的信息刺激，所以，外部信息的经验刺激是导致个人心理与行为变化的根本原因。外部信息刺激导致神经网络的构建与优化，最终导致人的心理和行为改变的过程就是个人学习的过程，所以，学习与神经网络有密切关系。从条件反射的观点来看，学习和记忆的过程就是条件反射的形成过程，其神经生理机制就是不同神经元之间暂时联系的建立、巩固和发展，其中包括着神经元的活动所引起的神经组织中的化学和结构上的变化（房中申，2011）。学习改变了神经元群的活动，不同程度的学习会改变神经元之间的网络联结及其联结程度。学习可能会使神经元之间建立新的网络联结，也可能会以新的网络联结替换旧的网络联结，所以，学习就是神经元网络联结的不断修复或再造。大脑是由这些神经元细胞按照突触联系及其排列组合方式组成，突触联系的方式有辐射型、聚合型、链锁型、环型等（王仁欣，1991）。研究发现，大脑学习神经网络中新神经元的增加将破坏现有神经网络的功能（王忠明，2004）。人和动物的一生中，由于各种环境因子、学习和经验的作用，神经系统的形态结构包括已分化的神经元胞体、树突、轴突及其末梢都处于不断变化之中，突触和神经网络处于不断被改造和新建之中（翁恩琪等，1987）。学习和经验对神经元轴突与树突的增加具有很大的作用，有研究发现，树突棘的出现和消失意味着突触的增加或减少，这种变化与学习有关系（詹姆斯·卡拉特，2011）。根据有关脑结构和功能的理论（王书荣，1990）：（1）脑是个复杂的神经网络，神经元之间有广泛的连接和相互作用，其重要功能之一是学习和记忆。（2）两个细胞同时兴奋，其间的连接强度（权重）便加大；反之，兴奋细胞与无反应细胞之间的连接就会减弱。（3）其间连接强度达到最大的细胞构成一个细胞集合，其内部活动代表所学习的模式及其记忆。（4）有类似表征的各个细胞集合相互交盖，形成的交盖集合代表抽象的模式概念。（5）只要有足够大的部分输入就能激活整个细胞集合。

2. 学习的脑神经网络

学习活动不是由单一的神经系统决定的，而是由大脑的多个不同部位和神经回路共同参与，脑内相关区域的神经回路或神经网络的可塑性变化是学习得以发生的直接基础，而持续的学习也将导致大脑神经机制的持久变化（姚梅林，2010）。有实验发现，学习的信息由解剖上较广泛的大量神经元活动的共同模式所代表（徐秉烜，1981）。在成年人身上，突触的数目不再增加，每个细胞体和树突通常能够与大约 1 000 个其他神经元建立突触联系，而每条轴突通常也能够与 1 000 个其他神经元建立突触联系（罗伯特·索尔所等，2012）。神经系统的可塑性包括神经网络、神经环路及突触连接等不同水平的可塑性，它在宏观上可以表现为脑功能（学习和记忆）、行为表现及精神活动的改变，微观上有神经元突触、神经环路的微细结构与功能变化。其中，突触连接是神经元之间信息传递的重要环节，是神经可塑性的关键部位，因此，突触可塑性与学习和记忆密切相关（李欢欢等，2003）。至今所有的资料表明记忆的贮存是局部的，并不包含新投射通路的形成，局部的变化可能包括新突触的形成、神经元和突触的结构变化与化学变化以及膜特性的变化，这些变化进而影响先存突触（preexisting synapse）功能的特性（Thompson Richard F. et al.，1988）。由此，学者们提出学习的突触理论（易汀，1989），该理论认为学习的神经基础存在于突触之中，该理论的一个基本假定是学习不能建立新的通路，而是改变固定通路的感受性，提高信息传递的量值和速度，这实际上是学习的潜能和易化，易化的根源是突触的变化。

当一个信息导致神经元之间产生联结，神经元之间产生了回应，这种回应频度和程度足够时，一条更为稳定的纽带就会形成（戴维·布鲁克斯，2012），神经元之间的网络联结就是这样逐渐发展和扩充的。陈述性记忆的存储和巩固依赖于新皮层不同脑区之间建立新的联系，内侧颞叶在这一过程中起着重要作用，当陈述性记忆完全巩固后，信息的存储和提取完全依赖于新皮质，一个完整的陈述性记忆的信息被分别存储在解剖上分离的语义记忆与情节记忆存储系统内（赵晶辉等，2003）。由此，人类的知识并不定位于任何单一的神经元之中，人类认知被认为以大尺度的神经活动模式发生，这些活动遍布这个脑内，以并行方式运行，并通过易化性和抑制性或"开关"的方式来发挥作用（罗伯特·索尔所等，2019）。习惯化是学习的最基本形式，研究发现，习惯化的神经基础是神经回路的一种整合功能，而不是新连接的增加（徐秉烜，1981）。脑内包括一些相对独立而又紧密联系的功能系统，在这些功能系统之间存在着复杂的联系通路；脑的复杂活动是通过脑内功能系统来实现的，这些功能既有分工又有整合，心理活动是脑内功能系统协同活动的结果（唐孝威，2008）。脑活动和脑功能涉及脑内神经的生物反应，同时也有脑神经的生化反应，还有脑神经的物理变化。

二、学习与记忆的生物物理机制

脑的某些区域的细胞活动可能是行为变化的原因（徐秉烜，1981），由此，尽管不同的实验对象与不同的行为模式的"记忆痕迹"各不相同，但是"学习反应"神经回路的接通、短时记忆和长时记忆在有关神经元网络及其突触结构上终归是有生物物理、生物化学乃至形态学变化作为基质与机理的（方崇仪，1988）。人或动物学习训练时，可以记录出多种形式的脑电活动：自发脑电、诱发电位和单位电活动等的变化（徐秉烜，1981）。物理刺激作用于人的感官，引起感觉神经发放，并导致相应脑区的激活，可以产生人的感觉体验（唐孝威，2008）。电生理研究可探索短时记忆的神经生理和脑结构基础，观察短时记忆的维持和消失的电活动规律，探讨短时记忆转变为长时记忆的过程（徐秉烜，1981）。学习和记忆的脑神经机理就是信息在神经系统的传递、加工与运行，神经元是神经系统的基本细胞，可以传导神经信息。信息在神经系统的传递分为两个主要的环节：一是信号在特定神经元内的传递；二是信号在两个或多个神经元之间传递（谢志平，1999）。学习和记忆的神经生理学机制的研究着重探讨学习记忆过程中的生物电活动规律（房中申，2011）。神经元具有两个最主要的特性，即兴奋性和传导性。神经元的兴奋性具有一种很特殊的现象，当刺激强度未达到某一阈限值时，神经冲动不会发生，而当刺激强度达到该值时，神经冲动发生并能瞬时达到最大强度，此后刺激强度即使再继续加强或减弱，已诱发的冲动强度也不再发生变化。神经元的传导功能在性质上类似电流传导，但作用机制不同。电流靠接触传导，而相邻神经元则靠其间一小空隙进行传导。这一小空隙，叫作突触（synapse）。突触依赖于具有特殊功能的化学物质传递不同神经元之间的神经冲动。

（一）信息在神经元内的传递

神经系统的信息传递依赖于神经元的神经冲动完成。

1. 神经元细胞结构

神经元细胞包含有细胞核、细胞膜、线粒体、核糖体以及其他结构特征，细胞表面的部分是细胞膜，它是神经元细胞内外环境的分界，细胞膜由两层可以自由流动的脂质分子（脂肪酸链和磷酸盐族）组成，大多数化学物质无法穿过细胞膜，而只有一些特殊的化学物质可以通行，如水、氧气、钠离子、钾离子、钙离子、氯化物等。细胞膜通常保持一种极化状态，在这种状态下，神经元细胞膜内外存在一定的电位差。由于细胞内带有负电荷的蛋白质，神经元膜内呈负电位，神经元膜外呈正电位，这种神经元的静息电位状态完全依赖于细胞内的负电荷蛋白质。

神经元静息电位状态的维持主要由钠钾泵负责。钠钾泵是一种蛋白质复合物，它是需要消耗能量的活动载体，钠钾泵不断地重复将三个钠离子泵出细胞膜，同时将两个钾离子泵入细胞膜，这样钠钾泵总是使细胞膜外的钠离子浓度比细胞膜内的钠离子浓度高 10 倍，使细胞膜内的钾离子浓度高于细胞膜外的钾离子浓度。在静息电位状态时，钠离子通道通常是关闭的，阻止一切钠离子通过，而钾离子通道则没有完全关闭，使钾离子缓慢地穿透细胞膜。在静息电位状态，控制钠离子运动的力量有两个：一是电位差，因为钠离子带正电，细胞内带负电，由此电位差导致钠离子有内流的动力；二是浓度，因为细胞膜外的钠离子浓度远远高于细胞内的钠离子浓度，所以钠离子也同样具有内流的动力，但因为静息电位状态，钠钾泵通常关闭钠离子通道，所以钠离子在静息电位状态几乎没有流动。控制钾离子的力量完全是两个相反的竞争力量：一是电位差导致钾离子存在内流的动力；二是浓度，因为钾离子的细胞内浓度高于细胞外浓度，所以，钾离子有外流的动力，两种完全竞争的力量决定了神经元钾离子的平衡。

2. 神经元内部的信息传递

神经元一旦有外界环境的刺激，静息电位状态将被打破，神经元根据刺激程度的不同发生去极化和超极化。超极化是刺激导致细胞膜内负电位不断增大，从而在极化基础上进一步增大电位差；去极化是刺激导致细胞膜内正电位增加，在极化基础上进一步缩小电位差。当刺激达到兴奋阈值时，细胞膜将产生更大的去极化，当去极化达到一定阈值时（动作电位的阈值对不同的神经元来说略有不同，但对统一神经元来说阈值稳定不变），钠离子通道完全打开时钠离子迅速进入细胞膜，电位差进一步快速上升。一旦去极化程度达到极化反转的状态时，这种电位差反应称为动作电位，动作电位产生于细胞膜内外离子的运动。一旦刺激消除，神经元又恢复到静息电位状态，这种极化状态与去极化状态的变化受制于在电压门控通道控制下的钠离子和钾离子内外流动。动作电位是导致信息在神经元内部传导的机制。在神经元轴突内，动作电位会从初始点开始向周围不断波及扩散。当轴突中某一点因外部环境刺激产生动作电位，则由于钠离子通道打开使钠离子快速向细胞膜内流动，导致该点相对于周围附近部位带有更大的正电位。由此导致在附近部位重新产生去极化，当该点去极化达到一定阈值时，重新产生动作电位，并打开该点钠离子通道使钠离子快速进入该点细胞膜内，动作电位从轴突的一个点传导到另一个点，通常在这种传导机制中，动作电位在不同位置的强度保持不变。这样动作电位向波浪一样沿着神经元轴突传导下去，这就是信息导致动作电位在神经元内部的传递。那么信息在神经元之间又是如何传递呢？

（二）信息在神经元之间的传递

神经元与神经元之间，或神经元与非神经细胞（肌细胞、腺细胞等）之间的一种特化的细胞连接，称为突触（synapse），它是神经元之间的联系和进行生理活动的关键性结构，是神经元之间在功能上发生联系的部位，也是信息传递的关键部位。神经递质是神经元间的传递物质，其作用是传递神经元间的信息（姚梅林，2010）。神经元之间的信息传递形式有两种：化学突触和电突触。

1. 化学突触的生化机理

化学突触的传递过程是神经冲动沿轴膜传至突触前膜时，触发前膜上的电位门控钙通道开放，细胞外的 Ca^{2+} 进入突触前部，在腺嘌呤核苷三磷酸（adenosine tri-phosphate，ATP）和微丝、微管的参与下，使突触小泡移向突触前膜，以胞吐方式将小泡内的神经递质释放到突触间隙。一侧神经元通过出胞作用释放小泡内的神经递质到突触间隙，相对应一侧的神经元（或效应细胞）的突触后膜上有相应的受体，具有这种受体的细胞称为神经递质的效应细胞或靶细胞，这就决定了化学突触传导为单向性。部分神经递质与突触后膜上的相应受体结合，形成递质受体复合体，触发受体改变构型，引起与受体耦联的化学门控通道开放，使相应的离子经通道进入突触后部，使后膜内外两侧的离子分布状况发生改变。这种离子流所携带的净电流，或使突触后膜出现去极化变化，称兴奋性突触后电位（excitatory post-synaptic potential，EPSP），或使突触后膜出现超极化变化，称抑制性突触后电位（inhibitory post-synaptic potential，IPSP）。

突触的兴奋或抑制决定于神经递质及其受体的种类，一个神经元通常有许多突触，其中有些是兴奋性的，有些是抑制性的，兴奋性突触后电位与抑制性突触后电位在特定时间到达某一神经元时，彼此之间产生竞争，并决定是否在突触后细胞上激发动作电位。如果兴奋性突触后电位总和超过抑制性突触后电位总和，并达到能使该神经元的轴突起始段发生动作电位，出现神经冲动时，则该神经元呈现兴奋；如果抑制性突触后电位超过兴奋性突触后电位的总和，则突触后细胞产生超极化，表现为抑制。适当的环境刺激因子，通过维持突触的正常发育及相互竞争，从而成为知觉行为正常发育的生物学基础，学习、经验或相反的感觉剥夺，均在不同程度上导致突触的功能和构筑发生变化（翁恩琪等，1987）。突触的前后膜是两个神经膜特化部分，维持两个神经元的结构和功能，实现机体的统一和平衡。故突触对内、外环境变化很敏感，如缺氧、酸中毒、疲劳和麻醉等，可使兴奋性降低，茶碱、碱中毒等则可使兴奋性增高。神经生物学家赫布（Hebb）认为，神经元之间的突触间隙在学习过程中是趋向缩小，自然使信息传递容易通过，而且只需释放少量的化学递质即可影响附近的神经元，参与学习过程的突触在形态上出现自然增长和膨胀，则有利于突触的电变化（易汀，1989）。

2. 电突触的生化机理

电突触是指动作电位在不同神经元突触之间的传导机制。神经元通过动作电位传递"激活或停止"的信息，将这种信息传递到与之相连的其他神经元，使其接收到"激活或停止"信息并产生兴奋或抑制。还有人认为，中枢的多数神经元仅可为某种模式的刺激所激活，但在信号刺激与非条件刺激反复结合作用后，引起皮层兴奋灶的兴奋性提高，活化的神经元增加，使以前仅为某种特殊模式的刺激所激活的神经元，也可以为另外一些模式的刺激所激活，从而成为多模式神经元（房中申，2011）。神经元之间信号的传递在时间和空间上具有叠加效应，在时间上的叠加效应称为短暂积聚，也就是在短时间内重复发生的刺激在突触的神经递质和动作电位传导中具有累加效应，一系列连续的刺激在前一次刺激基础上逐渐累加直到超过突触后神经元的动作电位阈值，并在突触后神经元产生新的动作电位。在空间上的叠加效应称为间隙积聚，就是来自不同位置的突触信号在同一神经元上联合发生作用，可能单一突触信号无法达到对突触后神经元产生动作电位的阈值，但很多信号的联合可能增加信号叠加，使突触后神经元达到动作电位的阈值，并在突触后神经元产生新的动作电位。

3. 神经元网络

神经元之间不是单线相连，而是多线连接成错综复杂的网络。每一个神经元总是和多个神经元相连。那么神经元为什么产生这种联结呢？神经元之间的轴突联结具有"神经达尔文主义"的竞争性质（詹姆斯·卡拉特，2011），神经科学家发现，生命发育初期神经元的轴突往往要比成年以后多很多，据科学家测算，人类从在子宫内第2个月到2岁，大脑平均以每秒180万个的速度形成神经突触（戴维·布鲁克斯，2012）。因为在大脑的发育过程中，神经元的轴突在建立联结时，神经元的轴突寻找目标神经元联结时存在细胞凋亡机制。在这种凋亡机制中，那些已经寻找到目标神经元突触并建立联结时会由目标神经元释放神经营养素以保证神经元轴突的存活，而没有正常找到目标神经元突触的神经元轴突会在生长过程中自动凋零，即自动启动"自杀程序"而死亡。一个中间神经元，一方面和多个神经元的轴突形成很多突触（高等动物可形成100～10 000个突触）；另一方面又以自身轴突的多个分支和多个神经元（中间神经元和运动神经元）的细胞体和树突形成多个突触。大脑制造突触就是为了储存信息，我们知道的一切事物都是蕴藏在神经联结的网络中（戴维·布鲁克斯，2012）。通常一个外界环境信息会导致神经元与很多个其他神经元突触产生联结，这样，在突触后神经元产生时间和空间上的电位叠加效应，并激发神经元的新一轮动作电位传导。大脑皮层中存在大量的细胞柱，这些细胞柱中包含有大约 10^5 个神经元，这些神经元彼此相连，并具有相同的功能特性，它们对特定类型、特定感受区域的感觉传入产生相似的反应，所以，这种细胞柱中的同功能神经元之间的联系对信息具有放大、调制和整合作用（张卫东，2007）。一个神经元就是一个整合器，随时对所接受的所有信息进行加工，使相同的信息加在一起，相反的信息互相抵消，然后决定是兴奋还是保持沉默（抑制），神经元具有这种整合作用，这正是生物体内神经网络对于传入的信息加工处理的基本机制。

（三）神经元突触的可塑性

学习和记忆的神经生理学研究在细胞水平上主要探讨突触可塑性的变化过程，突触可塑性是突触传递效率随着不断的学习或经验的增多而得以提高（姚梅林，2010）。人和动物的一生中，由于各种环境因子、学习和经验的作用，神经系统的形态结构包括已分化的神经元胞体、树突、轴突及其末梢都处于不断变化之中，突触和神经网络处于不断被改造和新建之中（翁恩琪等，1987）。对大鼠的实验研究表明，经常被母鼠舔舐照料的幼鼠，大脑中会生成更多的突触结点，跟母鼠分离24小时的幼鼠丧失的脑细胞，比始终在母鼠身边的幼鼠丧失的要多整整一倍，在有趣环境中长大的幼鼠，其神经突触比在笼子中长大的幼鼠多25%（戴维·布鲁克斯，2012）。大量研究表明，神经元的突触可塑性包括与传递效率有关的功能可塑性和与信息贮存相关的树突棘形态变化的结构可塑性，它们与学习和记忆密切相关（陈燕，2008）。

1. 突触可塑性的表现形式

突触可塑性表现为突触传递的可塑性与突触联结的可塑性（方崇仪，1988）。突触传递的可塑性表现为兴奋性与抑制性突触后电位的持久变化，兴奋性突触后电位的持久改变又可能有突触前与突触后的不同原因：突触前的有如受强直性脉冲刺激之后递质的释放量增减所引起的"强直后易化"或"强直后阻抑"；突触后的有如受体对递质敏感性的增减、抑制性突触后电位的增减，以及突触后细胞电阻的变化。突触联结的可塑性主要是指形态结构方面，包括突触前末梢和突触后细胞的树突分枝构型、树突棘的数量，以及突触后膜等超微结构变化，即神经元解剖的可塑性。

根据突触功能可塑性变化的性质不同，它可分为长时程增强（long-term potentiation，LTP）和长时程抑制（long-term depression，LTD），它们均能选择性地修饰行使功能的突触，使突触连接增强或减弱，因而能贮存大量信息，被认为是学习和记忆的神经基础。长时程增强是指当一个或多个轴突或一个树突形成连接，会爆发短暂而迅速的高频刺激，例如每秒100次，持续1~4秒的这样一种效应。高频刺激的爆发会引起突触后电位（对新传入的同类信息反应更加强烈）持续数分钟、数天甚至数周的增强。所谓长时程抑制效应，即当某些轴突活性下降时，引起所在突触上的反应延迟性降低。长时程增强最早由布利斯（Bliss）和勒莫（Lomo）于1973年在海马上发现，现在已被广泛研究，并被认为是学习和记忆的模型（何德富等，2001），长时程增强效应被视为学习和记忆的细胞内工作基础。长时程增强涉及沿一条神经路径上突触传递效率的改变，使在长时程增强发生的路径上信号更易通过（何德富等，2001）。在海马CA1区的研究发现，长时程增强涉及突触前谷氨酸递质和突触后两类受体的相互作用。即先是谷氨酸结合到AMPA受体而使突触后细胞去极化，去极化又使谷氨酸结合上NMDA受体，然后Ca^{2+}从NMDA通道进入胞内并触发一系列细胞内事件，并最终诱发基因表达和新蛋白的合成，既而长时间稳定这些变化。詹姆斯·卡拉特（2011）认为，长时程增强有三个明显的特点：（1）特殊性，如果某个细胞上的一些突触高度激活，而其他突触没有活性，则只有激活的突触可以被强化。但对同一树突上的许多突触而言，某个突触上建立的LTP，可以促进附近其他突触上的LTP短暂形成。（2）协同性，两个或多个轴突几乎同时刺激所产生的长时程增强，比一个轴突的多次重复刺激所产生的LTP要强烈得多。（3）联合性，较强和较弱两个突触输入协同作用后，可引起较弱的突触输入通道上长时程突触的传递效率增强。

2. 突触功能上的可塑性

突触功能上的可塑性主要涉及突触前和突触后的修饰作用。突触前修饰作用包括神经递质的合成、贮存、释放及自身受体功能的改变；突触后修饰包括神经递质受体的特性，受体激活后第二信使、G蛋白、膜离子流、调控蛋白及产生磷酸化和脱磷酸化等各种反应的酶变化（王佩等，2008）。突触前或突触后结构的可塑性包括突触前末梢大小或形态的变化，树突棘、突触界面曲率及突触后致密物质等的变化（王佩等，2008）。树突棘是树突上兴奋性突触的突触后部分，棘头通过一个细小的颈部与树突的轴连接，是含有谷氨酸受体的功能单位，亦是一个整合输入信息和进行生化加工过程的独立单元，人们相信它可能是记忆贮存的地方。在神经活性诱导下可见到棘形态的双向变化及棘的发生和消失，研究发现，通过树突棘中富集的活性细胞骨架的动态变化可以调节棘的结构和形态。受神经活性调节，树突棘的形态变化伴随着 AMPA 受体和受体插座的支架蛋白运入突触，为突触的功能可塑性变化创造条件，因此，突触的结构可塑性和功能可塑性是密不可分的相关过程。由遗传和发育过程所决定的突触通路，可因简单的学习和经验所干扰或重建。

总之，对于人类来说，学习经验在脑中以突触联结的形式得以保存，当个体习得新的知识、经验时，脑中神经元之间的联系增强，表现为新突触的形成，或已有突触联结的修正，即突触数量或形态发生改变（刘儒德，2010）。人们注意到短期习惯化和敏感化过程似乎并不包含形态学的明显变化，而主要是化学突触的功能有效性改变的结果（翁恩琪等，1987）。突触功能上和形态上可塑性的物质基础都涉及神经元和突触部位某些分子和离子的物理化学变化（高静等，1991）。

三、学习的生物生化反应

随着分子神经生物学的兴起，学习记忆突触机制的研究也深入到分子水平，并已高度重视蛋白质分子的作用（高静等，1991；王革平等，1991）。学习和记忆的生物化学涉及神经元网络中讯息获得、编码、贮存和再现等相应的基本化学过程（方崇仪，1988）。

（一）学习和记忆的脑化学反应

学习和记忆的脑化学研究旨在阐明脑内生物大分子（RNA、DNA、蛋白质等）、中枢神经递质、神经激素等多种调节因素在学习记忆中所起的作用和机理（房中申，2011）。神经递质等是学习得以发生的最基本的物质基础，而学习又导致了大脑内部一系列的生物化学变化（姚梅林，2010）。研究发现，大量的神经递质及其受体在突触效能传递中起重要作用，尤其是乙酰胆碱受体和 N - 甲基 - D - 天门冬氨酸受体，NMDAR 被认为是学习和记忆的关键物质（李欢欢等，2003）。研究显示，脑的信息储存包含有分子水平的变化，而且，后天获得的信息还可进行化学传递（徐秉烜，1981）。大分子变化可能是与产生学习有关的神经细胞活动所需的化学物质变化，由此，学习的生化主要是突触化学物质变化，从蛋白质磷酸化角度探讨学习记忆的分子机制是神经生物学发展的必然结果（王革平等，1991）。科学家发现，神经元在兴奋时所释放的递质并不只是一种，而是由将近 50 种不同的递质所构成。据此，有人认为，人的聪明与愚笨、反应灵敏与迟钝，可能与不同递质的释放有关（王忠明，2004）。

大部分学者认为，记忆储存于突触传递长时程激活效应有关的蛋白质，以改变连接刺激同适应反应的神经元间的突触传递效应，可能是增加递质浓度，改变膜上的受体位置或增加突触连接的效应等。一次高频刺激会使部分后突触受体分子暴露，如果继续作用于效能已经提高的突触上，则会引起更多的 Ca^{2+} 离子内流，并有更多的蛋白酶被激活，由此产生伏衬蛋白质的不断降解，使树突棘形态发生变化，同时突触膜上的谷氨酸受体形成新的暴露点，这样就使突触增强效应得以维持，即具有长时程激活效应特性（高静等，1991）。有研究证明，信使核糖核酸（messenger ribo-nucleic acid, mRNA）通过对酶的控制作用，决定着突触部位神经递质的释放，并控制相应蛋白质的核查，进而影响着学习进程，如果阻止这种蛋白质的合成，则学习进程将变得迟缓（姚梅林，2010）。

（二）学习和记忆的生化机理

在神经系统中，大量神经元通过突触相互联系形成神经回路。中枢神经系统的兴奋性突触主要以谷氨酸为递质，突触前神经元释放谷氨酸，通过突触后的谷氨酸受体（AMPA 和 NMDA 两种亚型），将突触前神经元的信号传递到突触后神经元。谷氨酸与 AMPA 受体结合，使突触后神经元去极化，从而产生脉冲发放；NMDA 受体与谷氨酸结合，将突触前电信号转变成突触后神经元内的 Ca^{2+} 信号，启动一系列生化级联反应，导致突触的可塑性变化（陈燕，2008）。目前已公认的参与突触可塑性的激酶主要有丝氨酸苏氨酸激酶，如蛋白激酶 A（protein kinase A，PKA）、蛋白激酶 C、Ca^{2+}、钙调蛋白依赖性蛋白激酶 Ⅱ（calcium-calmodulin-dependent kinase Ⅱ，CaMK Ⅱ）及酪氨酸蛋白激酶（李欢欢等，2003）。神经系统包含两种细胞：神经元和神经胶质细胞。神经元接收信息并将之传递给其他细胞，神经胶质细胞并不进行长距离的信息传递，但可以与邻近的神经元进行化学物质的交换。神经元的轴突释放化学物质，使得化学物质从一个神经元传递到另一个神经元（詹姆斯·卡拉特，2011）。蛋白质被认为是与学习关系密切的细胞物质，核糖核酸（RNA）与学习和记忆的关系非常密切，有研究表明，在长时记忆中有新蛋白质的合成，而在短时记忆中，多数只是对已存在的蛋白质进行修饰，并不出现新蛋白质的合成（姚梅林，2010）。

实验研究发现，鼠学习训练增加了脑的特定区域的神经元中的核糖核酸，核糖核酸合成与学习记忆是相关的（徐秉烜，1981）。学习过程中脑细胞内核糖核酸是有变化的，核酸的碱基和核苷酸特别是乳清酸、尿嘧啶核苷酸及嘌呤代谢产物等对精神活动有着复杂的调节影响（方崇仪，1988）。研究发现，神经颗粒素（neurogranin，NG）是一种与学习记忆有关的脑特异性蛋白质，实验研究表明，神经颗粒素参与了在学习记忆功能中起核心作用的脑内几种蛋白信号传导途径、长时程增强和长时程抑制等突触可塑性机制，因而它可能涉及学习记忆的形成和巩固（李欢欢等，2003）。对白鼠的研究表明，脑内乙酰胆碱和乙酰胆碱酯酶含量较高者，其学习能力较强。脑内氨基酸作为神经递质参与记忆调节过程，以 r – 氨基丁酸（GABA）可易化，改善记忆，加速学习进程，另外，谷氨酸也被认为是影响学习的重要递质；单胺类（去甲肾上腺素和多巴胺）可能以谦虚、觉醒为中介而影响信息的进程（姚梅林，2010）。边缘系统及大脑皮层内部有乙酰胆碱递质系统，海马、杏仁核、梨状区内均有一些神经元对乙酰胆碱敏感，海马环路也含有丰富的乙酰胆碱，这些乙酰胆碱递质系统与学习记忆等机能活动有密切的关系（王忠明，2004）。

尽管学习是经验引起的个人行为或潜在行为的改变，但这种由经验到行为的学习过程无法离开脑及其神经系统，脑及其神经系统是人类学习的微观物质基础。中枢神经系统复杂性主要由基因组决定，但也受个人学习经历的影响，具有可塑性（王忠明，2004）。如果经验和行为变化是学习的起点和终点，那么脑及其神经系统的活动则是学习的中央处理器和核心微观世界。神经科学为研究学习在脑内的活动机理提供了有力的实体证据和理论依据。学习本质上是一种心理活动和心理行为，但这种心理活动都要建立在神经生物学、神经物理学和神经化学的基础上，毕竟人的物质世界及其精神世界都无法离开脑及其神经系统的运行，在学习理论中同样遵从物质决定意识，神经系统决定心理活动。如果我们要透彻地理解个人的学习及其行为，必须对学习的物质基础——脑及其神经系统要有充分了解。但要透彻地了解真实的人类的学习行为，除了脑及其神经系统的微观世界之外，还要探寻信息是如何进入大脑、为什么有些信息引起了人的注意、有些信息则没有引起注意、有些信息被记忆了、有些又被遗忘或根本就没有被记忆以及人的意识和情绪为什么会影响人的学习效能等问题。要合理恰当地解决这些问题，需要进一步研究人的认知心理与学习的关系。

第二节 学习的认知心理学分析

对学习的微观物质基础——脑及其神经系统的分析主要是阐述经验或信息在进入大脑以后在神经系统中如何运行的问题，包括人脑结构对学习的影响、经验或信号在神经系统中的传递等。但对于人的学习，还有一个重要的问题：信息如何进入大脑及其神经系统？为什么会产生注意？如何被大脑捕捉？人类总是处于一个纷繁复杂的世界中，能够引起我们注意或导致我们学习的信息不可计数，但这些经验或信息如何引起人的感觉器官的注意和反应呢？认知心理学可以更好地阐释学习的认知，包括学习与注意的关系、学习和意识的关系以及学习的结果如何在脑中存储和提取，即学习与记忆的关系以及人的情绪是如何影响学习效率等问题。如果我们将学习的过程看作一个从信息到行为的一系列变化，那么学习的认知心理分析主要着重于对学习的起点——信息如何引起感觉器官的注意，并存储于脑中。认知心理学着重于研究从信息源到神经系统的过程、信息的存储和提取以及情绪对学习效能的影响。

一、注意、意识与学习认知

认知心理学理论认为学习是一系列的信息加工过程，这个过程起始于人的感知器官对信息的注意，并产生注意对象的意识。注意是对刺激的有意识关注，是将心理活动指向并集中到某些刺激，感觉记忆中的信息的加工是从注意开始的。注意是外界信息进入人脑的门户，注意是脑神经系统的闸门，只有受到注意的信息才能得到人脑的进一步加工，所有其他的加工都有赖于学习者对环境中的适当的刺激的注意程度。注意是认知过程的一部分，是人的意识的起点，也是人产生意识的首要条件，是一种导致局部刺激的意识水平提高的知觉的选择性的集中。但注意不是孤立的心理活动，它往往在感觉、知觉、记忆、想象、思维、情感和意志等心理过程中表现出，注意不能离开一定的心理过程而独立存在。如果说注意是学习开始，那么感知觉神经系统的运行则是注意的核心活动，同样也是学习的必经环节。

（一）注意的生物生化机理

当外部环境的刺激对人的感知觉细胞产生作用时，感知觉神经元（感受器）经过换能（transduction）机制将这些刺激信息从物理或化学能量转变为神经元活动的电化学活动（张卫东，2007）。换能机制是神经元细胞的信息编码过程，这种换能编码机制并不是一种主动的信息编码，而是被动的接收与编码过程。外部刺激对神经元具有唤醒作用，当外部刺激信息作用于神经元时，原来沉睡状态的神经元细胞会因信息刺激而被唤醒，激活神经元产生不同的动作电位和生化反应，并使信息在感觉神经系统中传递，最终达到大脑中枢神经系统。所以，注意是从感觉器到大脑中枢神经系统的单向传输过程，但人的认知与意识活动却要比注意复杂很多。

1. 注意的电化反应

通常外部信息由很多种不同的元信息（苗东升，2007）组成，如光波、声波等，这些元信息是不可能再细分的基本信息单位，不同的事物所产生的可感知信息都是由这些元信息构成，任何一种事物都可能以声音、颜色、光线、气味等信息为载体，这些信息最终都会分解为感知器官所能够识别的元信息，如光波、声波、气味等。不同的元信息会引起相对应的不同神经元的电化与生化活动，光波刺激视神经系统发生电化和生化反应，声波刺激听觉神经系统发生电化和生化反应。视感觉细胞含有光反应化学物质，即光色素，光色素由Ⅱ-顺型视网膜素和与其相结合的视蛋白构成，当视网膜受到光线刺激后Ⅱ-顺型视网膜素会迅速转变为全反型视网膜素，并且功能将被吸收（张卫东，2007）。杨—赫尔姆霍茨理论认为视觉是通过对三种视锥细胞的相对反应频率来感知颜色的，每种视锥细胞对光的不同波长具有最大的敏感性，任何颜色都可以通过不同比率的光波长混合匹配而成（詹姆斯·卡拉特，2011）。当你看到一个人的脸时，反映人脸的信息如脸型、头发、皮肤、运动、方向等都会转化成为不同的光波、声波、气味等元信息，这些纷繁复杂的光波和声波刺激人的相关部位的感受器或神经元细胞，并引起不同感官神经元细胞的去极化或超极化的动作电位感应。

2. 注意的生化反应

当然，有些外部刺激会产生一定的生化反应，比如痛觉刺激会在脊髓中分泌两种神经递质，轻微的疼痛会释放谷氨酸，而更加强烈的痛觉会释放谷氨酸和P物质（詹姆斯·卡拉特，2011）。通过信息分解以后的元信息通过感觉通道，经过多个感觉特异性传导中继站达到接收各种上传感觉冲动的大脑机能特异性感觉皮层（张卫东，2007），每一条感觉器都有自己专有的达到大脑相应区域的神经通路。研究充分证明，杏仁体是参与感觉信息筛选和调制的重要大脑结构（何德富等，2001）。研究发现，杏仁体对感觉信息施加两方面的影响，一方面可以抑制外周的信息，使之消失，不能继续上传；另一方面可以加强微弱的感觉信息。正因为杏仁体的调制才使大量多余的信息不至于涌入感觉的高级中枢，以保证正常的感觉意识活动。神经科学家已经发现，人或动物一旦失去了一部分肢体后，相应的大脑神经元轴突会发生退化，与用进废退的道理是一样的。如果截取了人的手臂，那么大脑相关区域皮层失去了前臂传入的信息，表征前臂的轴突会发生退化（詹姆斯·卡拉特，2011）。任何外部信息都会表征为不同的信息元，如光、声、味、动作等，这些表征信息元会刺激不同功能的神经元突触。因为外部信息总是表征为多种不同的信息元，所以，这些外部刺激信息会同时触动很多感觉神经系统，如视觉、听觉、味觉、嗅觉等，这些感觉器官在接收到相应的刺激元信息后，会分别产生生物生化反应，比如，在嗅球内，气味相似的化学物质激活相邻的区域，而气味不同的物质激活相互分离的区域（詹姆斯·卡拉特，2011）。

3. 注意的脑功能反应

各种不同激活状态的神经元以动作电位或生化反应方式通过各自特有的神经系统上传到相应的大脑皮层，比如，颞叶通常负责听觉，枕叶负责视觉，顶叶负责躯体感觉（机械感觉），额叶负责运动、记忆或情绪等方面。所以，对事物或外部刺激的认识往往形成不同脑区神经元的共同动作电位变化或化学反应，并导致了大脑不同区域神经元的联结以构成对事物的特征认知和存储。认知神经科学关于选择性注意神经机制的研究一直存在着两种假设：第一，选择性注意是由大脑不同区域组成一个特定的网络实现的，它既不是某一脑区的特性，也不是全部脑活动的整体机能；第二，参与注意的诸多脑区并不执行同样的功能，而不同区域分配有其特定的任务（汪晓东等，

2011）。根据群体编码（population coding）理论（克里斯托夫·科赫，2012），按照这种编码原则，信息是由一大群的发放活动（神经元的激活活动）来编码，尽管每个神经元轴突可能没有提供多少信息，但当一个群体中的神经元共同被激活时就足以表征一个完整的信息，群体编码是神经表征的普遍形式。

（二）被动注意

人的视觉、听觉、嗅觉等感觉器官类似于一个高速公路上的摄像头，它会不停地对来自高速公路上的汽车进行自动激活并摄像，并自动对汽车牌照进行扫描和记录。除了主动注意之外，大部分的注意都是自下而上的被动注意，感知器官和交通摄像机一样都是被动地受到外部信息的刺激而被激活。当外部事物进入人的视野时，眼睛就像一个非常复杂的信息接收仪，将这些异常丰富的信息扫描入视觉神经系统，进而分解为异常复杂且数量繁多的元信息。元信息一方面会对大量不同功能的神经元产生刺激，并激活神经元电化反应；另一方面表现为不同的强度、不同的频率和不同时间差激活相应的感知觉神经系统的神经元的动作电位差和生化反应程度。

1. 感觉器的筛查机制

感觉器（神经元轴突）对元信息具有筛查机制，这种筛查机制取决于感觉器官的神经元细胞的激活阈值（动作电位阈值）。通常每一个神经元都一个固定不变的动作电位阈值，当外部刺激信息的强度达到该阈值，则会自动激活该神经元的电化反应，如果没有达到该阈值，尽管刺激会产生一定的电位变化，但信息不会激活神经元，该信息也就自动失去意义。正如用反光镜照射一个可燃物时，如果用一个反光镜照射可燃物时，反射光的强度可能无法达到可燃物的燃点，但是逐渐增加反光镜集中照射该可燃物时，会增加反射光的强度，并逐渐达到燃点而引起可燃物的燃烧。同样，如果用很多个反光镜在不同时间分别照射可燃物也不能达到燃点。是否引起可燃物的燃烧取决于三个要素：反光镜本身的反射光强度、反光镜的数量以及可燃物的燃点高低。在这个例子中，反射光的强度类似于外部信息的强度，反射镜的数量类似于被外部信息刺激引起电化反应的神经元轴突数量，而可燃物的燃点正像神经元动作电位的阈值。

人的注意资源是有限的，因为注意是一个容量有限的加工系统（朱湘如等，2006），在面对复杂多变的外部环境时，必须优先选择最重要的信息，忽略次要信息（崔翔宇等，2007）。容量异常强大的感觉存储器几乎保存着来自人的感觉器官的全部信息，但感觉存储器中的信息是尚未受到意义分析和加工的信息，所以，信息在感觉存储器中的衰变（即消失）极为迅速，图像信息的衰变时间为 200 ~ 1 000 毫秒，而音响信息的衰变时间大约为 4 秒（李伯聪，1991）。高级中枢加工能力有限瓶颈造成一定时间内只能加工一个目标或者只能进行一种形式的加工，这种瓶颈限制了加工的形式是系列加工，加工的数量是一个（包括一个项目或一个项目的一种形式的加工）而不是多个（张明等，2009），也就是说这种信息加工是序贯串行过程，而非并行过程。

2. 学习的选择性注意

这种基于神经元激活阈值的信息选择机制就是学习的选择性注意（selective attention），选择性注意作为认知神经科学一个重要的研究方向，它旨在回答大脑是如何选择性地注意来自外界感知觉信息以及以何种机制对这些信息进行存储、加工的问题（汪晓东等，2011）。选择性注意的统一模型认为，选择性注意的机制有点像具有甄别的符合功能的电子线路（唐孝威，2008）。许多输入信号在线路的许多平行的输入通道中加工，在每一个通道中都有一个甄别器，如果加工信号的幅度超过了甄别水平，这个通道就有输出信号。在这个模型中，线路中许多平行通道的甄别水平会自动调整，使得只有一个通道中的信号才能超过甄别水平，这个通道就有输出信号，而在其他通道中加工的信号因为幅度低于统一的甄别水平，所以没有输出。那个有信号输出的通道，其信号送到二重符合线路，它是符合线路的一路输入，而另一路输入则是注意信号。在二重符合线路中，只有当两个信号在符合分辨时间之内输入时，所有的符合分辨时间的注意信号同时输入甄别信号，将会在符合线路中被增强。

（三）引起注意的信息属性

引起注意的信息属性有三个方面：强度、频率和时间。比如，光和声音有不同的波长和频率，同时也存在信息到达感觉器的优先顺序。不同强度、不同频率和先后顺序不同的信息刺激会引起不同的神经元轴突的电位差变化，并导致大脑皮层相应区域神经细胞激活程度的变化。

1. 强度

从生物神经心理学角度来讲，信息刺激的价值和意义并不取决于你是如何判断的，而是取决于是否存在足够的刺激强度以达到使神经元轴突发生动作电位差变化。每一种信息都会引起神经元轴突的动作电位差，但其程度有很大的差异。动作电位的变化幅度、速率和波形具有跨时间的一致性，对于同一个神经元轴突，动作电位差的变化幅度和速率与激活它的刺激强度无关，但任何一个阈下刺激产生的电位反应与电流强度（或信息刺激强度）成一定比例（詹姆斯·卡拉特，2011）。动作电位在神经元轴突中的传递速度取决于神经元轴突纤维的直径和它是否被绝缘物包裹（克里斯托夫·科赫，2012）。每一个神经元的轴突电位反应都有一个固定的阈值，在该阈值以下，尽管刺激会引起一定的电位反应变化，但并不会完全激活神经元细胞，当刺激达到一定程度，引起的电位变化超过了该神经元轴突被激活的电位阈值时，神经元将被激活，动作电位差产生。动作电位差的频率会反映信息的强度。强刺激会引起更加频繁的动作电位差反应，而弱刺激会引起较小频率的动作电位差。信息的强度具有相对性，或许某一个元信息可能具有足够引起神经元轴突动作电位变化的刺激强度，有些情况下往往是在一个信息环境中，相对具有较高对比度的信息更容易引起神经元电位的变化。因为具有某种强烈属性的信息更容易从其他信息中剥离出来刺激神经元细胞的电化反应。这种对比度注意机制受制于感觉神经系统中的神经元侧抑制机制，该机制对中枢神经系统的信息加工方式具有很重要的作用（张卫东，2007）。侧抑制机制具有自动增强机制而导致信息强度的增加，特别是增强了不同信息的对比度。因为感觉神经冲动在特异性传导系统中向上传送兴奋性信息时，可以经过侧支对周围其他神经元的感觉兴奋活动产生抑制作用，使周围神经元对信息刺激的反应相当弱小，并产生明显的强度反差，这种反差对视觉和听觉定位具有很大的作用。另外，根据神经生物学，元信息对神经元轴突的刺激往往不是一个突触，而是会引起若干个不同的突触的电化反应，所以，这种不同突触对同一信息刺激产生的电化反应具有空间上的集聚效应，这种集聚效应会进一步增强对同一神经元的激活，这种现象称为突触的间隙积聚（或空间上的叠加效应）（詹姆斯·卡拉特，2011）。所以，尽管神经元上某一个轴突的电位反应不足以达到激活神经元的阈值，但是若干个突触的电位反应会在同一个神经元积聚，并使电化反应强化而达到激活神经元的动作电位阈值。给定脑区的激活水平除了取决于相应刺激的强度外，还要受到注意的控制，原来激活水平低于意识阈值的脑区，在注意的作用下，其激活水平提高而可以超过意识阈值，这时，原来没有受到注意而不能进入意识的信息加工，由于注意的增强作用，就可以进入意识。同时，与注意内容不相关的另一些脑区的激活水平则受到抑制（唐孝威，2008）。

2. 频率

信息的频率主要是同一信息的重复活动次数，如果同一信息在一定时间内重复出现，那么信息对神经元轴突的刺激次数增加，这样会增加注意出现的机会。动态的东西往往会容易引起神经元轴突的活跃度，因为一方面动态信息会重复地激活神经元细胞；另一方面人更容易将动态信息与静态信息区分开来，并强化对动态信息的注意，这是大脑天生的机制（刘儒德，2010）。信息频率对注意的影响主要有两个方面：一方面是同一种信息反复出现并刺激神经元细胞，会增强神经元的电位差变化并产生信息在神经系统中的传递，重复次数决定了神经元的电化反应，比如反复在眼前出现的事物往往容易引起人的注意。频次对注意的影响因不同的神经元而不同，有些神经元对很短时间内反复出现的信息会有增强效应以达到神经元被激活的阈值，而有些神经元往往对经过很长时间的信息再次出现也会产生增强效应，从而会再次激活神经元。所以，同一信息的重复性刺激既取决于不同的神经元，也取决于每次出现的信息之间的时间间隔的长短。另一方面是同一信息会刺激同一神经元细胞的不同突触，不同突触的电化反应传递到神经元细胞具有叠加效应。根据生物心理学，短期内的重复性刺激往往会有叠加效应，这种叠加效应体现在神经元突触之间的信息强化作用方面，这种叠加效应称为短暂积聚（或时间上的叠加效应）（詹姆斯·卡拉特，2011）。尽管可能每一次的信息刺激并不能使神经元轴突引起电化反应，但是因为在短时间内有同一种信息不断地刺激感觉器官的神经元轴突，那么这些来自不同突触的电化反应会在同一个神经元上叠加，并使电位反应达到使神经元被激活的阈值。在一个较大的椎体细胞的树突上分布着 100 个快速兴奋性突触，如果在 1 毫秒内它们都活动起来的话，这些输入就足以产生一个动作电位（克里斯托夫·科赫，2012）。是否产生时间上的叠加效应关键取决于两个因素：时间的长短和信息的相似性。

3. 时间

信息的时间属性与时间上的叠加效应不同，时间性是指信息被引起注意的优先顺序。信息在时间上的叠加效应强调相似信息在不同时间抵达神经元突触而产生的对同一信息的强化反应，而信息的时间属性是不同信息抵达神经元时表现出来的时间上的先后。神经系统的注意资源是有限的，在一定条件下神经系统能够处理的信息是有限的，所以，神经系统对外部刺激会根据信息抵达感觉器的时间先后顺序来处理信息。注意资源的有限性受制于感觉器的数量和信息处理能力，尽管任何一类感觉器都有非常多的神经元细胞组成，但面对纷繁复杂的外部刺激信息，神经元细胞仍然是相对较少的，难以应付更多外部信息的刺激，所以，优先抵达感觉器的信息会首先引起感觉器的注意，而后来者则会被排除在外。大脑就是一个无比复杂的联合网络的生态系统，各种刺激、模式、反应和感知都通过这个网络与大脑的不同部位进行各自的交互作用，为了得到一部分的控制权而彼此竞争（戴维·布鲁克斯，2012）。在很短的时间间隔内连续呈现两个目标刺激时，被试对第二个目标刺激的正确报告率显著下降，这种现象就是注意瞬脱（邓晓红等，2006）。注意瞬脱作为一种功能盲现象反映了注意时间动态上一种基本的认知局限，即人类视觉系统在一定时间内能够加工的信息数量是有限的（张明等，2009）。另外，由于神经元轴突不应期（詹姆斯·卡拉特，2011）的原因，连续的刺激并不会立即引起轴突的连续电位反应。因为当外部刺激导致神经元轴突产生动作电位之后，在一个很短时间内轴突不会再产生新的动作电位，并处于暂时的静息电位状态，所以，在神经元的不应期内连续的信息刺激并不会导致神经元的电化反应。神经元轴突不应期的长短既与神经元本身有关，也与不同的人有关，轴突的不应期具有神经元或人的差异性。

对信息的时间性理解包括两个方面：一方面，因为神经系统注意资源的数量限制使得对信息的处理必然要依据优先原则，正如受精成功的总是那个优先与卵子接触的精子，这个优先原则实际上反映了信息的竞争性机制，信息的竞争机制一方面取决于信息的强度，越是强度大的信息越容易引起注意；另一方面也取决于信息的优先顺序，当视觉对居于视野中的信息扫描时，往往会优先关注于快速抵达感觉器的信息，并引起注意，迟到的信息会因为神经系统的注意资源有限性限制了对它们的注意和处理。当一个人的注意力在多个对象中游移时，先有一个集群占优，在它被第二个集群取代之前，你意识到的就是这个占优的对象（克里斯托夫·科赫，2012）。

对动态信息的处理是按照时间的分布进行更为复杂的信息处理。神经系统对动态事物的刺激往往受到事物本身与背景的对比度的影响，当物体相对于背景的时空对比较强烈时其感觉器的注意程度也较强烈。除了运动中的物体与背景的对比关系之外，比如空间变化、色度变化、大小变化等，在不同动点上物体变化会以一个连续的时间间隔持续性的刺激神经元细胞，从而会引起一系列的轴突电位变化，这个变化会体现在很多方面。但时间上的变化也是对物体注意的一个重要因素，这种连续的时间序列会引起大脑感知觉系统非常复杂的生物反应，动态注意是神经系统非常复杂的一个过程。时间注意能够对时间序列中呈现的多个竞争刺激中的显著刺激进行快速觉察，然后进行确认表征、编码进入工作记忆，并将其归因到不同的情景当中以利于随后对信息的回忆，可以将多个项目同时保持在工作记忆中，但对一个项目多个例子的重复编码由于需要神经资源的参与，因此需要序列编码（张明等，2009）。神经系统的信息加工过程在时间上通常具有不连续性，可能在脑内各个层次的信息加工存在不连续现象（唐孝威，2008），这种不连续性是指大脑对信息的加工一般分层次，并将信息量分成不同的基本单位来一份一份地分别处理，由此，信息的处理总是存在优先顺序的。所以，从信息的时间属性来讲，被动注意往往是取决于信息的主动性刺激，而并不是感觉器对信息的主动捕获，神经系统的被动接受是神经系统的天生机制，但注意的程度取决于个体神经系统的发育程度，比如神经元轴突的数量、轴突的长度、轴突动作电位的阈值以及神经元突触化学反应的速度等。

（四）意识与主动注意

注意和意识往往作为同义语而使用，因为当外部信息刺激了感知器官，则感知器官根据信号竞争原则沿着神经系统传递到脑皮层，并进行一系列的信息加工过程，这种过程本身就是对信息的注意。一旦被注意了的信息受到来自大脑皮层中枢神经系统调控的心理状态的影响，自然也就产生了意识。

1. 意识的生理物质基础

脑是信息加工的物质基础，也是意识活动的物质基础。为什么会有像意识这样的东西存在？它是如何与脑产生联系的？这些问题可能有答案，也可能没有答案，意识可能成为也可能无法成为一个在科学上有价值的概念（詹姆斯·卡拉特，2011）。但是，意识肯定是人的认知活动，认知过程中的信息加工与意识活动紧密相连，意识就是通过认知的组成部分之间的相互作用、认知和心理活动其他成分相互作用以及认知过程中心脑相互作用来实现的（唐孝威，2008）。如果我们提出意识这个概念，那么就应该从脑活动的物质机制来分析意识的存在性，整个脑是产生意识的充分条件，所以意识的产生是大脑的无数生物学过程（克里斯托夫·科赫，2012），一组特定的神经元参与某些特殊的活动，构成某个有意识的知觉的物理基础。

科赫提出的意识的神经相关物理论认为："如何体验都是需要脑干、前脑基底部以及丘脑中的许多核团不断地对皮层及其附属物进行调节，这些细胞的轴突投射非常广泛，它们释放乙酰胆碱等物质，对保持神智、觉醒及睡眠起重要作用，这些上行纤维共同创造了产生意识内容的必要条件，也是产生意识的必要前提。"赫布突触现象认为突触前和突触后神经元的同步电活动可以增加突触效应，这类突触对关联学习很重要（詹姆斯·卡拉特，2011）。从意识涌现的脑机制来说，当大脑皮层给定脑区的激活水平增高达到意识阈值时，相应于这个脑区的信息加工就进入意识。意识阈值是脑区激活水平的临界值（唐孝威，2008）。意识是一种存在阈限的现象，当一个刺激充分激活了足够的神经元，这种活动就会发生反响震荡，然后扩大化，延伸到很多脑区，如果一个刺激没有能够达到这个水平，那么刺激模式就会消退（詹姆斯·卡拉特，2011）。意识阈值的存在，使个体能够对脑内信息加工进行甄别，从而在同一时刻只有一个项目能进入个体意识。在一定范围内，脑区激活水平超过意识阈值越大，个体对意识内容的体验强度也越大。

2. 意识的神经网络观

当外部刺激信息从不同的神经元传递到不同的脑区后，如何形成对注意对象整体性的认知呢？绑定理论做了较为合理的解释（克里斯托夫·科赫，2012）。绑定理论认为脑至少有三种不同的整合机制：（1）汇集遗传和早期感觉经验得到的信息，使神经元对两个或更多特性的组合外显地做出反应；（2）涉及快速学习，如果多次碰到同一对象时，神经元就会重新组织它们之间的轴突联结外显地表达出来；（3）对新奇或以前从来没有经历过的对象或组合进行动态的调整和反应，这种机制会通过神经选择机制形成会聚式注意。神经网络说认为任何信息在脑中的加工过程都是神经元之间网络的不断形成与修复的过程，脑的三种整合机制实际上就是神经网络的形成与再形成过程。遗传基因决定了个体神经元本身的差异性，从而决定了神经元之间联结的不同。一个人从出生开始就被无数众多的外部刺激信息所包围，这些信息的刺激会不断加强神经元的新联结，神经元轴突会逐渐生长并寻找目标神经元，最终与目标神经元形成新的联结，这种联结具有非常复杂的形式。一旦遍布与脑区不同功能区的神经元建立了复杂的联结网络，那么这种信息在脑中就形成了一种特定的经验感知。研究发现，对一个刺激的意识依赖于脑活动的数量，某个刺激出现在意识中意味着其信息引起了更多的脑活动；同样，一个有意识的刺激会引发不同脑区神经元精确的同步反应（詹姆斯·卡拉特，2011）。各个脑区的激活存在着竞争，而不是各自独立无关的。激活水平高的脑区在竞争中占优势，进一步得到增强，而其他脑区则受到抑制，其结果是激活水平超过了意识阈值的脑区的信息加工进入意识，而其他脑区的信息加工则不能进入意识。

意识涌现过程是竞争资源和选择与淘汰的动态过程（唐孝威，2008），意识涌现过程伴随着脑内网络的变动，脑内每一次意识涌现都是脑内网络的一次重新塑造，并且脑内形成新的记忆。意识是神经元网络的重新激活，神经元轴突的可塑性有助于更好地理解学习的神经生物学机制。当有一种信息不断地刺激感觉器神经元时，神经元产生的动作电位会有序地传递到相关功能区域的脑区，并对已形成的神经元联结网络进行进一步的修复，持续性的学习或外部信息刺激会将这种修复以后的神经元联结网络固定下来，形成新的神经网络，所以，学习本身就是对意识的不断修整和改变。新奇事物或以前从来没有经验过的信息一旦引起注意，同样会在不同功能区域的脑区形成新的神经网络。所以，从神经生物学来看，意识的形成实际上就是不同脑区神经元的联结过程和再修复过程。

3. 意识活动与主动注意

唐孝威（2008）认为，在认知过程中不但存在着信息加工，而且存在着意识活动，信息加工和意识活动不是独立无关的，而是紧密耦联和交叉进行的。认知过程常常从外界环境获取信息开始，经过脑内的信息加工、主观感受、意义理解、事件评估和主动调控，其结果支配行动并作用于环境。

第一，外部刺激激活了相关的感觉器官及其神经元的生化反应，这个过程是完全的物理性或化学性的机械化机制。在没有意识产生之前，注意都会发生，而且注意都是大脑神经系统对外界客观事物的反应，这个过程对于认知主体来讲具有一定的被动性，即引起被动注意。但被动注意仍然需要感觉器官及其神经系统的编码及信息加工过程，意识在这个阶段具有较少的作用。

第二，认识是对客观事物的认知，它是从客观事物的物理刺激产生的主观感受开始的，这些感受是个体对物理刺激内容和性质的主观体验，这种主观感受就需要更多的意识成分。所谓的主观感受实际上就是被注意到的信息激活了已经存在于大脑中的已有经验或认知。所以，对于同一种客观事物，不同的人会产生不同的意识，因为每个人也已存在的认知网络结构不同，即已有的意识决定了不同的主观感受。意识涌现就是突变，从无意识加工转变为有意识加工，或从有意识加工转变为无意识加工，都是不连续的，类似于物理学中的相变（唐孝威，2008）。如果说被动注意是自下而上的认知和信息加工，那么主观感受就是自上而下的意识调控和认知修复。

第三，在认知过程中个体不但有对客观事物的物理刺激的感受，而且有对物理刺激相关信息的意义的理解，个体会根据自己长期积累的经验对主观感受做出解释，并且把各种相关的信息组织起来。对新信息意义的理解是在已引起注意的信息与已有经验的比较中形成对已有经验或意识认知的修复和再造。

第四，在认知过程中普遍存在评估与抉择。在个体脑内，在先天的评估结构基础上，根据过去的经验和当前的需要形成评估的标准。评估系统将对物理刺激的意义与评估的标准进行比较，从而给出评估的结果。个体由评估的结果对信息按重要性的程度排序，决定取舍及处理，并且对可能的反应做出抉择。

第五，在认知过程中，个体在对信息意义理解和对相关事件评估的基础上，会产生主观意向，这些主观意向对认知过程有主动的调控作用。有意识和无意识刺激在物理特征上是相同，不同之处在于，如果在一个刺激的前后呈现的都是干扰模式，这个刺激就不会出现在意识中。如果一个刺激出现在意识之中，它会和无意识刺激一样激活相同的脑区，但激活要更强烈，然后脑活动扩散到其他脑区。许多刺激在无意识层次影响我们的行为，甚至在一个刺激进入意识层次之前，大脑加工的信息就足以辨明这个刺激有无意义（詹姆斯·卡拉特，2011）。

　　这个复杂的过程就是意识形成和修复的过程，这个过程实际上包含了两个方面：自下而上的信息加工过程和自上而下的认知调控过程。如果说注意是自下而上的信息传递与加工过程，那么意识则既包括了自下而上的信息加工过程，也包括了自上而下的认知调控过程。注意捕获不是纯粹的刺激驱动的加工过程，而是受到自上而下的认知控制调节作用（张斌等，2011）。这两个过程既是注意对信息的选择过程，同时也是意识的形成过程。注意选择信息受到两个方面因素的影响（张斌等，2011）：一是当前任务目标，主要是自上而下的目标驱动加工过程，它强调期望和有关目标刺激的假设对个体选择信息的影响；二是外界的信息特征，主要是自下而上的刺激驱动的过程，它强调刺激特征对个体信息加工的影响，这两个方面实际上就是注意的主动性与被动性，前者是主动注意，后者是被动注意。当个体受到目标驱动而进行自上而下的加工时，这种注意具有主动性，注意的主动性除了目标之外，还会受到动机和情绪等因素的影响（刘儒德，2010）。个体能够结合刺激本身的生态意义、自下而上的突显性以及当前的目标模板，灵活地选择加工部分信息，忽略剩余信息（张庆等，2011）。比如，在许多喧闹嘈杂的环境中，各种不同的频率和强度的声波都在同一时间作用于人的双耳，引起内耳感觉神经末梢的兴奋，成为听觉信息，并上传到听觉中枢，但这并不影响我们能够集中精力注意某一特定的声源，只有我们有兴趣的感觉信息、值得注意的感觉信息进入我们的意识领域（何德富等，2001）。主动性注意实际上就是一种主动性学习，主动性注意建立在一定的预期和动机基础上，这些预期和动机依赖于过去的经验和知识。主动性注意是意识的核心，由此，意识是被动性注意与主动性注意的综合，意识也是过去经验的认知与当前新信息认知的统一。所以，学习总是会以以前的经验和知识为基础，知识和学习经验的系统性、组织性和灵活性在一定程度上影响了注意的程度。一个人的兴趣、爱好也会影响注意和学习的主动性程度，一般引起注意的信息往往是自己喜欢和爱好的东西，也许兴趣和爱好是过去经验和知识的认知结果。

二、学习与记忆

人们常常把大脑比作电脑硬盘，记录生活中的数据和信息。然而，大脑毕竟不同于电脑，电脑硬盘仅仅具有信息储藏功能，它就是一个信息存储器，但它们没有记忆，也不能遗忘。存储器的信息能够被销毁，被部分或整体地、有意或无意地替换，但不能自我修正，而且其遗忘的部分将不会找回，而记忆在不同的环境中被唤醒之后，可以被逐渐修改（费多益，2010）。现有的记忆理论认为记忆可以分为编码、存储和提取三个功能，但从记忆本身的含义来看，编码并不是记忆的主要功能，编码是注意的核心功能，而注意是记忆的前提。由此，记忆可以理解为"记"和"忆"两种功能，"记"是对信息的存储，"忆"是对信息的提取，也即回忆。《辞海》（上海辞书出版社1999年9月第11版）中的"记忆"条目称，记忆是人脑对经历过的事物的识记、保持、再现或再认。识记即识别和记住事物特点及其之间的联系，它的生理基础为大脑皮层形成了相应的暂时神经联系；保持即暂时联系以痕迹的形式留存于脑中；再现或再认则是暂时联系的再活跃（孙德忠，2005）。记忆是人脑高级功能之一，是人类信息加工结果的记录；记忆是人类思维中最基本的、最重要的组成部分（李书珍等，1987）。没有记忆能力和由记忆形成的认识背景，一切认识活动都将失去历史的和现实的基础。没有记忆机制随时随地地发生作用，认识活动将只能成为转瞬即逝的思维火花，没有记忆能力也无法产生富有内容的认识成果。丧失了记忆，甚至连最基本的人类活动、人类生活都无法正常进行，更谈不上复杂抽象的认识活动和高级的现实实践活动（孙德忠，2005）。关于记忆机制的研究主要探索两个问题：是否存在"记忆痕迹"（记忆介质、记忆物质等术语）？记忆是由大脑的哪一个区域负责？但这两个问题至今仍然是谜，或许这两个问题本身就是问题。不管是否存在以上两个问题，记忆总是与大脑这个物质实体有关的，没有大脑就没有记忆，记忆就是大脑神经系统的主要功能，人或动物缺乏记忆则无法有效生存。

（一）记忆的神经生物学机制

范吉智（1994）根据现有研究成果将记忆生理机制学说总结为以下几种：（1）巴甫洛夫学派。该理论认为记忆过程就是大脑皮层上暂时神经联系的形成、巩固和重新活跃的过程。（2）记忆的环路学说。该理论认为脑之所以能记事是由于信息在脑的环路中反复循环引起的，以海马为主体的颞叶——海马回穹隆下丘脑乳头体乳丘束扣带回——海马的边缘环路与近期记忆有着密切的关系。（3）记忆的突触理论。该理论认为在学习过程中，神经自身的状态变化是在突触部位发生的，即主要是突触传递的易化作用造成的。（4）记忆的生化学说。该学说认为个体发育过程中通过学习而获得的经验与行为是由神经元内部的 RNA 分子的结构承担储存任务的，RNA 控制着蛋白质合成，并通过酶的控制作用决定着突触部位神经介质的释放，从而影响着记忆过程。（5）传递物质与学习记忆的关系的假说。该假说认为突触传递能力和学习记忆能力是相关的，不同介质在不同种类的突触内对学习和记忆具有重要的作用。（6）有关激素在记忆过程中的作用。该研究发现加压素不仅可使记忆巩固，还可使记忆恢复。

1. 记忆的生化机制

尽管有很多关于记忆机制的研究，但学者已不仅仅着眼于"痕迹论""信息储存论""突触论""神经胶质论"等理论假说的探讨，而更多以人或动物为实验和临床对象，借助于脑成像技术（包括功能性核磁共振成像与事件相关电位等技术）和医学解剖技术来揭示高分子化合物同记忆的关系（聂红超，1986），记忆的生理机制是生物高分子化合物的生物合成（石怀天，

1985）。在分子水平上，刺激（信息）模式所形成的记忆模式可能是以特异膜蛋白质的形式储存在具有记忆功能的皮层神经细胞膜（突触膜）上的（范吉智等，1994）。记忆的生化学说认为，个体发育过程中通过学习而获得的经验与行为与神经元内部的 mRNA 有关，刺激可使神经元内部的 mRNA 的量增多，由于神经元内部的 mRNA 通过对酶的控制作用决定着突触部位神经递质的释放和控制合成相应的蛋白质，从而影响着记忆过程（王忠明，2004）。长时程增强效应（long-term potentiating，LTP）的细胞内信号机制研究发现，海马 LTP 和空间记忆的生化反应是分子级联反应始于动作电位发生时 Ca^{2+} 流入胞内，胞内 Ca^{2+} 浓度的升高激活多种激酶和转录因子，包括钙调蛋白激酶 II、分裂素激活蛋白激酶（MAP 激酶）、cAMP 激酶、蛋白激酶 C 和 cAMP 反应素结合蛋白（DREB），进而启动基因表达，开始合成新的蛋白（何德富等，2001）。杏仁核中的外侧核（lateral nucleus of amygdala，LA）是记忆中发生长时程增强效应的主要区域，LA 具有高度的可塑性，带有多种类型的细胞受体，如 γ - 氨基丁酸（GABA）受体、阿片受体、糖皮质激素受体和 M 型乙酰胆碱受体等（吴润果等，2008）。当条件刺激传入时，LA 突触后细胞电压门控通道打开，钙离子流入，引起胞内级联反应，诱导基因转录，导致蛋白质的合成。但这并不意味着记忆就会表现为高分子蛋白质的合成，或者说，记忆实际上就是 RNA 功能性质上的某种物理变化，记忆的痕迹就是 RNA（聂红超，1986），这种记忆痕迹说简单地将记忆视为高分子蛋白质的变化似乎有些牵强。记忆技能可能会导致高分子蛋白质等化学物质的变化，但并不一定这些化学物质就是记忆的存储单元或存储器。

有心理学家的研究表明，记忆能够诱发脑内 DNA、mRNA、rRNA、tRNA合成，从而促使脑内特殊蛋白质的合成，长时间的记忆能使脑内这种蛋白质分子蓄积（石怀天，1985），神经细胞的 RNA 结构的变化是长时记忆的基础，而作为神经细胞的 RNA 的重新调整（转移）是很复杂的，它是在短时记忆基础上的循环兴奋影响下实现的（聂红超，1986），但绝不能据此就认为 RNA 的变化是记忆的唯一物理机制或储存元。从神经元生化反应分析来看，任何信息刺激都会引起神经元之间的联系构建或修复，所以，可以这么理解：信息刺激可能会引起神经元化学成分的变化，进而导致神经元电化反应，从而形成了新的神经元网络联结，或者对现有神经元联结的进一步修复，并表现为这种联结状态，即为记忆。由此，像高分子蛋白质这样的化学物质在记忆脑神经机理中可能仅仅起着中介的作用，但记忆并不是化学物质的变化，而是由化学物质引起的神经元之间的电化反应及其神经元网络的构建与修复。正常机体在刺激形成记忆的过程中，由于刺激（信息）模式的不同，引起相应的感受器电位模式及中枢神经电位模式的不同，不同的中枢神经细胞电位模式导致细胞内合成特异蛋白质的结构和功能表现也就不同（就像各种具有特异性功能的免疫球蛋白），这就是环境刺激在分子水平上造成大脑皮层中神经细胞在功能表现上不相同的根本原因（范吉智等，1994）。所以，在注意、学习和记忆的神经生物学机理方面，分子水平的变化与神经元电化反应之间具有相互影响、相互反应的机制。

2. 记忆的脑区分工说

范吉智（1994）从神经生物学角度对信息刺激形成记忆的过程做了非常精辟的论述：各种刺激信息模式作用于机体相应的感觉器官后，产生与刺激模式相对应的感受器电位模式。该电位模式以神经冲动的形式逐级向大脑皮层传递，当传至大脑皮层相应的感觉区后便产生相应的感觉，再由感觉皮层区传至边缘环路（并在环路中循环传导形成短期记忆，冲动信息在边缘环路循环传导过程中还不断地向相应的记忆皮层区传递，给记忆神经细胞以重复刺激，促使相应的特异膜蛋白质和神经突触联系的形成）和相应的具有记忆功能的皮层区（初级感觉及运动皮层区以外的皮层区），引起具有记忆功能的神经细胞产生与感受器电位相应的动作电位。该动作电位产生过程中，由于细胞内离子分布的改变激活了细胞核内的感受基因，引起基因表达和调控活动，通过在 DNA 水平的基因转位和重组及其在 mRNA 水平的剪接过程，最后产生出成熟的与刺激相对应的特异 mRNA，从而指导特异蛋白质的合成。该特异蛋白质合成后被输送到细胞膜（突触膜）上，并成为该细胞膜的主要功能结构，其作用是控制该细胞以后再发生动作电位时的电位模式，使其兴奋时保持与第一次受刺激时相同的电位模式。至此，该神经细胞就变为具有特异性的刺激记忆细胞（就像有记忆功能的致敏淋巴细胞）。该特异膜蛋白质与各种自律细胞的膜蛋白质（慢通道）相似，能够自发性兴奋，使该细胞产生动作电位，再现原刺激电位模式形成自发性回忆。在该神经细胞兴奋和冲动信息传递过程中，同时伴随着某些结构蛋白质的合成和特异突触联系的建立，特异膜蛋白质的形成和相应的神经突触联系的建立是形成记忆和回忆的物质基础，对于简单的刺激模式引起的单纯的感受器电位模式，由大脑皮层相应的神经细胞合成相应的特异膜蛋白质，将该神经细胞特化（相当于淋巴细胞致敏）和建立相应的简单的突触联系形成记忆。对于复杂的刺激模式引起的感受器复杂的电位模式，则必须经过多个皮层区的神经细胞分别合成与复杂电位模式中某个单纯电位模式相应的特异膜蛋白质将其特化，再通过建立复杂的神经突触联系，将各个特化的神经细胞联系起来，共同完成复杂刺激模式的记忆。

　　基于此，"记忆痕迹"或者"记忆物理储存器"的说法就有些费解了，或者可能是一种错误。但对于记忆的脑区分工说还是有一定的生化研究基础，记忆可能会存在于一些特殊的大脑皮层中或不同的脑区。认知心理学将记忆分为陈述性记忆和非陈述性记忆，陈述性记忆储存在海马、内侧颞叶、间脑及它们之间形成的神经网络中，程序记忆储存在纹状体、运动皮层、小脑及它们之间形成的神经网络中（王忠明，2004）。一个完整的陈述性记忆的信息被分别存储在语义记忆与情节记忆存储系统内，其中，情节记忆存储系统与最初对外界信息进行加工和编码的脑区重叠，而语义记忆存储系统分布在其他部位（赵晶辉等，2003）。由此，记忆最终储存在突触结构和功能的修饰之中，神经心理学研究发现，海马对记忆有很重要的影响，海马在陈述性记忆、空间记忆以及与学习的环境或背景有很大关系，并具有很重要的影响（詹姆斯·卡拉特，2011）。外源性刺激的确可以改变神经元之间的联结强度，因此，在陈述性记忆的巩固过程中通过改变神经元之间的联结强度把记忆信息存储于神经网络内的假说是有确切的生物学基础的（赵晶辉等，2003）。遗传信息在刺激形成记忆的过程中，决定着记忆容量的大小（即潜能的大小）（范吉智等，1994），潜能越大，将环境中刺激形成记忆的能力也就越大，在生物进化过程中，越是趋向高等的动物就越容易形成条件反射（刺激形成记忆的过程），从而表现得越聪明。

（二）记忆的神经网络机制

传统的记忆理论中，记忆被看作一种"精神实在"，存在于中枢神经系统的某个地方，从而人的记忆以"事件的重现"为基础（费多益，2010）。但从神经生物学来讲，这种将记忆视为"精神实在"的传统理论模式显然具有很大的弊端和缺陷。记忆并不是纯粹的精神世界，也不是完全的依赖于神经系统的物理存储与提取。

1. 记忆是神经元的轴突联结

神经编码就是人类记忆信息在大脑中的物理存贮模式，在大脑中根本不存在"上帝的密码本"之类的东西，而确信事物的特征就是事物的记忆编码，"特征即编码"（李书珍等，1987）。记忆并不存在一种特殊的类似于电脑硬盘一样的物理储存器，而是一种神经元的轴突联结，记忆表现为神经元之间建立的关系网络状态。记忆的存储功能是神经元之间网络的构建与修复，记忆的提取功能是神经元网络的重新激活。记忆是通过中枢神经系统的某种变化而存在着。研究记忆的神经生物学基础——记忆"痕迹"（engram）的特性——必须测定经验在神经系统引起的变化，还要了解储存和回忆经验的复杂过程（徐秉烜，1981）。从神经解剖的角度看来，突触有效性的变化就是短期记忆的生物学基础，长期的、持久的记忆不可能仅局限于突触功能有效性的变化，而必然向某些形态学的变化相联系（翁恩琪等，1987）。记忆从根本上说不是表象和再现的工具和媒介，相反，它是在具体情境中的一种"建构"（constitute）过程（费多益，2010）。完成这种记忆功能的记忆载体不可能是单个的神经元，而是按照某种互联方式建立起来的神经元族群。集群编码理论（distributed or ensemble-coding hypotheses）认为，信息是以一种分布性的方式储存在集群神经元所组成的神经网络之中，单个神经元放电频率反映了刺激的强弱，但对刺激性质的精确编码还需要多个神经元的协同活动来共同完成（于萍等，2011），编码后的信息分布在细胞之间，每个位置细胞可以有多个表征，即对多个位置、多个刺激产生反应，但是不能独立地、清楚地表征某种空间信息。记忆是神经元联结的分布集，不同的联结分布代表了不同的记忆特征，一个信息特征会表现为一个神经元的联结集群，也即一个分布集。

2. 神经元的二元编码机制

每一个独立的神经元仅仅有两种反应：兴奋与抑制。但它在不同的神经元网络族群中扮演着不同的角色，神经元的这种角色也是天生的自然分工结果，所以，任何一个神经元及其突触可能会在不同的神经元网络族群中扮演着一个基本信息元的反映功能。二元编码机制是人类物种最基本的认知能力，甚至是人类最基本的生存现实（方文，2005），神经元同样以二元制编码的形式对外部信息刺激进行反应。但是在神经元族群的这个功能团体中说不上哪一个神经元是最重要的，是起决定性作用的。由于不同的激活条件，某些神经元按照"胜者主宰一切"的原则处于主要的地位，主导着其他神经元的作用（李书珍等，1987）。神经元对信息元的反映就是通过兴奋与抑制两种机制完成的，但是非常多的神经元以兴奋或抑制做组合，就有无数多种组合综合地反映某一外部信息的全貌，正如所有的电脑程序都是由 0 和 1 的二进制实现，神经元也同样具有这样的功能，也具有同样的模式。大脑就是这样一个极其复杂的系统，在该系统中仍然表现为事物之间的联系本质。记忆单位就是人类记忆一事物（或一观念）的多个特征及特征之间的联系的单位，在记忆单位中，事物之间的多个侧面及其相互联系的信息构成记忆单位内部运动的基本模式，事物与其相近或相关事物的联系的信息构成记忆单位引发机制的模式（李书珍等，1987）。被识记的事物总是由无穷多个不同的信息特征组成，比如图像、视频或声频等，这些信息特征以一种特有的规则共同表征事物的全貌，信息特征或信息元素之间的联系反映了事物内部不同特征的联系，也同时反映了事物与事物之间的关联性。这些联系会以不同神经元的兴奋或抑制表现出来，并通过大脑皮层神经元的广泛规则性联结有序地反映出来。

3. 记忆的神经网络联结

兴奋与抑制正如用手电筒的灯亮或灯灭来表征某一种信号特征，可以假设有这样成千上万的手电筒就完全可以对外部的任何信息进行全方位表征。可以设想，一个神经元可以通过兴奋和抑制反映两种基本信息元素，两个神经元就可以反映四种基本信息元素，即 2^2，以此类推，大脑千亿个神经元构成的网络就可以有 $2^{1\,000亿}$ 种网络模式反映某一信息的基本特征。用我们自己的大脑是很难想象大脑的这种超级神经元组合规模及其复杂程度的，所以，人或动物的认知就是依赖于这些极其庞大复杂的神经元网络来表征。人的神经元是一种慢速器件，它以大约每个突触 0.5 毫秒的速度传导着信息，所以，它没有足够的时间作长串的串行顺序运算，但千亿级的神经元的巨大数量却弥补了这一不足。神经元使用多系统平行的高度并行方式运行，通过直接的复杂互连使得任何操作都只用很少的步骤来完成。这种结构方式使得任何记忆几乎都可直接检索，构成了记忆的无级结构（李书珍等，1987）。在神经系统中，注意仅仅是将外部信息转换成为感知器官的神经元电化反应，并通过神经元突触之间的生化反应建立神经网络联结，也即对信息的编码。通过感知器官的神经元将外部信息表征为可以引起神经元生化反应的信息元素，注意是信息的编码过程，同时也是对外部信息特征的分解过程，通过这个分解过程转换成为感觉器能够识别的各种信息单元。视觉系统并不是在复制图像，而是将它编码成各种各样的神经元活动（詹姆斯·卡拉特，2011）。记忆则是编码后信息的存储，这种存储不是信息片段的物理存储，而是表现为神经元之间的网络联结。所以，信息的传递是神经元注意的编码过程，而信息的存储则是神经元之间网络的联结状态，新的记忆总会在神经系统中建立神经元之间的联结通道（Weiss R. P.，2000）。人们一般会记住一个概念或事物的多方面特征的总和，最低级的记忆单位的特征是对外部事物的感知信息直接抽提的结果，较高级概念的记忆单位是对形成该概念的多个前级概念的主要特征抽提的结果（李书珍等，1987）。

（三）短期记忆和长期记忆

从记忆的网络联结理论来讲，工作记忆、短时记忆、长时记忆、情景记忆等都在本质上是相同的，短期记忆和长期记忆可能只是同一记忆过程中的两种表现形式，二者共同完成记忆的连续性功能（范吉智等，1994）。

1. 两种不同的记忆模式

从神经元电化反应来看，在刺激模式形成记忆模式的过程中，以刺激引起的电位模式在边缘环路和神经通路中循环，进而产生突触的短期易化效应，即形成短期记忆。随着特异膜蛋白质和某些相应的结构蛋白质等化学物质的合成完成，边缘环路和神经通路中的电位模式逐渐消失，由新合成特异膜蛋白质和相应的神经突触联系（化学模式）取而代之，从而产生长期易化效应，即形成长期记忆。研究表明，单一化学递质的重复施加能使短期记忆转换为长期记忆，不论是短期还是长期记忆都包含有同一突触连接的增强和递质释放的增加，并伴有感觉神经元兴奋性的增高。在细胞水平，短期和长期记忆似乎并不包含两种根本不同的记忆迹线，但在分子水平两种记忆则存在明显的不同（范吉智等，1994）。心理学家的研究表明，短时记忆约在 15 秒内遗忘，但短时记忆可以用复述的方式在短时存储器中被继续保持（李伯聪，1991），并逐渐形成长时记忆。

2. 记忆的组块结构

短时记忆存储容量的有限性告诉我们：短时记忆中存贮的信息是对感觉记忆中的信息进行选择的结果，只有被注意的感觉信息才能进入短时记忆，而其余大量未被注意的感觉信息都衰变即遗忘了。在感觉存储器存储的大量信息中，只有数量所限定的少部分信息可以受到注意，受到注意的信息通过编码而进入短时记忆。短时记忆的编码方式可称之为组块（chunk），短时存贮库的容量是 7±2 个组块（李伯聪，1991），组块就是具有一定信息表征功能的神经元集群。实际上，长时记忆也同样是以组块的模式存在，每一个组块就是由众多相互联结的神经元组成的集群，它们共同表征某一种信息。在空间记忆过程中神经元之间通过相位同步、相位先行等时间编码方式对信息进行加工。随着记忆过程的逐步深入，海马神经元之间的相关性也是逐渐增强，说明记忆的增强将会使神经元之间的联系增多。在空间工作记忆过程中，神经元的活动并不是独立的，而是与周围神经元之间形成一种密切的联系，形成某种时间上的相互关系（于萍等，2011），所以，任何一种记忆模式都是通过"细胞集群"对事件的信息编码实现，而非单个神经元独立工作，在神经系统中都表现为不同神经元之间的网络联结，是一种神经元的联结状态。

神经编码就是在人的习得和不断学习过程中自然形成的，其编码方式依赖于习得过程的进行方式及个体的知识状况。在绝对意义上，没有两个人具有相同的神经编码，但由于人对同一概念具有大体相同的理解，同一概念在不同的人之间只具有结构模式上的统计相似性（李书珍等，1987）。情景记忆正是记忆在存储和提取的反复过程中进行的不断修正和再造，就比如我们第一次看到一个陌生人时，他可能是短发，但以后再见时他又是长发，这种信息特征的变化并不会改变我们对这个人的识别，而每见一次总是对这个人的认识在大脑神经系统中会重新休整原已形成的神经元网络联结，这种修复不会改变特有神经元网络联结的主体结构，仅仅是边枝末节的删减。所以，很多时候我们无法分清楚哪一种是短时记忆，哪一种是长时记忆，而且任何一种记忆在以后的激活或被新的信息刺激后会进一步修复或再造。长时记忆有些时候并不一定是短时记忆的反复或重复强化，一辈子的记忆往往都在一瞬间形成。短时记忆的反复强化肯定会形成长时记忆，但短时记忆存在多长时间，长时记忆又存在多长时间都是相对的。

（四）记忆的激活与提取

与记忆的生成一样，生成是神经元网络的形成，提取是神经元网络的激活，但人对过去记忆的回忆或提取不需要同时激活所有的神经元及其联结，即表征某一外部刺激所有信息特征的神经元集群。

1. 记忆的激活

表征所有信息特征的神经元集群的全部激活存在一个有效的阈值，当提供的信息特征越多，并使神经元集群中的一些重要神经元联结激活量达到该阈值时，神经元集群就会自动激活全部神经元及其联结。一般来说，如果一个轴突过去成功地刺激另一个细胞并使其保持兴奋，那么它以后刺激该细胞并使其兴奋将会变得更加容易（詹姆斯·卡拉特，2011）。记忆单位自身存在着自主运动的活力，意识系统并不需要干涉记忆单位活动的细节，它只要选择性地激活就够了。被激活的记忆单位的选择活动本身就会激发相关的记忆单位，引出一连串的活跃，记忆的激发将导致不可避免的非定向兴奋性的弥散，这种特点造成思维的局部泛化，引起彼此相关的记忆单位成片的活跃，构成思维的兴奋性集团（李书珍等，1987），这个兴奋性集团就是表征所有信息特征的神经元集群。所以，记忆的提取只需要使神经元集群中的部分神经元及其联结被激活，这种联结激活量达到神经元集群全部激活所达到的阈值，那么整个神经元集群就会被自动激活。有时候人的回忆往往只需要某一个非常鲜明而独特的信息特征就足以激活表征事物所有信息特征的神经元集群，从而产生记忆的回放或提取。记忆的提取就像两个人的你说我猜游戏一样，当一个人描述一个词或者物的信息特征时，另一个人将会根据这些信息特征不断地激活在原有记忆中的信息元素。在听者的大脑中存有大量的各种实物的认知信息，这些信息都以神经元集群内部的网络联结形式保存着。每听到一个相关事物信息特征的描述时，听者会激活表征该信息特征的神经元及其联结，当描述者提供更多的相关事物的信息特征时，听者激活的相关事物的神经元及其联结也更多。描述者提供的信息特征足够多时，听者就会猜出描述者所描述的事物，即表征该事物的神经元集群被全部激活。

2. 记忆的提取

记忆的提取功能实际上就是对过去已经形成的神经元集群的重新激活或再修复，提取虽然是编码信息的激活，但又不是编码的简单复原，编码与提取加工之间存在着本质的差异（孟迎芳，2010）。信息的编码加工仅仅是将外部信息的基本特征换能为感觉器官可以识别的神经元电化活动，并建立神经元之间的特有神经元网络。而提取一方面是对已有神经元网络的全部激活，另一方面还会对已有神经元的突触联结进行修修补补，以形成最新的网络联结。从神经生化反应来看，记忆的提取（或再现、回忆）都是靠与原刺激模式相对应的特异膜蛋白质的兴奋引起该特异神经细胞兴奋产生与原刺激模式作用时相同的动作电位来实现的（范吉智等，1994）。通过不断提取修复后的神经元网络总是适合于最新外部信息特征的突触联结，这种联结会随着新刺激和不断提取而不断更新。记忆并不是在它被储存进大脑的时候就定格了，而是处在不断变化中，它非常容易受各种因素的影响（费多益，2010）。人的记忆单位的每次激发都伴随着记忆单位自身的修改，记忆的周期性强化作用能使人牢记一件事情，这是记忆单位自身修改的结果，它强化了记忆单位中一些主要的特征及主要的侧面，使该记忆模式更稳定，引发通道更加易化，容易接通（李书珍等，1987）。记忆是根据某种需要而重新构建的，决不能把记忆理解为个体的属性，因为"正是在社会中，人们才正常地获得他们的记忆，也正是在社会中，人们回忆、识别他们的记忆，并把他们的记忆加以定位"（费多益，2010）。

三、学习与情绪

情绪与包括学习与记忆在内的很多认知活动有密切的关系，不同的个人情绪会影响他的学习与记忆过程和效果，反过来，学习和记忆会对情绪的生成与演化具有很大的影响。心理分析学派认为，情绪不仅在生物性需要的满足上起着动机的作用，而且在人的行为改变，学习操作和认知加工中，情绪也起着核心作用（孟昭兰，1984）。在我们的日常生活中，情绪高涨会激发人的学习和工作热情，低沉的情绪导致学习效率的降低，学生成绩下降，工作积极性不足。这些日常的现象都说明了情绪与学习、记忆有紧密的关系。那么情绪是如何产生的？什么原因导致情绪的变化？情绪启动的神经生物生化机理是什么？为什么在人的一生中情绪会不断地变化？但又为什么刚出生的婴儿也有所谓的"基本情绪"呢？这些问题至今仍然没有一个完整统一的理论与实验结论和架构，关于情绪理论的研究正如盲人摸象一样，零零散散。

（一）情绪的多理论解释

情绪是人脑的高级功能，保证着有机体的生存和适应，对个体的学习、记忆、决策有着重要的影响（马庆霞等，2003）。情绪离不开大脑的神经活动。情绪的首要特征是生物属性，每一种情绪都有自己的神经生理基础（罗峥等，2002）；同时，情绪又是社会化的。

1. 情绪的认知观

随着个体认知的发展，认知评价诱发出多种复合情绪，即社会化情绪或称为"认知性情绪"（孟昭兰，2000）。就个体而言，情绪在人的一生中随着生理、环境、认知、文化、学习等的变化而不断发展，情绪是一个动态的发展状态。缺乏情感会导致毁灭性和危险性的行为，在极端情况下，缺乏情感的人会表现出反社会的人格，对野蛮行为熟视无睹，完全无法感知别人的痛苦（戴维·布鲁克斯，2012）。情绪可分为基本情绪与自我意识情绪，在情绪发展过程中，二者出现的时间不同，自我意识情绪出现的时间要晚于基本情绪。研究表明，婴儿在生命最初的 9 个月里已经可以表达出大多数的基本情绪，而自我意识情绪直到 18～24 个月时才会产生，更复杂的自我意识情绪，如羞耻、内疚和自豪，大约要在 3 岁末时才会出现（冯晓杭等，2007）。所以，在个体的早期发展中，基本情绪都保持稳定不变，对于基本的情绪来说，情绪体验和表现的神经机制是生来就有的（孟昭兰，1984），基本情绪取决于生理基因，比如哭、笑等。分化情绪理论认为，情绪发展首先是生物的变化，即是中枢神经系统机能的成熟，情绪的神经和神经程序控制的表情（如面部表情）成分，在婴儿刚出生的几个月会发生变化，这种变化大部分由成熟因素所决定（罗峥等，2002）。但随着个体的发展，情绪与其他系统的连接得到不断建立和发展，随着认知能力的发展和新的知识表征的不断获得，个体的情绪也就得到了发展，从而个体就有可能获得以往从来没有过的"全新"的情绪体验（刘国雄等，2010）。

2. 情绪的社会建构理论

情绪发生的生理—心理学表明，情绪首先是一种先天预置的为适应生存的心理能力，随着婴儿认知的发展，情绪随之社会化（孟昭兰，2000）。在人类情绪的建构中，文化特性的影响明显强于生物特性的影响，社会功能的作用明显高于生物功能的作用（乔建中，2003）。罗峥（2002）认为，当代情绪发展理论大体可以概括为生物观点、机能主义观点、认知观点、组织观点和社会文化观点。它们从不同的角度对情绪进行了界定。生物观点强调情绪包含的生理状态，机能主义强调活动倾向，认知观点强调认知的作用，组织观点强调多个子系统的模式构造，社会文化观点强调社会和文化的影响。所以，情绪是一个复合物，它可能融合了生物观点、机能主义观点、认知观点、组织观点和社会文化观点的所有属性和特征。从社会建构论的观点来看，情绪发展是一种自组织的发展（刘国雄等，2010），情绪发展意味着情绪复杂度的增加，情绪组织性的增加——情绪各成分之间越来越协调，机体和环境越来越协调。情绪不是单一的成分过程，而是神经激活、体验、表达以及其他成分在社会交往的一段时间里被组织起来的动态关系（罗峥等，2002）。情绪是生物性与社会性因素的交织，是先天与后天影响结合的复合心理组织与心理行为，其生物—社会性质通过构成其诸成分的功能作用表现出来（孟昭兰，2000）。情绪的社会建构理论普遍强调，尽管情绪的种系发生在一定的进化——遗传特质之上，但是情绪的体验内容和表达方式并不是遗传性习惯的遗迹，而是在社会文化系统中获得的与人当时的社会角色相适应的有用的习惯（乔建中，2003）。不论是在实时交互中，还是在人生发展的不同阶段，时态发展的动态性和情绪成分的融合性使情绪具有历时的演化特性。如果将所有关于情绪理论的观点融合起来可能就会呈现出情绪的全貌。

（二）情绪启动的生物生理机制

有关情绪的理论研究可以分为两个方面：情绪启动和情绪表征。所谓情绪启动是由于某种因素导致情绪的发生，比如外部刺激因素、身体不舒适、饥饿等。情绪启动主要探究引起情绪发生的因素及其生物生理机制；而情绪表征是因为情绪的启动而表现的情绪表现形式，比如愤怒、高兴、嫉妒、生气等。对于情绪表征来说，情绪启动的研究更为重要，因为引起情绪产生的原因可能有很多，比如生理活动、认知活动、外部环境等。也就是说，情绪具体表现为什么并不重要，重要的是什么因素引起情绪的发生、情绪的发展路径是什么、情绪如何被社会化。情绪启动可以分为无意识情绪启动和有意识情绪启动（廖声立等，2004）。

1. 无意识情绪启动

无意识情绪启动是人对外部刺激的生理及其神经系统的自动加工与反应，无意识情绪更多表现为基本情绪，如喜、怒、哀、惊、恐、爱等。这些无意识情绪启动不需要意识加工和认知参与的快速自动反应，比如饥饿引起婴儿的哭泣以及看到毒蛇的逃跑与惊恐等情绪表征。人们通常认为与这些情绪相对应的大脑结构是皮层下的，比如杏仁核、腹侧纹状体和下丘脑，这些结构通常是进化而来的较原始的结构，快速地进行自动反应（龚雨玲，2011）。来自神经、社会心理学等方面的证据表明情绪反应环境信息、自动调节行为（庄锦英，2004），这种自动调节行为的情绪主要就是无意识情绪。无意识情绪启动属于基本情绪，具有先天特性，比如有些人天生爱笑，有些人天生胆小，容易引起惊吓。大量的研究证明了无意识情绪启动完全是生理存在和神经活动（廖声立等，2004），其情绪发生不会受到经验的积累、认知发展的影响，也就是说无意识情绪启动与意识没有太大关系，完全取决于生理系统的神经自动应激反应。所以，这种情绪的发生往往具有不可控性，并不必然为社会规范所约束，它是一种相对独立于认知加工的心理过程，它可以先于认知而发生。情绪的脑生理学已经证明，情绪有其自身发生而不必然受大脑皮层调节的机制，脑内存在着"表情的预先程序化的先天模式"（孟昭兰，2000）。从进化的角度看，情绪最初的功能是使有机体对正性或负性事件进行恰当的反应，不必总是需要有意识体验的参与（柳恒超等，2008）。例如，婴儿刚生下来的几天里，可以根据身体刺激所激发的生理状态来确定每一系统内的情绪反应，新生儿期之后出现了前驱情绪，它受事件对婴儿的意义所调节，在 1 岁的下半年出现喜悦、愤怒和恐惧等基本情绪，2 岁时，每一种情绪更成熟了（罗峥等，2002）。

2. 有意识情绪启动

有意识情绪启动则完全受制于人的认知活动而引起的情绪反应，这种情绪会随着人的认知变化而发生变化，具有社会化特性，比如自卑、焦虑、沮丧、激动、愤怒、烦恼、嫉妒、惭愧、羞耻、自豪等。大多数情绪理论都认为情绪是具有内部的、行为的和社会适应的机能，是认知、行动、社会交往和发展的重要激发物与组织者（罗峥等，2002），所以，有意识情绪启动使情绪具有更大的复杂性，即所谓复杂性情绪，或者自我意识情绪。情绪的社会建构理论认为，个体情绪的演变发展并非主要建立在原型情绪（基本情绪）的生物基础上，而是建构在社会实践的文化基础上，个体社会化的过程是情绪社会化的过程（乔建中，2003）。即个体在社会化于某一特定社会文化体系的同时也形成了对现实世界的态度体系，这种态度体系决定着个体对自身与各种环境刺激之间关系的评价，进而决定着个体的情绪生活。情绪加工的概念水平以语义表述性记忆系统为基础，这一系统负责对复杂情境的情绪意义进行认知评价，以及对情绪表达进行有意识的控制，它主要以认知评价和行为控制的皮层机能为基础（马庆霞等，2004）。理性与情感并不是彼此分离、彼此矛盾的，理性建立在情感的基础上，需要依靠情感才能发挥作用，情感赋予事物价值，理性则在情感评估的价值基础上做出选择（戴维·布鲁克斯，2012）。从情绪的有意识行为来看，有意识情绪的发生是因为心理意识的不协调因素，因为情绪是在环境信息与脑已建立的内部模式处于足够的不一致和不协调的时候发生的（孟昭兰，1984）。这种不协调的关键是外部刺激引起的对事物的实际认知与过去经验形成的已有认知产生了不一致，而个体总是喜欢保持已有的认知，从而导致对实际认知的情绪反应。所以，从意识角度看，情绪就是人们对客观事物进行认知评价，判断其是否符合主观需要和预期所产生的一种体验（卢家楣，1988）。有意识情绪启动实际上就是一种自我意识情绪的发生，自我意识情绪是个体在具有一定自我评价的基础上，通过自我反思而产生的情绪（冯晓杭等，2007），自我意识情绪比基本情绪有更加复杂的认知活动，自我表征、自我觉察、自我评价过程的卷入是自我意识情绪产生的重要条件。自我意识情绪是随着认知的发展而逐渐形成和发展的，并会受到文化的影响。情感是人判断事物价值的依据，在潜意识中指导着人的行为（戴维·布鲁克斯，2012）。在个体发展和社会化过程中，环境、文化因素可以内化为个体人格特性的一部分，而情绪又是人格的组成成分，由此，个体特定的情绪反应往往可被文化模式所解释（孟昭兰，2000）。

因为有意识情绪与复杂的认知神经系统相联系，其个体差异性就非常大了。影响情绪复杂性的个体因素包括注意分配能力、社会认知技能和某些人格特质的差异等（郭婷婷等，2011）。不同情境可能会引起不同个体相同的情绪反应，或者称之为共鸣；但同一情境也可能会引起同一个体在不同时间的不同情绪表达，称之为情绪迁移。对同一个体而言，情绪复杂性会随着年龄的增长而变化，随着年龄的增长，个体的情绪体验会趋于复杂化，跨文化研究也揭示了情绪复杂性的东西方差异（郭婷婷等，2011）。人际交往中的情绪特性有三种表现形式（孟昭兰，2000）：第一，可直接受个体的需要和愿望所驱使，脱离社会规范的羁绊；第二，可融于人格结构之中而表现为无真伪的区别，即受社会文化、礼仪、习惯熏陶所塑造的人格的影响，使个体情境完全融于社会情境之中；第三，在个体情境与社会情境之间，可能有一定的差距或冲突。认知的社会化使得个体在面对某一种社会情境时，可能会根据自己已有的认知经验来做出情绪的表达，而不会受制于外部环境的影响。但有些时候因为社会文化、习俗等影响使得面对同一社会情境时，自己会违背已有理解而融于社会的整体认知中，形成了社会情绪。情绪社会化的机制正是情绪体验的自我觉知使脑内的感情性信息与认知的高级功能相联系，这种联系使情绪受到环境、文化因素的制约。

（三）情绪的神经网络理论

情绪和记忆联想网络模型将情绪看作对某种特殊知识的记忆，情绪反应就是该记忆被激活时的状态，这个过程既可以有意识地发生，也可以自动发生（廖声立等，2004）。

1. 情绪的认知反应

无论是无意识情绪还是有意识情绪，它们都是因为体内外信息刺激导致的情绪化反应，情绪化反应的结果就是情绪表征，比如恐惧、哭泣，生气，高兴、嫉妒等，伴随着这些不同情绪表征特征的出现，身体会出现脸部表情以及身体体温、血压、心率等方面的变化。两种不同的情绪启动具有明显的差异性，无意识情绪启动产生的情绪往往是因为体内外信息刺激引起的无意识应激反应，比如饥饿导致的婴儿哭泣以及身体刺痛引起的哭喊、痛苦的表情等。有意识情绪则是需要有意识的信息加工，包括预期、判断、评价、控制、调节、记忆等认知过程。有意识情绪往往是建立在已有的情绪认知、情绪记忆的基础上，通过对现有外部刺激所形成的初步认知进行有意识的判断和评价，然后将这种判断和评价与固有的情绪认知和记忆进行比较，从而形成情绪预期，有意识情绪的发生正是基于已有情绪预期的不一致和不协调之上。预期的心理实质是一种认知倾向，对个体的活动具有导向作用，所谓情绪预期就是个体根据自己的经验，习惯对客观事物所做出的一种事前估量（卢家楣，1988）。情绪预期一方面根植于个体在生活过程逐渐内化形成的认知结构，当客观事物超出主观预期，会引起个体情绪的波动；另一方面又通过个体的认知评价得到外来信息的修正，引起这种认知倾向的改变，从而使个体更好地适应环境。有意识情绪往往具有信息修复功能，每次引起的情绪反应都会因为不同信息可能引起的情绪表征而对已有的情绪记忆或认知结果进行进一步的补充或修改；同样，有意识情绪还可以根据情境的不同进行情绪调节。

2. 情绪的神经生物机理

根据神经网络理论和情绪的神经生物学理论，情绪同样存在自身特有的神经网络，即神经回路。思维和身体借助复杂的反应与逆反应网络彼此相连，通过反馈作用赋予事物情感价值（戴维·布鲁克斯，2012）。研究表明，大脑的左右两半球在情绪加工中起着不同的作用，右半球更多卷入情绪的自动（表达的和自主的）成分，而左半球偏好情绪加工控制的"概念水平"（马庆霞等，2004）。

（1）无意识情绪的启动。无意识情绪的启动是自身特有神经回路的自循环，而有意识情绪的启动就需要其他认知系统的神经网络参与。当一个人处于一种情绪状态时必然引起与某种情绪相关的脑区神经元或神经网络的激活，造成这些变化的可以是任何刺激，如听觉、视觉、语言。对情绪神经元系统的刺激可以引发扩散性兴奋，这种兴奋可以降低某些相关神经元的感觉阈限，加速了对目标刺激的加工（廖声立等，2004）。研究显示，情绪唤醒度主要通过杏仁核—海马网络对记忆进行自动调节，从而产生增强效应（王海宝等，2009）。杏仁核对情绪记忆编码的影响就是通过对情绪刺激的注意增强来实现的，增多的注意资源使得情绪刺激更好地获得记忆表征（李雪冰等，2007）。基本情绪源自自下而上的阈下刺激，它通过联结感觉器官和情绪表征器官（面部肌肉、心率、血压等相应器官）的神经回路完成情绪的应激性激活与表达。记忆系统中储存着特定刺激与情绪反应主观体验之间的联系，在新的诱发情境中，依靠皮层下回路的结构（特别是下丘脑和杏仁核之间的联系），情绪自动重新激活产生自发的情绪（马庆霞等，2004）。基本情绪的个体差异性就是因为遗传基因导致的与情绪有关的脑区及其神经元激活阈值的不同，有些人具有较低的情绪神经元激活阈值，其情绪具有易化性和敏感性，比如爱笑、爱哭、容易激动、易怒等。这些基本情绪的差异性完全可以以神经网络的神经元激活阈值予以解释，通常不同个体的基本情绪神经网络具有相同的联结，所以，基本情绪的表征和反应基本是一致的。

（2）有意识情绪的启动。有意识情绪的启动则需要结合其他认知系统的神经网络结构及其激活程度予以解释，情绪的发生是相关情绪神经系统的网络联结。情绪往往会按照个体的意愿进行，有特定的社会和个人目标的行为（乔建中，2003）。这种目的性和意愿建立在过去已有的经验体验和认知中，并形成基本固定的神经元网络联结，表现为个体特有的认知模式。当这种固有的认知模式受到情绪信息的刺激，或者受到情绪神经元的信息传递与激活，那么认知模式会有不同的反应强度和激活水平，并在原有的基础上根据最新的信息（包括情绪信息）修复已有的神经元网络联结，从而形成最新的网络联结模式，即新的认知模式，并以新的神经网络模式作为情绪记忆保存下来。一般来说，不同的个体具有不同的情绪激活阈限，在情绪激活之后其强度也有所不同（刘国雄等，2010）。情绪激活度过低，人们一般会回避和忽略刺激信息，感觉和运动系统的活动水平也会降低；情绪激活的强度过高，注意范围和信息加工能力也会随之降低，人们更容易采取的是定势或习惯行为，而非创新行为；中等激活水平的去甲肾上腺素释放量可以提高前额皮层对行为的控制水平和工作记忆能力，维持与任务相关信息的选择性注意，从而改进工作记忆。所以，适度的唤醒水平下，个体更能调动心智机能，积极地寻求和整合信息，有利于创新和问题的合理解决（邓铸等，2010）。由此，有意识情绪的启动都是建立在已有认知模式基础上的对新的情绪信息的自我判断、评价、控制和调节，这些与情绪有关的认知行为的变化都是对包括情绪神经元在内的特有神经网络系统的重新激活、修复与改进。

（四）情绪对学习与记忆的影响

情绪与学习、记忆等认知系统共同形成了特有的神经网络，在这个神经网络中，与情绪有关的脑区及其神经元会与学习、记忆的其他认知系统的神经元系统形成一个网络，或者复杂的神经回路。

1. 情绪影响的脑神经机制

研究认为，学习前情绪唤醒对即时回忆的影响可能与注意有关；学习后情绪唤醒对即时回忆无影响，可能与短时记忆的神经机制有关（柏阳等，2010）。艾森（Eisen）的提出易接近假说（accessing ability hypothesis）认为，积极（或消极）情感状态的个体更倾向于恢复或激活记忆积极（或消极）的材料，因为与这种积极（或消极）情感状态相联系的思想或引起积极或（消极）情感状态的思想对记忆中提取另外的积极或（消极）性材料有启动作用，通过它引发有关的认知材料，从而对客观事物判断和行为起着促进或抑制作用（廖声立等，2004）。当认知神经网络增加了情绪神经元的网络节点后，认知神经网络的激活往往会受到情绪神经元电位差变化的影响。情绪分为正性情绪和负性情绪，二者都会产生相应神经元的兴奋或抑制，进而通过神经元之间的信息传递来影响其他认知神经网络中的神经元电位差变化。大量研究表明，正性情绪促进认知活动，而负性情绪破坏、瓦解、阻断认知活动（杨海燕等，2005），负性情绪使工作记忆绩效降低（钟建安等，2010）。情绪（特别是负性情绪）能够以最迅速的方式激活杏仁核，之后杏仁核可能将信息反馈到知觉区和控制区，保证大脑将更多的注意资源投向情绪材料，以致改变了记忆在海马中的编码方式（吴润果等，2008）。积极情绪不仅扩展了空间注意和时间注意，增加了注意的灵活性，而且在积极情绪下个体表现出了对积极刺激的注意偏向（蒋军等，2011）。

2. 情绪的调节机制

注意分配模型认为，情绪调节使得个体对情绪体验和自我的注意增加，对环境编码则越来越少，这会导致对情绪无关信息的记忆减弱；自我调节损耗模型认为，在情绪调节中努力越多，在其他需要付出能力的行为中的资源就越少，如要求编码信息等，这将会损害对信息的记忆（杨海燕等，2005）。

积极情绪能促进个体认知的灵活性，使其认知范围扩大、信息加工速度提高，引发更高水平的认知流畅性和独创性反应；消极情绪则会导致认知范围缩小、灵活性下降，但可以提高认知的持久性（邓铸等，2010）。积极情绪的多巴胺理论认为（蒋军等，2011），积极情绪对注意的调节机制概括为以下三个方面：（1）积极情绪的诱发提升了多巴胺水平，多巴胺系统通过其投射通路将多巴胺传递到注意相关的脑区，引起注意控制能力的变化，进而降低信息的过滤能力，使得更多的信息进入高层次的加工；（2）情绪和注意相关区域的激活和部分重叠；（3）积极情绪引起初级视觉皮层信息输入能力的改变，进而扩大了视野，调节了知觉编码范围，降低了过滤器对无关的非注意信息的过滤能力（蒋军等，2011）。由此，当人处于正性情绪状态时，认知神经网络会处于兴奋状态，并对信息的处理具有较高的效率和强度，从而在表面上会表现为积极的学习状态或动力；反之，如果人处于负性情绪状态时，认知神经网络系统会因为负性情绪信息的影响而处于较低的信息处理效率，从而表现为抑郁或学习兴趣的低落。激活度高的情绪状态能使个体在活动中投入更多的心智资源，而去激活的情绪状态则会抑制个体心智资源对活动的投入（邓铸等，2010）。情绪对学习和记忆的影响不是直接的，而是通过情绪神经元对其他认知神经元的生物生化作用而间接地影响了包括学习和记忆在内的认知神经系统的运行。所以，情绪不仅影响人格特性的形成，而且影响智力的发展（孟昭兰，1984）。

3. 情绪与认知的关联

已有大量证据表明，情绪和动机在知觉、注意、记忆、执行控制和决策中起着关键的作用（龚雨玲，2011）。认识和情绪之间的互相影响可以从两个方面来理解：一方面，情绪对认识活动的影响可以是消极的也可是积极的，在一定的条件下消极作用也有可能转化为积极的、促进的作用，反之亦然；另一方面，认识活动既可以引起情绪也可以控制和调节情绪（黄敏儿等，1999）。情绪肯定具有先天的成分，但随着认知的形成与变化，情绪反倒会受到认知的影响，情绪发展是经验获得、认知发展以及社会化的函数

（刘国雄等，2010）。儿童的情绪具有很大的直接性，往往不会进行自觉的认知控制，但随着年龄的增大以及认知水平和能力的提高，情绪会逐渐趋于理性和稳定。成人，特别是认知水平较高的人的情绪更具有隐蔽性和内涵性。认知的观点认为，情绪发展是认知发展和新知识掌握的结果，真正的情绪依赖于认知的成熟（罗峥等，2002）。所以，情绪和认知之间相互影响、相互作用，一种环境刺激可以引起不同的情绪，不同的情境刺激也可以引起相类似的情绪，这种复杂性依赖于认知、理解、情绪、动作等各系统发展的阶段和相互作用（孟昭兰，1984）。情绪具身观将身体置于情绪信息加工的核心，身体状态不仅会影响情绪信息加工，同时在情绪信息加工过程中也会伴随着身体状态的相应变化（刘亚等，2011）。一项关于夫妻面部相似性的研究发现，结婚25年或更多年后，夫妻间面部的相似性比他们刚结婚时和相同年龄的随机个体间的相似度要高，并且相似度的高低与婚姻的质量是相关。大脑和身体的某些部位通过交互作用组成一套"情感定位系统"，该定位系统帮助人做出各种判断，通过与记忆的庞大数据进行对比，确定当前行为可以带来好还是坏的结果，并赋予人物、地点和情境特定的感情色彩（如恐慌、激动、钦佩、厌恶等），以暗示做出相应的反应（如微笑或保持严肃、凑近对方还是赶紧离开等）（戴维·布鲁克斯，2012）。由此，情绪是一种整合性的心理组织，是多个模块过程（如认知的、动机的、中枢神经系统、行为的、体验的、表达的）的综合组成，各个模块彼此独立，同时相互影响构成了一个系统（罗峥等，2002）。

第三节　学习理论

在过去的100多年中，有关学习的理论研究众说纷纭、学派林立，大体出现了四类学习的隐喻：学习是刺激与反应的联结；学习是知识的获得；学习是意义的建构；学习是参与和交往（郑葳，2007）。也形成众多理论，比如意志主义、构造主义、机能主义、行为主义学习理论、信息加工认知学习理论、情境学习理论、联结主义学习理论、建构主义学习理论、神经心理学理论、神经生物学理论、社会学习理论等。有关人类学习的各派理论可以分为两大阵营：一方强调学习是个体身上发生的事，是知识的获得过程，包括行为趋向、认知趋向的学习理论；另一方强调学习的社会性质，认为人与人之间的交往互动是学习的主要方式，包括以社会建构主义及情境认知等为代表的社会学习理论（郑葳，2007）。姚梅林（2010）将心理学领域中有关学习问题的观点总结了10种：（1）学习现象存在于有机体中，人类和动物都能够进行学习活动；（2）学习可以表现为多种形式；（3）学习并非表现为有机体的外部行为反应，也可以表现为内部的生理反应或神经系统的变化；（4）学习涉及诸多过程；（5）学习与其他许多因素有关，如动机、感知觉、发展、个性、社会文化等；（6）学习与其他心理活动相伴出现，或者是更为复杂的心理活动的组成部分，如言语、认知加工、决策等；（7）学习过程既可以在意识水平上进行，也可以在无意识水平上进行；（8）学习的发生有其身心基础，如生理、生化的物质基础以及功能性的心理基础；（9）学习既有共性的一般规律，反映着大部分正常被试所具有的特征，也有其个性的特殊规律，反映着不同被试间以及异常被试的个别差异；（10）学习的研究有着悠久的历史。但从基本的理论研究路径来看，大体可以分为三个主要的理论范式（高文，2001）：行为主义、认知主义和情境主义。20世纪初至中叶主要以动物行为研究建模的行为主义"刺激—反应"学习理论为主；20世纪60年代之后的30年，随着计算机技术和跨学科"认知科学"的发展，以信息加工论为主要内容的认知学习理论成为主要理论范式。进入20世纪90年代后，以社会、历史、文化等外部因素为主要特征的情境认知和情境学习理论占有理论的重要领地。从心理学成为一门独立的学科至今，人们对学习的认识大致经历了从客观主义（包括行为主义和认知主义）到建构主义（包括个体建构和社会建构）的过程（郑葳，2007），学习理论经历了"认知—行为—建构—情境"的历程。在这个百年的理论发展历程中，行为主义、认知主义和建构主义学习理论是当前学习理论的三大主要流派（Siemens，2005），三大流派也见证了学习理论的理论演化历程，无论是哪一种学习理论，它们都围绕学习的本质属性展开"盲人摸象"式的理论探索。

一、行为主义说

1913年，华生创立了行为主义，行为主义摒弃早期心理学以内省法研究主观意识的研究传统，而代之以客观的方法研究可观察的行为，这在西方近代心理学发展的历史上确实是一个划时代的转变（叶浩生，1992）。行为主义学习理论并非是学习理论的最早理论，早期学习理论源自早期的心理学研究。实际上，19世纪70年代以前，心理学与哲学没有太大的区分，而在19世纪70年代之后，心理学才逐渐成为一门具有实验性的、精细且系统的观察以及测量与计算等特性的学科，至此诞生了现代实验心理学的端倪，而行为主义心理学理论正是出现于这个心理学的分水岭（菲利普斯等，2006）。早期的心理学研究起始于19世纪末20世纪初，主要以意志主义和构造主义为主要学术流派（赫根汉等，2011）。威廉·冯特提出的意志主义是心理学的第一个学派，该学派旨在发现思维的元素以及控制意识经验的基本过程。后来他的学生爱德华·铁钦纳提出了构造主义心理学派，该学派专注于对人类意识的系统性研究。无论是意志主义学派还是构造主义学派都是以内省技术为基本研究方法，遵循了德国理性主义传统，研究思维元素及其意识内容和心理过程，强调心理活动的被动性。就心理活动的本原来说，早期的心理学理论强调思维与意识无疑是正确的理论方向，但是采用内省技术的研究具有很多的主观性，特别是将意识与环境割裂开来的理论逻辑显然有很大的缺陷。而行为主义心理学理论放弃了内省技术，采用更为客观的观察方法研究环境刺激引起反应的过程。华生把动物和人都看成"有机的机器"，他认为心理学的任务就是研究人和动物这种"有机的机器"的活动——行为（贾林祥，2004）。对于行为的研究，华生把它分解成为单元，用"刺激"和"反应"来加以说明，刺激—反应（S-R）就是华生的行为公式。行为主义将学习等同于可观察业绩的形式或频率所发生的变化，在一个具体的环境刺激呈现之后，能够表现出一个恰当的反应，学习就算是发生了（Ertmer Peggy A.

et al. ,2004）。尽管华生的行为主义理论摒弃了早期意志主义心理学理论以内省法研究心理问题的思路，但却同样犯了一个更为严重的错误，将意识现象排除于心理学的研究范围之外，这是华生的最大错误（贾林祥，2004）。行为主义的学习理论有两个主要根源（彭聃龄，1984）：桑代克的试错论和巴甫洛夫的条件反射理论。桑代克认为，包括人类在内的一切动物的学习活动都是以尝试错误的方式进行的。在一种学习情境中，动物经过不断地尝试，对情境做出一定的反应。其中，成功的反应得到满意的结果被选择出来，而失败的反应得到不安的结果，将被淘汰，最后就在某种反应和情境间形成了牢固的联结，这就是学习的过程。动物不是学会一个新反应，而是从机体存储的许多反应中选择一个合适的反应，把它与某一刺激情境联合起来。巴甫洛夫的经典条件反射理论是通过对狗的唾沫分泌现象的实验观察研究，发现无论是无条件刺激（食物）还是条件刺激（铃声）都会引起反应（包括无条件反应和条件反应）（分泌唾沫）。巴甫洛夫的实验研究方法及其经典条件反射理论对心理学及其学习理论都有非常深远的影响。

从 1913 年到现在，行为主义经过了两个主要的发展阶段（彭聃龄，1984）。第一阶段（20 世纪 30 年代前）以华生、巴甫洛夫等为代表的旧行为主义学习理论；第二阶段（20 世纪 30 年代后）以桑代克、托尔曼、赫尔、斯金纳等为代表的新行为主义学习理论。

（一）旧行为主义学习理论（经典条件反射作用）

旧行为主义以华生为主要代表，霍尔特、拉施里、亨特和魏斯等则为声援军，其哲学基础是机械唯物论和实在论，自然科学基础是生物进化论和动物行为研究，心理学基础则为机能主义和条件反射学说（高峰强，1997）。旧行为主义学习理论将学习视为由刺激引起的行为反应，正如桑代克把"人类的学习"看成"完全与动物一样"，他们否定人和其他动物学习的本质差别。

1. 经典条件作用

旧行为主义学习理论与巴甫洛夫的经典条件反射理论具有同样的语义，巴甫洛夫在动物身上通过实验研究发现了动物与人一样具有天生的条件反射机制，华生受到桑代克和巴甫洛夫的理论影响，利用了巴甫洛夫的"条件反射"概念，用条件作用来研究人类与动物一样的这种条件反射学习机制（菲利普斯等，2006）。

经典条件作用是指将不能诱发反应（如唾沫分泌）的中性刺激（如铃声）与一个能诱发反应的刺激（如食物）配对一次或若干次后，致使中性刺激最终能诱发同类反应的学习过程（姚梅林，2010）。经典条件反射作用的基本过程可以表示为以下过程：

建立前：US（食物）——→ UR（唾液分泌）。

建立中：CS（铃声）＋US（食物）——→ UR（唾液分泌）。

建立后：CS（铃声）——→ CR（唾液分泌）。

US——无条件刺激；UR——无条件反应；CS——条件刺激；CR——条件反应。

尽管经典条件反射作用源自实验室的动物实验，但在我们的日常生活中处处存在着各种各样的这种经典条件反射，比如谈虎色变、望梅止渴等。实际上，语言的学习本身就具有经典条件反射的原理，如果我们以具体事物为条件刺激形成的条件反应作为第一信号系统，那么以语言为条件刺激形成的条件反应则是第二信号系统。就行为主义的本意来讲，学习就是刺激—反应的过程。所谓刺激是指外界环境和身体组织中所发生的任何变化，如光、声音、血液分泌成分的变化等；所谓反应是指有机体所做的任何动作（贾林祥，2004）。反应分为外部反应和内部反应，前者是可以观察到的身体的外在活动，后者是通过仪器记录的身体内部活动。反应有遗传的反应和训练获得的反应，华生把反映这种遗传的反应和训练获得的反应又称为非学习的反应和学习的反应（彭聃龄，1984），获得的反应就是条件反射。非学习的反应是原始的、最简单的反射，是行为的基本元素，是通过遗传所获得的基本生理反应。一切学习的反应（例如习惯）就是在这种简单反射的基础上，经过条件化过程逐渐建立起来的，通过反复的训练所获得的后天行为过程。从学习的本质来讲，基本的生理反应，如膝跳、眨眼、唾液分泌等都不是学习，是一种简单的源自遗传与基因的生理反应，正如华生提出的非学习反应一样。所谓学习更多的是因为反复的训练所获得的后天的行为过程与条件反射，所以早期的旧行为主义学习理论更多是从基本的生理反应与反射角度研究学习的基本问题，这不失为一种好的研究开端，但对学习的真正本质并没有很好地反映出来，仅仅是学习的一种表象特征，即学习本来就是因信息刺激而产生的行为变化。

2. 经典条件作用的特征和缺陷

从本质上讲，经典条件作用是一个适应性的学习过程，它使有机体调整自己的活动，以更好地与环境相互作用、适应环境。同时，当刺激之间的关系发生变化时，有机体的行为以及各种心理机制也随之发生相应变化（姚梅林，2010）。在华生看来，人的一切行为都是外在刺激所引起的反应，都是周围环境影响与训练的结果，因之教育万能（贾林祥，2004）。反复的记忆，反复的背诵都是强化记忆、强化学习的形式，当代教育教学中的强化训练就是基于经典条件反射的原理。经典条件反射的早期行为主义一般有这样几个特征（叶浩生，1992）：（1）客观主义，强调学习的可观察性与刺激的真实反应，客观性正是针对早期心理学关于纯思维与意识研究的主观判断性缺陷而形成的，也是实验心理学的有用性所在，但强调客观性的同时却忽略掉了学习的主观能动性，学习不是简单地被动接受或变化，而是源自主动的积极性和能动性。（2）以刺激和反应的术语解释行为，将学习视为刺激与反应的简单过程，早期的行为主义无视有机体的内部过程，这种极端化和简单化的倾向不可避免地招致了心理学界的强烈批评（叶浩生，1992）。旧行为主义抓住了学习的两个重要属性，即社会属性与行为属性，但却完全忽略掉了更为重要的心理属性，即大脑的高级认知神经活动过程，这是区分人与动物的重要属性。（3）强调联结学习，连结学习强调通过无条件刺激引起的无条件反应，进而将条件刺激与同样的条件反应关联起来，简单地将刺激与反应关联，形成学习的联结思想，这种思想有利于对学习的机理研究。联结学习实际上是将特定的刺激信息与相应的反应建立一种一一对应的关系，但是该关系过于简单化、一般化，将人的学习与动物的学习统统视为具有简单性的联结学习，学习能力是人区分于动物的重要技能。（4）外围论，其否认脑及中枢神经系统的作用，把思维的机制从中枢神经系统搬到外部器官上来，认为思维是胸部和喉头发音器官的肌肉运动，性质上和打网球的肌肉运动一样，只不过是思维在身体内部进行，将思维视为"内部习惯反应"（贾林祥，2004）。（5）环境决定论，正是由于刺激—反应的简单化行为主义思想，所以，在旧行为主义学习理论中强调刺激对反应的作用，将环境视为影响人或动物学习的基本诱因，认为学习就是一种因环境刺激引起的被动接受，忽略了人类学习的主观能动性，一味强调环境等后天因素对人的影响。尽管学习很大程度上受制于后天的环境适应性和知识获取，但学习能力也具有天生的差异性，这种差异性很多还是决定于脑机理与神经系统的遗传和基因，正所谓人的聪明才智三分源自上帝（遗传与基因），七分源自自身（后天的努力与奋斗）。

尽管旧行为主义学习理论在很多方面存在着缺陷，特别是将心理与学习完全割裂，但就实验研究方法以及刺激—反应的基本理论模式来看，无疑给心理学及其学习理论带来了很大的进步。至少在当时可以实现的研究和技术条件下将学习视为刺激引起的反应过程，并通过动物的简单实验以直观的形式予以展示，使学习理论从早期哲学或意识形态的主观推理发展到了以实验为基础的实证研究，这在理论上迈出了很大的一步，同时提出了学习的两大基本属性：行为属性和社会属性，也即环境对学习的影响以及学习的行为结果。

（二）新行为主义学习理论

新行为主义学习理论在继承旧行为主义刺激—反应的基本学习模式的基础上，至少将人的意识或心理因素融入到学习的过程中，并不是将学习视为简单的刺激对反应的过程，而是强调学习的主动性和强化作用对学习的影响，将学习的结果或效果对学习的强化作用引入到学习理论中。新行为主义者虽然和旧行为主义理论一样否认心理作用，但他们比旧行为主义进步的地方在于至少以"中介因素"的名义承认了心理因素的作用，只是他们以机械论的观点解释中介因素的作用，仅仅把心理因素看成是外部环境因素起作用的管道，其实质仍然否认了心理的作用（叶浩生，1992）。尽管这样，新行为主义学习理论还是突破了旧行为主义学习理论的单方向反应，强调学习过程中的双向循环与反馈的作用，把学习效果对学习本身的影响引入到学习过程中。

1. 操作性条件反射

在行为主义内部，以赫尔、托尔曼和斯金纳为主要代表，接受了逻辑实证主义和操作主义的指导，采取了一种既发展客观实验又发展客观的心理学理论的路子，这种改良后的行为主义称为新行为主义（高峰强，1997）。新行为主义者主张将意识还原为行为操作，在他们眼中，动物和人成为静止、孤立的客体，其内在的心理事实在很大程度上被忽视了，意识、心灵等概念在他们的学习理论中很少有所涉及。在新行为主义者中，斯金纳比较接近华生，只承认可以直接观察的事实才是科学的对象，反对心理学研究意识，反对对行为的生理机制作进一步的分析，并且不重视中间变量在行为中的作用（彭聃龄，1984）。

桑代克和斯金纳的操作性条件反射就是新行为主义学习理论的典型代表。操作条件作用作为一种典型的学习活动，指在某种情境中，由于个体自发的反应产生的结果而导致反应强度的增加，并最终与某一刺激或事件建立起新的联系的过程（姚梅林，2010）。操作性条件作用的形成涉及三个基本成分：辨别性刺激、操作性反应和强化。三者的关系如下（姚梅林，2010）：

S^D（辨别性刺激）---------▶ R（操作性反应）---------▶ S^R（强化）

辨别性刺激是影响动物获得食物奖励的线索，与经典操作条件作用的刺激不同的地方在于辨别性刺激往往要在一定的情境中通过有机体的有意识辨别确认是否可以给自己带来积极的收获或奖励，从而决定是否去实施反应行为。所以，辨别性刺激的发现正是学习的主动性诱因，这种诱因激发了人或动物的积极响应，这使操作性条件作用的学习理论更加接近于对学习真实性的反映。辨别性刺激的确认建立在过去经验刺激的基础上而形成基本判断，这自然与有机体的预期与意识判断有很大的关系。强化是指能够提供操作性反应的概率的刺激或事件，这种强化就是反复的刺激—反应所形成的对以往经验的强化学习。所以，强化与辨别性刺激具有相同的性质，斯金纳强调的刺激是反应之后形成的刺激，这种刺激对操作性反应具有强化的作用。特定的刺激在一定程度上控制着个体的反应，只有对某种特定的刺激做出某种相应的反应，才有可能获得强化。辨别性刺激是对以往经验的识别，一旦相同的刺激不断地获得相应的预期反应，那么这种辨别性刺激自然就成为一种强化物而形成了强化物与操作性反应结果之间的一一对应关系。从某种意义上来讲，学习就是一个学会辨认越来越复杂的事物的过程（姚梅林，2010）。正如人们一旦通过努力地工作获得了相应的报酬，那么在一个稳定的情境中，人对努力与工作成果之间会建立一种强有力的关联，并更进一步地努力工作。

2. 新行为主义学习理论的不同观点

桑代克通过对猫的学习行为研究提出了"练习律""效果律""准备律"的学习定律（菲利普斯等，2006），练习律是指特定刺激与反应的联结越强、反应越强，学习越牢固；效果律则是指刺激所导致的反应如果带来愉悦的效果，则再次面对相同刺激时，学习者重复该反应的可能性会增加。准备律是对效果律的补充，可以看作学习的动机原则，也就是说有机体能否做出反应，取决于是否有动机准备（姚梅林，2010）。显然，桑代克的学习定律不仅强调刺激—反应的基本学习模式，而且更为重要的是提出了学习结果（效果）对学习的反向影响，即学习结果对学习过程的后向反馈。桑代克的学习理论认为，学习就是建立情境与反应之间的联系或联结，这种联结遵循了三个学习定律。桑代克的学习定律强调某种反应或操作是达到某种目的（如获取奖赏、逃避惩罚等）的手段和工具，所以称之为"工具条件作用"的研究范式（姚梅林，2010）。

斯金纳的操作性条件作用与桑代克的工具条件作用有一定的区别，斯金纳的操作性条件作用侧重于强调学会操作或反应，人或动物会在刺激引起的反应中受到反应后信息的强化，二者并没有本质上的区别，有时无法恰当地区分。斯金纳通过对老鼠和鸽子的学习行为研究，发现如果给予动物一定的连续奖赏，动物的学习将会更有效，但如果终止了该奖赏，则动物会停止反应，由此，强调了学习中的强化反应机制，即"小赞美会有大效果"（菲利普斯等，2006）。这个实验一方面发现了动物学习的目的性（为了获得食物）；另一方面提出了学习后果的反馈强化机制。奖励或积极的反馈能够促进行为的形成与保持。这就是操作条件作用的基本观点（姚梅林，2010）。所以，旧行为主义学习理论是关于刺激—反应的单向影响，而操作条件作用着重于学习结果的反馈和循环反应，强调学习中的奖赏对学习者的激励作用，这正是新行为主义的新颖之处。斯金纳认为应区分两类反应（姚梅林，2010）：一类是由已知刺激引起的反应，即应答性反应；另一类是无须已知的任何刺激，由有机体自发产生的反应，即操作性反应（彭聃龄，1984）。应答性行为是由外界的某种刺激所引起的，如光照引起瞳孔收缩、食物引起唾液分泌等。巴甫洛夫的经典条件反射理论就是以这种行为作为研究对象的。应答性反应主要是人和动物的生理反应，严格意义上并不是学习。而操作性行为不同，它是由有机体自发地"发出"的行为，操作行为的发生不需要和任何已知的刺激相联系，如写信、开车、吃饭、说话等。

3. 操作性条件作用与经典条件作用的区别

操作条件作用的建立是一个有意识的、主动的过程，其学习机制主要体现为个体根据行为的实际后果或者预期结果来进一步调整后续的行为（姚梅林，2010），所以，在操作性条件作用的学习理论与经典条件作用的区别就在于关注两个关键因素：预期与强化。预期是过去经验的有意识构建形成了一种特有的期望，这种期望成为以后反应的辨别性条件。凯尼曼等认为，预期具有主观偏好性，与特定的条件、特定的个人行为偏好等紧密相连（姚梅林，2010）。期望—价值理论认为，行为的发生依赖于人们认识到的行为导致目标实现的可能性，依存于目标的主观价值，期望和价值联合起来产生动机倾向（刘惠军，2002）。因此，面对同一客观存在的外部刺激时，是否出现行为反应取决于对刺激信息的意识辨别，最终导致预期会因人、因时、因地而异；同样，预期也会随着认知的改变而变化，随着经验的不断累积而发生调整。预期的这种差异性关键在于个人在过去经验的基础上形成的不同主观评价值，但面对一个客观存在的直观反应时，是否做出相应的意识反应，取决于主观评价值与客观事物现实评价值的对比。预期概念的引入使新行为主义学习理论比旧行为主义学习理论更贴近实践和现实，也更趋近于人的学习过程。预期与强化具有交互性，预期的形成是不断强化的结果，而强化会进一步促进主观评价值的修缮与改进，从而引起预期结果的变化。强化作为操作条件作用的一个核心概念，一直是心理学家高度关注的主题（姚梅林，2010）。最初的强化理论倾向于把强化界定为某种特定的刺激，实际上，强化物既可以是具体的刺激、物品等，也可以是行为、活动或者心理上的需求满足等，如获得自尊、自由、关爱等（姚梅林，2010）。通常情况下，大部分的生理需要都具有强化的特性，是因为这些生理需要若无法获得满足，或者说无法获得强化物，有机体的正常生存将受到威胁。

由此可见，行为主义学习理论也在不断地发展，不断地从纯粹机械论观点的刺激—反应模式发展到有意识的主观能动性操作条件作用下的学习理论，以预期和强化的形式将意识略微地融入刺激—反应的机械式学习理论中，这是行为主义的进步。但从行为主义的本质精神来说，仍然坚持学习的刺激—反应模式，将脑机制或真正意义上的学习机理完全割裂开来，否认学习过程中的心理作用，否认心理与行为的关系，使这又成为行为主义发展的桎梏。随着认知心理学的兴起，研究没有心理的心理学的行为主义时代已经逝去。美国心理学家在摆脱了多年来禁锢着他们的行为主义的传统观念之后，正在致力于探索人的复杂的心理机制，这是目前美国心理学发展的趋势，也是行为主义由兴旺到没落的一个重要标志（彭聃龄，1984）。

二、认知主义说

20 世纪 60 年代兴起的认知革命，在 70 年代取得了决定性的胜利。认知心理学替代行为主义心理学成了科学心理学的主流，并很快席卷了心理学的大多数分支（葛鲁嘉，1994）。皮亚杰（Piaget，J.）的认知发展论是认知学习理论的典型代表（曾文婕，2012）。认知科学汇集了认知心理学、人工智能、语言学、神经科学和哲学等学科，构成了新的跨学科研究领域。

（一）认知主义学习理论的主要观点

自 20 世纪 50 年代末期以来，认知心理学在知觉、注意、记忆、表象、思维、言语、技能等一系列问题上开展了大量的实验研究，积累了比较丰富的实验资料，使我们对人类复杂的心理机制有了进一步的了解。认知心理学的发展使心理学理论从无心理的行为主义逐渐过渡到强调人的认知行为与心理活动的认知主义学习理论，行为主义的没落与认知心理学的兴起，是现代美国心理学发展的一个重要趋势（彭聃龄，1984）。由于认知心理学把研究的重点转移到内部心理过程上来，一度被行为主义否定的各种复杂心理过程，又都恢复了它们在心理学中应有的地位（彭聃龄，1984）。认知主义学习理论认为，学习过程不是简单地在强化条件下形成刺激与反应的联结，而是由有机体积极主动地形成新的完形或认知结构，学习就是有机体获得经验的过程，是通过积极主动的内部信息加工活动形成新的认知结构的过程（莫雷，2003）。社会认知理论认为，认知过程在社会学习中具有重要作用，学习者以符号表征的形式来编码、储存习得的经验，对可能出现的行为结果进行预期，基于这些认知，人类可以调节自己的行为，换言之，人类的活动受其认知的调控，而非外部强化的调控（姚梅林，2010）。所以，认知主义在一定程度上克服了行为主义只关注外部行为表现而忽视大脑内部的学习过程，只以外部刺激反应的连接来表征学习状态的致命缺陷。与行为主义的学习理论不同，认知主义学习理论更关注学习者了解、获得了什么信息，如何了解和获得这些信息，其内在的心理加工过程以及条件是什么（姚梅林，2010）。认知主义学习理论有三个特点（莫雷，2003）：第一，从学习的过程来看，把学习看成是复杂的内部信息加工过程；第二，从学习的结果来看，主张学习的结果是形成反映事物整体联系与关系的认知结构；第三，从学习的条件来看，强调学习的内部条件以及学习者在学习过程中的主动性、积极性，注重学习者的内部动机和学习的认知性条件，如过去经验、背景知识、心智活动水平以及注重学习过程中信息性的反馈等。

　　尽管认知主义开始研究人脑内部的运作机制和过程，但在早期的认知主义理论中，与行为主义一样，由于缺乏强有力的研究手段、仪器和方法，对于人脑学习机理的探究仍处于一种间接的、猜测意味很强的阶段（吕林海，2013）。但20世纪70年代以后，随着脑成像技术、脑解剖技术的发展，科学家对大脑有了深入的研究，并取得了很多重要的研究成果，在这个阶段，神经生物学和认知神经科学有了快速的发展，这一领域的研究促使认知主义在对大脑内部的研究有了进一步的发展。认知神经科学是从20世纪80年代兴起的，研究心脑关系，其特点是强调多学科、多层次、多水平的交叉，旨在阐明认知活动的脑机制，即人类大脑如何调用其各层次上的组件，包括分子、细胞、脑组织区和全脑去实现各种认知活动（孟维杰，2012）。所以，任何学科的发展都离不开科学技术的进步，现代科学技术与实验研究方法的进步有力地促进了脑机理及其神经系统活动的理论研究，由此可以认为神经科学的理论研究促使行为主义学习理论开始转向更为内部的认知主义学习理论。纵观认知心理学及其学习理论的发展历程，从20世纪60年代末期，被称之为认知主义的符号表征理论在认知科学中占据了主导性地位。从20世纪70年代初起，被称之为联结主义的分布表征理论提出了对人类认知的新解释，并逐渐开始获取主导性的地位，使认知科学在理论上取得了重大的进展（葛鲁嘉，1994）。所以，我们将认知主义学习理论大体分为两种类型：符号主义论（信息加工论）和联结主义，符号加工范式把认知过程类比为计算机的运算过程，其隐喻基础是"心理活动像计算机"；联结主义则以"心理活动像大脑"作为隐喻基础，把认知过程类比为神经网络的整体活动（贾林祥，2005）。

（二）符号主义论

早期的认知科学家在向黑箱（大脑）里面探索时将大脑的认知视为一台进行信息加工的计算机，在认知主义看来，认知就是符号的运算，故称之为符号运算理论（葛鲁嘉，1994）或信息加工理论。符号主义将人脑与计算机进行简单类比，认为人的认知过程是一系列物理符号的运算过程（赵泽林，2011），通过符号的串行加工方式操纵和处理符号以建立心理模型。符号主义论产生于20世纪60年代，以纽厄尔（Newell）和西蒙（Simon）为理论代表，他们把人脑看作类似计算机的信息加工系统，认为由计算机操作的二进制数串能够表达现实世界的任何东西，大脑和心智与计算机一样，都是一种物理符号系统，能够对信息具有接受、储存、编码、转换、回收和传递的功能。符号范式以表征理论和计算理论为指导，以信息加工观点来实现对人的认知结构与功能的研究（孟维杰，2012），表征理论把认知看作心理表征，即任一心理状态除了是它自身，还再现着对象世界；计算理论把认知看作是加工操作，认为人脑和恰当编程的计算机都是在形式系统中通过规则操作符号进行演算，即任一心理状态可以按照一定的逻辑规则变换为另一种心理状态。符号主义理论的根本观点是把心智看作脑的软件，其研究目标是要寻求一种形式化的符号结构系统，将人类的认知和智能活动转换为抽象的符号运作过程（刘高岑，2011）。在认知活动中，符号表征对象世界，符号得到储存、提取和变换（高华，2004），而这个符号运算过程依据于一定的规则，规则决定着符号的构成和变换，一套规则系统便制约着认知活动（葛鲁嘉，1994）。这个规则类似于计算机软件，把人的心理活动比作计算机对符号的逻辑操作，把人类的思维策略比作计算机程序，把人的初级信息加工比作计算机语言，把人的生理过程包括中枢神经系统、神经元和脑的活动等都比作计算机硬件（王勇慧等，2011）。

依据符号主义学习理论，人的学习过程就是信息输入、信息加工、学习存储以及信息输出的过程，在这个过程中，大脑就是一个信息转换器，不同的信息进入脑区后经过系列符合运算，最终转化为不同的行为特征。人的大脑就是一个进行信息加工的计算机系统，大脑的基本活动类似于计算机的中央处理器（CPU），并具有一定的信息存储功能。所以，从学习的本质来看，信息加工论符合学习的刺激—心理活动—行为的基本模式。信息加工论关注于心理活动这一环节，但将人的心理活动视为简单的符号运算，过于机械化、物理化、程序化和简单化，这个符号的运算在脑内如何通过神经系统来运行仍然是一个未知解。符号主义学习理论总是试图在大脑中寻找类似于计算机的物理存储，即记忆，如果将学习的心理过程视为机械式的物理系统，那么在大脑中自然应该存在一个物理存储系统或者记忆痕迹。但至今这种努力依然没有找到这样的物理存储系统，实际上从学习的脑机制和神经系统的运行过程来看，大脑中并不存在一种类似于计算机的物理存储系统或记忆痕迹。我们可以将学习的脑机制视为一种信息加工过程，但并不像计算机那样存在物理存储系统，因为计算机的运行和脑内神经系统的物理生化反应完全不同，计算机没有意识，没有像人一样的主观能动性。根据符号表征与运算理论，大脑就是对外部世界的信息表征，或者说大脑是对外部世界信息的投射或映射，这个表征会以一种模式在脑内存储为一种记忆痕迹，但这种设想依然没有找到相应的实验证据。符号主义学习理论相对于行为主义学习理论来讲有了很大的进步，强调学习的心理过程，但该理论依然具有很大的机械性，过于强调学习的被动性和自动化信息处理，忽略了学习者的主观能动性和意识性，特别是撇开了学习行为中脑内神经系统的生理生化作用，简单地将人的大脑视为一个数据运算器，将大脑视为机器，显然有很大的理论与现实偏误。即使人的大脑具有计算功能，那要比现代最为复杂的计算机还要复杂。这正是该理论的严重缺陷，由此也受到了很大的质疑。

（三）联结主义论

20世纪80年代初期逐步形成了认知的联结主义（connectionism）理论，到80年代末期，从网络定向发展起来的联结主义已开始占上风，成为认知心理学乃至认知科学的新的理论基础和核心（葛鲁嘉，1994）。联结主义理论的代表人物包括麦克莱兰德（J. L. McClelland）等，联结主义认知理论与桑代克的联结主义具有很大的不同。

1. 联结主义原理

桑代克的联结主义经典理论认为，知识由许多联结组成，这些联结发生在对心理单元之间或者外部刺激与内部反应之间的关联。学习就是改变这些联结的强度，运用正强化或者负强化来增加"好"联结的强度，削弱"不良"联结的强度（赵健，2006）。桑代克的联结主义是在刺激—反应的模式下，强调学习过程是有机体在一定条件下形成刺激与反应的联系从而获得新的经验的过程（莫雷，2003），这种联结建立在某一情境下刺激与反应的关联和一一对应的基础上，但在刺激与反应之间的联结如何建立、这个过程受哪些因素的影响等问题上则有不同的看法。而当代认知心理学的联结主义理论则是在吸收心理学史上有关联结主义思想观点的基础上，在计算机科学、系统论、控制论、哲学等诸多学科的综合影响下而产生的。联结主义理论强调脑内神经系统的活动过程，将学习的过程视为脑内神经元之间的联结与修复，是神经网络的构建与修复。由于这种理论与桑代克所提出的联结主义不同，因而被称为新联结主义理论或认知心理学的联结主义理论（贾林祥，2004）。

联结主义相对于符号主义学习理论而言，将信息的加工过程更加深入地延伸到对脑内神经系统及其神经网络的研究，将学习的心理活动视为脑内神经系统的活动过程，认为学习是神经网络的建构与修复。联结主义认知心理学的核心假设即硬核是：神经活动的实质即计算，认知或智能活动的本质是神经计算（李炳全，2007）。信息加工理论认为，信息的加工尤其是高层次的认知活动如思维和推理必须是以串行加工为基础；而联结主义认为，网络的信息加工主要是平行分布加工，它不是把认知解释成符号运算，而是一个网络的整体活动。网络是由类似于神经元的基本单元或结点所构成，每个单元都有不同的活性，既可以兴奋和抑制其他单元，也可以受到其他单元的兴奋和抑制（葛鲁嘉，1994）。信息加工理论认为，整个系统是由若干个模块组成，各模块之间有一定的层次结构，信息是在一个类似于计算机中的中央控制器的子系统的控制下，在各模块之间流动，并被系列加工；而联结主义认为，人的认知系统并不能分成各个模块，而是一个具有网状结构的整体，在所有的神经元中没有哪一个是可以指挥其他神经元的"老板神经元"（高华，2004）。人类的智能和认知活动与脑活动相统一，是通过大量简单单元——脑神经元的相互联通和相互作用来进行的（刘高岑，2011），是由输入层、隐藏处理层和输出层构成的网络，每一个单元的联结并不是一一对应，而是相互交叉（赵泽林，2011）。在整个神经网络中，神经细胞间形成了一个复杂的神经通路系统，每一个神经细胞都不能离开细胞群而独自活动，单个的神经细胞既可以作为某条通路的一个组成部分，也可以成为其他通路的组成部分，记忆的保持并不依靠某种固定的神经通路，而是由成千上万相互联系的神经元的活动决定的（姚梅林，2010）。联结主义以神经科学为基础，把认知描绘成简单而大量的加工单元的联结网络的整体活动，每一个单元在某一特定时刻总是处在某种激活水平之上，其实际的激活水平与来自环境和其他与之相联结的单元有关。各神经元之间存在大量的"联结"，这些"联结"的强度在信息加工过程中不断进行调整。在联结主义模型中，信息是分布地存贮在各个神经元之间的联结权重中，而不是存贮在某些神经元或某些联结权重中（高华，2004）。

2. 联结主义学习模型的关键特征

与符号主义学习理论相比，联结主义学习模型具有以下几个关键特征（赵泽林，2011）。

（1）学习是神经网络的构建与修复，信息刺激使脑内不同功能区域的神经元之间建立一种特有的功能联系，并通过持续性的强化或重复性使其稳定下来，这样就构建了一个针对该刺激与行为反应的神经联系。随着刺激信息的变化以及人的认知结构的改变，这种网络在长期的学习中会进行不同的修缮与改进，以更加有效和简化。这个网络有巨大数量的神经元和神经元联结，在联结的网络中每一个神经元本身及其神经元之间的内部联结就负载着足够数量的信息，而这些神经元群各自承担着相应的响应作用（赵泽林，2011）。

（2）联结主义所描述的联结网络是一个并行处理的网络系统。联结主义模型中各神经元之间的联结不是串行的而是并行的网状结构，该系统采用并行分布的信息加工模式，无论是单个的神经元还是整个网络，都同时具有信息储存和信息处理的双重功能（高华，2004），并行网络在信息处理方面更具有便捷性和有效性。正是因为神经系统的并行加工过程，神经系统中，不同系统包含的单元可以有多有少，但即使仅有很少的几个单元，其活动也能具有惊人的复杂性和精巧性（葛鲁嘉，1994）。

（3）联结的网络是一个可以自主学习的网络，各神经元之间的联结强度在学习过程中是不断调整和变化的，正是由于这种可塑性，使得联结主义模型具有很强的自学习功能，并且和人脑一样有自组织和自适应性（高华，2004）。人的心智活动在从大脑神经的物理—化学变化到思想的形成之间有一个多层结构存在，每个层次有其相对的独立性，但都以前一个层次的存在及其活动为前提（褚孝泉，1994）。

（4）联结网络通过"某种分配机制"对输入进行表征，处理层对输入层的输入信息分配成不同的处理单元进行表征。因此，在这个意义上，联结网络的处理又是局部的。神经网络也是一个完整分层系统，不同的刺激—反应模式在不同脑区的神经元之间形成不同的神经网络，每一个神经网络具有特有的功能，基本元素的联结可以发生于不同层次之间，也可以发生于同一层次内部（姚梅林，2010）。所以，神经系统具有高度的整体性和系统性，各个子系统之间有很强的相互联系、相互协调的能力，整个系统的行为和各子系统的相互联结有密切关系，而不是仅仅取决于各子系统各自的特点（高华，2004）。

（5）联结网络的处理层对输入信息具有很好的容错能力，某个确定的网络也会因为某些单元的不断损坏而使整个网络遭到最终破坏。但由于信息分散储存于整个网络中，而且模型在运行中是由大量神经元集体工作的，因此，当少数神经元受到损伤或正常死亡时，整个系统的功能将继续有效，而且，即使是对于残缺的甚至是错误的信息，系统仍然能够正常运行（高华，2004）。

认知主义学习理论揭开了行为主义刺激—反应模式大脑内部活动的神秘面纱，刺激是学习的输入端，反应是学习的输出端，尽管行为主义将学习视为刺激—反应模式中两个端口的——对应关系，但其忽略了最主要的中间部分：脑活动。认知主义撇开了学习的输入与输出，直接探究学习的心理活动，将学习视为脑内神经系统的运行，或者符合加工，或者神经元联结。从理论演化来看，行为主义到认知主义的发展是学习理论的一大进步，但由于神经生物学和神经心理学在实验方法和实验技术方面的局限，人们对大脑内部清晰的神经活动仍然一知半解，很多时候依然是一种推想和猜测。同时，由于认知主义简单地将学习过程隐喻为大脑的神经活动与心理活动，忽略了学习的社会属性，使认知主义在对学习的基本解释方面显得有些束手无策。认知主义将认知抽象为一个独立于身体活动和环境的内在的表征和计算（李恒威等，2006）。无论是联结主义还是符号加工模式，二者在"认知的本质就是计算"方面是相同的，认知在功能上的独立性、离身性构成了二者理论预设的基础（叶浩生，2010）。然而，李其维（2008）认为在身心关系上应该坚持生理只是心理的必要条件而非充分条件的立场。人类的学习不仅仅是大脑神经系统的生物生化作用，而更多地表现为社会文化属性，人的演进本身就是在不同的社会环境中不断进化的（贾林祥，2006）。人具有自然属性和社会属性，认知主义仅仅强调人及其在学习过程中的自然属性，将学习视为"认知即计算"的物理过程（李其维，2008），忽略了文化环境中不断进化的社会属性以及学习就是人对环境的适应这样一个道理。从另一个角度来讲，自然属性的变化可能是一个非常漫长的过程，人类亿万年的进化就说明了这个问题，但人的自然属性方面的进化可能是在人与自然和社会的物质与信息交换的过程中逐渐形成的。所以，在人的学习过程中，自然属性是人的所有基础，但自然属性往往会受到社会属性的影响，并伴随着细微演变。由此，认知主义学习理论的发展和衰落，一方面受到科学技术的制约，另一方面受到人对学习本质认识的进一步提高所影响。在认知主义进退维谷的时刻，建构主义学习理论步入了研究者的视野。

三、建构主义说

作为第二代认知科学的建构主义是学习理论中行为主义发展到认知主义（第一代认知科学）以后的进一步发展（张建伟等，1996），建构主义抛弃计算隐喻，尤其抛弃"应当"计算机程序化的刚性诉求（李其维，2008）。认知心理学的"加工即计算"及"符号与计算"均不能克服自身心智的缺陷，而作为第二代认知科学的建构主义针对第一代认知科学将"人脑电脑化"的不足而提出"心—身—世界交互作用"的主张（丁峻等，2009）。建构主义学习理论强调学习的反省和学习的结构决定性，他们认为学习是意义的获得，是每个学习者以自己原有的知识经验为基础，对新信息重新认识和编码，建构自己的理解（张桂春，2005），由此，知识不是主体被动获得的，而是主动建构的结果（李炳全，2007）。

（一）建构主义学习理论的关键特性

人的大脑活动更多的是一个建构的过程，而不是单纯对客观事物进行映像的过程（郭延吉，2004）。建构主义理论起源于杜威、维果斯基的经验基础理论和皮亚杰的主客体互动论，皮亚杰建构主义学习理论和维果斯基社会建构论属于经典建构主义学习理论，因为它们同时强调主体和客体的作用，特别强调主客体之间的相互作用（谭敬德等，2005）。皮亚杰的认知建构主义即活动内化论，认为学习是一种"自我建构"，是个体思维的发生过程，是个体通过总结个人经验，不断重构个人经验以及不断重构个人的理解和知识的过程（沈映珊，2008）。认知建构主义认为，在认知发展过程中，主客体在相互作用过程中获得个体经验与社会经验，从而使图式不断地协调、建构（即平衡）（邹艳春，2002）。认知建构主义学习理论总是从个体的角度强调学习者的主动性，强调与环境的交互作用，将学习视为一种有意识的建构活动，是对知识结构的重新组织（邓玉梅等，2004）。而维果茨基的社会建构论则认为学习是一种"社会建构",强调认知过程中学习者所处社会文化历史背景的作用,重视"活动"和"社会交往"在人的高级心理机能发展中的地位(邹艳春,2002)。社会建构主义与认知建构主义正好相反,认知建构主义将人视为一个纯粹的个体,从个人角度探究学习行为,而社会建构主义则将个人视为社会环境中的个体,将心理描述为超越身体范围而进入社会环境的一种分布式的存在物(沈映珊,2008)。社会建构主义学习理论认为,个人的认知加工过程是通过社会和文化的加工过程而被建构,对社会交互作用的参与以及按文化方式组织的能影响学习和发展的活动。记忆首先不是生理现象,其次不是个体心理现象,而是一种与他人相关的群体—社会现象,一个人的记忆需要别人的记忆以及群体的记忆的唤起(陶东风,2010)。建构主义学习理论将学习及其记忆过程与社会的实践活动以及群体行为紧密地关联起来。

1. 具身性

具身认知的思想家主张思维和认知在很大程度上是依赖和发端于身体的,身体的构造、神经的结构、感官和运动系统的活动方式决定了我们怎样认识世界,决定了我们的思维风格,塑造了我们看世界的方式。所以,认知是身体的认知,心智是身体的心智,离开了身体,认知和心智根本就不存在(叶浩生,2010)。心智模式代表了一个人的世界观,包括隐性和显性的理解(Kim D. H.,1993)。心智模式与两种学习有关:操作性学习(operational learning)和概念性学习(conceptual learning)。操作性学习是程序水平的学习,是完成集体任务的程序学习,最终形成惯例,操作性学习不仅累积或改变这种惯例,而且后受到惯例的影响;概念性学习是对为什么做事的理解与思考,会对过去的状况、程序和概念的存在性和特征提出质疑,并最终形成新的概念框架(Kim D. H.,1993)。具身性使得建构主义学习理论完全地区别于认知主义学习理论,因为认知主义遵从"认知即计算"理论,强调认知具有离身性,认知就是一种软件,就是一种规则,这些软件和规则完全可以离开人的身体而发生,将身体与心理完全机械地分离开来,因此将人的大脑的认知活动视为计算机的程序运算。而具身的认知科学将认知、身体和环境关联起来，并认为认知和心智都是经由大脑、身体和世界相互作用而形成。

2. 情境性

人的自然学习是在情境中实现的，认知的功能是与生活环境相适应的（吴刚，2009）。情境学习理论强调知识与情境之间动态相互作用的过程，认为学习实质上是一个文化适应与获得特定的实践共同体成员身份的过程（张振新等，2005）。情境学习理论是 20 世纪 90 年代以来当代西方学习理论研究的热点，是心理学领域一个重要的研究取向（崔允漷等，2012）。情境学习将社会性交互作用视作情境学习的重要组成成分。合法的边缘参与是情境学习与情境认知理论的中心概念和基本特征，该理论从"居于权威地位的专家"概念转移至"共同体中学习资源的复杂结构"概念（高文，2001）。情境认知强调认知过程并非发生在个体的内部，而是通过实践活动，在与环境的互动过程中产生的，由此，个体的认知被放到一个更大的物理和社会环境中，放到文化与历史的情境中（叶浩生，2010b）。即使人类最初拥有相似的生物遗传倾向，他们也会发展出不同类型的需要、动机、才能、态度和价值观，这些都反映了他们特殊的成长和社会文化情境，在这种情境中他们找到了自己（埃德加·沙因，2009）。情境学习理论认为，学习就是一种共同体中的实践活动，即实践共同体（莱夫等，2007）。该概念提出，学习是通过参与有目的的模仿活动而构建的，强调在情境认知中知识被视作行动与成功的实践能力，意义可理解为一种社会单元的构建，该单元共享着某一共同情境中的支柱；学习作为一种结果，是一种增强对共同体验的情境的参与能力（高文，2001）。知识不可能以实体的形式存在于主体之外，它必须依赖于具体的认知个体，知识必须依存于具体情境，具有情境性（谭顶良等，2005）。

3. 社会性

知识不仅是个人自己构成的，还是以社会为媒介的（吴刚，2009）。学习并非仅在个体身上发生，相反，学习总是嵌入在一个社会性的情境中，这个情境提供触动、设定能够以及如何学习的框架，学习具有个体和社会的双重属性（克努兹·伊列雷斯，2010）。越来越多的心理学家转向社会文化模式的心理科学观，承认心理学的文化历史特性，承认心理学知识、心理学理论观点必然反映特定的历史文化内容（叶浩生，1999）。社会学习理论强调观察学习和行为的保持，并且强调认知过程和自我调整作用，不仅强调环境在塑造人，同时人也在塑造环境，不仅强调行为，而且也强调认知、情绪和思维、感觉行为这三者之间的关系（梁宁建，1984）。社会学习说之所以区别于其他学习理论，很重要的特点就是受到了认知心理学和人本主义心理学的影响，不仅强调环境因素对人类学习的重要作用，而且强调认知因素和自我调节在人类学习和行为调节中的重要作用（蒋晓，1987）。维果茨基提出的社会文化心理理论坚持认为，人的心理发展与思维发展是依托于人所身处的社会文化环境的，或者说，他人、语言、交往、文化等外部社会环境的因素将决定学习者内部的心理状态与发展（吕林海，2013）。心理现象并不存在于人的内部，而是存在于人与人之间，是人际互动的结果，是社会建构的产物，所谓的实在、精神实体只不过是一种文化历史的建构（叶浩生，2004）。社会建构主义强调个人与他人、社会的动态互动过程，认为知识在社会互动与社会过程之中不断地创造、维持、解构与重构，文化、社群与体制影响我们观照或重构社会的方式（许放明，2006）。

（二）建构主义的学习理论的不同理解

建构主义学习理论把学习理解为知识的社会建构，认为知识的学习就是意义的建构过程。意义并不是刺激和符号内在固有的属性或特征，而是人所建构的以人为中心的世界的基本特性，意义不是由刺激和符号等给予或既定的，而是人与它们相互作用的结果（李炳全，2007）。建构主义学习环境是一个开放的与充满着意义的理解、诠释和建构的环境，它主要是由情境、协作、会话和意义建构四个要素构成的，其中，情境是学生学习的真实或拟真的任务情境，是意义建构的基本条件，协作和会话是意义建构的具体过程，而意义建构则是学习的根本目的（郑葳，2007）。每个人按各自的理解方式建构对客体的认识，故是个体化、情境化的产物，而不是像认知主义与联结主义那样把客体作为规范的东西（邹艳春，2002）。而把语言则视为一种社会实践，是人们互动的一个动态社会产品，所以，当人们相互交流之时，世界即被建构（许放明，2006）。语言是学习和知识的外在表达，是认知的高级思维结果，也同样是意义的外在表现，人只有在社会的相互交流中，通过语言而相互学习、相互构建。知识不是通过感知或交流而被个体被动地接受的，而是由认知主体主动地建构起来的，建构是通过新旧经验的相互作用而实现的（张桂春，2005）。从学习活动过程来看，知识是主体自己建构而获得的，并不是从外部直接灌输给个体。通过不同的个体自身"个体化"的心理活动，建构出来的将是不同的知识，它们具有不同的质量与形态，与传授者想要传授、灌输的知识是不一样的（沈映珊，2008）。每个人的知识或者说对外部世界的认识都具有较大的个体特征，同样的情景、同样的信息可能会带来不同人的不同理解，所以，知识并非仅仅是大脑的信息加工或神经元之间的联结，人的学习过程总是在一个不同的场景中发生，其行为举止也会受当时场景的影响。建构论主张心理过程是积极的、主动的，人并非机械地接受环境信息，外在环境对人的影响必须通过个人自我生成的心理活动，由此，学习过程不是被动的，它需要学习者对环境刺激做出解释（叶浩生，1992）。建构主义学习理论更加强调学习的社会属性，从而摒弃了学习的信息加工模式，将学习视为一个动态的构建过程。

1. 认知行为的学习过程是在不同情境下的不断建构过程

建构主义是完全的相对主义，人的认识会随着场景的变化而变化，知识在实践中不断地被修正，正所谓真理不具有唯一性，真理仅仅是相对而言，人对世界的认识仅仅是逐渐趋于真理的认知过程。正如对人的认识一样，尽管第一次见面时可能会以服饰、言谈举止、行为特征来识记，但换一个场景，可能因为服饰的改变、行为特征变化而重新对其进行识记和认识。不可能通过一次或若干次的交往与合作就可以完全的了解一个人，甚至可能一生都无法认识清楚一个人，因为被认识的人会随着环境的变化而变化，而人对其他人的认知也会随着环境的变化而改变。不断的建构过程实际上就是不断地强化重要信息特征、修正过去信息的偏误、忽略非重要信息的过程，也就是一种归纳性逻辑推理过程。我们所理解的这些都与一定的情景有很大关系，任何学习都无法离开当时知识形成的背景。这正是认知主义学习理论所无法企及的地方，因为认知主义仅仅强调知识的信息加工和联结，而没有考虑信息的产生背景，即情境性。情境发生了变化，认识可能会被修正或改变。知识的建构总是建立在过去的经验基础上，是对经验的不断修正与强化，"行万里路，读万卷书"就是一个典型的知识不断建构过程。知识是不断的经验总结，是不断的经验积累，经验的积累具有很强的级数增长效应，知识越丰富越容易学习。

2. 建构主义学习理论强调学习的社会交互性

学习是在人的交往和交流中完成的，情境学习就强调学习者在共同的互动与交流过程中学习。在社会交往和人际交互中，每个人都可以通过语言的交流、行为的互动实现对事物的认知。语言在应用中和相互的交流中方可发展，也只有在相互的沟通与学习中才能体现出自身的价值。学习并不像认知主义那样认为就是对信息的加工，而是在相互的活动和语言交流中获得更多的信息，也可以形成新的认知和理解，这本身就是一种学习。学习是对事物意义的建构，而意义本身表现在各种各样的社会环境中，只有在这种社会文化环境中才可以理解意义的本质。社会互动活动是一种实践活动，学习过程就是在实践活动中的体验，干中学就是基于实践的学习过程，寓教育于娱乐之中就是强调在实践中学习，学习是在实践活动中的建构，实践出真知，实践是检验真理的唯一标准。任何知识或经验的获得都是通过实践活动的体验形成特有的意义，赋予知识具体的内涵，离开了具体的实践场景，就无从谈起知识的意义，知识成为一种空洞的虚无。

3. 建构主义学习理论有被建构之嫌，强调人的学习或认知往往会受社会环境影响

女性建构主义强调女性是被社会所建构的结果，社会建构主义的本质是社会建构了你，而非你建构了社会，当然你也是社会建构的一部分。学习不仅仅是对信息的识别与记忆，更重要的是对信息意义的建构，而意义本身体现为事物的方方面面，可能从空间和时间两个维度都会是动态的过程。意义的建构正如盲人摸象，只有不断地摸索方可逐渐地了解全貌，正如我们理解学习本身的意义一样。我们可以从不同的侧面了解意义的特性，也可以在不同的时期理解意义的变化。所以建构一方面是对不同侧面意义的理解，另一方面是在不同时间上对意义的理解，因为某一种意义或具体的意义内涵都与产生该意义理解的具体场景一一对应，任何具体的知识内涵都是具体场景的函数。当一个人处于一种社会环境中时，往往会被该环境的文化、价值观等所影响，最终形成与该环境相同的文化认同。建构主义更重视环境对个人学习的影响。正如当大家都认为你很聪明时，你会产生自己确实非常聪明的认知，这种认知会贯穿你的生活学习，并具有聪明的自信心，从而最终取得很好的成绩，由此得到你确实很聪明的结果。实际上很多人的聪明程度是一样的，只是因为大家给你聪明的暗示，使你因为大家认为聪明而努力地工作和学习。不是因为聪明而成功或努力，而是因为关于聪明的大家的认同增强了你努力工作和学习的动力，是因为努力而聪明，不是因为聪明而努力。所以我们经常给孩子以正面的评价与鼓励，往往会得到意想不到的结果，正面的鼓励会促使你为了印证你的优秀而努力地做事，鼓励成为一种动力，最终确实获得了成功。良好的生活习惯是在社会生活中被周围的人所建构，而非你认为应该这样做，任何人都会因为所处的环境和文化背景而发生变化，使得自身不由自主地形成了大家认同的行为举止。

然而，建构主义学习理论并不是完美无缺的，相对于行为主义和认知主义而言，建构主义更多关注学习的社会属性，将学习放到一个更加宽广

的社会环境中来考察，强调社会文化对学习的影响无疑是对以往第一代认知科学的重大理论进步，但因为过分强调学习的社会性而备受质疑。建构主义学习理论忽略了学习的生物属性，忽略了学习的行为特征，简单强调社会学习和情境学习，无疑存在舍本求末之嫌。学习首先是个体的心理活动，心理活动不可能离开大脑的神经系统而存在。我们不能因为学习具有很强的社会属性就放弃学习的行为特性，放弃学习的生物心理特性。建构主义学习理论完全回避了学习的基因遗传作用，以社会的建构、认知的建构取代学习的基本生物机制，因此有些过于关注学习的客观属性和社会属性，更加偏重于环境对人的影响和作用。学习是主体与客体的互动，单方面强调主体或者客体都是一种片面的理论见解。学习理论由行为主义发展到认知主义和建构主义，我们不能将它们完全地割裂开来，三者在理论的发展中并不是一个替代一个，而是不断地补充与修正，因此学习理论才会逐渐完善。只有摸到了象的全部，方可知晓象的全貌，学习理论的发展就是盲人摸象的过程，最终达到对象全貌的了解，这本身就是一种学习的过程，一种不断被建构的过程。

四、认知统一论

通常，我们可以将学习分为动物的学习、人类的学习与机器的学习（姚梅林，2010），但动物学习更可能是行为主义的理论逻辑，动物的学习属于低级的学习行为，基本是沿着"刺激—反应"的模式。就动物来看，个体学习是指动物作为单独的个体与外部世界的交互作用，借助于个体生活经历和经验使自身的行为发生适应性改变（刘春兴等，2012）。机器学习实际上就是"认知即计算"的理论逻辑，更加关注人工智能的发展。而人类的学习则是学习中的最高级，是至今让人无法透彻理解的认知心理行为。

（一）认知统一学习理论的内容

依据埃德加·莫兰的观念生态学，人类认识的产生主要基于两个条件：

一是生物——大脑条件；二是社会——文化条件。个人认识的生成机制主要是大脑、文化、社会等要素之间的循环性的交往互动（郑葳，2007）。学习的定义告诉我们，学习是因经验而引起的、以心理变化适应环境变化的过程，可通过行为或行为潜能的变化体现出来（姚梅林，2010），所以，我们可以把学习行为视为由三个关键要素组成的行为过程：经验（环境）、心理变化（认知行为）和行为变化。环境对人的物理刺激必须通过人的心理活动的中介，这样人才能产生行为反应，因此，刺激—心理活动—行为反应的一系列过程构成了个体学习的全部内容。

1. 学习过程的三阶段

学习过程可以分为这样三个阶段：第一，输入端，物理刺激输入而在脑内产生主观体验的过程，在该阶段，刺激信息引起脑神经系统的反应，即注意的形成。第二，在脑内，神经系统根据主观体验进行一系列心理加工，即心理活动过程，在该阶段是完全的脑内神经系统的高级认知活动，这个也是作为神秘的学习阶段，也正是所有心理学研究的对象。第三，在输出端，由心理加工的结果产生行为反应，即心理活动的表征，在这个阶段所有的心理活动和认知行为都会转化为一种行为或潜在的行为变化，这三个阶段缺少任何一个阶段都不能称为学习过程。在这个学习过程中，输入端是物理量（外部环境的信息）变为心理量，在输出端是心理量变为物理量（人的身体的反应），所以，在整个反应中两个物理量是不同的，第一个物理量是所有的刺激信息，而第二个物理量是由刺激信息引起的人的行为的变化，这些行为的变化会表征为各种各样的人体机械活动，如眼球转动、面部表情、手脚行动等。这些过程涉及许多特征量，包括环境物理的强度、主观体验的强度、心理加工的结果的强度和行为反应的强度等。这些过程可以用 S－P－Q－R 表示简单的刺激—心理活动—反应过程。S 表示环境物理刺激的强度；P 表示人对物理刺激的主观体验的强度；Q 表示心理加工的强度；R 表示行为反应的强度。其关系式为（唐孝威，2008）：

$$P = aS^a$$

$$Q = bP^{\beta}$$
$$R = cQ^{\eta}$$
$$R = kS^{\gamma}$$

根据学习过程的三个阶段模式，行为主义学习理论将学习视为经验引起的行为变化，以刺激因素所引起的行为变化为理论出发点，以行为的变化为落脚点，正如桑代克（2010）所言，人类学习涉及人类本性和行为的变化，而人类本性的变化只有通过行为的变化来了解。根据行为主义学习理论，刺激信息只要引起了行为的变化，就认为是学习，但却忽略了三要素中心理活动这一关键变量，没有探究刺激信息在脑内的神经活动过程。行为主义以动物学习来隐喻人的学习，并暗含着"学习是反应的强化"的观点，强调外部行为的改变是学习发生的真正指针。认知主义则以计算机加工信息的方式来隐喻人的学习，它把信息在计算机内部的接受、存储、加工、调用的过程类比为人脑加工信息的过程（吕林海，2013）。认知主义学习理论正好弥补了行为主义学习理论的这一缺陷，认知主义学习理论通过探索学习的心理变化，包括联结主义、神经网络系统以及神经心理学等，从人的大脑及其心理活动的角度探究学习的基本原理和活动，随着解剖技术和影像技术的发展，人类对大脑及其神经系统应有了很深入的了解，但相对于行为主义和情境主义来讲，因为人的研究能力所限认知科学的理论成果仍然是冰山一角。建构主义学习理论则摒弃了认知主义的"认知即计算"的理论逻辑，从社会视角研究人与外部环境的互动关系，从而揭示了学习的社会性，但又撇开了对人的心理活动及其神经系统的高级认知活动的研究。建构主义学习理论、情境认知和情境学习就是从社会与文化等方面探究学习的社会属性，在情境学习理论中将人视为一个整体，研究整体人与外部环境的互动关系。

2. 学习三要素

行为主义学习理论是最早关于学习研究的理论，它着重于学习的行为属性；认知主义学习理论着重于学习的认知属性，而建构主义学习理论则强调学习的社会属性,这三者尽管经历了百年的研究,但它们以"盲人摸象"式的理论探索过程共同构筑了学习的理论基础,形成了学习三要素的基本框架,如图 1-1 所示。

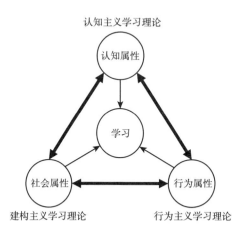

图 1-1 学习三要素

三大学派从三个视角全方位分析了学习的基本问题:为什么学习?如何学习?正如唐孝威所说,人的认知活动是心理、大脑、身体和环境的统一体,在社会环境中,行为、个体(如思维、信念、期望等认知因素以及情感、生理特征等其他个人因素)和环境这三者彼此相互影响,互为决定因素(姚梅林,2010)。三大理论学派并非公说公有理婆说婆有理,而是对学习的不断补充与完善,我们将行为主义、认知主义和建构主义的理论做一综合,发现它们从基础上共同构筑了学习的理论全貌。理论的发展总是拾级而上,总是在前人的基础上不断地丰富和发展,但绝不是相互取代,绝不是拾一丢一,理论的发展在时间上具有一定的逻辑关系。学习理论表现为从外部(行为主义)—内部(认知主义)—外部(建构主义)—内外结合(统一论)的理论演变过程(王佑镁等,2006),我们总会从过去的陈旧理论中寻找到新的理论根源,学习理论百年的发展就印证了这样一个过程。任何理论的发展都是由浅入深、由表象到本质、由低级到高级的过程,但每次理论的突破都可以是对以往理论的缺陷弥补与修正。郑葳(2007)提出的生态学习具有这种大综合的特征,他认为,与行为主义学习观不同,生态学习观坚持作为主体的学习者不是消极的受制于其环境中的物理刺激，而是有意识地、自主地与其学习的环境交互作用；与认知加工论不同，生态学习观并不仅仅意味着在长时记忆中知识表征的变化，也没有将学习者视为汲取、存储和再现信息的熟练的信息加工"机器"，而是携着一定的生命印记的"有情有义"的知识意义的积极建构者；与社会文化理论不同，生态学习观强调个体与共同体在学习过程中的相互贡献、相互形塑。

（二）认知学习的三大属性

认知统一论就是行为主义、认知主义以及建构主义的综合，其中认知主义强调的脑机制及其神经系统是学习的物质基础，行为主义的"刺激—反应"是学习的表象，学习的社会建构是学习的环境。唐孝威的心理大统一理论认为，认知过程是各种心理活动相互作用的结果（唐孝威，2008），包括心理活动各成分之间的相互作用，心脑相互作用，心身相互作用、心物相互作用，以及心理和社会的相互作用，人的认知过程就是这些因素的统一体。这些心理活动的相互作用在学习行为中正好表现为三个属性：认知属性、社会属性和行为属性，三大属性体现了心理、身体、社会的相互关系。

1. 认知属性

认知属性是学习的基本属性，该属性揭示了学习的生理物质基础，也就是说，学习首先表现为以脑机制及其神经系统为基础的认知活动，从更微观的角度看，学习会通过脑内各种具有不同功能的神经元细胞之间的网络联结表现出来，学习就是神经元网络联结的不断构建与修复过程。当我们获得了新信息，大脑中的化学信号将会铺建一条神经链（chain of neurons），将其称为神经网络（Weiss R. P. , 2000）。日常生活中人们都说脑子"短路"就有这个意思，言外之意就是大脑中关于某一个信息产生的神经网络没有有效地关联起来，导致记忆或行为无法实现，"短路"具有神经网络断裂或没有形成有效的关联。就比如比赛写汉字，选手经常会因为某一个偏旁或部首记不起来而导致汉字书写错误，每个人日常生活中也会经常发生这样脑子"短路"的事情。从这个意义上讲，认知主义的信息加工学说和联结主义学说具有很强的解释力，实际上从神经网络系统的构建与运行来看，神经系统本身就是一种信息的加工与处理，只是这种过程异常复杂，以至于我们的想象力无法企及。从运算原理来讲，神经元的网络运算无非就是 0—1 的二级制，因为所有的神经元都遵循全或无原则，但从系统来看，这种运算是当前最先进计算机无法完成的工作，尽管很多工作似乎计算机比我们人脑更为快速。从这个角度来讲，认知主义的信息加工论和联结主义论无疑是正确的。先天性遗传所带来的基因决定了每个人神经系统的发育程度，神经网络的复杂程度以及每个神经元动作电位差的阈值大小。这些生物生理基础直接决定了后天学习的聪明程度和反应程度，基因决定了先天性的基础神经元之间的基本网络联结，这些基本网络联结运行着人类基本的生理需求与生理反应，比如兴奋、激动、哭泣、饥饿、出汗等，经典条件作用就是通过这些基本神经元网络联结而反应，基本条件反射绝大部分是无意识学习。由此，婴儿出生之前的脑区发育就是这些基本神经元网络联结的形成与培育过程，当婴儿出生以后，所有的外部刺激都会蜂拥而至，使脑区神经元网络联结呈级数倍增。

2. 社会属性

人一旦出生，学习的社会属性会起到非常重要的作用，环境的刺激以及各种社会实践活动都会极大地激发神经元网络联结的快速形成。学习和经验能够改变神经元的联结数量，因为经验强化和造就了神经元之间的联结，也就是说，我们拥有的经验越丰富，神经元的联结也就越丰富（Weiss R. P.，2000），即"用进废退"。学习的社会性促进了认知的增强，反过来，认知的增强提升了学习的社会交往与互动。随着认知的逐渐发展、大脑的逐步发育，意识逐渐形成了，人的意识完全是在社会环境的互动与交流中形成的，人的认知和意识会随着参与社会活动和实践活动而逐渐成熟。人们的需求、动机、价值观和行为规范都会随着社会的发展而发展、随着组织的成长而成长，更重要的是随着个体的成长和发展而发生变化（埃德加·沙因，2009）。而从大脑微观结构来看，人的认知和意识的形成与成熟表现为脑区相关神经元网络联结的形成与成熟，认知越发达，神经元网络联结强度越大。神经网络的形成与有效正如鲁迅所言："其实地上本没有路，走的人多了，也变成了路。"第一次走路，可能仅仅是一条小径，蜿蜒曲折，磕磕绊绊，但当很多次重复走时，该路就越来越平坦了（Weiss R. P.，2000）。神经网络也是这样，第一次构建的神经网络可能不是特别流畅，但是多次使用和多次的信息刺激则会使网络更加有效和通畅。学习模型的基本机制和认知学习的心理学概念是一致的：人们根据自身的观测，构建关于世界的假设/信念（托马斯·勃伦纳，2009）。从宏观来讲，学习是一种适应性行为，个体要生存，必须适应环境的变化，与环境保持动态的平衡。随着人的社会适应性增强，人对世界的认知也逐步提升与扩大。从微观来讲，认知系统是一个信号变换、信息加工、主观感受、意义理解、事件评估、主动调控、输出动作等活动的复杂系统（唐孝威，2008），在这个复杂的系统中，神经元网络联结会随着社会参与与实践体验而不断创建与修复。人们学习的新东西引致神经元网络联结的重新建构与修复，这将建构主义与认知联结主义有机地联系起来。每一种知识或意义的建构都会在大脑中相关脑区形成一个特有的神经元网络联结模块，随着知识越来越丰富，认知越来越扩大，这种已经建构的模块会越来越多，所以，当认知不断提高的时候，认知本身会进一步增强认知的能力和强度。猪孩的成长告诉了我们社会实践活动对人的认知及其神经元网络联结的作用。学习总是建立在过去经验基础上的认知与意义建构，"行万里路，读万卷书"在大脑微观层面就是建构了无数的神经元网络联结模块，最终大脑成为一个无限复杂的神经元网络联结系统。所以，人们总是根据现有的心智模型来对新的信息进行消化和吸收，个体的主观知识是以某种层级结构构造的（心理学家仍然在讨论这种层级的精确的结构外观），每一个新的信息可能改变不同的层面水平，这就可能产生复杂的并且精细的心智模型（托马斯·勃伦纳，2009）。

3. 行为属性

人的意识和认知源自实践，来自社会，所以后天的实践体验和社会活动形成了有意识学习，学习并非总是有意识的、蓄意行为（George P. huber，1991），除了先天性无意识学习之外，很多的无意识学习都是在后天形成的。产生于先天的遗传基因无意识学习表现为经典条件作用，而后天的实践产生了有意识学习。有意识学习又可分为信念学习与惯例学习，有意识的学习意味着行为人将意义和他的观察联系在一起，并建立关于联系和未来事件的信念，所以也可定义为"联结学习"（association learning）（Brenner，1999），或是"信念学习"（belief learning）（托马斯·勃伦纳，2009）。信念学习表明人们反省了他们所遇到的场景，尝试了适当的行动，而且对自己搜集的信息赋予了意义，并形成关于联系和未来事件的信念。基于惯例的信息是真实学习过程的一个简化，惯例学习表现为学习的习惯化，惯例学习可能会逐渐演化为无意识学习，但后天无意识学习与先天形成的无意识学习有一定的区别。先天性无意识学习是一个先天形成的固定编码过程，后天性无意识学习一般只有在有意识学习不发生时才起支配作用。后天无意识学习往往产生于反复的有意识学习，是一种习惯化的学习过程。所谓习惯化是指由于刺激的反复呈现所导致的反应降低或减少的现象（姚梅林，2010），习惯化学习表现为先快后慢的负加速学习过程，一旦建立了习惯化学习，再建立对相同刺激的习惯化时，其形成的速度要比前面快些，表现出重学效应。习惯化并不是一成不变的，一旦习惯化建立后，若呈现一种强度较大的新异刺激或改变原始刺激的特性，则通常会恢复或加强对原始刺激的反应，表现为去习惯化。学习的另外一个适应性方式是敏感化，所谓敏感化是指当有机体经历了某种强烈的刺激后，对强度较弱的刺激会产生明显的强烈反应（姚梅林，2010）。一般而言，刺激强度越大，产生的反应强度越大，敏感化持续的时间越久。习惯化和敏感化的突出特点都是因刺激呈现的时间与强度的不同而导致行为上的变化，所不同的是，前者表现为反应的减少，后者表现为反应的增加。从微观神经系统来看，刺激—反应系统决定了习惯化过程，状态系统决定了敏感化过程。个体的行为究竟是增加（敏感化）还是减少（习惯化）取决于在特定情境中两种神经系统的活动程度。

行为是学习的表征，但学习不等同于行为表现，学习可以表现为行为或行为潜能的变化，但并非所有的行为和潜能的变化都是学习导致的，有时候学习并非导致行为的显著变化（George P. huber，1991）。只有当学习者通过亲身经历等直接方式或通过观察等间接方式来获得某些经验，并表现于具体行为时，才可以说发生了学习（姚梅林，2010）。从学习的三个属性来讲，认知是学习的起点，社会是学习的环境，行为是学习的终点。尽管学习表现为神经系统的网络连接，但并不是所有的认知形成的神经网络联结都表现为学习，因为学习表现有行为或潜在行为的改变。学习就是源自与环境和其他个体交互和经验中形成的状态（包括情绪、精神和心理以及技巧等）的持续性变化（Siemens G.，2005）。当人接收到纷繁复杂的外部信息时，可能会形成一定的认知，具体说可能会形成很多复杂的神经元网络联结，但这些网络联结可能会处于静默状态，往往人的很多神经网络都处于静默状态。所以，社会实践活动构建了无数多脑内的神经元网络联结，但只有被激活并引起行为神经系统的活跃状态，才可以形成真正意义上的学习，因为行为神经系统的活跃状态会表现为人的行为的改变。无论是有意识学习还是无意识学习都会存在行为的输出，无意识学习的行为输出表现为自动化的、习惯性过程，而有意识学习的行为输出通常会表现出行为的目的性和意识性，由此，行为也可以分为有意识行为和无意识行为。所以，学习三要素缺一不可，社会保证了信息的有效输入，认知保证了信息的系统处理和转换，而行为表现为学习的作用结果。同样，行为的改变反过来会影响个人参与社会的能动性以及实践体验的主动性，并通过行为的验证进一步强化认知活动中的神经元网络联结。学习的社会适应性是一个无限循环的过程，社会环境引起认知的构建与修复，认知的神经系统激活可能会表现为学习的行为改变，而行为的改变又进一步改变了人对社会环境的适应与改变。所以，我们认为学习本身并不是简单的行为主义，或者认知主义，或者建构主义，而是它们的综合，即表现为刺激—反应的过程，也表现为知识和意义在脑内神经网络系统的构建，同时也表现为社会实践活动的体验。

| 第二章 |

个人学习的扩展：组织学习行为

1963 年，赛厄特（Cyert）和马奇（March）首次在其著作中提到组织学习，1969 年，西蒙（Simon）第一次定义了组织学习这一概念（Barnett C. K. , 1998），由此可见，组织学习是一个历史悠久的理论和实践话题，但是就组织是否像一个自然人一样学习在理论界仍然没有达成共识，组织学习又是一个久未解决的新课题。20 世纪 50 年代以来，研究组织学习的理论主要采取了两种不同的视角展开（Lant & Shapira，2001）（赵健，2006）：一个视角是计算机信息加工观（computational perspective），该理论将人类的学习行为解释为信息的输入、加工和输出，而知识都可以转化为符号和认知表征来进行加工；另一个视角是解释观（interpretative perspective），该视角主要受知识社会学的影响，主张认知的重点应是意义的建构而不是信息加工。和个人学习相对照，到底组织能否学习一直是个有争议的问题（黄国群，2011），比如"到底组织能否学习？组织学习的主体是谁？学习的内容是什么？学习的本质是什么？组织如何学习？"，等等，这些都存在着较大的争议。尽管教育学、心理学、社会学等领域中个人学习研究不断有新进展，但组织学习领域的新进展则相对滞后，从本体论视角看，个人学习领域的有关理论一定程度上可以应用到组织学习领域（黄国群，2011），早在 1965 年坎杰洛西（Cangelosi）和蒂尔（Dill）提出学习在个人、群体和组织中存在的思想，不管哪个层次，学习的过程都是一样的（Crossan M. M. et al. ，1993、

1999），个人和组织都是学习的有机体（Siemens G.，2005），克罗森等
（Crossan et al.，1999）认为组织学习具有层次性：个人层次、团队层次和组
织层次。1978 年，组织学习研究领域公认的最具代表性的人物阿吉里斯和雪
恩出版经典著作《组织学习、行动维度理论》，标志着组织学习研究达到了
一个新的水平（原献学，2007）。现有文献认为在组织学习研究方面存在三
个基本的理论维度：（1）分析单位——个人、群体、组织、跨组织；（2）认
知和行为——知识、理解、行动和学习的关系；（3）学习和绩效的关系
（Crossan M. M. et al.，1993）。组织学习的研究源自对组织行为的理论解释
（Levitt B. et al.，1988），组织是否存在学习行为，关键要看组织是否具备个
体学习的基本特征和属性，组织是否是一个类似于个体的有机体。

第一节　组织学习理论——关系网络的视角

从个人学习来看，学习就是信息经由心理活动后的行为及其潜在行为的
改变，所以，根据经典行为主义学习理论，学习至少应该是信息刺激与行为
反应的对应关系，就从这种表象来看，组织具有学习的基本特性。在本体论
视角下，组织是一个开放系统，类似一个生命体，从内外吸收知识，进行能
量交换，实现自己的成长与发展，获得影响力（黄国群，2011）。根据系统
论的观点，无论是个人学习，还是群体学习，组织学习或者跨组织学习都是
系统的学习，系统的学习就是信息对系统的刺激引起系统心理活动后的系统
行为及其潜在行为改变的过程。由此，我们可以将所有的学习视为系统学
习，人也是组织的一种，也是一种系统，不同的组织学习视为不同系统的学
习，无论学习形式怎么变化，都是系统学习的子形式而已。根据视企业是生
命体的隐喻思维，组织可以类比为一个具有学习能力的个人，同样，系统与
个人一样也具有学习能力。由此，组织学习自然可以从个体层面扩展到组织
整体层面，不仅个人能学习，组织整体也可以学习，自然任何系统都可以
学习。

一、组织是关系网络的系统

世界是关系的世界，组织同样是关系的组织。世界上的任何事物都同它周围的事物保持着相互联系，这种联系表明它们彼此存在着一致性、共同性，或者互补性。关系表现为不同事物、特性的统一性，是事物相互联系的表现形式。不同事物具有特有的联系模式，任何事物只有在同其他事物的关系中，它的特性才能表现出来。不同关系表现着不同事物和特性或者同一事物和特性的不同联系方式。事物之间的关系以及它们特性之间的关系，是由世界物质统一性决定的，所以，关系是客观的，事物所固有的属性、事物的存在和事物的相互关系是统一的。另外，事物的发展变化会导致该事物同其他事物原有关系的改变、消失或者产生新的关系，事物和其他事物关系的变化同样会引起该事物及其特性的改变。在组织中，人与人之间天然存在着一定的关系，这种关系具有客观存在性。组织的出现、成长、发展和消亡无不与关系有关，所以，我们可以将组织视为一系列关系的集合体，组织是一个关系的网络结构。

关于组织有很多不同的概念，克里科里（Krikorian）在 1935 年给组织下了一个极其广义的定义：组织是由不同特性的元素按照一定的关系组成的统一体（Krikorian Y. H.，1935），比如命题、逻辑证据、几何图形、分子、机器、微生物以及家庭等。根据该定义，任何组织都包括这三个要素：元素（elements），关系（relations）和整体（whole）。元素是组织的具体内容，关系是组织的结构，整体是组织的集体构型。对于社会组织来说（后面所提及的组织意指社会组织，简称组织），也同样具有一般组织所具备的基本要素。人是社会组织的最基本元素，社会组织的运行是人与人之间各种各样关系的创建、修缮与维系，这些具有一定关系的人的集合就是一个完整的组织整体。组织的出现始于人类思想家的想法：任何组织的首要问题是，一个或更多人让想法转变为可供两个或更多人一起活动的蓝图（埃德加·沙因，2009），所以，组织就是由相互作用的人组成的集合体，而且是社会中最为复杂的集合体（詹姆斯·马奇等，1993）。相对于其他所有的组织，比如机器、微生物、人等，社会组织的复杂性并不是组织元素的多寡以及关系的复杂性，而是组织中人的主观能动性，由此而引致的组织中关系的非结构化和乱序状态。就人这种生命组织来说，人是由无数细胞组成的有机体，细胞及其构成的各子系统都具有先天性的特性和功能。这些细胞元素并不具有可变的属性，它们在人这个组织中根据基因先天性决定了应该发挥什么作用，如何与其他细胞或子系统进行关联，这种关系是静态的，这种静态性意指微观层面的细胞不变性，而非指细胞之间关系的不变性。尽管人具有生命特有的意识与智能，但是意识与智能不会改变作为组织的人本身的组织结构和功能，根据神经网络理论，意识和智能仅仅改变人的行为在不同脑区的神经网络，但不会改变组成人的细胞的基本功能和所承担的角色。但对于社会组织来讲，人作为组织的基本元素往往会因为内外部环境的变化而变化，导致组织的不稳定性，所以，一个具有稳定性的社会组织一定要维系好人与人之间的关系，这正是将个人学习与组织学习进行类比研究的基础。所谓"不变"是指微观层面的基本分析单元的特性稳定性，所谓"变"是指基本分析单元之间关系的丰富多彩，变化无常。

对组织中关系网络的理解可以分为三个层次：交互（interactions）、关系（relationships）（Hinde R. A.，1976）和网络。交互及其交互序列形成一定的关系，不同的关系形成组织的结构，对于一个组织，交互是组织的基本层次，关系是组织的较高层次，网络是组织的最高层次，交互集形成关系，关系集构建网络。

（一）交互

所谓交互是指两个或两个以上的个体或行为之间的相互作用，一个组织中的关系网络首先表现为组织中人和人之间一系列的复杂交互关系。但具体来讲，交互会有不同的表现形式。

1. 交互的表现形式

从静态来讲，交互表现为两个以上的个体相互之间的作用，这种作用可能是单向的,如 A 对 B 的作用;也可能是双向的作用,如 A 对 B 和 B 对 A 的同时作用。当然,如果要进一步分解,双向的作用包含了两个单向的作用,可能这两种反向作用存在时间差,可能间隔几秒,也可能间隔数天甚至更长时间。我们一般将双向的互动视为后者对前者的回应,如果 A 对 B 产生了一定的影响,那么 B 会根据 A 对自己的影响做出是否需要进一步回应的判断,并在随后产生 B 对 A 的反作用。正是因为交互作用的间隔期间,很多交互往往都是一次性,一次性交互并不能产生人与人之间的关系,间隔时间越长,其交互的双向作用越差。所以,在组织中,频繁的接触与交流往往会导致相互之间频繁的交互,并产生真正意义上的人际关系。人与人之间的交流就是这样一种模式,交流不是单向的讲述与倾听,而是相互之间的意思表达,通过语言实现相互之间的共鸣与深度了解。从动态上讲,交互具有时间序列性,交互是多个单向的序贯作用。构成关系的一系列交互往往都是在一个时间序列表现出来的一系列作用与反作用,交互从字面上理解就是序贯的作用与反作用。在时间序列上,所有的序贯动态交互都可以分解为若干单向的交互,只是在不同的交互中产生的方向不一样,作用的力量不同,表现为 A 对 B 和 B 对 A 的反复与回应。所以,时间序列上的交互就是一种动态演化过程,是一个序贯过程,每一个交互的产生都建立在之前交互的结果以及交互双方对未来交互的预期,A 对 B 的作用直接影响 B 是否或如何对 A 的反作用。A 对 B 的作用取决于前一次 A 对 B 的作用以及 B 对 A 的作用的回应,过去的经验将会直接影响交互是否可以进一步发展下去,A 对 B 的作用对 B 对 A 的反作用具有强化或弱化作用。同时,交互双方对未来交互的理解以及预期也会决定交互是否可以进一步做出交互的反应,交互可以理解为双方之间的序贯博弈过程。

2. 交互的叠加效应

交互具有叠加效应,在交互双方越容易产生交互,其交互的效应越大,即越交互,越容易交互,越容易交互就会越交互。在现实的交互关系中,其方式和具体内容有很多,包括生理交互、心理交互、行为交互、思想交互、利益交互、权力交互等。在一个家庭，生理方面的交互、心理方面的交互、行为方面的交互、思想方面的交互更重要，而在社会组织中，利益方面的交互和权力的交互更为关键。单一的交互形式较难形成长期的序贯交互，当交互双方存在多种形式的交互时，双方交互的深度与频次就会不断加强，由交互形成了双方相互之间的嵌套。交互的叠加效应表现在两个方面：不同内容的持续交互和同一内容的持续交互。不同内容的交互往往产生叠加效应，使交互更加深入与增强，比如生理交互、思想交互、行为交互等同时发生可能使双方的关系日趋升华。另外，在时间序列上，同一内容的交互发生频次越多，而且相互之间的作用与反作用反复发生，双方的关系将日趋加深。交互效应不仅取决于交互本身，而且不同的交互方式会相互影响，思想方面的共鸣更容易导致行为的交互与一致性，行为的交互与一致性更容易导致心理方面的共鸣。情感的投入就是通过心理的交互增强行为、心理、思想的交互与相互影响，并达到交互效应最大化。在社会组织中，不仅仅强调利益的交互和权力的交互，更要不断增强思想、行为、心理的交互。创建和提升组织文化能够从思想、心理、行为等方面便于组织成员之间的频繁交互，并进一步增强企业文化的深度和广度。由此可见，交互能否持续取决于每次的交互是否可以带给交互双方的行为共振、思想共鸣、认知趋同、生理互补、情感共鸣等，一旦双方在意识形态达到了认同，或者在利益上获得了补偿，或者在情感上获得了好感，那么就存在交互进一步发展的基础，并期望有下一次的交互。无论是哪一种类型的交互，如果交互持续的存在，那么双方可能会达到某些方面的互补或者趋同，比如利益的互补、情感的趋同、思想的共鸣，这些要么表现为互补性，你离不开我，我离不开你；要么表现为趋同，双方达到了一定程度的共识。交互的结果无非就是这样两种结果：互补和趋同。

（二）关系

关系是个体之间某一时点上的一系列交互（Hinde R. A.，1976），关系与交互有些时候难以分清楚，但二者仍然有一定的区别。

1. 关系的含义

交互是关系的基本形式（或称为关系的原子型），是关系的基本元素，是关系的底层技术基础；而关系则是系列交互的集合，是各种交互的复杂性复合体，是交互的表征，是系列交互的结果。交互不一定形成关系，但关系一定是序贯的交互，没有交互必然没有关系。交互及其关系通常都发生在两个个体之间，若干个体之间的交互及其关系都可以分解为两个个体之间的交互及其关系。两个个体之间的关系又可以分解为若干个序贯的交互，这些交互之间的联系与影响形成了个体之间的关系，关系相对于交互来讲要具有更大的稳定性和固定性。关系双方的一次交互不可能形成关系，关系的形成与交互的频次和时间间隔有关。序贯的交互频次越高，关系形成的可能性越大，稳定性越强，相邻交互的时间间隔越短，关系形成的可能性越大。关系的稳定性取决于交互的频次与深度，频繁的交互自然会形成稳定的关系，每次交互达到的理解或互补程度越高，其关系的稳定性越强。所谓嵌入性就是交互的强化效应，不断的交互导致了双方之间在权力、利益、生理、心理等方面的相互嵌套，由此加强了二者之间关系的稳定性。关系增强的过程是关系人之间嵌入性增强的过程，关系强化了关系双方的嵌套，深入的嵌套会进一步加强关系的强度。

2. 关系的表现形式

静态关系表现为一种固定的联系，如亲子关系、夫妻关系、人际关系、部门关系、交换关系、亲友关系、同事关系等。但关系本身具有动态性，一方面关系体现为各种各样的交互，因为交互本身就是动态的，是双方之间的相互作用；另一方面关系在时间上同样具有序惯性，关系的形成既受制于过去关系的影响同时也受到关系人对未来预期的影响，因为交互具有序惯性，所以关系也是一种持续交互的序贯演化。无论是积极的关系，还是消极的关系，都会对以后的关系维系具有很大的强化作用，即所谓关系强化关系，关系弱化关系。一旦在关系人之间建立了良好的利益、情感、心理、行为等方面的关系，将会进一步强化以后关系的深度，并进一步强化对未来关系的预期。积极关系具有正强化作用，消极关系具有负强化作用，正强化促进了关系的稳定与加强，负强化促进了关系的削弱与断裂。

3. 决定关系强弱的因素

如果将完全相关关系视为1，完全无关关系视为0，那么关系就是从0~1的一个关系集，这样将关系根据其强弱分为无数多种，所有类型的关系都处于完全相关和完全无关两个极端中的任何状态。决定关系强弱分为四个方面。

（1）交互的性质。这个是影响关系强弱的首要因素，交互的内容和质量以及交互的频率直接决定了关系的强弱（Hinde R. A.，1976）。

（2）关系人自身的性质。关系人自身的认知、行为模式、情感特征对关系的强弱有很大的影响，关系人的相同处境、爱好、兴趣、性格或者利益等都可能加强关系的深度。

（3）环境因素。在社会关系中还有一些比如道德、伦理、社会习俗以及法制制度也对关系具有一定的影响。

（4）强制性。在组织中强制力或者权力、强制性义务关系（obligatory relationship），或者称为社会责任规范（social responsibility norm），对关系有关键的影响（Adams B. N.，1967）。严格地讲，之所以成为组织，就是因为这种组织中的强制力制约着组织中所有人的关系，并使这种关系保持一定的稳定性。

4. 关系的基本特征

关系有三个基本的特征：交易性（transactional content）、关联性（nature of the links）、结构性（structural characteristics）（Tichy N. M. et al.，1979）。

（1）交易性。交易性可以广义地理解为精神和物质层面的交换，由此可以分为四类：①情感的交换（exchange of affect），比如喜欢、友谊等，情感的产生通常都是互利的，我对你的喜欢必然要建立在你对我的喜欢基础上，朋友之间两肋插刀都是相互的，情感更多表现为在精神上或心理上的相互依赖、相互慰藉、相互寄托、相互需求，是一种完全意义上的精神寄托。②影响或权力的交换（exchange of influence or power），比如父母对子女的教育是建立在一定的父权和母权基础上强制力和权力，在组织中权力的交换更为明显，任何一个组织都是一种金字塔式的权力链，表现为从上至下的权威以及从下至上的服从。③信息的交换（exchange of information），关系经常以双方的频繁交流为基础，而交流的过程就是信息交换的过程，这种信息的交换可能是正式的信息交换（这种情况实际上将信息作为一种产品进行交易），而关系中更多的都是非正式的信息交换，也即交流。④商品或服务的交换（exchange of goods or services），就是赤裸裸的利益交易，或者市场交易关系。无论是哪一种关系都要建立在以上广义或狭义交易的基础上，或者是一种交易，或者是一种以上的交易，如果离开交易，所有的关系将不复存在。

（2）关联性。所谓关联性是关系人之间的交互程度，或者联结程度。具体有四个关键特性：①强度（intensity），就是我们前面已经分析的关系强弱。②互惠性（reciprocity），指关系双方之间存在着相同的关系强度。关系是一种互惠互利，越具有互惠性的关系其强度越高，越互补的关系其稳定性越强。③清晰的预期（clarity of expectations），意指关系的稳定性，越稳定的关系越容易发展。因为稳定的关系可以带给双方良好、清晰的预期，其不确定性较低，过去关系强度越大，关系人对未来关系预期明晰，关系发展的持久性也就越强。④复合性（multiplexit），意指关系往往表现为若干种形式的复合，可能体现为利益关系、情感关系、权力关系，关系的复合程度越高，关系的稳定性越强，比如上下级之间最重要的是权力关系，其次可能有情感的关系、共同的价值观以及价值认同等。关联性建立在关系之间交易的基础上，不是因为有关联才交易，而是有交易才关联，交易的程度越高，其关联的程度越强。

（3）结构性。所谓结构性是指关系可以分不同的层次，通常可以分为四个层次：外部网络（external network）、内部网络（total internal network）、网络族群（clusters within the network）、个人（individuals），关系构成了一个复杂的系统，在这个庞大的系统中又可以根据其层次性分为不同的子系统，最终表现为个人之间的关系、部门之间的关系、上下级之间的关系、权力层级关系、组织间关系等。通常来说，最底层的关系影响上一层的关系，由此而上，最终影响最外层的关系；反过来上层关系会制约或者影响下一层关系，不同层次之间是一种嵌套关系，也就是说不同层次之间的关系本身就是一种关系。

5. 关系的分类

在社会组织中，关系可以分为两类：正式关系与非正式关系。二者的区别在于关系是否依据一定的强制力维系，正式关系是由显性契约规制的相互联系，而非正式关系则是由隐形契约约束的联系，正式关系是一种强关系，具有较强的稳定性，而非正式关系则是一种弱关系，具有较强的松散性、不稳定性。在组织中，正式关系与权力关系是等同的，权力本身就是一种关系，表现为 A 对 B 的权力，或称为 A 对 B 的强制力，权力就是一种强制力（米歇尔·克罗齐耶等，2007），任何组织都表现为一系列的权力链，权力链是各种不同权力关系的网络。正式关系借助于权力或者强制力规制了个体的行为，并使集体行动成为可能。由此，在组织中，正式关系是组织存在和存续的基础和先决条件，当一些松散的无关个体进入一个组织后，首先要受制于强制力的约束，并在这种权力关系中行动（这种行动可能会违背个人的意愿或初衷）。而非正式关系则是在组织中形成的个人之间的非权力、非强制力的关系，比如友情、爱情、帮助，或者兴趣小组、活动小组。

非正式关系往往是一种松散的关系，对关系人没有强制的约束力，依赖于友情、兴趣或者爱好等的联系。在一个组织中，正式关系和非正式关系都存在，只是二者所占比重不同，有些组织正式关系占主体，有些组织非正式关系占主体。只要是正式组织，正式关系对所有关系具有统领作用，所有非正式关系都要从属于正式关系，或者权力关系。当然，正式关系具有层次性，权力具有层次性，这是组织层级制的本质，组织中的权威命令体现在所有的正式关系中。当然，组织不可能没有非正式关系，人都生活在关系中，人具有社会性，需要人与人之间的沟通与交流，需要相互之间的关爱与帮助，人是情感的动物，需要人与人之间的情感交流。非正式关系往往会对正式关系具有一定的影响力，二者之间本来就存在着一定的关系。正式关系统领着非正式关系，影响着非正式关系的模式和内容；反过来，非正式关系可能会促进正式关系的发展，也可能会削弱正式关系的权威性。从一般意义上讲，组织的有效性就是合理处理组织中正式关系和非正式关系的比重，组织对个人主动性的调动取决于对正式关系和非正式关系的处理，这种比重的处理具有组织的异质性。

（三）网络

网络是众多行动者之间关系的集合（Borgatti S. P. et al.，2003）。网络有两个元素构成：节点和关系。每一个行动者都是一个网络节点，节点可能是人、团队、组织或者概念等，关系是两个节点（或者行动者）的连接。社会网络由一系列节点组成，每个节点代表一名个体，将节点联系起来代表一种关系，这些关系被赋予了各种不同的设想（Sawyer R. Keith，2013）。关系可能是直接的，如 A 与 B 的连接关系。也可能是间接的，比如 A 与 B 的连接，B 与 C 的连接，可以形成 A 与 C 的间接连接，这个间接连接可以分解为三个连接：A 与 B，B 与 C 以及 A 与 C。A 和 C 的关系又分为两种情况：一是 A 和 C 之间的直接关联；二是 A 和 C 之间经由 B 的间接关联。联系强度、网络规模、网络密度以及网络范围构成关系网络的主要表征维度（黄晓晔等，2006），联系强度是指网络中联系的力量，可分为强联系（strong ties）和弱联系（weak ties）；网络规模是指处于特定社会网络中的行动者与其他行动者之间关系的数量；网络密度是指网络中一组行动者之间关系的实际数量和其最大可能数量之间的比率；网络范围是指网络联系的特定性质或类型，任何可能将行动者联系起来的东西都能使行动者之间产生关系，因此网络关系的表现形式也多种多样，如交换关系、亲属关系、信息交流关系、感情关系、工具关系、权力关系等。

1. 网络的稳定性

尽管网络是由个体之间产生的关系构成，但所有关系的聚集并不会自然形成一个固定的网络，网络具有关系的强稳定性。正如关系是由序贯的多次交互形成一样，网络也是由强稳定性的关系构成，分散的无关交互无法形成关系，同样，无关的弱稳定性关系无法形成网络。最简单的关系是两个个体之间交互形成的连接，其连接具有单一性、直接性。在关系中，每个个体都具有独特的属性，与另外一个个体形成属性的互补或交换，而每个个体的角色则是单一的。网络由很多个关系构成，关系不仅仅存在直接性关系，而且还存在间接性关系，即关系的关系，正如前面的 A 和 C 的关系一样，它是由 A 和 B 的关系以及 B 和 C 的关系组成，A 和 C 之间存在着间接的关系。网络中的每个个体都具有多种角色，比如 B，它既保持与 A 的关系，也保持与 C 的关系，网络中的一些节点总是起到其他关系的桥梁或者枢纽作用。一个巨大的网络中，个体都承担很多种角色，以保持网络的完整。正是因为网络中角色的多样性，关系中的个体总是表现为一一对应，而网络中的个体就不一定都是一一对应，可能存在一对多的关系。组织中的网络不同于渔网，渔网上节点都是均匀分布的，而且每个节点与其他节点都有固定的连接数，比如每个节点有四个连接，或者六个连接。而组织的关系网络中，节点的连接数不确定，可能是两个、三个、五个……节点的分布不均匀。通常，组织中的关系网络具有网络中心，每个网络都有一个节点作为整个网络的中心。最为基本的网络结构就是由一个中心节点和若干个子节点组成的网络，在这样的网络中只有一个中心节点，其他节点都辐射性散布于中心节点周围，并保持与中心节点的强关系。这些子节点之间同样也会存在各自的关系，只是这些关系在这个基本关系网络中不具有统治地位。中心节点拥有多样性属性，使得它可以和其他多个节点产生关系，比如明星人物、组织管理者、核心部门、团队领袖等。这些中心节点是整个网络的枢纽，在网络地位、资源拥有量、权力强度、利益换取等方面都具有关键作用和强势能力，该节点是网络的最重要力量和统治地位，它维系了该网络的结构和稳定性。

2. 网络的目标性

关系网络具有特定的功能或者共同的目标，任何一个网络都具有独特的功能，实现特有的目标，比如企业、政府、销售部门、财务部门、社区组织等。在组织网络中，每一个关系在网络中具有不同的功能，在同一个网络中，不同功能的关系互补形成网络的特有功能。在网络中，每一个个体具有区别于其他个体的属性，而两个个体形成的关系又包含了两个个体的共有属性或者互补性，由若干个关系形成的网络则会保持了所有网络中关系的共性或者互补链，所以，网络的共有属性要比网络中每个关系以及关系中每个个体的属性更具有抽象性，属于共性的共性。从集合的角度看，网络的属性是所有关系及其个体的属性的交集，网络的属性抽象掉了每个关系的属性差异，也抽象掉了个体的属性差异。如果将组织中的个人定义为一个具有自身目标的个体，那么关系的目标则是两个人的共同目标，网络则是所有关系及其个人的目标的交集，即组织的目标。任何一个网络只有一个独特的功能或者目标，比如制造产品、提供服务等，在这个网络中的任何一个人都为了实现这个目标而行动，为了完成这个功能而行动。网络中个人之间形成的关系在实现网络总体的目标和功能中体现着各自独有的作用，所有的个人都通过关系进行直接或间接的交换、合作、互补。通常，网络整体的目标可能与网络中每个节点（人或组织）的目标相背，这种冲突的解决方式只有两种：一是个体服从整体；二是个体离开整体，但结果都是维持了网络整体的功能和目标。在个体目标以及个体与整体目标相背时，正式关系会通过制度、法规等契约来强制约束个体的行为，以使个体最终都服从于网络整体的目标。

3. 网络的结构性

网络具有结构性，通常很多个关系组成一个网络，而很多个网络形成更大的网络。网络本身是一个有机系统，每个网络都是其他更大的网络的子网络，组织的关系网络就如宇宙星系一样具有系统的结构性。所有网络都可以分解为最基本的网络结构，即一个中心节点和若干个子节点。尽管网络都是网络套网络，网络包含网络，但任何一个网络无论大小都有一个具有垄断和统治地位的中心节点，形成中心的中心。组织的关系网络与宇宙星系的结构以及渔网结构都不一样。渔网结构中每个节点都会与固定数量的其他节点构成一个分布均匀的结构，渔网结构没有中心节点，再大的渔网都没有中心节点，每个节点的关系数量和关系强度都相同。宇宙星系的网络结构是按中心节点连接的网络结构，每个星系无论大小都有一个具有强大吸引力的中心节点（恒星），其他行星都围绕着这个中心节点运行。每两个星系之间的联系都是间接地通过他们共同的更大网络中的共有中心节点来联系，星系之间不会存在各自行星之间的关系，一个星系中的任何个体或节点都不会与另外一个星系中其他个体或节点保持固定的关系。组织中的关系网络不是一个二维的平面结构，它具有更复杂的三维结构。在组织的关系网络中，不同网络之间的关联往往是网络中心节点之间的关系，一般两个网络之间各自网络成员之间的相互关系比较少，即使有也没有中心节点之间的关系那么强，所以，网络之间的联系最终还是中心节点之间的联系。由此，组织中的关系网络因为形成了中心节点以及其他节点之间的复合关系而更加具有稳定性。每两个相连的网络中，中心节点之间的关系最为强势，而其他节点之间的关系则相对较弱，但对中心节点之间的关系具有正向或负向的影响，可能加强了中心节点之间的关系，也可能会削弱中心节点之间的关系。

4. 网络的系统性

从关系及其网络的角度看，组织就是这样一个由不同关系构成的关系网络结构。组织本身是一个大网络，其内部包含着若干个子网络，子网络又含有更小的子网络，形成复杂的关系网。在组织内部不仅仅具有这样的网络结构，任何一个组织作为一个网络又与组织之外的其他组织构成更大的网络，形成组织间的关系网络，组织本身就是成为更大网络中的子网络，比如产业群、战略联盟、产业链等。所以，就关系网络来讲，世界就是这样一个由无数多人（个体）组成的复杂的网络套网络的关系网络结构。在这样一个网络中，总是有一个中心节点（人或组织）强势地控制着整个网络的运行，每一个小的网络同样也有一个该网络的中心节点控制和统治着这个网络。在组织的关系网络中，各节点的力量是不相同的，各节点之间的关系强度也是不一样的，不同节点的关系数量也是不一样的。如果是这样的话，我们又如何划定组织的边界呢？关系往往模糊了组织的边界，但运用关系理论仍然可以区分组织的边界，尽管组织内的个体都与组织外的个体有一些关系。区分组织的边界有两个关键：是否存在中心节点以及是否存在特有的正式关系。通常，一个组织之所以成为一个独立的网络和系统，其存在一个具有权威性和统治性的中心节点，在一个组织中不可能有两个中心节点，如果是两个中心节点，则是两个组织的关联，这个是最为明显的特点。另外，不同的组织具有不同的正式关系，这些正式关系都是通过一系列显性契约规制，比如家庭有家庭的特有关系、企业有企业的特有关系、政府有政府的特有关系。任何一个组织无论大小，无论多么复杂，无论是否有很强的正式关系，即使组织存在着更多地非正式关系，但这些非正式关系不能决定作为网络的组织功能和结构，在组织中起决定作用的关系就是正式关系。正式关系与中心节点构成了组织的边界，并决定了组织的功能和结构以及运行模式。

二、组织学习的关系网络理论——与个人学习的类比分析

组织学习是否存在？组织能否像人一样进行学习一直处于理论的争议中，其争论的焦点是组织是否可以像人一样存在心理活动。根据经典学习理论，学习是刺激信息通过心理活动引起的行为或潜在行为的变化，因此，无论是哪一种学习都必须具有三个关键要素：刺激信息、心理活动和行为变化。对于个人来说，学习是刺激信息引起脑内神经元之间的联系，并最终导致人的行为或者潜在行为的变化。但对于组织而言，我们需要解答以下问题：（1）组织是否类似于一个具有生命的有机体？如果是，那么，（2）组织是否存在类似于个人学习的学习行为？如果存在，那么，（3）组织学习是否满足以上学习的三个要素？如果存在，那么，（4）组织是否也存在类似于个人学习的心理活动？如果存在，那么，（5）组织的心理活动又是如何运行

的？要回答以上问题仍然需要从组织的关系网络理论入手。

（一）组织是一个学习系统

根据组织关系网络理论，组织是一个由人组成的关系网络，是一个类似于生物的有机体或系统。无论解释为系统、大脑型组织，还是组织记忆、学习型组织以及复杂适应系统，都从某一个侧面展示了组织或理想组织具有整体的"生命"特性（黄国群，2011），都是一个系统的学习有机体。

1. 系统性学习思想

根据系统论思想，组织是共同执行某种（些）功能的相互联系的经济主体的集合（帕维尔·皮里坎，2005），组织和人一样都具有认知系统、行为系统和记忆系统（Fiol C. M. et al.，1985）。根据系统学习思想，组织是由个人和群体组成的有目标指向的社会结构，由此，由个人和群体构成的有目标指向的结构组织能够像生物一样进行学习（周建伟等，2005），组织和个人都是可以学习的有机体（Kleiner A.，2002）。个体学习表现为具体的人类学习，而组织学习也以类似于人类的有机体生命方式开展（黄国群，2011）。如果我们将组织比作一个人的话，组织和人不一样的地方在于组织没有大脑，但组织类似于一个大脑神经网络一样的关系网络组织或者系统。组织学习与个体学习不同的地方在于组织学习可以在组织中分享观念、知识与心智模型，组织学习建立在组织记忆（组织过去的经验和知识）的基础上，而组织记忆依赖于制度机制（包括政策、战略和显性模式等）（Stata R.，1989）。

从行为视角来看，如果一个实体可以通过对信息的加工而学习的话，那么他的潜在行为会有不同程度的变化，实体可以是人或动物，或者群体、组织、企业、社会。而信息加工是指对信息的获取、分配和解释（George P. huber，1991）。既然组织是一个有机体，它可能具备类似于个人一样的学习行为，组织改变自身的行为变化现象与心理学个体"学习"现象存在同构性（原献学，2007）。组织是一个行为系统（Kim D. H.，1993），组织通过知识和信息的综合处理来改变组织及其成员认知与行为的综合学习过程（朱瑜等，2010）。学习是认知或行为的改变，而且只有认知和行为都改变了，才是完整意义上的学习（原欣伟等，2006）。所以，组织的学习行为具有与个人学习一样的三要素特征。

2. 组织学习的社会性

任何组织都无不处于内外部环境的各种信息洪流中，组织的行为时时处处都受到各种信息的影响，同时，组织时时刻刻都在不断地改变着自身的行为模式，以适应环境的变化，组织的演化就是自身行为的改变过程。芮明杰（2006）认为，组织学习包含三个含义：（1）组织学习是一个过程，是一个通过组织中人与人之间的相互交流，不断产生和应用新的知识，以便不断改变组织行为的过程；（2）组织学习是一个组织知识不断产生、不断传播、不断应用的螺旋上升过程；（3）组织学习强调的是一种社会性的学习，是组织中人人都参与的团队学习和集体实践的社会现象。在组织学习过程中，个体之间的学习在本质上就是个体之间的知识交流，通过个体之间有意识的知识转移，从而使个体之间的学习环节得以实现，进而为组织学习的良性循环创造条件（刘良灿等，2011）。组织学习是将组织内个体创新的成果进行交流、总结并吸收成为整个组织财富的过程。因此，没有个体的学习就不存在组织的学习，但个体学习并不必然地转化为组织的学习，还需要组织提供三个条件：充分的交流与沟通，交流结果的共享，交流结果的吸收与下传（梁梁等，1999）。所以，组织学习的基础在于将组织成员的个体学习社会化地组织起来，使个体学习产生的行为改变以形成整体组织的学习行为，组织学习最终成为一个完完全全的社会化结果。

（二）联结主义组织学习理论

那么组织到底是怎样将各种刺激信息转化为整体的组织行为呢？学习在组织中如何实现？组织学习理论和学习型组织理论的一个假设是：组织是一个类似生物有机体或系统，组织学习是该有机体表现出来的一种适应行为。

1. 组织学习的联结主义思想

"学习型组织"是有机体的"结构"，"组织学习"是组织的"功能"（原献学，2007），组织学习就是通过更好的知识和理解改善行动的过程（Fiol C. M. et al.，1985）。目前唯一争议的地方在于组织是否存在心理活动，是否与个人具有相同的原理。根据个人学习心理理论，人的学习建立在脑机制及其神经系统的基础上，学习就是脑内不同区域神经元之间的联结构建与修复过程，人的心理活动也是以脑神经系统的运行为基本物理基础。更抽象一些，人的学习、意识、心理最终都表现为脑内神经元的联结，如果将神经元视为一个微观个体，那就可以说：学习就是个体之间的联结，即微观联结主义思想。学习是联结、扩展和改善数据、信息、知识和智慧的过程（Bierly P. E. et al.，2000）。根据前面的论述，组织是一个建立在人与人之间的关系网络的系统，基于此，可以借助联结主义思想解析组织学习的机理及其组织行为活动。

在信息经济环境下，学习已经不是单独的个人学习与经验，而是对信息之间联结的学习（Siemens G.，2005）。在一个组织中，每个成员都是不同的信息源，组织学习的过程就是在这些拥有不同信息的成员之间建立异常丰富发达的关系与联结。类比研究是一种有效的研究方法（原献学，2007），原献学认为，组织学习理论就是由组织与控制系统和组织与人的思维系统构成理论连续统。在这个理论连续统上，一极是环境适应性（结合控制论系统的类比法）的组织学习；另一极是思维自主性（结合作为个体思维的组织类比法）的组织学习。任何组织的一系列活动都是由人的行为与物的运转构成的，但最为关键和重要的因素是人的行为，物的运转仅仅是人的行为的作用对象。如果将组织视为一个由人组成的系统，那么组织的运行就是一系列人的行为的有序排列，要使这些人的行为有条不紊地运转，就需要行为之间的有序协同。协同的基础是人的信息有效性，因为行为的背后都是信息的驱使，信息导致行为变化，这个过程既是个人的学习，也是组织的学习。而人的行为总是伴随着个人的学习，而人与人之间的行为的关联就是人际关系，或者表现为组织中的关系网络。对于具体的个人来讲，从信息到行为都要经过大脑神经系统的神经活动，即个人学习。而对于一个组织来说，从信息到行为既要经过具体组织成员大脑神经系统的神经活动，同时要经过建立在关系网络基础上的群体活动，表现为群体中个体的交互，即组织学习。由此，信息传播的有效性直接决定了行为的协调程度，最终影响了组织绩效，产生组织学习的行为结果。

2. 组织学习的关系网络理论

根据视企业是生命体的隐喻思维，组织可以类比为一个具有学习能力的个人（黄国群，2011），组织学习是个人学习在组织中的隐喻（Dodgson M.；Kim D. H.，1993）。尽管组织学习是源自个人学习的隐喻，但组织学习仍然要通过个人学习来实现（Kim D. H.，1993），因为个人是组织的微观个体，组织学习及其行为最终也表现为个体之间关系的联结。在组织发展的初期，因为组织中有较少的人群以及简单的组织结构，组织学习被视同为个人学习，而随着组织的发展，组织学习与个人学习逐渐分化（Kim D. H.，1993）。群体是个体的隐喻，集体智慧往往是个体智慧的集散和提炼（王佑镁等，2006）。尽管可以把组织学习看作个人学习的隐喻，但组织学习最终都要经过个人学习来实现，所以，个人学习理论是理解组织学习的关键（Kim D. H.，1993），个人是组织学习的主体（Dodgson M.，1993），但组织学习不是个体学习的简单加总（Fiol C. M. et al.，1985；黄国群，2011）。由此，从更加广义的角度，无论是个人学习还是组织学习，都表现为个体之间的联结，唯一的不同在于，个人学习是脑内神经元之间的联结，而组织学习则是组织中人与人之间关系的联结，暂且我们将其称为组织学习的关系网络理论，以区别于其他组织学习理论。

在信息时代，社会网络理论为理解组织学习提供了重要的基础（Siemens G.，2005），在一个社会网络中，每一个网络个人都是良好的信息拥有者和知识仓库，每个人都是信息流动的节点。和个体学习相比，组织学习的根本在于组织的群体性，个体学习是个体大脑中神经系统的活动过程，这种活动过程表现为脑神经系统中神经元之间的交互，而组织学习则是组织中所有个体之间的交互活动过程。由此，组织学习就是社会学习、系统学习，凡是存在群体性社群的领域，就存在组织学习。社会学习是指动物个体通过观察群体内部其他成员的行为或行为结果，进而获得关于外界环境的信息，最终改变自身的行为（刘春兴等，2012）。

（三）组织学习与个人学习的差异性——联结主义视角

相对于个人学习的联结主义，组织学习的关系网络联结具有很大的差异性。

（1）个人学习的基本元素是脑皮层中的神经元及其突触，它们是学习的基本物质基础，物质决定意识，个人学习就是脑内神经元组成的神经网络的构建和修复过程，可以称之为神经网络。而组织学习的基本元素是组织中的人及其由人组成的关系网络，人是组织的基本元素，也是组织之所以成为组织的物质基础，组织学习是组织中个人组成的关系网络的构建和修复过程，表现为人与人之间的关系联结，称之为关系网络。如果将人和神经元都视为一个网络的节点，那么人作为组织群体中的关系网络的节点，同样，神经元则是大脑神经系统中的神经网络的节点。从学习的本质含义来讲，二者都是不同节点的构建与调整或修复的过程，不同的地方在于个人学习是在神经系统中神经网络上不同神经元节点的关系构建与调整和修复，而组织学习则是在组织群体中不同组织成员节点之间的关系构建与协调和修复过程。

（2）个人学习中的神经网络联结具有物质性，或称为直接的物理接触，即神经元之间关系的构建是通过神经元突触的生物电化反应机制，比如动作电位差、化学物质等，使神经元以突触的直接连接实现，神经元之间的空间通过各自突触的物理生化反应联系起来，神经元之间的联结是无缝连接，表现为神经元细胞与神经元细胞之间的实质性物理连接。而组织中的关系网络则是非物质性，关系网络并不体现为个人之间的直接接触，不是人与人之间的手拉手行动，不是两个人的肉体连接，而是表现为人与人之间的虚拟联系，非物理接触联结，比如情感交流、物质交换、观念共享、行为趋同等，唐斯（Downes，2012）将这种关系联结形成的关系网络定义为语义网（the semantic web）。这些关系可以通过语言交流、行为模仿、利益交易等方式实现。关系联结与物理连接的区别就在于关系总是表现为个体之间存在一个非联系的空间，个体之间没有实质性接触，距离感是关系联结的特性。从关系角度看，无论是个人学习还是组织学习，都表现为关系的构建与修复过程，但从关系的构建基础来看，个人学习是物质的实质性接触与反应，而组织学习则是信息在不同个体节点之间的扩散与传播。个人学习也是信息的传递、加工、处理与提取等过程，但这些信息的运行程序都是以生理生化的物质反应为基础，而组织学习中的信息传递、加工、扩散与传播都是以个人之间的虚拟关系为基础，并没有实质性的人体接触与物质的传递。

（3）就神经元细胞而言，其物理特性具有天然性和稳定性，比如动作电位阈值、化学物质成分等在人的一生中都是固定不变的，其固定值在人出生时由遗传基因决定。神经元按照"全或无"原则运行，表现为激活状态（可以用 1 表示）或者静默状态（可以用 0 表示），每一个神经元具有完全二进制特征。而在组织中的人则不同，任何一个人都有无数多种变数，这种变数表现为 0 和 1 之间的无数种状态，其行为心理特征是无数状态的集合，每个人的每一种行为或心理都会影响组织关系网络的有效性，正因为如此，由人组成的网络更具有复杂性。从这个角度看，神经元是最为愚笨的有机体（Downes S.，2012），因为它在人的学习过程中要么处于激活状态，要么处于静默状态。

（4）脑神经系统与组织的关系网络都是复杂性系统，但二者的决定因素不同。大脑神经系统的复杂性取决于神经元的数量、速度和密度，尽管每一个神经元本身是一个简单的 0 和 1 的机制，但无数多的神经元细胞使人类认为大脑是至今最为复杂的系统，目前人类对大脑仍然一知半解。大脑千亿个神经元构成的网络包含有 $2^{1\,000\text{亿}}$ 种两两连接，而且这些庞大的连接数量并不包括间接连接，即连接的连接。这种神经元及其联结密集的遍布于微小的一个大脑区域，其密度就不言而喻了，如此巨大的数量关系使大脑自身也无法想象，也是至今人类科技无法企及的领域，就每个人来说，在人的一生中真正发挥作用的神经元网络仅仅是1%～1.5%。而且神经元突触之间有快速的连接速度，通常信息在神经元突触之间的传输反应速度0.5毫秒左右，尽管这个反应速度与当下最快的计算机相比仍然有很大差距，我国"天河一号"超级计算机系统的实测运算速度可以达到每秒2 570万亿次，是至今世界上最快的计算机系统。但相对于组织中人与人之间的关系反应速度而言仍然是极其快速的反应连接，如此快速的反应速度加上巨量的神经元数量足以支撑各种各样复杂的运算。而组织中的人的关系网络则并不依靠数量和速度，其系统的复杂性主要是个体——人的复杂性与易变性，关系网络中人的变数决定了组织必然是一个异常复杂的有机体。可能一个组织有100人，但是因为每个人有无数多种行为特征或者情感表现，这样就形成了复杂的关系模式。所以，神经网络的复杂性取决于幂指数的指数，其指数达到1 000亿，而组织中关系网络的复杂性取决于幂指数的底数，其底数可能达到几百。

（5）正因为组织中关系网络的个人复杂性，导致组织的关系网络变化有两个方面：一是信息刺激引起的个人属性（行为心理特征）的改变；二是个人属性的改变引起的关系网络的改变。而在个人学习中，脑区神经网络的变化只有一种可能性，即神经元联结数量的改变，神经元本身不会发生改变，神经元属性由遗传基因先天性决定了。所以，神经网络的修复与调整仅仅是参与网络的神经元及其数量的多寡，不会有网络节点（神经元）的网络权重的变化。而在关系网络中，网络的强度不仅仅取决于节点（人）及其关系的数量，更重要的是存在节点（人）的权重变化，其权重会有无数多种变化（如果将0和1视为人的行为心理的两个极端的话，权重就是0～1的任何一种结果）。从这个意义上讲，脑区神经网络完全是一种机械式联结，神经网络类似于一个机器的无机运行，只是这个机器的元件太多，并形成了难以计数的元件连接。而组织中的关系网络则是柔性联结，其元件（人）的灵活性、多变性导致了组织关系网络的复杂性与易变性，就这一点看，神经网络没有关系网络复杂。

（6）神经网络中神经元是一个稳态有机体，其物理化学属性具有长期的稳定不变性，而组织中关系网络的人则是一个真正活的有机体，其属性会发生灵活的变化，不仅如此，组织中的人本身是一个自治有机体，自身会根据外部环境的变化而变化，由此引起关系网络的改变。在神经系统中，神经元的联结一旦稳定下来后在一段时间内不会有很大变化，除非信息刺激引起联结的调整，但在这个调整中神经元自身依然保持不变。在组织的关系网络中，关系网络会因为节点——人自身的思维而引起改变，人在关系网络中的主动性表现为自身行为的反思与思维，这个在神经网络中是不存在的，因为神经元自身不会反思与思维，它就是一个信息的接受者和发出者，而人本身既是信息接收者和发出者，同时还会对信息进行自身的加工与处理，即思维活动，我们可以将组织学习与个人学习视为两个不同实体的学习过程，这两个不同的实体就是控制论系统和人的思维系统（原献学，2007）。神经网络系统中神经元之间是生化物理刺激下的被动性活动，而在组织网络系统中，类似于神经元的人是具有思维活动的主动活动者，具有主观能动性，这种主观能动性导致了组织网络结构的复杂性。

（7）相对于组织中的关系网络，神经网络系统是一个非结构性网络，其神经元之间的联结可以根据神经元所承担的功能进行普遍的联结，联结结构没有固定的结构和形态。而关系网络具有一定的结构性，特别是中心结构，即关系网络总是存在一个具有统领地位和控制地位的个体，该中心节点与其他节点（人）形成一个辐射状联结。在神经网络中没有哪一个神经元具有中心作用，其仅仅在网络中承担自身所具备的功能，并不存在"领导神经元"，每一个神经元的功能是固定不变的。神经元的功能决定了神经元之间是否可以保持一定的联结，通常一个神经元有成千上万个轴突与其他神经元的轴突或突触保持联系，但这种联结完全受制于自身的先天性功能。组织中的关系网络往往会受到中心节点的左右，特别是关系网络中的正式关系更是这样。而且每一个人可能在关系网络中承担着不同的角色，角色的变化可能会影响关系网络的改变，尽管关系网络也同样是一个具有功能的系统，但每一个人的功能不是固定不变的，每个人的角色类似于神经元的千万轴突及其突触，由此可以认为人与人的交互实际上是每个人所具备的角色的交互，正如神经元之间的联结实际上是轴突与突触之间的电化反应。

（8）与个人学习一样，组织学习同样具有记忆功能，但二者仍然有很大的差异性。个体与组织的学习记忆具有同样的表现形式，即记忆仍然是个体联结的构建与修复，某一个特定的联结代表了一种具体的记忆信息。所以，学习与记忆是一个问题的两面，学习是联结的唤醒和构建，而记忆则是学习的结果或状态，没有学习就没有记忆，没有记忆就无法更好地学习。但就具体而言，个体的学习记忆与组织的学习记忆不一样，但都是对知识的存储过程。知识的字面意思就是一系列个体的联结集合，对个人来讲，知识就是神经元之间的联结，对社会来讲，知识是个人及其人工制品之间的联结（Downes S.，2012）。建构主义学习理论和联结主义学习理论都认为个人的学习是意义的建构过程，其记忆功能体现在脑区神经元之间的联结模式，记忆同样在不断的实践中调整着联结的形式。在大脑中并不存在一个具体的记忆元或记忆介质。同样的道理，在组织的学习中，组织记忆也体现在组织的关系网络中，记忆会随着网络节点（人）及其关系的变化而不断进行修正。但组织记忆与个人学习记忆唯一不同的地方就在于组织记忆会通过一些物理介质来储存信息，比如账簿、文件、光盘、制度等。个人的学习记忆不可能一蹴而就，需要在人的一生中不断地从最简单的刺激——反应联结开始，进行不断的记忆、修复、再记忆、再修复……长此以往将会形成一个人的知识结构，实际上这种知识结构就是不同的神经元之间稳定的联结模式，这个过程漫长到人的一生。但在组织中，每个人可以通过阅读和学习文件、制度以及集体讨论、召开会议等记忆载体来实现对信息的提取，并通过集体的这种学习来实现短期的网络构建或修复，甚至通过组织的权威与命令可以在短时间内实现关系网络的构建或修复，当然，一个优秀的组织，或者一种高效的组织文化仍然需要较为漫长的时间来实现。正是因为组织的记忆功能，才可以使组织的制度、文化、流程等不会因为人员的离开而消失，组织记忆使组织可以持续的存在。

（四）组织学习的联结主义关系网络理论

组织学习的关系网络理论从组织内部关系网络的视角揭示了组织内部的

学习机理及其内部黑箱，通过与个人学习行为的类比分析将组织学习定义为组织内外部信息刺激引起组织内部关系网络的构建与修复，并导致组织整体行为及其潜在行为的变化，也可称为联结主义学习。

1. 联结主义学习

联结主义学习解决了组织对知识管理的困难，存储于组织中的知识需要组织成员将其在合适的时机，以合适的内容关联起来（Siemens G.，2005）。组织学习的关系联结起点是个人，个人知识经由网络过程将个人知识反馈到组织和机构中，机构和组织又将其反馈到网络，并最终促进个人的学习（Kleiner A.，2002），通过个人学习形成的组织学习会直接或间接地受到个人学习的影响（Kim D. H.，1993）。正如著名组织学习理论学者阿基里斯所言，组织学习理论必须考虑行为和个体的相互影响，考虑行为和更高层次组织实体的相互影响（克里斯·阿基里斯，2004）。从一定意义上来讲，组织本身并不会学习，组织学习的主体仍然是组织中的人，但由于组织是由人组成的一个关系网络，而这种关系网络的构建和改进会表现为组织行为的变化。由此，这种因为信息刺激引起组织关系网络的变化，并最终导致组织行为或潜在行为的变化，都可以视为组织学习，类似于个人学习一样（Stata R.，1989）。

2. 组织学习中的关系网络

联结主义学习理论强调学习是一个过程，这个过程存在于核心元素流变的混沌环境中，学习是特定信息集的联结（Kleiner A.，2002）。联结主义意味着学习和知识是观点的多样性，学习是不同节点或者信息源之间的联结，培育和维持这些联结是趋于学习的持久性与便利性（Siemens G.，2005）。组织学习本身就是一个复杂的社会过程，它建立在组织过去的由其社会成员创造的知识与经验基础之上，并通过社会成员彼此之间的信息共享、交换、传递和学习来形成某种新的知识或精神模式，因此，组织学习不是单纯只发生在个人的大脑中，而是产生于社会成员之间的相互作用与相互支持中（朱瑜等，2010）。所以，无论是个人学习还是组织学习，其学习都表现为互联的过程，是学习交流网络构建的过程（王佑镁等，2006），人类的学习就是这样一个复杂的过程，并且置身于动态的自组织的社会网络。组织作为一个共同体，其是否会学习以及是否能够将经验转化为知识取决于共同体能否被有效地组织。管子比管子里面的东西更重要（Siemens G.，2005），意味着组织学习中的关系网络构建比组织学习本身更重要。一个良好的组织文化需要通过有效的组织学习来实现，这种文化一方面潜入组织中每个人的观念和思想，另一方面体现在组织的关系网络中。某一个人的观念和价值观不会形成组织文化，而当同样的观念和价值观深入组织中所有员工的思想，并有效地贯穿所有的关系时，组织文化就自然地表现出来了。同样的道理，组织惯性、组织流程都会通过组织中的关系网络实现，有效的管理表现在组织中关系网络的有效性。组织学习表现为组织整体的行为变化，但具体要反映到组织中的每一名员工及其由此构筑的关系网络中。

3. 组织学习是一种群体行为

实际上，组织学习既不是个人学习的综合，也不是组织的学习。组织学习的基础是学习主体——人，但组织学习表现为个人学习的群体行为，组织内部个体知识互动是产生组织学习的动力（原献学，2007）。所有的个人学习都是人的大脑神经系统的活动，至于组织学习则表现为两种情况：一是组织中成员的学习；二是吸纳新成员，这些新成员都带有组织不具有的知识和技能（Simon H. A.，1991）。组织是由个体组成的关系网络，组织成员通过这个关系网络进行情感的交流、思想的碰撞、文化的共享、物质的交易，所以，信息在个体之间的传递与扩散要以关系网络为基本载体。在自然的学习系统中，人们往往以群体组织的形式学习，他们建立起一定的制度，自己协商分配角色，相互帮助，从而借助集体的力量实时地因系统内外的各种变化，使学习活动系统从混沌走向有序（郑葳，2007）。如果说个体学习是源自刺激信息而产生的个体行为的改变，那么组织可能会因为很多个体的共同活动而形成整体的行为改变或调整，我们将这样的过程视为组织学习。所以，组织学习应该是在组织层面的个体学习的群体集合，组织学习既不会类似于个人学习那样主动，也并不是说不存在学习行为，组织学习是一种集体行为的变化和个体学习的群体化现象。

组织学习具有组合系统涌现特征，即组织学习具有不可相加性、不可还原性（新奇性）以及不可预测性。也就是说，整体的组织学习不是个人学习之和、不能等同于个体学习和不能根据个人学习信息来预测组织整体的学习涌现特征（原献学，2007）。组织中的个体学习依赖于组织中其他成员所知晓的东西和组织环境中的各种信息，所以，组织学习就是信息从一个成员或者群体传送到另一个成员或者群体的内部学习过程，组织中的个体学习实际上具有社会性（Simon H. A.，1991）。这种群体行为的变化都要以组织中的关系网络为媒介和载体，在这些关系网络上，每个节点的个体之间相互影响、相互作用，形成交互的群体行为。这种群体的行为有三个特征：（1）群体行为首先源自关系网络中个体的学习，以及个体行为的改变与调整；（2）这种群体行为以关系网络为载体或媒介达成所有个体的共同思想、共同观念、共同情感、共同价值，也即视为共同的心智模式；(3)关系网络中的每个节点个体通过网络通道相互作用、相互影响，形成多人心理和行为的复制、模仿、博弈，潜移默化的结果。相当多的学者认为，不能将组织学习整体行为归因于组织中学习着的个人，而应该归因于个人之间的交互作用（原献学，2007），所以，组织学习就是个体之间的交互，并通过构建与修缮个体之间的关系网络而形成群体行为的改变或调整。

第二节　组织学习的动因与环境

如果组织学习是组织中个人关系网络的构建与修复形成的组织行为及其潜在行为的变化过程，那么，什么导致组织会学习？组织学习的动因又是什么呢？按照联结主义学习理论，尽管个人学习是大脑中神经元之间的联结，但其神经元并不具有主动性学习动机，个人学习是建立在个人脑区神经元之间的自动联结基础上，神经元本身仅仅是被动的接受者，神经元本身并没有意识。那么是否意味着个人学习就是一种完全的被动性过程呢？显然不是，神经元是无意识个体，但并不意味着人就没有意识，神经元的广泛联结使得人的学习从原始的被动性刺激——反应模式开始转变为有意识学习。一旦个人学习实现有意识学习时，学习就具有了主动性和能动性，而且逐渐成为个人学习的主要动因。在组织中情况就不会这样了，组织是由人组成的网络系统，人具有能动性。

在组织中，每一个人的主动性和意图并不会必然表现为组织的能动性和意图，所以，组织学习的动因显然与人的学习动因不可同日而语。组织学习动力完全不同于个体学习动机，但是，从发展变化的角度，个体学习动机与组织学习动力又是可以转化的，只不过这种转化是一个复杂的过程（原献学，2006）。在组织的运行总是处于一定的矛盾中，一方面组织是由很多异质性个体——人组成的，越是具有异质性，其组织的智慧越加强大，其产生的组织学习效应越发有效，但随着个人异质性的增强，其个人之间的冲突则会日益强烈。在组织中的冲突不仅仅是人与人之间的冲突，还包括群体与群体、部门与部门、组织与组织之间都存在大量的冲突。这些冲突会影响组织中关系网络的构建与修复，并最终影响组织学习的效果。组织学习是为了组织的适应性或者存在性，但在具体的运行中会表现为各种各样的目标特征，这些特征都与组织中的个体有极大的联系。组织学习的动因既有组织自身的原因，也有组织内外部环境的影响和作用。组织的运行影响着组织的学习能力和适应外部环境变化的能力（于海波等，2008a），组织与环境的关系远比个人与环境的关系复杂，组织学习整合了组织内部个人、团队和组织之间的互动以及组织与外部环境之间的互动过程（戴万稳，2006）。

一、组织冲突与组织学习的动因

组织是实现特定目标或者一系列目标的工具（杰弗里·菲佛等，2003），组织中处处存在着冲突，冲突是一个行为主体为谋求自身利益而与其他行为主体之间的对立、对抗和斗争（刘明霞，2001），组织中的冲突表现为个人自身、人与人、部门与部门、群体与群体，以及组织与组织之间的冲突，其根源在于组织中个人、部门、群体或组织追求自身收益最大化的结果。所有的组织冲突都产生于人与人之间的冲突，因为组织中的人具有很大的差异性，比如价值观、期望、需求、目标、个性等（Sarpkaya P. Y.，2012）。冲突遍布世界的各个角落，组织也不例外。冲突往往是不可避免的，没有任何人际关系可以幸免。但冲突并不是一种百害无一利的行为，组织中个体的多样性往往会导致组织的创新与发展，只要存在多样性，就必然存在冲突。组织内集体学习分化和结合面临着一个不可回避的问题就是冲突，应当承认冲突，让它向有利于学习的方向转化，而不是掩盖和无视它（原献学，2007）。世界是在矛盾中发展，没有个体之间的冲突，就不存在矛盾，自然也就没有事物的发展。所以，从组织发展的角度看，冲突往往会带来创新动力，带来组织绩效改善的激励，进一步促进组织学习。学习与绩效的关系是双向的：学习有助于绩效的改善和提高，而绩效的监控和反馈则有助于发现绩效问题，激发学习动机，促进学习活动的产生（原欣伟等，2006）。学习带来绩效的改善很大程度上得益于学习的错误纠正功能，同时，绩效监控和反馈揭示了绩效缺口（performance gap），学习—绩效环由绩效缺口驱动，绩效缺口引发了问题解决（problem-solving）行为，从而促进学习的产生。组织学习是组织利用过去经验，适应环境变化，选择战略未来的工具（Berends H. et al.，2003）。组织学习基本目的之一是建立一种可以从组织内部和外部的经验中进行学习的机制，并能生产、储存和搜索知识，最终将知识有效地转化为竞争优势，以达到组织行动的理想效果（赵海峰，2005）。

（一）趋利避害的组织学习动机

在理性经济思想的框架下，组织成员的学习行为受到经济人假设的约束，学习行为的目的是最大限度地获取个人利益（刘良灿等，2011），无论是个体学习，还是为了形成共同的理解，无一例外都是为了追求个人利益的最大化，这是个体学习的根本动机。经济学理论强调最优化原则，而心理学理论则主张"最小努力原则"，即行为主体为了达到某个既定目标，总是倾向于采取路径最短、能量消耗最少或付出最少的方法（姚梅林，2010）。这意味着，当可以获得的收益或强化物既定时，行为主体总是倾向于以最少的付出来获得强化物；而当付出既定时，行为主体总是倾向于获得最大收益或回报，以判断是否有利于自身利益的最大化。心理的变化和行为的改变就是以个人利益为根本出发点，趋利性是人学习的本质属性。学习就是有意识的趋利避害活动，有意识的学习通常意味着行为人理解为什么这种行为是有利的，这种行为是如何形成的以及适合它的环境是什么（托马斯·勃伦纳，2009）。

人的自然属性和社会属性决定了人的学习动机，个人利益具有两个方面：自身认同和社会认同[①]，要么为了自身认同，如金钱、实物、好奇心、兴趣等；要么社会认同，如地位、形象、名誉、资格、归属感等，要么二者都有。如果学习是因经验而起，那么对于经验是否引起人的注意，取决于个体在对经验的选择性判断，即判断这种经验（或信息）是否可能会引起自身心理和行为的改变，并最终导致个人利益的实现，否则，就会视经验或信息为空洞之物，无用之物。选择在心理学上表现为人的注意，或者说注意就是心理的选择过程。注意是一个心理学概念，学习过程不是从感觉经验开始的，而是从选择性注意开始的，学习与注意密切相关，对外界信息的注意是学习的起始阶段（刘儒德，2010）。由此，并非所有的经验或信息都会引起心理与行为的变化，而是个体通过选择性注意判断其信息或经验对个人利益的价值，以此决定是否需要进一步学习，并形成独立的判断和认识，以改变自身的心理状态或行为模式。

如果想实现从个体层面学习向组织层面学习的跨越，首先需要给予员工消除期望绩效与实际绩效差距的动力，使他们心甘情愿地为提高个体绩效与组织绩效而共享知识和努力学习，不断地帮助他人，不断地实现自我超越

---

① 在心理学中，学习动机可分为两种：内部动机和外部动机。内部动机是指因学习活动本身的意义和价值所引起的动机，比如学习的兴趣、好奇心、乐趣等。外部动机是指因学习活动的外部后果而引起的动机，如得到奖励、逃避处罚、获得好成绩等（刘儒德，2010）。

（卞吉华等，2010）。组织成员知觉到的这种绩效差距并驱使部分组织成员产生缩小绩效差距的学习活动时，组织学习可能会出现，但组织成员知觉到绩效差距只是推动组织行为变化的必要动力条件，不是充分条件（原献学，2007）。当个人表现出组织公民行为时，对组织的净效益是相当有限的，而加总起来，或者说当极大数量的员工一起表现出来时，这些行为才会产生正效应（张睿等，2011）。互惠理论认为，当一个群体中互惠者的比例达到一定临界值之后，群体就可以达到一个稳定的合作演化均衡（张同健等，2009）。由此，基于利益或绩效的追求，个体学习会逐渐转化为组织学习。尽管个体学习的出发点是个人利益最大化，但是由于个人有限理性的原因，个人实现利益最大化的方式就是合作式学习或者在组织中的群体性学习。

（二）组织冲突

组织是由个人关系组成的网络，网络本身就具有一定的目的性，网络是一个具有特定目标的系统，但是整体的目标往往与网络中个人或子网络的目标不一定一致，导致了目标的冲突。人与人之间的冲突表现为三种形式：情感冲突、认知冲突和利益冲突，情感冲突与认知冲突源自个人的成长，每个人过去的经验强化了自身对事物的认识，使得每个人具有特有的情感世界与知识结构，而利益冲突缘起于个人在组织中对利益的追求。这种冲突有两个层次：一是个人目标与组织目标的不一致；二是个人目标之间的不一致。每个人参与组织的动机大不相同，所以，在组织中的个体行为往往会与组织的集体行动有冲突，最终导致组织目标无法实现，个人目标自然也难以实现。组织学习需要协调好个体动机张力和集体动机张力之间的关系，使学习朝着组织利益最大化、而非个体利益最大化的方向发展（卞吉华等，2010）。另外，个人目标之间的冲突也会影响组织目标的实现，并最终仍然影响个人目标的实现。组织学习发展方向的不确定性除了个体理性与集体理性的矛盾外，还有知识不对称和知识分享中存在的外部性等因素的存在（原献学，2007），知识不对称性是指组织学习中知识拥有者之间的知识和信息不对称。

在组织中，冲突可以分为两类：纵向冲突和横向冲突（刘仁军，2001）。纵向冲突是组织内部各等级之间的冲突，如上下级个人或部门之间的冲突。横向冲突是由于组织职能部门间的目标不兼容或争夺有限资源所产生的冲突，也可能是信息沟通以及指令的流向与权力地位等级不符合而造成的冲突，还可能是因地位差异、奖酬、工作条件、工作分配造成部门间的冲突。无论是哪一种冲突都会导致网络中关系的改变，或者减弱，或者消失，强关系转变为弱关系，弱关系转变为无关系，最终可能会导致网络破损。

人与人之间的冲突有三种主要类型：简单冲突、假性冲突和自我冲突（Timm Paul R. et al.，2004）。当两个或两组人了解彼此的目标，但其中任何一方都无法做到既实现自己的愿望又不阻碍对方达到目标时，简单冲突就发生了。假性冲突有可能是由于沟通无效引起的，在某一问题上持有相同观点的人没能对他们的一致性进行沟通，而误以为他们之间有分歧。当人们在情感上受到困扰以至于危机他们的自我时，自我冲突就发生了。不管是哪一种冲突，几乎都属于沟通冲突，而且通常可以采用某种技巧来避免、解决和缓和。当各种目标出现冲突时，组织中的关系就会受到很大的冲击，冲突是对关系的破坏，或者称为关系平衡危机。一旦在组织中的关系人之间存在某种冲突，那么这种关系就会岌岌可危了，可能是情感的冲突、认知的冲突或者利益的冲突。关系的构建是关系人之间达成共识的过程，所以，冲突会促使关系难以形成，或者已经形成的关系处于破败的边缘。

（三）组织学习与组织冲突是一对矛盾体

社会网络理论认为，组织就是由各种关系关联起来的多种目标的系统（Adams B. N.，1967），这些目标往往存在一定程度上的矛盾，即在系统之间会存在冲突。因此，在这个多目标系统中就需要一种解决目标冲突，形成目标一致的机制，这种机制与组织学习有很大的关系。组织学习就是组织适应外部环境而对自身行为进行权变调整，以达成自己特定生存和发展目标的行为（李宝元，2005）。组织学习与冲突本身就是冲突的，组织学习是为了组织更一致的行动，而组织冲突则会导致组织的行为分散，二者具有反方向作用。正是因为存在组织的冲突，所以组织学习则更为重要，组织学习可以有效地解决冲突，从某种意义上来讲，组织学习是解决组织冲突的机制。个体学习张力性动机是组织学习陷入低效率的微观原因，但是，真正导致组织学习不稳定的原因在于组织学习固有的个人理性与集体理性不兼容的矛盾，因此，在组织内部，有必要建立一套协调学习的规则（纪律或文化）来规约合作者之间有损于组织利益的自利行为（原献学等，2007）。

组织学习和个人学习一样就是为了能够适应和生存于不确定和竞争性环境中（Dodgson M.，1993）。不明确的信息、变化的目标、高度不确定的开发环境、信息环境的复杂性和噪音以及人员的不连续等都可以解释为适应性学习匮乏的原因（克里斯·阿基里斯，2004）。冲突导致了环境的不确定性，个人因为自身的成长形成了不同于其他人的情感世界和知识结构，这本身就是一种冲突的根源，而且随着组织中个人之间的交互，每个人的认识和情感都在不断地发生变化，这种变化往往不一定会收敛，或趋同，这样在不自然中产生了冲突的影子。我们的所见所闻能反映出我们的经历和兴趣，没有任何两个人会用完全一致的方式来看待同一个物体和想法，我们都是根据自己的观点来"感知"或者说"理解"事物的，而这些不同的观点常常引发人际关系矛盾（Timm Paul R.，et al.，2004）。在个人的行为过程中，有一个非常重要的变量——预期，人总会有预期的，而且这种预期会随着周围环境以及关系的交互发生变化，每个人的预期本身是不一样的，同时在变化的过程中也不会趋于雷同，很多时候预期的变化会导致不同个人之间的差异性更大，这就为以后的冲突埋下了祸根。这些预期可能会表现为对利益的追求，个人行为或学习的动机就是追求自身收益最大化。这种收益的最大化没有边界，会随着周围环境或者交互对方的变化而不断变化，所以，在组织的发展中由于利益追求的敞口差异性而导致利益的冲突日益增大。无论是情感、认知还是利益都是动态的，都会随着组织中个人交互或者关系的变化而不断调整，从而使冲突时时刻刻都存在。这种源自不同方面的冲突会导致网络中关系的不稳定性，甚至关系破裂，组织学习就应运而生了。

（四）解决组织冲突的有效途径——组织学习

组织学习是一个循序渐进的过程，因为环境的复杂性、未来的不确定性和激励的不充分性（Cangelosi V. E. et al.，1965），组织的学习过程是在复杂多变的环境中完成的，环境的变化刺激组织不断去学习，不断去适应新的环境（刘小可等，2011）。所以，坎杰洛西（Cangelosi）认为，组织学习是一系列个人层次、子系统层次和组织层次各层次适应性调整之间的交互过程。这种适应性源自三种压力，即不安的压力、失败的压力和分歧压力（disjunctive stress），这些压力激发了子系统和整个组织系统以及子系统与整体系统的组织学习。组织学习是关系的维护机制，通过组织学习，关系双方会进行有效的沟通，因为很多时候的冲突都是因为沟通不畅所致。人和人之间很多失败的沟通就源于他们开始时缺乏制定不同含义范畴假设的意识，共同的语言和共同的概念范畴对于其他所有一致性的建立和所有的交流都是至关重要的（埃德加·沙因，2011）。组织学习可以使关系人就不一致的地方获得较好的理解与共识，为了组织的利益，个体可以在学习过程（组织探询）中发挥作用，反之，学习的成果可以体现在组织行动理论和编码展示品的变化中（克里斯·阿基里斯，2004）。组织学习受到外部环境和具有复杂性和重复性行为模式的内部要素的激发（Dodgson M.，1993），因为环境的因素或者自身内心的因素，组织中的个人基于自身利益最大化的目的而展开充分的讨论、沟通与交流，所有这些活动都是组织学习的过程。组织学习是一种在社会关系中进行学习的过程，它可以通过记录信息、处理信息、试误反思等方式，对组织内部各种信息进行有效的理解与解释，进而改进组织的认知与行为（朱瑜等，2010）。所以，组织学习可以有效地解决组织的冲突，并可以防止组织冲突的发生，一个有效学习的组织其冲突会消灭在萌芽状态，环境不确定性越大，企业学习的需求越高（Dodgson M.，1993）。

解决组织冲突的组织学习机制通常会有两种方式：基于正式关系的组织学习和基于非正式关系的组织学习。组织冲突表现为个人目标与组织目标的不一致以及个人与个人之间目标的不一致，组织可以通过建立正式关系或者非正式关系消除这些不一致。正式关系主要是组织的权威与权力关系，当组织目标和个人目标不一致时，可以通过组织权威或者权力来约束个人的行为以趋于个人目标的逐渐收敛。正式关系的冲突解决机制实际上就是强制个人按照组织的目标行事，如果个人的目标与组织目标出现冲突，个人就会受到一定的惩罚。非正式关系在冲突的解决中也有很大的作用，主要是通过对关系人之间的信息沟通与协商形成一致的共识和理解，达到一致的行动目标。所以，企业文化越明显的企业，企业的组织效率越高，因为大家对企业的整体目标会形成共识，并按此行动。一般来讲，情感冲突和认知冲突主要通过非正式关系来解决，通过个人之间的共同合作、相互沟通、互帮互助等交互活动，双方会逐渐了解对方、理解对方，并可能实现情感的共鸣。认知的冲突往往是因为每个人历史经验或个人成长环境的差异性所致，但这种对当前事物的认识可以通过一起合作工作、共同研究或讨论等方式获得相互的认同。而组织中的利益冲突主要需要正式关系来解决，通过组织上级的权力和威信来保证个人的利益趋同，或者通过强制的合同契约来实现利益的协调。

（五）组织学习的具体动因

组织学习的根本动因是适应环境，即生存，而具体动因则因不确定性与创新而起。环境不确定性是组织学习的外部动因，而创新活动的复杂性是组织学习的内部动因（郭跃华等，2004）。组织的基本目标是生存，实际上组织本身是人有效适应环境的需要和机制。在面对复杂性、噪音、模糊和不确定性的时候，组织成员都表现出了由"有限的信息处理能力"导致的认知局限性（克里斯·阿基里斯，2004）。人的认知与信息处理有限性使得每个人不可能无所不能地做好一切，所以，为了很好地弥补人的这种理性有限性，人需要与他人合作来实现自己的目标，并适应环境的变化，组织由此应运而生。

1. 不确定性

组织之所以产生，正是基于个体一个人是无法满足其所有的需要和愿望的这一事实（埃德加·沙因，2009）。有限理性可以解释经济人在面对认知有限的情况下如何学习（Boerner C. S. et al., 2001）。组织存在的目的是完成个人单独完成不了的事情（Timm Paul R. et al., 2004），组织是一个由人组成的智慧型关系网络，通过这个关系网络实现个人之间的互补与合作。每个人为了实现自身收益最大化而形成组织，组织目标就成为所有参与人的集体目标。由此，组织的生存是个人生存的基本前提，如果组织可以有效地适应各种环境的变化，并实现组织的目标，那么组织中的个人自然会很好地生存，并实现自身收益最大化。有效的组织学习机制可以在组织成员以个人利益最大化为决策标准的前提下，达到促使他们更多地采取"学习—共享"策略，实现组织利益最大化，也就是采取"学习—共享"策略提高自己的期望收益（苏磊，2006）。组织是一个互惠性关系网络，所以，在互惠性经济思想的框架下，组织成员的学习行为受到互惠性假设的约束，学习行为的最终目的也是最大限度地获取个人的利益。组织成员能够在适当的时机削弱或者放弃自己的利益，使其他成员获取更大的利益，并通过互惠性机制的经济效应，为自身利益的改善创造条件，最终使团队的整体利益得到改进（刘良灿等，2011）。

组织学习就是为了应对环境的不确定性而产生，通过组织构建集体应付外部不确定性的关系网络，关系网络通常具有很强的容错性与适应性，它会根据环境的变化而不断地调整关系的数量与强度。这种通过关系调整来适应环境需要的机制将会通过两种具体的组织学习动因来实现，即解决冲突和创新。环境的不确定性源自环境中个体的冲突，所以，解决组织内部以及与外部之间的冲突就成为组织学习的一项重要职责。组织学习中构建有效紧密的非正式关系是解决冲突，特别是湮没冲突的有效工具。亲情、友情、合作等关系的强化因素本身就是冲突的防腐剂和保护伞，在个人之间建立了很深的友情，就会有很好的关系容错能力和冲突协调能力，友谊可以使关系保持在良好的状态。而且更为关键的是，在组织中存在非常严格的制度与规章，这些构成了具有强制力的正式关系，并保证组织有效运转，抵御组织冲突的滋生。权威和命令是组织特有的解决冲突的有效的和低成本的机制。组织区别于市场的机制就在于组织的权威与命令，这种机制保证了组织中正式关系的形成，并使组织这个关系网络具有一定的稳定性。

2. 创新

组织学习除了消除组织冲突，还有一个重要的使命：创新。组织创新是为了更好地适应环境的变化，更好地实现组织中个人的收益最大化，学习是为了提高经济绩效而获取和使用知识或创造新知识的过程（Boerner C. S. et al.，2001）。但是组织创新并不是真正意义上的组织的创新，而是组织中个人的创新，这种创新单独一个人无法完成，需要通过与他人的合作来完成，由此，通过组织中关系的构建与修复将创新由个人的创新转化为组织的创新。从组织学习的存在性来讲，如果组织获取了它认为对组织潜在的有益知识的时候，组织就学习了（George P. huber，1991）。组织学习过程被界定为企业通过知识的获取、共享和用来完成知识处理活动，并具有反馈机制的动态过程（王涛等，2010）。组织学习是通过知识和理解的更新来改进活动的过程（于海波等，2008），组织学习包含三个内容：（1）组织成员知识的改变。通过学习，组织成员丰富了自身的知识。（2）组织成员行为的改变。通过学习，组织成员将知识转化为行为，以更好的方式进行内部和外部活动。（3）组织体系的改变。通过学习，组织的构成、结构、规则、程序、制度等都得到改善（陈国权，2009）。所以，组织学习的创新使个人的知识转变为组织的集体知识，同时，组织学习需要形成一种有效的制度规范与流程，后者可能对于组织学习更为重要。一般来讲，组织学习的动力因素有两类：第一类是组织所面临的激烈竞争环境，它是推动企业组织学习的首要因素；第二类是制度因素，它包括整个国家的政治经济制度、组织之间形成的各种联盟制度以及组织内部的学习推动制度，如企业的产权制度、人才战略、激励机制等（赵海峰，2005）。

二、组织环境与组织学习的有效性

组织所进行的一切活动都是为了适应所处的环境，是对环境的适应和调整的结果（杰弗里·菲佛等，2003），组织学习与文化、战略、结构和环境有关（Fiol C. M. et al.，1985）。组织学习直接受制于组织环境的影响，因为环境会影响关系网络的形成与维护，环境对组织学习的有效性产生直接的作用。

（一）组织环境的界定——关系网络的视角

组织环境包括内部环境和外部环境，但无论哪一种环境，都寓于组织内部和组织之间形成的关系网络中。环境实际上就是影响组织行为的世界上的任何事物，包括组织员工、组织规则、组织文化、自然环境、社会文化、习俗、其他组织或个人、政府机构等。从宏观上看，企业所处的政治和经济环境、科学技术的发展水平等都影响组织学习的过程和效率；从中观角度看，企业的行业特征、组织类型、组织结构、组织文化等因素对组织学习的各个方面都产生深刻影响；从微观角度看，组织成员个体的个性特征、智力水平、教育背景、受到的培训等也会影响组织学习的绩效（樊建芳，2003）。情感、价值观、审美等非理性维度对组织学习有着重要的影响（原欣伟等，2006）。这些事物将会通过对网络中关系的干扰或调整来影响组织本身，对组织的影响程度表现为与组织的关系强度。

环境是相关性事物的总和，尽管有很多事物都会影响组织的运行，但是并不是所有事物都与组织有直接或强有力的关系，属于组织环境范畴的应该是与组织有关系的人或物，只是这些关系可能有强弱之分。所以，我们可以用关系来定义组织环境，凡是有关系的相关者都是组织环境的范畴，凡是没有关系的无关者则不是组织环境的范畴。是否对组织有影响，或者影响的程度有多大，要看组织内外部的人或物是否与组织搭建了关系以及关系的强度。由此，组织环境一般包含两个要素：节点（人或物）和关系。组织环境的复杂程度，一方面取决于组织环境中的节点数量，数量越多，组织环境越复杂；另一方面取决于各节点之间的关系强度以及网络的结构，关系类型越多，关系越复杂，组织环境也就越复杂。

从这个意义上来讲，组织是所有利益相关者的关系集合体，利益相关者①是指可以影响公司目标的实现或受公司目标是否实现影响的团体或个人（Freeman R. Edwsrd，1984）。组织创始人所设立的共同目标必然会为其持有、其他组织或者整个公众提供有意义的产品或服务，任何组织的生存最终依赖于为其主要受益者持续创造利益的能力（埃德加·沙因，2009）。这些利益相关者在企业的地位是动态的，可能会随着时间、企业、经济环境、利益状况、预期程度等的变化而不断地调整（Mitchell R. K. et al.，1997）。从这个角度看，组织可以视为不同利益和偏好的群体和个人走在一起进行交换的场所（杰弗里·菲佛等，2003）。如此，组织环境就包含了所有对组织有影响或者受到组织影响的利益相关者的总体，组织能否生存取决于是否与这些利益相关者保持良好的关系，所以，组织环境也自然可以视为各种利益相关者形成的关系网络。构成组织环境的关系网络既包括企业内部的关系网络，也包括企业外部的关系网络。实际上，从企业外部来看，企业自身是一个关系网络的系统；同时，作为一个具体节点又是另外一个更大关系网络的系统。在组织的所有利益相关者中，他们对组织的影响或者组织对他们的影响程度是不一样的，其利益相关者的地位是不同的，可能是因为拥有更有优势的资源，可能是拥有强势的权力和地位。他们会利用所拥有的资源或权力通过影响与组织的关系直接或间接影响着组织的运行。

（二）组织环境的结构性特征

组织环境的结构性特点包括集中性、资源稀缺性和相关性（杰弗里·菲佛等，2003）。在由所有利益相关者组成的关系网络的组织环境中，各种利益相关者对组织的影响程度并不是同等的，有些利益相关者总是拥有更大的权力和资源，对组织及其他利益相关者（关系人）有较强的影响力，这就决

---

① 这里的利益相关者是指广义的利益相关者，不仅仅指与组织有关的其他组织或个人，还包括自然环境、政治环境、经济环境、人文环境、规则和制度等。有些是双向的关系，比如员工、政府等。有些是单向的关系，比如自然环境。狭义的利益相关者是指与企业有关的债权人、股东、员工、政府、社区等组织或个人。

定了这些利益相关者成为组织环境中的权力集中者或者最高统治者。有些组织的环境比较分散，权力或资源并没有完全集中于个别的利益相关者手中，但有些则会非常集中，由此，集中与分散的程度直接影响组织的运行。集中性类似于关系网络中的中心化程度，社会网络通常都会有一个具有权威和统治地位的中心节点，该节点对组织中的其他节点具有较大的影响力，网络也会以该中心节点为重心形成一个辐射状系统。同时，凡是组织都是对资源的使用和消费，网络中的任何一个节点（利益相关者）都是资源的耗费者，资源的稀缺程度直接影响这些利益相关者对资源的争夺与使用状况，由此影响各节点之间的关系强度。当处于一个较为资源稀缺的环境中，组织的运行、目标和组织结构就倾向于更加强化竞争的机制和意识，而在一个较为宽松的资源环境中，组织则会同样较为宽松，外部环境的约束力不是非常强，组织有非常灵活的运行模式。利益相关者与组织之间的相关程度是不相同的，有些关系非常密切，有些则较为松散，有些是直接的关系，有些则是间接的关系，表现为关系的关系，甚至关系的关系的关系等。相关性直接决定了不同相关程度的利益相关者对组织的影响力。

（三）组织的环境适应性

所谓环境适应性就在于通过组织的运行使所有的利益相关者获得期望的利益或者符合环境所需要的条件，即利益相关者的目标，组织的最终目标应该是满足所有利益相关者的利益。人是意图驱使的系统，这意味着目标以某种方式源于感知——行动系统，这一系统与环境进行着动态的交互（戴维·H. 乔纳森，2007），交互的最终结果都是以实现利益相关者的利益诉求为目的。既然组织环境就是一系列关系组成的网络，那么组织对环境的适应性就反映到组织与其利益相关者关系的稳定性方面，越适应的组织，其各方面的关系越稳定，组织的危机首先是关系的危机。组织环境最大的特点是不确定性，因为组织环境中的每一个利益相关者都具有能动性，他们可能会为了自身利益最大化而独自行动，自我行动往往会导致关系网络的震荡，表现为网络中不同节点之间的关系不协调，目标不一致，冲突是不确定性的因，同时也是不确定性的果。冲突导致了不确定性的发生，而不确定性反过来又加剧了冲突的强度。组织环境的不确定性实际上是环境中关系的不稳定性，但二者之间不是单向的因和果的关系。从演变规律来看，关系的不稳定性起源于关系中个体的变化，可能是自然环境恶化或改变，可能是利益相关者对利益诉求的调整，可能是网络中某一节点的自然损坏，等等。不管怎样，某一个体偏离于整体先前达成的基本共识而产生了背离的动机和行为，破坏了已有的关系，使关系处于不稳定状态。如果这种关系的不稳定性在整体关系网络中传染，引起了其他关系的系统性震荡，那么整个组织环境就会处于不稳定状态。但不稳定性并不必然表现为不确定性，如果关系中的每个个体都可以预知和了解这种不稳定性，则不存在不确定性。不确定性的关键是随着不稳定在很大范围传播时，往往难以预知影响程度，波及强度、方向和范围，组织环境就出现了难以预知的不确定性。

组织对环境的适应性表现为组织与组织环境能够随机应变，不断地调整与组织环境中不同个体之间的关系，有效的消除冲突，尽可能降低环境的不确定性所带来的不利影响。从事物发展的规律来看，不确定性是事物发展的规律，不确定性是长期的、绝对的；而稳定性则是暂时的、相对的。所以，正确面对组织环境的不确定性以及由此造成的关系冲突是组织适应性的基本认识。而组织学习正是应对组织环境不确定性和不稳定性的有效手段，通过组织学习改善和修复组织环境中的破损关系，消除其冲突，降低不确定性和不稳定性带来的破坏性影响。这种因生存环境变化不断地主动或被动地对自身能力做出调整适应而发生行为的相对持久改变并获得新行为的过程，即对不断变化着的环境做出适应的过程就是学习（周建伟等，2005）。不同类型的组织学习可以有效地解释组织的稳定性与灵活性的辩证关系，由此，组织学习可以分为两类（Lant T. K. et al.，1992）：一阶学习和二阶学习。所谓一阶学习是指日常的、传统的组织活动是保持组织稳定性、维持组织现有规则的基本条件。二阶学习是指对新的惯例、规则、技术以及目标和计划的搜寻与探索过程。二阶学习是提高组织灵活性的有效手段。组织学习就是学习主体（组织、团队和个体）感知、检测内外部变化，辨识、吸收、处理、应用内外部信息知识，比较、反思和纠正自身行为，以及记忆的动态循环过程（冯海龙，2009）。通过这样一些组织学习活动，加强了组织环境中不同个体之间的沟通与交流，了解了相互的需求和利益诉求，最终使组织适应环境的变化。组织成员不断获取知识、改善自身的行为、优化组织的体系，在不断变化的内外环境中使组织保持可持续生存以及健康和谐发展的过程（陈国权，2009）。组织学习使组织因环境的变化而变化，组织学习的目的就在于寻找环境变化的动向与规律。因为组织环境是一些具体的构成组织关系网络的个体，所以，组织学习并不是组织整体的学习，而是组织中每个关系节点的学习过程。通过节点个体的学习，促进关系的发展，维护关系的稳定，最终达到组织的整体稳定。组织学习表现为组织的整体适应性以及整体关系网络的稳定性，但具体表现为节点个体的学习过程，并通过个体的学习实现关系的稳定性。

（四）组织学习的环境有效性——环境适应能力

从组织内部来看，组织本身就是一个关系网络的系统，他们由很多个体——人组成不同规模的关系网络，或者子网络。从组织外部来看，组织总是通过不同个体与外部组织中的个体保持一定的关系而形成组织的外围网络，或者使组织成为一个更大系统的子网络、子系统。无论是内部网络还是外部网络，都是由若干个体构成，这些个体本身是一个具有自组织性质的有机体，他们会因各种信息的刺激而学习，并表现为行为的改变，这种改变将会直接或间接影响到与之相关联的其他个体。所以，就网络中的关系来讲，不管是内部还是外部网络，网络的变化都是因为网络中的个体，即某一个节点因信息的刺激而发生了个体学习的结果。这种信息引起的个体行为变化改变了原有的关系格局，由此引起关系网络的震荡，震荡的强度既会影响关系网络震荡的广度，同时也会影响网络震荡的力度（或称为破坏性）。一个富有学习能力的关系网络会很快应对这种由某一个网络节点的行为改变而引起的网络震荡，并及时调整自己的行为以便保持网络的稳定性。当一个网络的学习能力较差时，这种震荡可能导致该网络节点的崩溃或消亡，由此网络整体会出现破损。

因为组织学习对组织环境及其关系网络具有较强的影响，所以以组织学习的有效性表现在关系网络的稳定性方面，一旦关系网络是稳定的，组织学习就是有效的。所谓稳定性是指关系网络中的节点个体会根据其他节点个体的改变而改变，能够做到随机应变，稳定性是一种动态的均衡状态，而非静态的均衡状态。从网络关系来讲，一个组织的学习能力应该是对这种由信息引起行为改变的反应速度和调节能力。所谓反应速度就是当信息引起某一关系节点的行为改变时，这种变化应该很快地通过关系网络传递到另外一个关系节点，所以，关系的通畅性直接决定了这个反应速度。一般来讲，强关系具有较好的反应速度，而弱关系具有较弱的反应速度。由此，为了提高组织的信息反应速度，就必须通过组织学习降低关系的复杂性，减少信息传输的节点，通过组织学习改进信息传输质量，正如神经元轴突的髓鞘化一样，以增加神经元轴突信息传输的抗干扰性。神经元轴突的髓鞘化具有绝缘作用，可以提高信息的传输质量，减少信息在传输过程中的损耗。通过组织学习强化节点之间的关系，关系越强其绝缘化程度越高，也就是抗其他噪音干扰的能力越强。所谓调节能力是当知晓这种信息引起的行为改变时要能够及时地调整自己的行为以适应这种环境的变化。调节能力是关系网络中节点的自我调整能力，当其他节点的行为发生了改变，并将信息快速传递到自己时，自己要快速地调整自己的行为以保持关系的稳定性和同步性。

（五）组织学习的行为有效性

组织学习有效性是一种行为的有效性，组织学习有效性可界定为组织学习的结果达到组织学习目标要求的程度，其特征可归结为合意性、正向性和双维性三个方面（王文祥等，2009）。

1. 合意性

所谓合意性是指组织学习的结果与个体期望目标的一致性程度，合意性因人而异，不同的个人对组织学习的自身期望不同，同时因为组织学习的能力不同，导致同样一种信息刺激，最终带来了不同的组织学习结果，并形成不同的合意程度。通过合意性一方面评价关系网络中节点个体是否具备一定的组织学习能力（即反应速度和调节能力），另一方面评价其是否具有符合整体关系网络价值的期望值。对于某一个节点个体来讲，越是合意的组织学习其有效性越强，但是对于整个关系网络来讲，就不一定是这样了，对具体个人合意的学习不一定有利于整体的需求和目标。外部性使得组织学习成为一个典型的公益品生产的博弈过程，在这个过程中每一个参与者都有隐藏、歪曲个人信息以获得好处的动机激励，这使得其他局中人不能确定预期对手贡献知识的程度，这种动机交互性成为以知识为特征的组织学习存在合作的高度不稳定性（原献学，2007）。

2. 正向性

组织学习的正向性是指组织学习的实际结果与真正有效的组织学习结果之间的差距。如果说合意性是标度了组织学习结果与自身期望目标的偏离程度，那么，组织学习的正向性则是测定了组织学习的实际结果与整个关系网络整体需要的组织学习的有效结果之间的偏离程度。因为就合意性来评价组织学习的有效性仍然会因为个体差异性而无法合理地做出判断，如果将组织学习的实际结果与整个组织中关系网络整体需要的组织学习作为标准则可以有效的评价其组织学习的有效性。也就是说，合意性是将组织学习的实际结果与个体的主观期望目标为基准进行对比，而正向性则是以组织整体的目标为基准进行比较，这样可以更具有客观性。正向性消除了合意性的个体差异性。

3. 双维性

所谓组织学习有效性的双维性指的是从组织学习结果的方向与数量两个方面达到组织学习目标要求的程度来标度组织学习结果合意性的范畴，它同时体现着组织学习结果与组织学习目标的性质相一致的程度和为达到某一组织学习效果所投入的组织学习资源的节约程度。组织学习的双维性是对合意性和正向性的进一步分解，合意的程度以及正向性的程度都可以通过组织学习的方向有效性和数量有效性来解释。组织学习结果与学习目标的偏离也会表现为方向偏离与数量偏离两个方面。组织学习方向有效性反映的是组织学习结果在性质上的合意程度，组织学习结果与组织学习目标的性质越一致，组织学习效果越好。组织学习数量有效性反映的是组织学习结果在数量上的合意程度，它既可体现为取得某一组织学习效果所投入的学习资源的状况，也可体现为投入一定的组织学习资源所取得的组织学习效果的状况，组织学习数量有效性的实质是反映为达到某一组织学习效果与所投入的组织学习资源间数量对比关系的范畴。

第三节　结构、制度与组织学习

组织是为了实现某种共同的、明确的目标，通过劳动分工和职能划分，通过权力和职责层级，对若干人的活动有计划的协调机制（埃德加·沙因，2009），结构化和制度化是由关系网络形成的社会组织的两个关键要素，结构化是组织的基本性状，制度化是组织的运行契约规则。

一、组织网络结构与组织学习

结构化是指关系网络由很多子网络组成，每一个子网络又由若干个子网络组成，由此形成一个关系网络的多层次金字塔结构。典型的层级关系网络主要包括两部分：中心型节点和若干其他节点。任何一个节点可能是一个具体的个体或者一个子网络。其他节点都通过多种关系与中心型节点形成辐射状分布，中心型节点是整个关系网络的统治中心，具有较大的权力与威望，中心型节点与其他辐射节点之间存在着单向或双向的关系，大部分的关系是单向网络。中心性是社会网络中关于节点微观特性的重要的度量指标，它可以度量节点在网络的"权利"（power）（宋倩倩等，2010）。

（一）正式网络和非正式网络

组织中的网络结构可以分为两类：正式网络和非正式网络。

1. 正式网络

正式网络是基于正式关系形成的强制性组织网络，组织中关系网络的结构性主要是正式网络的结构性。从经济学的角度，社会关系网络可以定义为：既包括作为正式制度安排的具有强制约束力的以法律、法规、契约、规章等所确认的社会关系，如政府法令、两性婚姻、企业和约、公司章程和商业合同等，也包括作为非正式制度安排的未被法律、法规、契约、规章等所确认的、不具有明确约束力的社会关系（李正彪，2004）。在正式关系网络中，各子网络与子网络之间的联系主要以中心型节点之间的联系为主体，其他辐射节点之间通常不存在正式的关系，所以，正式关系网络都算是一个较为稳定的金字塔层级结构。正式关系网络一般通过强制性命令来维系关系的稳定性，中心型节点对其他辐射节点实施强制性命令与权力约束，而其他辐射节点都处于被动或服从地位，中心型节点和辐射节点在地位、权力、资源拥有量等方面都是不平等的，二者之间是领导与被领导、统治与被统治、命令与服从的关系。如果从个人自身利益最大化的动机来看，尽管正式网络具有强制性单边关系，但是二者都是为了各自利益而达成一定的契约，所以，正式网络中的关系完全可以看作一种契约性关系。这种契约是显性契约，比如劳动合同、销售合同、保险合同等。

2. 非正式网络

非正式网络是基于非正式关系形成的各种自愿性人际网络，非正式网络往往没有与正式网络一样明显的层级性，其结构性表现为以中心型节点为主要主体的复杂网络联系。任何一个非正式网络中都存在一个具有权威或威望的中心型节点，该中心型节点并没有和正式网络中的中心型节点那样强势的权力与地位，但仍然对这个非正式关系网络具有一定的统领作用。非正式关系网络的各子网络之间通常有复杂的联系，可能是中心型节点之间的联系，也可能是其他节点之间的联系，绝大部分的关系表现在各个节点之间的关系，而非简单的中心型节点与其他辐射节点的关系。即使在一个网络中，除了中心型节点之外的其他节点之间也有很多关系，而这些关系在正式关系网络中是不存在的。如果说正式网络中的中心型节点的地位大部分源自任命，那么非正式关系网络中的中心型节点则是源自网络中成员节点的自愿推选与服从，比如精神领袖、公众明星、长者等。在企业中，师徒制是一种很好的组织学习机制，导师制似乎的确增加聪慧的年轻员工对公司的忠诚度而减少了他们的流动。具有讽刺意味的是：导师制是组织文化中非正式的一面，在被正式建立起来以后反而失去了它的功效（Timm Paul R. et al. , 2004）。因为在师徒制的运作中，往往存在近亲繁殖问题，那些更有经验也更有权力的导师会为他们最喜欢（通常也更年轻）的朋友和弟子提供关系网，讲解窍门，替他们做推荐（Timm Paul R. et al. , 2004）。非正式关系网络通常都是通过双向的关系将所有的个体节点联结起来，形成了复杂的关系网络。从关系的复杂性来看，非正式关系网络要比正式关系网络复杂很多，因为其蕴含的关系丰富多彩。非正式关系网络主要依赖各节点个人之间的亲戚关系、朋友关系、工友关系、家族关系等，既有血缘关系、亲友关系，也有工作关系、合作关系，相互之间投入的情感、思想、价值观、文化等内容，形成了多重性关系网络。因为在非正式关系网络中，节点之间没有正式的权力约束与制度规范，他们之间掺杂着复杂的形式，但主要以信息为载体，包括情感、思想或者价值观，当然也存在以血缘为基础的亲属关系，无论哪一种关系，这种关系都是一种隐形契约。由隐形契约维护的非正式关系主要以多重关系以及关系的持久性来提高稳定性，法律、规制在非正式关系网络中没有任何的作用。各节点之间关系形式越多，其稳定性越强，关系建立的时间越长，交流与沟通越频繁，其稳定性越强。

3. 组织中的网络联系

在一个组织中，正式关系网络是组织运行的主体，构成了组织的基本框架，非正式关系网络是组织运行的保障，非正式关系尽管不能绝对地影响组织的运行，但是它直接影响组织的运行效率。如果一个组织只有单纯的正式关系网络，则该组织具有机械性，类似于一台机器，组织的活性主要体现在非正式关系中。越是具有非正式关系的组织其组织的灵活性、灵性越强。在现实世界中，还没有一个完全意义上的机械化组织，既是军队，也存在人与人之间的非正式关系，有人的地方无法避开情感等之类的关系特性。如果我们将完全的正式关系组织视为机械组织，将完全非正式关系网络的组织视为情感组织，那么现实中的组织都是居于机械组织和情感组织之间的一个连续统中，在一些组织中可能机械性程度高一点，有些组织可能情感的成分多一些。一个有效运行的组织通常表现为其内部正式关系和非正式关系的目标趋同性，一般来讲，组织的有效运行关键在于正式关系网络的稳定性，但非正式关系网络对正式关系网络具有一定的影响，可能是正面的影响，也可能是负面的影响。在组织学习中，组织及其从属性组织（部门、工作团队等）各自发展出其独特的个性，一个非正式的组织由此产生，而且它常常会和已被确认的"真正"组织唱反调（Timm Paul R. et al.，2004）。非正式关系对正式关系具有很大的促进作用，比如创业期间，员工的忘我工作精神和奉献精神往往比组织的权力框架更有效，同生死、共命运成为创业期的生动写照。往往管理无序的组织主要是非正式关系起到了很大的作用，其追求的目标与正式关系所追求的目标背道而驰，对正式关系具有很多的阻碍，甚至有破坏作用。部门之间的钩心斗角、尔虞我诈、道德败坏、职业伦理丧失等都是非正式关系占有优势的表现。

（二）组织结构与组织学习的关系

组织结构是组织决策的层级分布与控制机制，决定着组织内的单元互动、信息的沟通和传递，以及权力层级关系（张雁等，2012）。组织结构是组织运行的框架，是关系网络的显性载体。组织行为是学习过程的一部分，而组织结构则是巩固和传播过去学习的载体，因此，组织结构对组织学习行为总是处于既推动又限制的境况中，组织学习行为也总是试图摆脱和超越既有组织结构的限制和束缚（原献学，2006）。组织学习对组织结构的影响首先体现在对组织中关系网络的影响，组织学习会引起组织中关系网络相关节点的变化以及节点与节点之间关系的调整。对于一个关系网络型组织来讲，组织学习通常决定着组织的网络结构，因为组织学习是对内外环境的适应，适应和生存需要组织必须根据内外部环境的变化来确定合理的以及具有一定适应性的组织结构。在很多时候，组织失败的起因是网络结构的迟钝反应，其根本就是关系网络的信息拥堵与创新不足，越高效的网络越具有灵活的适应性，越具有创新或者容易获得新信息的网络越具有适应性。

组织学习不仅是将内外部环境的信息带入组织中的成员及其部门，使其形成一致性的行为变化，更重要的是对网络结构的适应性检验。为了使关系网络具有更高的效率和更好的创新能力，组织学习通过改进网络结构来实现信息的高效传递与沟通，通过有效的网络来获取更有价值的新信息。一个高效的网络不一定是高强度的网络联结，也不一定是一个联结密集的网络。格拉诺维特（Granovetter，1973）认为，弱关系（弱联结）往往更有利于网络节点的创新，更容易获得有用的信息。因为越是强关系的网络，所有节点的个人所拥有更加相似的价值观、思想和意识，所以难以有新的信息传递，强关系导致了关系人之间的信息雷同与近似，这种雷同与近似不利于创新与新奇的涌动。一般来说，成员间相互联系的强度不同，知识扩散的实际效果也会有所差异（施杨等，2010）。强联系由于成员间的密切联系或者频繁互动，同质性较强，不能提供更有效的信息和知识；弱联系拥有异质的信息源，能够传递高质量、复杂的或隐性知识，促进成员间新信息和知识的不断产生，这是团队知识创新的源泉之一。结构洞理论（罗纳德·波特，2008）也认为，网络中某一节点所拥有的不重复关系越多，其关系的灵活性与创新性越强。缺乏结构洞的网络会出现很多冗余关系，冗余关系往往会给节点关系人带来更大的资源损耗和时间浪费，因为任何关系的维持都需要资源和时间（马汀·奇达夫等，2007）。通过组织学习可以弥补网络缺陷，删减网络冗余，包括网络缺损、网络冗余、关系强度等，进一步优化网络中的关系强度。通常，随着组织规模的扩大，组织中的关系网络会越来越复杂，其关系冗余导致组织反应迟钝、适应性差。组织学习可以持续修剪网络中的关系，删除多余关系，减少关系联结数目，使关系网络更加有效率，反应速度更快，同时自然的减少维持关系所需要的资源和时间。

（三）组织学习的矛盾性

组织学习的有效性主要是关系的有效性，一个组织是否具有适应性的结构，关键要看其组织结构是否有利于关系的构建与灵活调整。关系有效性的本质是信息传输的有效性，包括速度和质量，越敏捷的关系网络越有效，信息损失越少的网络越有效。由此，为了适应变化的环境，理论上组织需要两种性质相反的功能（原献学，2007）：一方面，组织过程强化组织的秩序性、稳定性和组织行为的可预见性，限制组织成员自由行为的数量，束缚个体成员多样化的创新倾向，强化组织的科层权威；另一方面组织学习过程弱化了组织的秩序性、稳定性和可预见性，鼓励个体成员多样化的创新倾向，放松组织对个体成员自由行为数量的限制。因此，"组织建构"与"组织学习"是"组织"的一对互补的功能，组织就是在这种矛盾关系的相对平衡中存在和发展。

这里存在着组织学习悖论，即组织学习可以不断地调整与修复关系网络，促进信息在关系网络中的快速传输，但同时，组织学习往往会导致关系网络的同质化，缺乏灵活性，导致关系网络的僵硬。组织内部网络的稳定性和复杂性会降低组织网络关系的改变速度（廖列法等，2011）。因为组织学习可以促使关系网络中不同节点的进一步沟通与交流，持续的沟通与交流可能会将原本较弱的关系转变为较强的关系，并加大关系的维持成本。组织学习强度越大，关系嵌入性程度越高，一旦双方嵌套很深时，强关系就不可避免了，而强关系导致网络个性的趋同化，个体都具有相同的兴趣、认知和情感，这个正好违背了格拉诺维特的弱联结原理。同样，情感的进一步投入，交换的进一步深化，关系网络中不同节点的联结数量越来越多，原本由弱联结引起的创新源泉被打破，能够带来更多新信息的结构洞逐渐消失，这反倒产生了组织学习的负作用，正如非正式关系对正式关系反作用一样，甚至组织运行具有负面作用。强关系的形成本身就是结构僵化的表现，这种嵌套加剧时，要打破这种僵化的格局就非常困难了，所以，组织学习的效果在组织中呈现倒"U"型。

（四）组织结构的演化与组织学习

组织的网络结构往往是长期实践的过程中，经过组织学习不断调整和修剪的结果，所以，网络结构具有历史的路径依赖性，这种路径依赖性使组织学习的进展越来越慢，越来越艰难。组织网络中关系的形成不可能一蹴而就，都是在漫长的实践中逐渐构建起来，并越来越复杂。每一个关系的形成都烙着过去经验的痕迹，关系网络的成熟都是在过去关系的基础上逐渐形成的，不管是强关系的强化，还是节点联结数量的增加，都是这样。初创期的企业往往具有较强的关系网络，企业员工依靠大家齐心协力的共同奋斗与奔波。随着组织规模越来越大，关系网络层次的逐渐增加，原来共同奋斗的元老逐渐成为关系网络系统中的中心型节点或者子网络，共同主宰着整个组织网络，其他子网络逐渐成为一个具有层级的网络结构。通常，组织规模越大，关系网络的层级越多，结构越复杂。关系网络的这个演变过程无不离开组织学习，通过组织学习使组织不断地在调整中适应内外部环境的变化，组织学习促进了组织规模的日益扩大，但反过来又导致了组织的迟缓与呆滞。一旦组织成为一个超级规模时，组织学习的负面作用逐渐显现，强关系在关系网络中处处都是，正如一些大型国有企业中存在一家几代人一起工作，组织关系中亲戚关系复杂，这种局面导致组织变革难度加大。不仅仅强关系占比增加，而且每一个节点的关系联结数量呈级数上升，这种现象不断强化了组织强度，增加了组织变革和创新的难度。

社会网络的变化存在一个非常重要的临界点，即阈值，一旦节点之间的联结数量超过了这个阈值，关系网络则会发生变化，其关系网络的复杂程度突然放大很多倍（Watts Duncan J.，2011）。由于这个网络联结数量的增加，在每个网络节点都会有很多个关系联结，这进一步导致了结构洞的消失，由此可以这么说，组织学习达到一定阶段后，组织学习效应会发生逆转，组织学习负效应逐渐增加，正效应逐渐减少，进一步的组织学习可能会加剧结构洞的消失，从而导致了组织的进一步僵化。任何事物都有两面性，强关系一方面增强了信息的传输，另一方面也增加了调整的难度，比如，当改革进入深水区后，最大的麻烦不是制度，不是机制，而是利益关系。利益集团的形成往往会阻碍经济改革的深入，这种利益集团实际上就是在利益关系上表现出来的强关系。相互的嵌套太深，盘根错节，很难将它们的利益关系分清楚，更不可能触碰它们的既得利益。所谓改革中既得利益集团成为真正改革的屏障，正是因为在组织发展中它们逐渐形成的强关系，打破强关系才是改革的突破口。

二、关系网络规则化与组织学习

结构和规则是关系网络的两个重要特性，也是关系网络运行的两个关键机制。随着组织年龄的增长和规模的扩大，组织内部人员之间的结构、运作过程和角色趋于制度化和常规化，不断强化了组织结构的惰性（廖列法等，2011）。结构是组织中关系网络的运行框架，制度是组织中关系网络运行的行为约束机制，正如诺思所言，制度是一些人为设计的、形塑人们互动关系的约束（诺思·道格拉斯·C.，2008）。任何关于人与人之间关系的状态都可以用某种契约关系来表述（汪丁丁，1992），由此，关系中的规则会导致强关系的形成，进而影响组织学习的有效性。规则是组织学习的因，也是组织学习的果。

（一）制度是关系的契约化，规则化

关系网络是组织的一种状态，契约则是维系关系网络的制度基础。关系网络根据是否为正式关系分为正式关系网络和非正式关系网络。相对应地，制度包括非正式的约束（constraint），如制裁、禁忌、习俗、传统、行为准则等，也包括正式的约束，如宪法、法律和产权等（North D. C.，1991）。无论是哪一种关系网络，都需要这种广义的制度约束。制度环境要求组织服从"合法性"机制（赵健，2006），所谓合法性机制就是社会的法律制度、文化期待、社会规范、观念制度等成为人们广为接受的社会事实，具有强大的约束力量，规范着人们的行为。制度环境通过合法性机制影响着组织，迫使其不得不接受制度环境里建构起来的具有合法性的形式和做法，所以，合法性机制就是指那些诱使或迫使组织采纳具有合法性的组织结构和行为的观念力量。在关系网络中，制度化是一种趋势，正式关系往往本身就存在着制度的影子。双边关系易于形成一定的行为规则、规范以及双方都认为理所当然的行动方式，形成一定的制度和共同认知，降低了双边关系变化的可能性（廖列法等，2011）。

制度是关系的契约化、规则化，制度的实施使关系处于更加稳定的状态。制度：（1）界定两人在分工中的"责任"的规则。（2）界定每个人可以干什么和不可以干什么的规则。（3）关于惩罚的规则（汪丁丁，1992）。由此，通过这种约定了的规则进一步确定了一种秩序，或者减少参与者的不确定性（North D. C.，1991），并加强了关系的稳定性。规范化使得劳动分工和参与者之间的互动更为具有可预测性，通过规则要比通过意外处理更好地进行联合决策（Gulati R. et al.，1998）。而且制度化会表现为由双方心理、个人感情等信任与共识到文字契约的签订与规划。群体互动式学习往往是基于心理契约或者情感纽带，在实践过程中，需要大力扶持和培养群体互动来驱动组织学习，实现个体学习→群体学习→组织学习的跨越（卞吉华等，2010）。关系的制度化有三个明显的互动行为，这三个互动行为在协商、承诺和执行的正式与非正式过程中不断的演化（Ring P. S. et al.，1994）：（1）个人关系逐渐地补充了正式的角色关系。（2）心理契约逐渐的替代了正式的法律契约。（3）随着短期的关系持续性逐渐超越了最初的契约影响力，正式签约（规则，政策和合同等）逐渐反映了非正式的理解和承诺。通常，制度不会先于关系而出现，当交易双方在持续的交互中形成了基本稳定的关系时，制度才成为一种必然。一方面，关系的稳定性促进了制度的生成；另一方面，制度的约束机制反过来强化了关系的稳定性。群体互动学习过程中所形成的群体规范、心理契约以及共同的价值观等对组织学习来说具有极高的借鉴意义（卞吉华等，2010）。比如，男女双方的爱情就见证了由关系发展到制度的演变过程，恋爱是关系的强化过程，如果没有恋爱则会导致关系的飘摇不定。恋爱是双方了解的过程，通过不同方式的接触、认识和活动，在相互的交往与沟通中强化了各自的关系，当这种关系强化到一定程度时，婚姻成为必然，合法性的婚礼与结婚证书将男女关系发展到制度化的夫妻，所以，夫妻关系是男女关系制度化的结果，结婚证书是夫妻关系的显性契约。

（二）制度是关系的协调机制

制度是组织过去实践经验的沉淀，是关系的协调机制，制度伴随着关系网络的演化而演化。文化的这些规则和规范生成一些社会过程，即个人之间的相互作用，而个人的相互作用再生成社会，社会再生成文化，文化又形塑了个人，并由个人肩负和传递（郑葳，2007）。制度的演化是关系的不断调整过程。制度是通过建立一个人们互动的稳定（但不一定是有效的）结构来减少不确定性（诺思·道格拉斯·C.，2008）。关系网络的动态性使其自身具有很大的不确定性，其根源在于关系网络中各节点的变化。最简单的二方关系中，每一个关系人都在时时刻刻地变化着，并导致了关系状态的改变。处于网络节点上的每一个个人都有独特的认知结构和环境，这种认知结构与环境的结合促成了个人不同的价值观和意识形态，并导致个人行为的改变，而且这种转变会随着环境的变化而随时变化着。这种变化带来了关系的不稳定性，变化为不稳定性埋下了祸根。二方关系中任何一方行为与意识的改变都打破了过去双方的关系平衡，使关系处于摇摆状态。正因为处于节点的个人变化导致了关系双方的冲突与矛盾，使得关系处于不断地相互磨合与调整状态。二方关系都是这样，更何况组织中的关系网络。关系网络的稳定性是网络中各节点人的利益或精神世界的趋同，但由于节点个人的变化导致网络中趋同性的发散，所以，关系网络总是处于动态的调整中。所谓的"静中有动，动中有静"很好地描述了关系网络的状况，尽管关系在不断地调整与变化中，但其基本的结构与特性并没有发生很大的变化。随着双方交互的频次增加，关系逐渐由弱变强，强关系成为关系演变的必然结果，强关系使关系双方自然地为了降低关系的不稳定性而采取契约机制保证了关系的稳定性。从资源消耗来看，不确定性的关系往往会消耗很多的资源和时间，而稳定的关系则会在很大程度上节约了资源和时间。所以，制度作为一种关系的稳定机制成为关系发展的必然结果，而且制度和关系一样总是以过去的经验为基础，不断地历时演化和调整。

（三）组织学习的本质就在于破旧立新

组织学习是一个组织行为适应的过程，组织学习总会引起由内外部环境的信息刺激而产生的组织行为的改变，这种改变本身是对制度的冲击，所以，组织学习往往成为现有制度的破坏者。组织学习的本质就在于破旧立新，学习都是对过去经验或知识的修复与调整，组织学习可以调整企业内和企业间各种要素之间的关系的强度与本质（罗文军等，2006）。无论是个人学习还是组织学习，都是因信息而引起行为的改变，世界总是处于信息的千变万化中，如果这些变化中的信息能够有效地被个人或组织吸纳，并转变为一个具有高度适应性的行为，则是学习的成功。组织学习是组织知识（战略、规则、愿景、文化等）结构性变化与变化的结构化过程（原献学，2007）。任何组织的学习都是从某一个网络节点的个人学习开始，个体的学习会嵌入组织的系统、结构、战略、惯例和实践，以及信息系统和基础设施的投资中，结构、系统和战略为个体学习和交互活动提供了情境（Crossan M. M. et al.，1999）。制度环境不仅仅为组织学习提供了氛围，同时也便利了组织学习（Boerner C. S. et al.，2001）。所以，组织学习一方面促成了关系网络的制度化，另一方面又反过来不断地修订着制度和规则，制度随着组织学习的持久性而更具有动态性。

组织学习是从信息到行为的转化过程，制度是组织学习的结果和积淀，组织学习的过程就是关系逐渐规则化的过程，所以，制度是组织记忆的结果，也是组织记忆的表征。组织学习会形成两种完全相反的方向：一方面，组织学习会促进关系网络的稳定性，使关系由弱到强，最终形成强关系，并终究规则化、制度化；另一方面，组织学习是对历史的突破，即破旧立新。

任何一个组织的寿命周期都会伴随着这两种方向而发展，因为组织学习总是伴随着组织的生命而存在，并不断地推动了这两个力量的展开。随着组织越来越成熟，规则化的方向会越显突出，破旧立新的力量逐渐退化，由此导致了成熟组织显得臃肿、官僚，而年轻组织或企业会具有更大的创新性和突破力。

对于实践社区的知识扩散网络，如果特征关系长度过小，则社区成员之间的知识交流过度频繁、知识扩散频率过高。虽然这有利于成员迅速吸收其他成员的知识，但是也使得成员的知识内容、结构趋于一致，进而在观念、思想上同质化严重，不能充分发挥成员各自的认知能力，找不到更多解决问题的方案，损害知识创新，毫无疑问这将阻碍成员彼此知识的进一步扩散（李志宏等，2010）。所以，组织和人的大脑不一样，大脑在人的寿命周期中会逐渐固化神经网络，并可能出现神经元的老化，并最终伴随着人的生命终结而终结，而组织则不同，组织的创新性在于不断地更新关系网络的一些节点，使节点总是保持年轻气盛，通过节点的更新来达到组织的长盛不衰。我们经常说人越老越固执，固执是因为自己过去经验的积累，或者说是大脑中神经元网络关系的固化导致对新事物的排斥与摒弃。从这个意义上来讲，制度化也要一分为二地看待，关系网络的规则化一方面是对关系的强化，另一方面是对历史经验的累积，对关系的强化利于组织学习，使信息可以快捷有效地转化为适应性的行为改变。经验的积累实际上就是文化的沉淀、制度的强化，这使组织学习从有意识转变为无意识，使组织的运行具有更大的稳定性、可预测性，同时使组织的运行更具有成本优势。但是过度的制度化往往成为组织创新的桎梏，成为阻碍组织新奇思想发生的深沟。

第三章

基于群体行为组织学习理论

目前，组织学习理论大致存在两种观点：一种观点认为组织学习就是组织中的个人学习。他们认为组织学习类似于个体学习，将组织学习视为个人学习的隐喻（Dodgson M.，1993），组织学习仍然要通过个人学习来实现（Kim D. H.，1993），黄国群（2011）认为，个体学习表现为具体的人类学习，而组织学习以类似于人类的有机体生命方式开展，将组织理解为一个能学习并具有知识技能和技术专长的主体，一个能够像生物一样进行学习的系统（原献学，2006）。另一种观点认为组织学习就是作为整体的组织层面的学习。与组织中的个人学习有质的区别，组织学习既是个体的，也是组织的，组织学习是以个体为基础的组织化学习活动，是组织为了适应外部环境变化和提高组织的创新能力，提高个体、团体和组织层面互动，创造知识、获得行为与观念的过程（原献学，2007）。李宝元（2005）把组织学习定义为组织适应外部环境而对自身行为进行权变调整，以达成自己特定生存和发展目标的行为。这两种观点是对组织学习的两种极端化解释，众多学者通常认为组织学习就是个体学习的泛化，是个人学习在组织层面的应用，但从严格意义上讲，组织不可以作为学习的主体（至多只能算是学习的虚拟主体）（卞吉华等，2010）。组织本身并不会学习，是个体行为作为组织的代表产生了组织学习的行为（克里斯·阿基里斯，2004）。组织学习并不是个体学习的简单集合，也不是组织的学习，组织学习是组合系统的涌现特征，不能用组织内部个人学习动机的集总或平均数来描述组织学习（原献学，2007）。组织是一个由众多个人组成的集体，其学习过程不可能类似于个人的学习行为和思维过程。学习的本质具有心理作用，而组织本身并不具有心理，而完全是多人的群体行为。

第一节　组织是一个学习的共同体

就关系网络概念来讲，整个社会就是一个复杂的关系网络，只是在这个庞大的网络中，每个节点之间的关系可能非常亲密，可能非常遥远，或者遥不可及，由此，我们可以将整个社会视为一个庞大的组织。社会网络是处于一个共同体内的参与者（包括个人、组织），在传递和共享各种资源的过程中，基于长期的情感关系及文化认同而形成的各种社会关系的集合（卞吉华等，2010）。然而，我们通常说的组织还是有一个边界，我们可以分为组织内和组织外，要将这样一个庞大的网络分解为不同的具有关系网络的组织就成为一个比较难的问题，也超出了我们研究的范围。通常我们所研究的组织学习主要是指组织内部的活动，这就存在一个问题：如何在如此庞大的关系网络中确定组织内和组织外的关系网络？也就是说，从关系网络的角度如何合理确定组织的边界？正如在一个庞大的网络中划定一部分区域：这个是我们的区域，那个是他们的区域。组织内部有复杂的关系网络，而组织通过众多关系网络与组织外部的其他组织形成更大领域的关系网络。关于组织及其组织边界的理论已有很多，并从不同的角度阐释其内涵及其本质特性。根据前一章的结论，组织学习就是组织中关系网络的构建与修复，那么我们如何才可以将处于庞大社会网络内的复杂关系分解为组织内和组织外，并认为组织内的关系网络的形成与修复就是一个组织的学习行为呢？共同体概念为我们提供了一个很好的解码钥匙，在一个乱如盘丝的社会网络中，根据网络中关系的特性可以将关系网络分解为一个个共同体，这些共同体可以是实实在在的组织，也可以是一个完全虚拟的网络组织，但它们都有组织的特性，都存在组织学习的特性。由此，我们可以将一个组织视为一个具有学习行为的共同体，每个共同体都具有不同的功能与特性，而且不同共同体之间又通过关系将其紧密地联系起来，形成一个复杂的社会。从这个意义来讲，社会又可视为由关系网络联结起来的不同共同体组成的系统，每个共同体独立地成为关系网络的子系统，并具有自组织特征。

一、关系网络及其共同体

并不是所有的关系网络都可以构成共同体，共同体是网络的子集，正如滕尼斯所言，由关系形成的族群，可以被理解为统一对外和对内发挥作用的人或物，这种由关系形成的集合具有现实的和有机的生命，这就是共同体的本质（斐迪南·滕尼斯，2010）。所以，共同体的前提是关系及其由各种关系形成的网络，但所有的关系网络并不都会形成共同体，关系网络是共同体的充分条件，而非必要条件，社区知识扩散网络是建立在社区成员的关系网络之上的（李志宏等，2010）。当一群人相互交往，相处时间长得足以形成一套共有的习惯和习俗，互相依赖共同完成某些目的时，就形成了共同体（郑葳等，2007）。它是一种非即时性的、相对稳定的，以信任为联结机制的非正式人际关系，是个体获取信息、资源、社会支持以便识别和利用机会的社会结构（黄晓晔等，2006）。所以，共同体是指"一个基于共同目标和自主认同、能够让成员体验到归属感的人的群体"（张志旻等，2010）。

（一）共同体的类型

滕尼斯将共同体分为三类：血缘共同体、地缘共同体和精神共同体。血缘共同体主要是以家庭为主的共同体，比如家庭、家族等，地缘共同体则直接表现为居住地的聚集，精神共同体是共同体的最高形式，表现为心灵生活的相互关系（斐迪南·滕尼斯，2010）。当前学者所研究的"共同体"概念已经融入权力组织、社会网络、社会资本等元素，它已不再是传统的单纯的地域性或情感性概念，而被赋予了更多功能性的内涵（李慧凤等，2010）。

随着计算机技术、互联网技术、电话通信技术、交通运输业的快速发展，共同体已经远远脱离了地域的概念。对于当代共同体而言，血缘、地缘这些"共同理解"的基础已经不复存在，共同体成员之间的共同特征已经弥散到种族、观念、地位、遭遇、任务、身份、语言甚至文化等方方面面（张志旻等，2010）。"共同体"这一术语既不意味着一定要共同在场、定义明确、相互认同的团体，也不意味着一定具有看得见的社会性界限，它实际意味着在一个活动系统中的参与，参与者共享他们对于该活动系统的理解（莱夫·J. et al.，2007）。共同体更多地表现为精神共同体，共同体成员之间的联系往往通过电话、网络、微信、微博、QQ、Facebook、E-mail 等方式形成了遍布全球的或者更大地域的价值观或者兴趣爱好等方面共同体，QQ 群、飞信群、微信群等各种形式的群体组织都是精神共同体的典型代表。由此，滕尼斯将精神共同体视为共同体的最高形式是具有高度前瞻性的，正如滕尼斯所说，共同的、有约束力的思想信念作为一个共同体自己的意志，将这种"默认一致"视为共同体的自然之法（斐迪南·滕尼斯，2010）。

精神共同体也可以视为一种社交组织，社交组织是自发的或潜在的源自人们相互作用的协调模式，它不包含为实现明确的共同目标而进行的理性协调（埃德加·沙因，2009），一个共同体主要依赖于共同体的关系、地点和观念等要素（郑葳，2007），但更重要的是共同体内部的关系。共同体的关系是指创建和构成共同体的人们之间的关系；地点是指所有共同体成员都能在一个公共的场所待上一段时间；观念是指成员之间可以共享的目标、价值观和行为观等，之所以成为共同体实际上其核心在于这个关系网络形成的价值观，或者说广义的观念。共同体区别于社会、社区、组织等其他社会结构，它们都意味着不同的社会联结方式，不同的人际关系意义，行使着不同的社会功能，一个有明晰边界的社区、组织或其他类型的团体，不一定就能具有共同体的精神与实践（张志旻等，2010）。由此，任何组织首先是一个共同体，但是一个共同体不一定必然是一个组织。如果从关系网络及其组织学习的角度看，组织就是一个基于关系网络的学习共同体，这种关系网络建立在个体之间信息的交流及其行为的交互基础上。

（二）共同体的特征

无论是滕尼斯的原始共同体分类，还是基于当代科学技术形成的新型共同体类型，如科学共同体、学习共同体、知识共同体、职业共同体、实践共同体等，共同体大体有三个基本特征：共同目标——共同体生成的前提；身份认同——共同体生成的基础；归属感——共同体维系的纽带（张志旻等，2010）。

1. 共同目标

任何一个共同体都有自身追求的共同目标，共同体的形成，最初是由共同拥有的目标和兴趣（不能是外部强加的）决定的（郑葳等，2007）。这与其他组织具有一样的特性，但是二者仍然是有区别的。共同体的共同目标是所有共同体成员共同追求并可以获得的目标，共同体是其内部成员追求共同目标的手段。共同目标也可以理解为共同体的共有特征，每个人都具有丰富多彩的个性或者个人特性，称之为个人属性，正是因为每个人有很多不同的个人特性，才使得每个人在不同的地方、不同的场合、不同的环境承担不同的角色。人们进入群体意味着个人受到的约束越来越多的同时也在表现自己的个性，人们参加的群体越多，个性的表达就越充分，因为每个群体的不同特征表现出个人的不同个性选择。于是，个人一方面越来越多受制于各种网络，另一方面个性也得到越来越充分的表达（赵健，2006）。

一个人通常具有很多种不同的个性特征，我们将每个人具有的这些个性特征看作一个集合，集合中的每一个个性特征就是集合的一个元素，那么共同体的属性就是所有个体参与者的个性特征的交集，共同体将具有相同个性特征的个体通过信息交流的载体聚合起来。这些个性特征往往通过参与不同的共同体而表达和呈现，某一个共同体仅仅表达了一个人的某一种个性特征，并将很多人的共同个性特征聚集起来，形成共同体的共有特性，成为某一共同体的所有成员共有的个人特性，比如爬山、集邮、运动、旅游、品茶、读书等。这些共有的个人特性构成了共同体的个性，每个成员在这个共同体中可以享受这种个人兴趣和爱好的尽情发挥，共享每个人的思想和体验。共同体将个人具有的所有人都存在的个人属性进一步放大，使参与者具备的个性特征强化、凸显，并表现得越来越充分。一个人同时参与许多群体，身上便带有很多其他群体的印记。因此加入一个群体时就把他所隶属的群体的关系带了进来，从而每一个成员的加入都会使该群体发生一些改变。于是个体和群体的关系就是一个相互形塑的双重关系（赵健，2006）。所以，共同体的共同目标并不是说共同体的每个成员都要为实现该目标而做怎么样的努力，而是大家可能会在这个共同体共同享受一吐为快的快乐，共同体验一起读书、品茶、运动等淋漓尽致的感觉，这本身就是共同体的一种吸引力。人作为一种社会性动物就在于每个人都希望能够和别人一起享受快乐、交流思想，最大的共同体优势就在于使每个成员都感到有无比强大的共同语言将大家紧密地联系起来，大家可以一起唱、一起说、一起跳，等等。听君一席话、胜读十年书往往是在共同体的交流与互动中发生，并构成了个体学习的基本环境和条件，由此，共同体与其他组织或者网络不同的突出特性在于给予共同体成员的精神享受，可能是快乐的共享，也可能是痛苦的分担，也可能是兴趣爱好等共同分享。

2. 身份认同

共同体的第二个特性是身份认同，当一个人认为他属于某一个群体而不是另外一个群体时，他就自然获得了一种社会认同，并因为社会认同而获得了进入共同体的身份认定。认同是一种辨识过程，其目的在于确立自己的"身份"，找到自己的"归属"，从而达到对"我是谁"的确认（吴玉军等，2005）。如果一个团体要运行和发展，为了达成明确的一致性，最重要的就是意识到谁在新团体内，谁在新团体外（或者不在新团体内），以及做出这种列入性决策的标准（埃德加·沙因，2011）。在共同体中，群体中的所有成员会表现出共同的或者集体的行为或心理表征，这种共同的特征成为区分不同群体的表征，由此划分了共同体的边界。个体将参与多个共同体的成员经验，经过协商的努力，在一个轨迹的交汇处形成"我是谁"的身份，这是一项复杂的学习历程，它未必是和谐的，更多的时候个体要在各个共同体的边界上遭遇许多经验的冲突（赵健，2006）。

社会认同一方面表现为共同体所有成员对个体成员的心理接受和身份认定，另一方面表现为个体成员对共同体共性的认同与接受。共同体的行为与心理特征是共同体的外在表征，使人们通过这个表征有效地区分了是这个共同体，而非那个共同体。同时，社会认同确定了个人成为一个共同体成员的身份，这个身份一方面表示你属于这个共同体，而非那个共同体，另一方面成为一种隐形约束，使所有的共同体成员必须遵从该共同体的集体规则。一个共同体之所以会形成，内部一定存在某种"秩序"，这种秩序必定是成员间相互认同的结果，否则，共同体是不可能形成并长期存在的（陈伟东等，2002）。个体的认同（身份）在很大程度上是由其所属的共同体定义的，是共同体决定了我们自身是谁，而不是自我自由选择了我是谁的问题（吴玉军等，2005）。共同体文化一方面规范着共同体成员的行为，使之按照共同体的规则、习俗礼仪、惯例、价值观、态度、理想和行为模式履行其社会职责；另一方面成为共同体中个体借以评价自己的标准和原则的出发点，从而以共同体的文化规范标准对自己和他人做出评价，对自己行为中不符合共同体文化规范的部分做出调整以适应群体的要求，从而使共同体的文化价值观念内化为他个人的文化价值观念（冯锐等，2007）。

身份认同是共同体形成的一种机制，只有很多人具有相互认定的共有行为或心理特征，并具有所谓共同语言，则可以成为一个共同体。个体和共同体构建了一个镶嵌的互动网络，个体通过共同体的实践个人化而转变着和维持着共同体，而共同体通过提高个人化的机会和最终促成文化适应的途径来转变和维持个体（戴维·H.乔纳森，2007）。社会认同是成员之间关系的强化过程，通过社会认同将具有相同爱好和兴趣以及相同行为与心理特征的人聚集起来，形成了一个聚集系数较高的关系网络。社区成员的特征关系长度越小，意味着成员之间的关系越紧密，知识扩散意愿越强，知识交流越频繁，知识扩散越容易发生，因此，实践社区的知识扩散频率与社区成员的特征关系长度近似呈倒数关系（李志宏等，2010）。一个团体要想完成使其适应外部环境的任务，就必须在成员之间建立和维系一套内部人际关系网（埃德加·沙因，2011）。在这样一个共同体中，因为相互的身份认定而缩减了人与人之间的路径长度，从而强化了关系网络。

3. 归属感

共同体的第三个特征是归属感，除非成员都体验到一种归属感、对他人的信赖和安全感，否则共同体不会出现（郑葳等，2007）。尽管"归属感"更多的是一种主观心理状态，但这种心理状态必定指涉一组业已存在的属性，正是建立在对这些属性所具有的连续性的辨识基础上，才有归属感的追寻和建构的可能（吴玉军等，2005）。归属感是人的社会属性的一部分，它是人所固有的心理感受，人天生具有期望归属于某一群体的愿望和心理欲望。对归属的需求是人类的一种基本动机，对人的成长和发展有着极为重要的含义，只有在共同体环境中，人才会感到能够与他人安全地交往并受到爱与尊重（郑葳等，2007）。归属感是每个人所具有的心理趋于群体的动机，这是先天性的生理属性，由此促使人的社会属性的形成。归属感表现为人通过群体获得安全感的心理感受，人天生惧怕孤独与寂寞，通过群体活动消除或减少孤独和寂寞感，从而获得心理上的安全感。尽管群体具有抵御危险的客观功能，但更多地表现为对群体成员给予的心理安慰与安全感受。这种心理感受体现在每个人通过群体获得情感的依赖性以及心理寄托等，心理满足、情感诉说、快乐分享等都是个人归属感的表现。

从人的归属感来分析，共同体的形成实际上是因为每个人的归属感所致，是人们寻求心理安全港湾的结果。归属感使得每个人都需要找寻群体作为一种依赖或寄托，要真正成为共同体成员，就需要通过社会的身份认同来获得共同体成员资格。身份认同与归属感往往相伴而随，归属感是个人的主观心理需求，而身份认同则是共同体的集体规则与机制。每个人都有很多种不同的个性特征，这些特征共同承载着个人的归属感心理状态，任何一种个性特征形成的共同体都可以实现归属感的诉求，所以，个人可以以自身不同的个性特征积极寻求一个共同体，一方面实现了个性特征的表征与呈现，另一方面也满足了对归属感的心理诉求。可以说，归属感是个人对共同体的需求，而社会认同则是对共同体的供给。尽管每个人都有归属感的心理需求，但是要真正成为共同体的成员以满足归属感的需求，则要获得社会或者共同体成员对其身份的认同。这不可能是个人的自主选择，而是个人与共同体成员的相互选择与辨识，个人在不断与成员的交流中判断自己个性与集体个性的契合性，共同体成员也在这个过程中判断进入者的适合性，判断是否可以给予认定的身份和资格。

所以，共同目标、身份认同、归属感三者共同构筑了共同体的基本属性，由此也决定了共同体中关系网络的功能与机制。共同目标使共同体承载了个体参与者个性特征的某一方面，形成了所有参与者个性特征的交集，并表现为共同体的集体特征。身份认同则是共同体对个性特征的交集形成的机制，表现为参与者个性特征与共同体集体特征的相互形塑过程，身份认同意味着个体对共同体特征的认同和共同体对参与者个性特征的认同与强化。归属感则将体现为共同体对个体心理安全归宿的满足，归属感是个人的最基本心理需求，由此才可以形成对个人社会属性的追求，并体现为对共同体的参与渴望。

（三）共同体的关系特性

尽管网络和共同体一样都具有一定的共同目标，二者都是由各种各样的关系组成，但是相对于关系网络来说，共同体具有更强的关系稳定性和收敛性。稳定性是共同体存在性的充分条件，收敛性是共同体存在性的充分必要条件。

1. 关系的稳定性

共同体的关系网络稳定性包括两个方面：一是网络节点数的稳定性；二是网络中关系的稳定性。共同体中的关系网络节点数一般都是稳定的，也就是共同体成员数量的稳定性，在一定时间内不会发生太大变化。另外，共同体内节点之间的关系联结程度较强，这种强度主要依赖于关系之间的契约来强化，比如俱乐部的章程、组织制度、相关法律法规等。共同体中的关系网络既有正式关系网络，也有非正式关系网络，正式关系网络在整个网络中居于支配地位，而且共同体通常都会有一个或者几个层级型的中心性节点统领着共同体的总体秩序与运行。由此，可以将共同体视为由认同建立的，依赖于内部成员之间以及成员与外部利益相关者之间对各方权利的认同，认同的基础是双方之间出于自愿而缔结的契约关系（陈伟东等，2002）。共同体中的一些常规、惯例、共同的理解、解决争端的规则和交流管理的规则等都是成员间协商、协议、相互调适而制定的。规则是学习共同体中"交往"子系统得以维持的关键，其形成是一个自组织、自适应的过程（郑葳，2007）。共同体相对于一般网络来说，结构更为明显，而且结构的有效性直接决定了共同体的运行效率。尽管在共同体中仍然存在很多非正式关系，但契约或者制度成为保障共同体有效运转和共同体秩序的基本力量。

共同体的关系网络稳定性不仅仅是体现在关系的强度，而且还表现为关系节点的失散性与修复性。节点的失散性反映了网络的易损性，网络中的节点很容易消失，这种节点失散会导致网络结构的破坏，使网络不具有稳定性，也很难形成一个共同体。失散性表现为两个方面：一是某一节点自身不稳定，往往容易突然损坏或自然消亡，每一个节点上个体的脆弱性和易感染性会导致整个网络在该节点上的易损性。二是某一节点与网络中其他节点的关系较弱，很容易产生关系断裂。如果两个节点之间存在一定的矛盾，关系较弱、不稳定，那么很容易有一个外界的力量导致关系破裂，并引起整个网络的损坏。另外，一旦破损的网络是否容易及时被修复也是衡量共同体关系稳定性的重要方面，有些网络可能很容易破损，节点比较容易消失，但网络具有及时有效的修复功能，即网络的自我修复功能。网络的修复功能有两个方面：一是一旦节点消失了，与该节点相连接的其他节点相互之间会自动联结，形成新的关系，而消失掉的节点及其关系会自动清除，该节点的功能会由与之联结的其他节点的重新联结取代；二是一旦节点消失后，会有新的节点来替补，正如新员工替代旧员工来履行原有职能一样。前一种情况是节点及其功能的完全消失，后一种情况是节点本身的功能没有消失，只是有新的完成该功能的节点个体替补了原有的节点个体。一般情况下，网络具有自修复功能，当网络中的节点出现破损或消失，网络会自动将与该节点联结的其他节点联结起来，形成新的关系，或者有其他节点个体会出现弥补了该节点消失的网络空洞。正如人的大脑神经网络一样，当某一个神经元损坏时，与之联结的神经元之间会重新建立联结，并承担该神经元的功能，所以，我们发现大脑部分区域的损坏并不影响人的记忆、视觉等其他生理功能。关系网络的自我修复功能越强，共同体的稳定性越强。

2. 关系的收敛性

所谓收敛性是指共同体中的节点之间通常具有数量较大的重复性关系，网络的收敛性决定了一个网络是否为一个共同体。在一个庞大的社会网络中，任何两个网络节点之间都可以存在复杂的直接或间接的关系，但是如何能够从关系的角度判断一个共同体的边界呢？通过对一个共同体或者组织中关系网络的观察发现，凡是关系网络中任何两个节点之间直接的联结数量越多，该组织或者共同体越稳定，边界越明显。尽管在一个共同体中，任何一个共同体成员（网络节点）都会与共同体之外的很多人有各种各样的关系，但是这些外部的关系对共同体中其他成员来说，可能没有什么直接的关系和影响。所以，界定共同体边界的关键在于一个节点是否与共同体中的节点有直接的关系，如果一个节点与共同体中的多个节点有直接的关系，那么我们可以认定该节点属于共同体内的节点，如果某一个节点与共同体内的节点没有直接的关系，或者直接的关系比较稀缺，那么我们可以认定该节点在共同体之外。

我们将关系网络中任意两个节点之间的距离称为路径长度，共同体中所有节点之间的路径长度的平均数称为网络的平均路径长度。节点间的距离（distance）是指从一节点到另一节点所要经历边的最小数目（章忠志等，2005）。当两个节点之间是直接关系，则路径长度为1，随着两个节点之间其他节点的增加，其边数会增加，路径长度会大于1。如果 A 和 B 之间还有 C，则 A 和 B 之间的路径长度为2。我们可以这样设想，如果一个共同体中所有的网络节点之间两两相连，则任意两个节点之间的路径长度为 1，那么该共同体的关系网络的平均路径长度则为 1，这就是强关系网络，该共同体就是一个具有非常坚固结构的组织。所以，共同体的关系收敛性表现在关系网络的平均路径长度或者直接联结的数量（任意两个节点之间的路径长度为 1 的数量）。这两个指标可以相互替代，因为当一个纯共同体的平均路径长度为 1 时，该关系网络中的直接联结数量为 $\frac{N(N-1)}{2}$。由此，任何一个共同体中的关系平均路径长度趋于 1 或者直接连接数趋于 $\frac{N(N-1)}{2}$。

3. 小世界性

符合共同体的收敛性自然也就符合小世界性，所谓小世界性是指网络同时具有较高的聚簇系数和较短的平均路径长度（Watts D. J. et al.，1998），即网络中的节点一方面和自己周围的节点联系紧密；另一方面其到达网络中任何其他节点都只需要经过少数几个节点。布莱恩·乌兹教授和贾勒特·斯皮洛教授对百老汇剧组团队的研究发现（戴维·布尔库克，2017），小世界 Q 值与剧组成功率呈倒 "U" 型曲线，Q 值为 2.6 左右时，成功率达到峰值。这意味着，如果一个团队成员彼此陌生，其制作的剧目通常也不会很成功，但是，如果一个团队成员彼此太过熟悉，也不会成功。这符合小世界模型的标准，即任意节点之间的距离较短，相邻节点之间的聚集程度较大，节点之间的短距离意味着小世界网络中信息的传播速度一般较快，较大的聚集系数意味着网络节点的邻接节点之间的联系也较高（吴超等，2010）。在小世界网络中，由于较高的聚簇程度会促成节点间相互的信任和更紧密的合作，从而提高信息交流的效率和准确度，又由于较小的平均路径长度使得节点可以较方便地从远距离的节点处获取新鲜的、非冗余的信息，从而激发出灵感（陈子凤等，2009）。李志宏等（2010）认为，在实践社区的知识扩散网络中存在小世界特点，所以，社区内应分布一定数量的小集团，小集团内部成员应保持强连接（紧密的关系），而各小集团之间应保持一定数量弱连接（非紧密关系），让实践社区成员的关系网络保持为 "小世界" 网络的形态。

他们认为，因为基于知识扩散的成本，社区成员与其邻居成员（关系紧密、经常进行知识交流的成员）有较紧密的关系，更倾向于向周围的邻居成员（如同社会网络中的朋友圈、熟人圈）进行交流以共享知识进而达到扩散知识的目的。这也会促进邻居节点之间的知识交流增多，使得成员的邻居网络关系紧密程度增加。他们会经常交流共享知识，容易形成知识扩散的小集团，也即实践社区的知识扩散网络中存在知识扩散的集中趋势（李志宏等，2010）。

4. 网络收敛性

网络、共同体和组织都是具有不同特征的系统，关系构成网络，网络构成共同体，而共同体可能成为组织，凡是组织都是共同体，但共同体不一定都是组织。相对于共同体来讲，组织中正式关系网络是主宰组织运行和结构的基本要素，非正式关系网络可能对组织的有效运行具有促进作用，也可能会阻碍组织的有效运行。而在共同体中，尽管正式关系网络可能要比一般的网络占比更高一些，但相对于正式组织来说，非正式关系网络仍然占有很大的比重。如果说共同体中的关系网络局部收敛，那么组织中的关系网络因为正式关系的强化而变得更加收敛。实践团队作为组织内部一种特殊非正式组织，被认为是组织内部和组织之间支持知识转换和知识创新的一种特别有效的组织形式（巩天雷等，2010）。如果用收敛性作为一个比较，组织要比共同体在平均的路径长度更短，聚族程度更强。组织的平均路径长度要更加趋近于1，聚集程度更加趋于直接联结数目。而且，在组织中，关系的强度更多取决于法制与契约的规制，权威和命令是指导组织运行的基本力量，而共同体中可能还存在很多相互之间的隐形契约成分，比如情感的交互、思想的共鸣、共同的兴趣爱好等。组织的正式关系网络完全是一个从上而下的金字塔结构，每一层级之间的关系主要表现为各独立子网络的中心节点之间的关系，也就是说，上下级之间的关系不是所有成员之间的直接关系，而是各子网络中心节点之间的关系，员工之间基本上是通过中心节点之间的关系而保持间接的关系，尽管上下级之间可能存在着非常深厚的非正式关系，比如血缘关系、亲友关系、同学关系等。正式关系的联结主要依赖于契约的约定以及法律或者制度的制约，上下级之间具有很大的非对称性，正式关系完全是一种权力的链条。所以，组织中的关系网络已经和一般意义上的关系网络或者共同体有很大的不同了，主要体现在权威与命令引致的权力链以及中心性节点及其之间联结的金字塔结构。

二、实践共同体与组织学习

"实践共同体"（communities of practice）作为一个完整的概念，最初是莱夫和温格在《情境认知：合法的边缘性参与》中提出的，他们认为"实践共同体"是人、活动、世界之间的一系列关系，实践共同体强调个体的参与或实践活动，并将学习视为实践共同体的合法的边缘性参与（莱夫·J. 等，2007）。"合法的边缘性参与"既强调学习者的合法资格，也强调参与由边缘性到中心性的过程。实际上，实践即学习，学习即实践，一个共同体若以学习作为主要的实践活动，那么它就是一个"学习共同体"，由此，实践共同体也就是学习共同体。

（一）实践共同体的内涵

实践共同体也称为实践社区（侯先荣等，2005），是指具有特别专长或工作的群体成员，为了使工作更有效率或对工作的更深理解，在进行广泛交流和相互帮助过程中，形成了对兴趣和目标的共同感知，以及具有分享与工作相关的知识和经验的共同愿望，由此所形成的一种特殊的建立在工作与实践基础之上的非正式网络组织。

1. 实践共同体的界定

实践社团虽不同于团队，不能算组织的正式组成单位，但这种松散的、非正式的自组织结构更能促进成员之间的知识共享与创造，从而能够促进个体学习或者是小范围的群体学习上升为社团水平的学习（卫桥等，2014）。

刘丽华等（2010）认为，实践社区有三个结构要素：知识领域、社区和实践。知识领域产生共同的基础和实践社区身份感，使成员知道什么对分享是重要的、如何提出观点和怎样采取行动，以及社区成员的共同价值观、心智模式、认知结构等；社区是学习的社会情境，是创造和分享知识的地方，好的社区会鼓励成员分享知识、交换思想、提出引起争论的问题，社区是交流与学习的环境区域，实践社区就是一种有效促进知识扩散的组织形式（李志宏等，2010）；实践是指人们形成的有利于工作的共同的观点、工具、信息、语言、故事以及文件的各种各样的活动。实践共同体，包括共同的规则、劳动分工以及共同体本身都发挥着学习的中介作用，学习在个体和群体之间动态的建构和重构（郑葳，2007）。

任何实践共同体都会创造一些工具、符号、故事、名词和概念等，把实践中的某些东西以一种凝结的形式予以"物化"。物化涵盖各种各样的过程：制造、表征、命名、编码、描述，以及觉察、解释、运用、复用、解码、重铸等。物化是指"将抽象化的实质存在，或者具体的物质对象"，物化的过程产生了一些把经验凝结成"物状"的客体，从而给经验赋予了一种具体可见的物质形式。活动理论强调人类活动是广义上的工具中介，它的一个基本假设是工具中介所起的转换、传递的作用将改变人类活动的性质，而在工具被内化后，还会对人的心智功能产生影响（郑葳，2007）。这里的工具包括仪器、符号、程序、机器、方法、模式、理论、法规等，它们在活动本身的发展和用其传承特定文化历史积淀的过程中得以创造和转换，因此，工具的使用就是社会知识的累积和传承。

2. 实践共同体的核心要素

实践共同体有两个核心要素：身份和参与。身份是进入实践共同体的资格，参与是实践共同体的具体活动。如果说实践是意义的协商过程，那么实践参与中形成的身份，就是一种经过协商的经验，意义的协商包含着参与和物化两个相对的过程，因此身份中也蕴含着参与的成分和物化的成分（赵健，2006）。参与描述的是个体作为共同体成员积极介入社会事务，由此具有生活在世界中的经验。参与表明学习者可以获得一种资格以融入到实践共同体的各种活动中，通过实践活动获得由新手到能手的过程，获得由边缘性活动到中心性活动的过程。在这种参与中，学习的主要动机包括参与真实活动并形成一种身份，这种身份使个体不断进入实践共同体的中心（戴维·H. 乔纳森，2007）。参与既是个人性的，又是社会性的。参与是一个组合了做事、说话、思想、感知和归属的复杂过程，涉及我们整个人，包括身体、思维、情感和社会关系。对作为共同体成员的行动而言，参与是一个主动的和积极的过程。人的心理机能的发展，取决于主体与起中介作用的人工制品和文化、组织、历史和情境的互动（郑葳，2007）。参与的重要特征之一是行动者能够彼此相互认知，在相互认知的体验中，参与成为身份的一种来源。参与者通过认识到参与的相互性，从而成为彼此的一部分。

随着共同体的参与，个体开始认识到社会协商标准对界定共同体和身份的重要性（戴维·H. 乔纳森，2007）。随着每一个新实践的进行，个体在共同体中越来越居于中心地位（成为共同体的组成部分），并从根本上发展自我——这个自我部分是通过在共同体实践中的参与和成员的身份而构建起来的（戴维·H. 乔纳森，2007）。身份体现了个体和群体之间相互形塑的关系，在这种关系中，身份的个体属性具有鲜明的社会建构性，个体的身份建构不是被动接受外部影响的过程，而是在参与过程中的多元特征塑造，多元身份的参与又产生了群体特征的多元性（赵健，2006）。所谓"身份"就是人与其在实践共同体中的位置和参与者之间的一种长期的、现存的关系，实际上，身份是所有共同体的一个特性，共同体本身对人的不同身份根据共同体自身的偏好进行有效的区分。身份是协商的经验：它仅仅是一种类型、一种人格特质、一个角色或者一个标签，更重要的是一种在实践中参与和协商的经验（赵健，2006）。人类就是多元化的、异质的学习主体，民主、平等的生活在同一个共同体中，通过活动而相互关联，在这个过程中，意义的形成很少是由个人独自完成的，而是借助语言及其他工具等中介系统，通过社会协商合作实现的（郑葳，2007）。

（二）实践即学习，学习即实践

传统的组织学习理论都把学习与实践割裂开来，无论从理论上还是实践中，这种完全的割裂都是不合理的（Brown J. S. et al.，1991），实践共同体既是通过实践实现学习的组织，也是通过学习达到实践的机体。

1. 学习的实践性和情境性

实践共同体一方面强调学习的实践性，学习是需要意志的、有意图的、积极的、自觉的、建构的实践，该实践包括互动的意图—行动—反思活动（戴维·H. 乔纳森，2007）。另一方面强调学习的情境性。组织学习的情境认知观认为，参与者、资源、空间和时间的配置，构成了组织学习的情境脉络，这一情境脉络对出现的环境刺激进行了社会设定，组织处于由各种物理的和社会的设定所构成的情境脉络，这一情境脉络形塑了组织行为以及组织的发展。而组织中的不同规则、规章和风格，其实都反映了不同的知识基础和学习能力（赵健，2006）。情境观认为，实践不是独立于学习的，而意义也不是与实践和情境脉络相分离的，意义正是在实践和情境脉络中加以协商的（戴维·H. 乔纳森，2007）。实践性说明了学习的根源是实践，实践出真知，用"实践"来界定"共同体"，将我们对共同体的关注从社会联结转向共享的实践，正是这种共同的实践决定了共同体的知识生产功能（赵健，2006）。而情境性表明学习一定要以共同体为社会背景，必须以共同体成员之间的实践性交互为基础。

莱夫和温格特别强调实践共同体是知识存在的一个复杂条件，任何知识都存在于文化实践中，这种实践的社会结构、权力关系及其成为合法的条件，都是界定了学习（也就是"合法的边缘性参与"）的可能性。从生态认知观的角度看，所有的学习都是情境性的（戴维·H. 乔纳森，2007），共同体为个人的学习与活动提供了一种情境，这种情境是人与环境相互作用而形成的"生活空间"，是对人的活动产生直接影响的具体的社会事态、背景因素（郑葳，2007）。共同体是人与人之间相互交流与学习经验的空间和环境，共同体是社会知识的总和（Downes S.，2012）。由此，实践共同体就是一个群体，其中的成员经过长期的交往，为了实现共同的事业而共享互相确定的实践活动、信仰和理解等（郑葳，2007），实践共同体是协商、学习、意义和身份认同所发生的地方，它承载着社会生活的事实（赵健，2006）。

2. 实践共同体的特质

美国教育心理学家巴拉布和达菲认为实践共同体主要有三方面的特质（戴维·H. 乔纳森，2007）。

（1）共同的文化和历史传承，包括共有的目标、协商的意义和实践活动。共同的文化既是实践共同体的表征，也是共同体成员的身份象征。任何一个实践共同体都是个人通过持续的协商，在实践活动中由边缘性参与转向中心性成员的过程，自然也就是对共同体目标和文化的理解与识别过程。作为一个团体，个体必须联合起来构建一个交流和语言体系，解释正在发生的事情（埃德加·沙因，2011）。学习是对一定文化历史制度背景下的实践共同体的参与，理解学习和学习者不是从学习者个人出发，而是要把他放在特定的社会文化境脉下考察。不同的社会文化境脉决定了学习的不同社会性安排，这种社会性安排即学习的组织、制度和机构的选择（赵健，2006）。

（2）相互依赖的系统，意味着成员在协商和实践的过程中的学习不是完全的自闭性思考，而是通过与其他成员的不断交流与互动，甚至无意识的模仿中获得对于事物的理解和认识，这完全是一个群体性的行为过程。成员之间可能会因为是否形成共识而相互冲突和博弈，可能会相互影响和作用，可能会相互模仿和复制，并在长期的磨合与交融中产生共同的理解和认同，最终导致共同的价值观和文化。在实践共同体中，个体接受新的行为习俗，或者说群体中很多个体习得新的知识，并非直接来自自己的反复练习等亲身经历，他们往往是通过观察别人的行动和结果，形成自己的新知识（朱宪辰，2009）。学习不仅与从实践中提取的知识有关，同样与知识的意义所在的境脉有关，更与学习者作为该境脉中的实践者有关。能够完整地构建包含这些学习要素的社会系统，即实践的共同体（赵健，2006）。当学习作为实践共同体的一部分时，学习者就可以通达先前协商的历史，并从当时的情境脉络对特定意义的功能性价值做出反应（戴维·H. 乔纳森，2007）。

（3）再生产的能力，实际上就是实践共同体的创新和变革，实践共同体不是一个僵硬的系统，而是一个完全开放的、动态变化的变革系统。实践共同体往往会持续性变化，因为新进入者取代元老或者迫使共同体不断修正与外部环境的关系的实践需求（Brown J. S. et al. ，1991）。不断地创新和变革使实践共同体获得更具适应性的生存能力。实践共同体的变革源自两个主要的原因：一是环境的变迁使得实践共同体形成既有的模式，行为习惯和共同文化难以适应这种环境的变化，导致实践共同体的成员对共同目标和价值观产生了新的理解和创新的动机；二是实践共同体中新成员的参与带来了新的知识和理解，导致原有的共同体成员开始对这种新的理念和知识有了进一步的认识和理解，并开始有了推广的动机。实践共同体经常会形成一些丰富的、灵活性的、具有非典型性的世界观，这种世界观在组织中僵化的、经典的规则观念和变化的实践挑战之间架起一座沟通的桥梁。这种过程本身就是创新（Brown J. S. et al. ，1991）。

（三）实践共同体中的组织学习行为

从本质上来讲，实践共同体本身就是学习共同体，实践是学习的形式和方式，共同体是学习的场景，共同体既是学习的结果，也伴随着学习的过程而存在。实践社团在本质上是一种有机的、自发的、松散且非正式的、边界模糊的社会结构。这种自组织结构能够提供知识共享和互动学习的场所和情境，使社团成员在轻松、信任的氛围中共享知识、相互学习，并通过社团之间和社团及正式组织间的沟通与交流，促进组织学习（卫桥等，2014）。学习共同体是由对共同主题感兴趣的一群人聚集在一起进行交流的社会群体，其实质意义是为有相同或相近的价值取向和偏好的人提供了一种特殊的学习环境（冯锐等，2007）。在这个环境之中，共同体成员能感受到自己属于这个群体，能与团体其他成员一起进行学习活动，拥有自己特定的身份和身份赋予的意义，能获得群体成员的尊重和信任，拥有一种感情上的依赖和心理上的安全感。学习、思维和认识实质上是参与某一实践活动的人们之间的一种互动关系，在人们的交往互动中，该共同体中的"新手"学习成为"专家"（郑葳，2007）。

在实践共同体中，实践有两个含义：一方面，实践是个人学习的直接方式，是个人所有知识的直接来源，实践是所有可刺激信息的基本源泉，只有实践方可介入客观的世界中。学习者个体通过观察、模仿、讨论、争辩，以及他人的直接指导训练等多种方式，与共同体中其他成员交往对话，合作学习。换言之，社会性是人类学习的根本特征，学习更多的是学习者的群体性学习（郑葳，2007）。通过实践活动，所有外在的信息刺激都会进入个人的脑神经系统，并通过脑神经系统的神经元联结而形成对客观事物的认知。实践是检验真理的唯一标准就在于实践中存在着各种各样变化无常的状态，这些状态会以信息的形式作用于每个人的大脑，并进一步改进过去已经形成的神经元联结。所以，我们一直强调个人学习就是对神经元联结的构建与修复过程，从一定意义上来讲，实践本身就是学习，正如莱夫和温格所言，通过实践使每个人从新手转变为老手，从合法的边缘性参与发展到共同体的中心。另一方面，实践是组织学习的载体，通过实践成员方可交互，才可能相互合作与交流，达到关系的形成与融洽。实践社团强调的是松散且非正式的社团架构，这种松散且非正式、关注具体的领域或问题、以知识分享和创造为主要内容的自组织结构能够提供知识共享与互动学习的情境和促进组织学习（卫桥等，2014）。学习就是对话，是多样性的个体通过社会的对话活动协商而创作共同的生态环境的过程（郑葳，2007），这个共同的生态环境就是学习共同体。从这个意义上来讲，实践又是组织学习的本质过程，共同体成员在实践活动中从弱关系发展到强关系。正如冯锐所言，学习共同体是一种由多元主体及各自身份或角色建立起来的社会关系，它体现在共同体主体构成、责任分工和实践规则之中，在人与人的多元"对话"中增强了个体参与的合作意识和社会化意识（冯锐等，2007）。

实践共同体不仅是在实践活动中个人的学习过程与组织学习的过程，而且是文化传承的过程。实践共同体中的学习应该有三个基本转变（戴维·

H. 乔纳森, 2007): 第一, 学习是意义制定过程, 而不是知识的传递。意义制定 (即试图解决在我们确实知道的与我们感知的或我们相信他人知道的之间存在的不协调) 会导致疑惑、不安、混乱、期待、好奇或认知的不协调, 这一不协调确保了学习者对知识一定的物主身份。第二, 建构主义认为意义制定是任何活动参与者之间的社会协商过程, 从这一观点看, 学习就是对话, 既是内部的, 又是社会的协商, 学习就本质而言是一个社会对话过程。第三, 知识不仅存在于个体和社会协商的心智中, 而且存在于个体间的话语、约束他们的社会关系、他们应用并制造的物理人工制品以及他们用于这些人工制品的理论、模型和方法之中。很多的知识与经验总是蕴含在实践活动中, 只有每个人通过参与实践活动, 并与他人合作与交流, 才可以体验到这种知识的确切意义, 所以, 实践共同体中强调意义的协商过程实际上就是强调通过实践活动使每一个参与者亲身体验知识的含义。"干中学"(特别适合于团体) 是一个社会过程, 在这个过程中, 意义是协商产生的, 目标源于社会过程, 成功也是在情境脉络中获得的 (戴维·H. 乔纳森, 2007)。当不断地有"新手"进入到共同体中时, 从边缘化到中心化的过程就是从"新手"到"老手"的过程, 学习自然产生了, 共同体中的共同文化被一代一代地传承下去。在学习共同体中, 知识和认知活动分布于个体的和集体的心智中, 当然它们也存在于个体间的话语、个体间的社会关系、人们所使用和生产的人工制品, 以及他们用以生产这些制品所依据的理论、模型和方法之中 (郑葳, 2007)。所以, 实践既是个人学习的过程, 也是组织学习的过程, 而且也是共同体文化历时传承的纽带和桥梁。

第二节　自组织行为与组织学习

人类社会在自己的发展过程中, 既有被 (他) 组织的行为, 也存在自组织机制, 更多的则是二者不同比重的组合 (杨贵华, 2007), 自然界的长期演化证明自组织的方式要比被组织的方式更为优秀 (吴彤, 2001)。自组能够在变化的环境中适时自主的调整自身行为以适应环境的变化，这种自适应往往是在亲身体验以及切身的与环境的交互中完成，这比他组织的间接设计更具有直接性和实践性。协同学的创始人哈肯指出："自组织系统是那些不需要外界特定的干预，能够通过内部过程产生宏观的空间、时间或空时结构的系统。"这里"特定"一词是指，那种结构或功能并非外界强加给体系的，而且外界实际是以非特定方式作用于系统的（H. 哈肯，1988）。换句话说，自组织系统就是无须外界特定指令而能自行组织、自行创生、自行演化，能够自主地从无序走向有序，形成有结构的系统（吴彤，2001）。

一、自组织的运行特征

自组织系统具有四个基本特性：开放性、非平衡性、非线性相互作用和涨落。其中，非线性相互作用是自组织系统的动力机制，开放性是自组织系统动力的源泉，而非平衡性和涨落是自组织系统的运行表征。自组织系统有着不可或缺的两个方面，即内部多样性的自发产生和在与外部环境的相互作用中对内部选择性的稳定化，即维持组织对内、对外的开放性（卢福财，2000）。系统内部所具有的多样化的子系统相互竞争和协同，并使自组织系统的发展能够与环境的发展保持一致，即能够适应环境。

（一）开放性

系统能够同环境进行交换的属性称为开放性，系统要生存和发展就必须与环境进行物质、能量与信息的交换（王洪录等，2005）。信息与物质、能量一起被称为人类社会发展的三大战略资源（李宏轩，2000），社会的存在和发展，不仅要与外部自然界进行物质、能量、信息的交换，而且依赖内部众多共同体在物质、能量、信息的交换基础上的协同作用（杨贵华，2007）。根据热力学第二定律，一个孤立或封闭的系统，熵是单向增加的，即随着时间的推移，系统会变得越来越无序。但是，自组织系统是面向环境的开放系统，它们与环境持续的保持物质、能量和信息的交换，从而将热力学熵转移到环境（曹忠胜等，1995）。系统开放性使自组织系统通过物质、能量和信息在系统内外之间的吸收与释放而保持系统的稳定性，正如人的身体一样。系统开放性是系统形成和发展的基本条件，是系统自组织演化的基本前提和必要条件之一。自然科学严格地证明过：任何与外界无交换关系的封闭系统，都只会自发地趋于无序和混乱，或迟或早走向"死亡"，即热力学意义上的均匀无序的热混沌状态（沈小峰等，1993）。以关系网络为结构的共同体通过内外部关系始终保持着自身与外部的信息、物质与能量的交换，使共同体成为一个自组织系统。共同体的系统开放性表现为共同体通过不同个体与其他共同体中个体的关系保持了系统的稳定与内外部平衡。

（二）非平衡性

非平衡是指系统内部微观的差异性、分化性、不均等性等状态（李刚，2007）。在平衡状态，系统无法产生新的有序结构，只有不断地打破平衡，系统才有可能产生新的有序结构（罗文军等，2006）。自组织是系统通过非平衡相变由旧的无序状态"自发"产生新的有序状态（曹忠胜等，1995）。系统的演化总是从一种稳定状态到另一种稳定状态的过程，每一种稳定状态就是系统的有序状态。系统与外部环境的交换以及自身的演变使得系统处于变化中，任何事物运动和变化总是绝对的，而静止则是相对的。耗散结构理论认为，系统远离平衡态是系统自组织演化的另一个前提条件，远离平衡与充分开放是一个问题的两个方面，只有开放充分，系统才能通过与环境的种种交换关系而远离平衡态（沈小峰等，1993）。系统的无序总是表现为微弱或微小的变化，或者现有状态的改变，但这种无序并不会引起整个系统的不稳定变化，事物的质变总是需要很多不断累积的量变。在一定外界条件下，旧的稳定状态会逐渐失稳，但并不会出现完全的不稳定状态，只是系统逐渐临近于一种临界不稳定的状态。随着系统成员之间相互作用，这种不稳定性逐渐蔓延到系统的所有成员，系统的整体不稳定状态将会发生，也即从量变到质变。新的稳定状态既不是来自系统的初始条件，也不是来自环境参数临界值的改变，而是源自系统内各因素的差异性与多样性。非平衡性表现为系统内各元素会因为非线性相互作用导致变化的不同步变化的差异性，由此，出现了各元素不平衡发展，涨落会自然出现。当某一元素或子系统随机选取一个"憾动"，然后在系统内不断放大之后，这个"憾动"扩散得非常快，这个具有"核心作用"的"憾动"在整个系统中处于占优地位，决定了新的稳定状态的本质（罗文军等，2006）。任何一个处于稳定状态的自组织系统都蕴涵着不稳定因素，这些不稳定因素表现为系统中个体的变化，当这种改变在整个系统中不断扩散到一定程度后会引起整个系统的改变。非平衡性实际上是自组织系统的量变过程，只有当量变达到一个临界值时会引起整个系统的改变，导致系统从一种状态发展到另一种状态。这种引起整体改变的质变总是间歇性出现，而导致质变的量变则是时时刻刻在发生着，自组织系统中的个体持续性地变化和涌现着这种量变。

（三）非线性相互作用

非线性相互作用是要素之间的竞争与合作的方式，是系统形成有序结构的内在原因。相互作用是矛盾双方的排斥和吸引、竞争和合作。在非线性作用下，各种作用关联起来，系统内部各要素或子系统之间形成关联与协同，有了这种内在的相互作用，系统内局部的涨落才可能得到放大（沈小峰等，1993）。所谓线性系统，是指整体是所有独立个体之和，具有独立因素的叠加效应，而非线性系统则不同，整体并不会表现为所有个体的集合（梅拉妮·米歇尔，2013），个体之和可能大于整体，也可能小于整体。导致非线性关系的根源在于系统中各要素（或者关系网络中各节点）之间复杂的交互，相互之间可能存在正反馈，也可能存在负反馈，而且不同要素之间，要素在不同时间序列前后都可能形成相互之间复杂的交互反应。非线性相互作用有三个突出特点（武杰等，2001）：一是具有非加和性，系统的整体性质不等于各个孤立部分性质的机械叠加，凸显了一种各个孤立要素不曾有的系统性质；二是具有非独立性，也叫相干性，构成系统的各个要素之间并非各自独立、互不干涉，而是交叉渗透、互相影响、互相制约，融合在一起产生了相干协同效应；三是具有多重选择性，在非平衡相变中预先包含了系统失稳以后进入新的稳定态的多种可能性，即确定了系统演化的可能方向和途径。这种非线性相互作用使系统内诸要素丧失独立性而互为因果，形成双向信息传递的催化循环关系，从而使微小涨落越来越大，直至形成巨涨落（李刚，2007）。当系统中的变量数目等于或大于 3 时，很多非线性系统经常是（但并不一定是）自组织的。组织内具有各种反作用力的变量的数目越多，或具有不同周期特征的变量的数目越多，产生自组织的可能性越大。自组织产生后，多种要素相互作用的系统能够自发地朝临界状态演化，在这种自组织临界状态，一个偶然的小事件可能会引发遍及企业系统的大事件乃至企业系统的突变（罗文军等，2006）。在非线性系统中，由于组成要素或子系统之间的作用是非线性的，它表现为非均匀的、不等价的，当子系统或组成要素哪怕是出现一点微小变化时，都有可能引起系统相当大的变化（武显微等，2005）。在内部组分联系紧密的系统中，几个组分的轻微扰动可无阻碍地传播于整个系统，从而导致系统大的变化，出现系统的"涌现"（原献学，2007）。非线性相互作用关系是自组织系统的最基本动力机制，系统内各因素之间的交互使各因素之间产生竞争与合作，并导致微弱变化进一步放大，形成系统的瀑布式层叠效应。

（四）涨落现象

所谓涨落，通常是指系统局部范围内，子系统之间以及系统与环境之间随机形成的偏离系统整体状态的各种集体运动（武显微等，2005）。在平衡态时，系统存在随机涨落，所有涨落都是衰减的，这种随机涨落可能源自内部结构的非平衡状态，也可能产生于系统外部的作用，并引发内部结构的不平衡改变。在远离平衡态时，涨落会有很大反常，在系统发生相变时，涨落起着更大的作用。在变革的临界点，微小的涨落可能被放大形成巨大的涨落，涨落会像一个触发器，驱动系统由原来的状态变为另一种新状态，发生质的变化（徐全军，2003）。当系统演化到某一临界点时，某种微涨落就会通过非线性的相互作用被放大为影响系统整体演化的巨涨落，系统就会失去稳定状态，有可能形成新的有序结构（罗文军等，2006）。涨落既是对处在平衡态系统的破坏，又是维持系统稳定平衡态的动力，因为在系统演化过程中，存在着稳定性与非稳定性两种相反的属性或力量，稳定性表现为系统对涨落的抑制，非稳定性则表现为涨落对系统宏观稳定态的扰动（武显微等，2005）。所以，涨落是把双刃剑，既能导致系统稳定性的破坏，从而促使系统解体、崩溃，也能导致系统经历"稳定，失稳，到达新的稳定"而建立更高有序的结构功能（沈小峰等，1993）。当系统处在临界点时，原来的定态解失稳，但系统不会自动离开定态解，只有涨落才使系统偏离定态解，因此，涨落是使系统由原定态解到耗散结构演化的触发器（阮平南等，2008）。"通过涨落达到有序"是一个伴随着系统通过失稳而重新建立稳定性的过程，失稳过程中基核的形成成为系统新的稳定性的生长点（武显微等，2005）。自组织行为中的涨落具有随机性，是自组织演化的随机诱因。由于涨落的随机性使系统的涨落具有不可预见性和不确定性（沈小峰等，1993），正是这种不确定性和不可预见性使人们无法准确无误地掌握系统的演化，这种演化正是自组织行为本身。

在自组织过程中，开放性是自组织变化的动因，非线性相互作用则是自组织的动力机制，涨落是非线性相互作用的直接结果，非平衡性是自组织系统不稳定性和发生变化的根源。随着系统与外界的广泛联系，开放性使系统总是与外部环境进行物质、能量和信息的交换，这种交换使系统内的各元素产生不同程度的变化，且这种变化具有不同步性，这是不稳定性的基础源泉，即产生了系统内的涨落。这种微小的涨落通过非线性作用促使有些系统内元素具有更大的变化，而有些则具有较小的变化；有些获取了更大的优势资源，而有些则获得了较小的优势资源，由此导致了各子系统发展的不平衡和差异性。涨落都是从微涨落到巨涨落的演化，其作用力是系统内的非线性相互作用。系统在此基础上区分为"快变量"和"慢变量"，特别是在临界区域附近，涨落加上非线性作用形成的关联放大效应，又进一步加剧了这一进程，系统于是雪崩般地形成序参量（沈小峰等，1993），并使系统从一种稳定状态发展到另一种稳定状态。

二、自组织的行为模式

社会结构自组织理论认为（陈伟东等，2004），社会结构是一个由政治、经济、文化等多个子系统所组成的开放的、自主的自组织系统，社会结构中的子系统处于一种自我组织和自我调节的运行状态，各子系统的自主演化以及它们之间所发生的能量转换，推动社会结构系统由无序走向有序，从低层次有序状态走向高层次有序状态。同时，社会发展过程是多元的、复杂的、动态的非线性过程，任何单一权力中心和单一制度规则都无法适应社会结构子系统自组织发展的需要，只有多元权力中心和多样化的制度规则才能适应社会发展的需要。生态系统中，群体内部与群体之间都蕴含着无限的自组织机制（王洪录等，2005），社会系统的进化实际上就是由众多社会共同体参与形成的一个自组织过程（杨贵华，2007），以关系网络为基础的共同体具有自组织的特性与运行机理。

在共同体的自组织系统中，社团成员则通过各种方式非正式地交换思想和分享知识，在一种信任和支持的环境里积极地学习和探讨（李鸿波等，2006），通过共同体中的组织学习机制进行信息、物质与能量的交换。共同体的自组织都是以关系网络中各节点之间的交互为基础，通过合作、模仿、竞争等机制自行组织、自行创生、自行演化。在知识网络的协同演化过程中，网络结构的优化是依靠各节点组织的复制、变异和自然选择实现的自组织过程。知识网络节点的发展主要依赖于其内部的知识存量、知识积累及在此基础上的知识学习、知识吸收与应用能力，较少依赖其他个体的知识作用（肖冬平等，2009）。大脑和经济组织柔性的自组织过程被称为"学习过程"（帕维尔·皮里坎，2005），行为主体借助于学习能力通过调整他们的组织选择性对信息做出反应，并引起行为的改变，即自组织过程本身就是组织学习过程，或者说组织学习是自组织行为运行的一种基本机制。

在这个过程中，自组织涵盖了认知、情感与行为领域的所有从简单到复杂的动作与思维，自组织的行为涉及自同构、自复制、自催化、自适应和自修复（王洪录等，2005）。社会共同体都是以复杂的关系网络为基础的自组织结构，在这种共同体中，个体之间保持着一定的直接或间接关系。社会共同体中自组织都是表现为个体之间的非线性相互作用和影响，而这种非线性相互作用体系体现出个体之间关系的复杂性，并使共同体呈现从一种稳定状态到另一种稳定状态。在状态的演变过程中都会涉及个体之间以及共同体整体的自同构、自复制、自催化和自适应行为，通过这些不同的行为模式使共同体表现出自组织的演化过程。

（一）自同构

所谓自同构是指在自组织系统中，具有相似结构或功能的子系统在外界条件的影响下构成某种具有相似结构或功能的层次，从而形成某种近似的结构类型和功能类型。通常来讲，在一个大的共同体中，各子系统往往会表现出基本雷同的结构或者功能，这种相像性在系统的自组织过程中通过个体之间的竞争与合作逐渐演化而成。胜者王侯，败者寇，优胜劣汰使共同体中具有生存能力的结构和功能逐渐被克隆和优化。自同构包括自创生和自复制，所谓自创生是系统结构的重构，自我创造一种过去绝无仅有的结构模式，自创生强调系统内部的相互作用，强调个体的创新性。技术史上大量事实表明，技术系统的自创生是技术发展过程的必然规律，例如，瓦特发明了蒸汽机（秦书生等，2003）。自创生体现出共同体中个体的自我创造能力，是完全建立在自我反思与思维加工基础上的原创性发明。人类共同体区别于其他动物或自然自组织的地方就在于人的自创生性。从学习理论来讲，自创生是完全的个体学习的结果，是个体大脑思维和想象的结果。

（二）自复制

所谓自复制是指系统在一定的条件下，随着时间的推移，会在内部以及与其他系统相互作用中，不断产生与其有近似结构与功能方式的新系统，自复制是系统较为高级的一种自稳定作用。自复制过程具有抵抗熵的增加以及使系统的结构、信息保持不变的作用。任何一个系统总是内部增熵的，但是如果系统各局部能够不断地复制自身以取代被破坏的部分，它就能保持自身的稳定（成桂芳等，2007）。自复制有两种形式：一是在自组织系统中各子系统之间的复制与克隆，这是系统内各元素交互的基本形式，通过相互的复制与克隆可以以最节约的方式获得最具竞争力的结构与模式。比如，指纹被破坏后会自动产生与该指纹完全相同的指纹皮肤，生物体天生具有自复制功能。二是时间序列上的复制与还原，正是因为存在系统中的自复制方式才可以使任何一个组织不断地延续下去，并保持固有的结构与功能。第一种自复制使自组织系统在短时间内获得竞争力结构和功能的扩散与传播，表现为系统整体的状态演化，第二种自复制则使系统整体以及系统内各元素能够保持过去的结构与功能，使演化中的系统依然保持基本的你和我的区分。由此，第一种自复制是系统内的相互作用与影响，第二种自复制是系统历时的原型保持与维系。如果没有自复制机制，任何系统的变化都让人难以认识和捉摸，使组织完全处于混沌状态，或者组织根本就无法生存。

（三）自催化

自催化是通过自组织系统自我催化与相互催化的过程，使系统具有一定的演化方向与演化速度（王洪录等，2005）。发生自组织行为的关键环节是自催化与交叉催化的非线性相互作用的环链（沈小峰等，1993），因此，自催化是自组织系统非线性相互作用的动力因子。自催化使系统内的各子系统或者元素之间不仅仅存在复制与克隆，更多的是在复制与克隆中的变异，这种变异导致了对原有状态的进一步放大，逐渐远离了初始的状态，催化表现为在复制基础上的局部改进与优化，即变异。自催化不仅仅是单向的从 A 到 B 的变异与催化，更重要的是这种被催化或变异后的结果会反过来再作用于起始的状态，即 B 会反馈于 A，而使 A 再次被催化与变异。正反馈是一个施于自身过程的强化、扩大和加速（谢光前等，2008），自催化往往是正反馈过程，这种效应总是表现为不断地叠加而非累积，由此，自催化是非线性相互作用最基本的动力因子。这种演化在不同的系统自组织的分歧过程中会产生更大的分歧，自催化是加速系统从有序走向无序的催化剂，是自组织运行中变异发生的根源。这种自我催化作用不会受到其他外部因素的直接影响，而是个体自身的直接反应，正如网络信息的持续发酵一样，以讹传讹就是自催化的典型例证。系统的演化往往并不是整体性变迁与复制，而是个体之间自催化行为导致个体的变异与改变，个体的变异在系统内的不断传播、发酵与扩散中产生了由量变到质变的过程。正如社会再生产一样，复制是简单再生产，而自催化则是扩大再生产。

（四）自适应

自适应是自组织系统以及系统内各因素自我调节以相互适应的能力，自同构和自复制实际上就是自适应的结果，自适应是自组织系统的优胜劣汰过程，也是系统及其内部元素自我调节与控制的过程。自适应强调系统与环境的关系，是系统对外部环境刺激的应答和响应（许国志，2000）。通常，系统可以通过自反馈和自我调控对系统自身内部的某些信息以及系统与外部环境相互作用所产生出来的信息加以再吸收，并且系统还根据自反馈的信息，控制自身来适应内部和外部条件的变化，以使自身相对稳定地演化。由于系统内部各个要素之间的非线性相互作用推动了自组织系统演化，其演化动力在于系统内部，因此，系统整体和各个要素都具有适应性（罗文军等，2006）。自适应反映了系统对变化的应对，自组织系统的开放性使任何一个系统都会面对各种各样、时时刻刻的内外部因素的影响和作用，这种变化无法回避，唯一的方式就是自觉地应对，自适应由此而生。自适应一方面是系统整体对系统外变化的适应性，另一方面是系统内部各因素之间的相互适应性，内部相互之间的适应性是系统与环境适应性的基础，如果系统内部不存在适应性，则系统整体肯定与环境存在矛盾与冲突，当然，尽管可能系统整体与外部环境具有较强的适应性，但不一定系统内部一定存在强有力的相互适应性。所以，自适应是自组织系统内部主体通过持续的交互作用，不断地"学习"和"积累经验"，并且根据学到的经验改变自身的结构和行为方式，即自适应就是自组织系统内部以及与外部环境的交互作用（许国志，2000）。

（五）自修复

所谓自修复是自组织系统自我结构与功能的修复，自修复不是对原有系统内各元素的改进与优化，而是对原有子系统或系统内各元素损坏的修复。自修复也称为自我修复功能，用医学术语来说，自修复就是自愈系统，是生物储存、补充和调动自愈力以维持机体健康的协同性动态系统。比如，蜥蜴就有这样神奇的功能，它在遇到敌害或面临不利的情况下，为了保护自己的生命安全，就果断地自断尾巴或肢足，然后脱离不利环境，一段时间后，它的残肢就长出来，又变为一个完整的个体。自组织系统可能因为某种外部因素导致局部功能或结构的破损和损坏，尽管对整体的系统不会构成太大的影响，比如生命系统、企业系统、政府组织系统，但是长期的结构缺损或功能缺失最终还是会影响到系统的整体运行。特别是系统局部的结构缺损或功能缺失可能会影响到周围的子系统的结构或功能的损坏，这种损坏可能也存在扩散与蔓延，最终导致整体系统的破坏，即破窗效应。自组织系统通常具有自我修复的功能，当然这种自我修复是在一定损坏范围之内，也就是在一定可控范围之内可以通过自我复制或者自我补救达到对局部损坏的修补和复原。系统的局部破损有两种情况：一是完全消失，因为个体的自然消亡或者外部不可抗力可能导致组织的部分结构或功能的完全消失，比如企业集团中子公司的破产清算，或者公司因为地震导致企业实体的完全消失；二是部分失效，就是结构或功能方面的不稳定运行，或者不能有效运行，比如研发部门关键技术人员的死亡或者辞职。在自组织中自修复一般有三种方式：替补、复制与修补。替补是当子系统完全消失或缺损后重新组建新的组织替补原来的破损系统，并执行原有的结构与功能，替补是新子系统对消失子系统的完全替代或替换。复制就是前面阐述的自复制功能，通过系统的直接复制功能来还原原有已经消失的结构与功能，正如蜥蜴的自愈系统一样，或者生物体的免疫系统等。修补是针对局部破损的部分修复，这种方式主要针对系统局部破损或无法有效运行而实施的自我修复方式，比如补充人员、学习新规则。通过修补可以使破损系统能够恢复如初，保持原有的有效运行或者系统的完整。

　　自组织的运行特征都是通过自组织的行为方式表现出来，自催化、自同构、自复制、自适应和自修复都是自组织非线性相互作用的表现形式，只是它们各自的运行模式和作用机理具有明显的差异性。由于这些不同行为方式非线性相互作用，才使得自组织具有非平衡性和涨落的运行特征。自催化、自同构和自复制是系统内的交互反应，自适应和自修复除了在系统内的交互外，还需要解决系统与外部环境的协调与适应性。自组织系统运行的最终目标是对环境的适应性，因为任何系统都与外部环境都有物质、能量和信息的交换，所以，所谓适应性实际上就是在相互交换中保持与环境的协调一致，而这种协调一致需要自组织系统自身的自同构、自催化、自复制以及自修复等行为模式实现。

三、组织学习与自组织过程

　　社会系统的进化实际上就是由众多社会共同体参与形成的一个自组织过程（杨贵华，2007），每一个共同体由众多个人组成的自组织系统，每个人本身就是一个自组织系统，很多个共同体作为更大共同体的一个子系统组成一个更大的自组织系统。无论是作为子系统的共同体，还是作为更大系统的共同体，都是由无数多个人或者个体之间形成的关系网络的集合。所以，作为社会组织的自组织系统都要以关系网络为运行基础，关系网络的构建与修复是组织学习的核心内容，从这个意义上来讲，我们可以将组织学习视为通过构建与修复关系网络来实现系统自组织运行的过程。由此，自组织行为与组织学习同伴同行，自组织的运行本身就是组织学习的过程，组织学习的过程又是自组织的运行过程。组织学习使自组织行为成为社会组织运行的基本机理，关系网络的构建与修复则是社会组织自组织行为的基本路径，组织学习的产生和发展依靠自组织、自生成。学习者通过个体学习接收新知识并融入或改变现有的知识结构，这样就可能导致认知的不协调，从而使目前的知识结构又进入一种非平衡状态，新的知识打乱了学习过程的平衡，动摇了它的稳定性，因而迫使其重组，并重新获得平衡（郑葳，2007）。自组织运行特征的开放性、非平衡性、非线性相互作用和涨落无不通过共同体中关系网络的构建与修复而展开，也自然与组织学习紧密相连。

（一）开放系统与组织学习

社会是一个具有耗散结构的开放系统，社会的存在和发展，不仅要与外部自然界进行物质、能量、信息的交换，而且依赖内部众多共同体在物质、能量、信息的交换基础上的协同作用（杨贵华，2007）。任何一个共同体与外部世界的联系都通过共同体内部所有个体与外部世界其他个体的关系而实现，这种关系的构建成为共同体联系外界的敏感触角，通过该触角实现了内外部之间物质、能量和信息的交换，并保持了共同体的健康稳定演化。共同体内外部关系的形成正是组织学习所为，通过组织学习及其组织中个体学习不断地搜寻与构建共同体及其内部个体与外部环境中其他共同体或者其内部个体之间的关系，并根据环境的变化适时调整和修复着这种关系网络。实物的交易、人员的辞职与聘用、信息的搜集与发布都是共同体借助于关系网络实现共同体内外部交换而保持组织与环境适应性的有效方式。由此，创新不是对外部环境的简单反应，而是组织与外部环境融合与交互，创新实际上是积极的构建一种概念和框架，并将其置于外部环境中，以反映组织与外部环境之间的交互性（Brown J. S. et al.，1991）。在动态的环境中，任何系统都无法做到"信息自足"，这就要求企业必须充分地搜集多方面的信息，包括产业政策、市场需求的变化、最新的科技成果、竞争对手的状况等，并对其进行比较与鉴别（李刚，2007）。知识创新网络无论是在垂直关系中（与其供应商、消费者、市场中介机构等的关系）、还是在水平关系中（与竞争对手、其他产业的企业、政府部门、高校、科研机构、利益相关者等的关系），都存在着资本、知识、信息、人力等诸多方面的联系和交流（江妮等，2009）。

为了保证共同体的对外开放性，共同体需要激发内部个体积极拓展外部关系，积极构建关系网络，并对已有的关系网络进行持续优化，以利于信息交流的有效性和及时性以及交换的便捷与顺畅。开放性系统内外环境之间人力、财力、物力、技术资源和信息的交换与流通，形成人员流动、成果流动、产品流动、资金流动以及信息的流动，由此引入负熵，克服内部熵增，使系统的总熵不断减少，有序程度不断增强，创新能力不断增强（王崇梅等，2007）。所以，共同体对外关系网络的构建与修复是共同体开放性的必要手段和基本前提，也是共同体生存和发展的必然需求。同时，共同体的开放性也是组织学习的首要条件，只有通过共同体对外关系网络方可实现组织学习的信息获取。共同体中可能的个体获得有效的信息刺激，引起该个体的个人学习，并表现为可能的行为改变，从而激发组织学习。开放性系统有助于选择和改造文化环境，积极的、进取的文化环境提供了符合系统的内在要求的价值体系。在封闭系统中，文化环境缺乏外界的信息、物质、能量交换，缺乏创新的动力和源泉，压制系统功能的正常发挥，使系统进化缓慢甚至转向退化（王崇梅等，2007）。所以，开放性不仅是自组织系统运行的基本特征，而且也是自组织行为中组织学习的基本条件，只有在开放性环境下，共同体才可以与外部环境进行物质、能量和信息的交换与交流，由此，开放性为组织学习提供了基本信息源泉与信息刺激，并成为引起组织学习以及组织中个体学习的先决条件。

（二）非平衡性与组织学习

开放性的系统使共同体中的个体总是保持着与共同体外部环境的不断交换，而这种交换使共同体中的个体不断地吸收与释放物质、能量与信息，这些纷繁复杂的交换对共同体中个体的影响程度不同，使共同体中的个体差异性和多样性逐渐扩大，自然导致非平衡性产生。非平衡是自组织演化的一个条件，"非平衡是有序之源"（李刚，2007）。导致个体差异性和多样性的根源有两个：机会差异性和学习差异性。机会差异性是指个体获得吸收和释放物质、能量和信息的机会具有一定的差异性，每个人面对可交换的机会不同，信息分布的不均等性使每个人可能获得不同的信息刺激，差异由此产生。每一个个体可能吸收物质、能量和信息的条件不同，产生这种交换的机会具有较大的差异性。机会不均等是所有不公平行为的根源和固有属性，是天生的差异性。另外，由于每个人生活和经历的不同，以及自身学习能力的不同，每个人的经验以及对待事物的判断有很大的差异性，即学习差异性。同一个可供享受的交换机会可能因为不同个体对其理解、吸收的能力不同，最终真正享受到的结果是不一样的。个体学习和组织学习都一样，经验积累越多，其学习能力越强，正如见多识广，行万里路，读万卷书。共同体中个体认知结构以及经验知识积累的差异性导致其对新生事物或者信息刺激的理解具有较大的差异性。由此，与外部环境交流的不同导致了共同体内个体之间的关系的复杂性和多样性，不平衡性成为具有自组织行为共同体的特性。

当网络各要素间的相互作用、网络内外的各种交流造成网络内各要素始终处于动态之中时，共同体就会处于远离平衡态。共同体中的不平衡性不仅仅是因为共同体与外部环境的关系差异性所致，还有一个重要的因素是共同体内部个体之间的相互作用与影响，以此形成的关系网络对每一个个体的影响程度不同，导致了个体在学习能力、知识等资源拥有量等方面具有很大的差异性。知识创新网络就是一个不断进化的动态网络，随着环境的变化，它不断调整各结点之间的关系和构成要素，促进其远离平衡态，这种非平衡性成为知识创新网络自组织演化的稳定态条件（江妮等，2009）。当我们把人际情报网络看作一个自组织系统时，那么作为网络节点的情报载体人则可以被看作是具有自我复制、自我提升能力的知识体，而个体所具有的认知能力（主要是指记忆能力、学习能力等）则可以被看作知识体进行自我复制和提升的一种催化酶（王忠义等，2012）。企业作为知识创新主体有自身产生、成长、发展的内部活动过程，同时它还要根据环境的变化采取不同的知识创新战略和对策以适应环境的要求（江妮等，2009）。在创新过程中，各个创新者个体是异质的，知识的分布、创新物质的分布是有差异的、非平衡的；创新信息与创新机会的发现和获取、创新思想和创新成果的形成在个体和职能部门间的分布也是非平衡的（李锐等，2009）。非均衡的自组织过程——创造性混沌产生的过程会促进企业的自我更新，通过"撼动"动摇和改变企业的自动催化和交叉催化循环，进而改变企业的有序功能——现有的组织惯例，这种自行创造内部不稳定的自我更新的行为方式涉及组织学习（罗文军等，2006）。总之，共同体内外部关系导致了共同体内个体之间的多样性和差异性，由此形成了系统整体的不平衡性，系统的远离平衡态成为一种常态。

（三）非线性关系与组织学习

任何一个共同体中的关系网络存在复杂的非线性关系，作为网络节点的个体之间存在着直接或间接的单向或双向交互，非线性关系不仅是自组织系统运行的基本动力，也是组织学习的基本形式。

1. 非线性关系

"自组织"机制是一种面对面协商机制，"自组织"结构往往以行动者为连接点，以信任与合作为基础的多元交叉网络（陈伟东等，2004）。系统内的节点之间存在多种联结（如资本联结、契约联结、强度联结和功能联结等），形成错综复杂的关系网络。这些复杂关系所引起的系统状态的变化不是各因素变化值的简单线性累加，而是复杂的非线性积累过程（阮平南等，2008）。当共同体中的任何一个个体接收信息刺激并产生了行为的改变后会以一种信息源的形式进一步引起周围个体的注意，而且这种信息总是以非线性倍增形式在个体之间扩散和传播。非线性关系的基本机制是正反馈，当 A 作用于 B 时，B 会通过自身个体学习对由 A 产生的信息进行加工，并将加工处理后的新信息又再次回过来直接或间接的作用于 A。非线性行为就是某个个体的行为使其他个体或者团队产生不相称的反应（兰·费雪，2013），这种在非线性行为中形成的正反馈机制使信息不断的发酵和激化，创新由此而来。创新过程涉及许多组合程度和层次不同的单位，包括个人、群体和企业内部的职能部门，它们之间的相互作用既有合作又有竞争，是非线性的（叶金国等，2002）。

系统开放性产生的系统非平衡性是个体间非线性相互作用的基本动因，正因为个体关系中存在非线性关系，所以，任何一个共同体越是多样化，越是差异化，其创新能力越强。思想的火花需要碰撞才可以出现，这种碰撞就是多元化主体所携带的认知结构和知识经验而产生的深加工与再处理。企业自主创新的运行过程是一项集技术、生产经营、管理于一体的特殊的社会实践活动，因而创新系统是个体之间的合作性、协调性、同步性，表现为创新决策者、创新管理者与创新实施者之间的协同作用（李刚，2007）。如果在一个共同体中个体之间都是一种简单的线性关系，那么个体之间的学习就是完全的模仿和复制，即所谓的规模经济，难以形成创新的火花。创新一定是新思想、新想法的产生，而非个体之间的简单再生产、重复、再重复。

2. 非线性关系中的组织学习

现代认知学习理论认为，学习的过程是自感官进入大脑的各类信息，在各种复杂的心理机制和思维形式的综合作用下，组织形成一定认知图式的过程（王洪录等，2005）。非线性机制恰当地反映了个体学习在组织学习中的关键作用，个体学习往往是对外部信息刺激的深加工与再处理。而且这种加工和处理与个人过去的经验和神经系统的已有结构有很大的关系，每个人的认知能力和神经系统的差异性导致了对同一信息加工的差异，差之毫厘，谬以千里就是因为个人认知能力和知识结构的微弱差异导致对信息加工、行为改变的巨大差异。知识自组织能够通过作为隐性知识载体的人与人之间的相互学习、沟通和合作完成隐性知识的会聚、增值与意义的自创生，实现对隐性知识的组织和隐性知识的演化。创新都是自主进行，无须任何外界的指令，而且知识自组织的动力是内生的，是一个自下而上的过程，强调拥有知识的人的作用，注重人与人之间的交互（王忠义等，2012）。所以，非线性关系并不是个体之间关系的有意而为之，而是个体固有的认知结构和知识经验的差异性所致。

组织学习的目标就是以个体学习为基础，在所有个体之间通过差异性认知的不断碰撞与激活，导致创新的涌现。自组织就是系统自主性的涌现（谢光前等，2008），这种涌现是个体之间思想的碰撞、行为的激活，需要很多多元化的个体之间反复的非线性作用与交互。互动信息的交流与碰撞是典型的非线性相互作用过程，所产生的协同效应可使知识呈几何级数增长，并有助于新思想的产生（樊一阳等，2008）。技术创新活动各要素间的非线性相互作用主要体现在以下四方面：创新决策者、创新管理者与实施者之间的协同作用；创新主体内部资金、技术、劳动力之间的相干作用；研究开发、技术创新、市场创新的反馈作用；创新活动过程中产、学、研之间的协同作用（王崇梅等，2007）。非线性相互作用是组织学习的源动力，组织学习是非线性相互作用的表现形式。组织学习表现为组织中个体之间的非线性相互作用，以此形成了复杂的关系网络，如果没有非线性相互作用就不存在组织学习，也同样不存在自组织行为。由此，非线性相互作用促进了组织学习有效展开，而组织学习使共同体的自组织行为成为现实。

（四）系统涨落与组织学习

耗散结构理论认为，涨落是系统发展的一种原初动力（徐全军，2003）。涨落在系统演化中起着重大作用，是系统演化的内部诱因，是使系统从原来的均匀定态解到耗散结构演化的最初驱动力（罗文军等，2006）。可以设想，如果没有涨落存在，那不论在什么条件下，系统都不会自行脱离原来的不稳定的定态解，而实现新的有序的耗散结构（许国志，2000）。从系统的存在状态看，涨落是对系统稳定的平均状态的偏离，从系统的演化看，涨落产生的偏差是发展过程中的非平衡性因素。随机涨落的存在，使某些子系统在一瞬间具有了更高的不稳定性，另一些则更稳定，由此，系统内也就区分出了"快变量"和"慢变量"。在接近状态变化的临界点时，大部分快变量本身变化极快，它们还未来得及影响或支配系统的行为就已经消亡或转变了；极少数慢变量变化相对缓慢，有机会支配或影响系统的行为，慢变量通常支配和主宰着系统的演化（沈小峰等，1993）。当状态量表现出对平均值或大或小的偏离时，会在关联效应下触发其原有结构的失衡，当偏离在临界点附近时，涨落不仅不被耗散，甚至可能被放大，导致该系统原有结构产生对称性破缺，形成自组织演化（樊一阳等，2008）。复杂系统中存在的微小涨落之所以被放大，是因为在远离平衡的开放系统可以产生非线性相互作用，这种作用使系统内诸要素丧失独立性而互为因果，形成双向信息传递的催化循环关系，从而使微小涨落越来越大直至形成巨涨落（李锐等，2009）。很多微涨落叠加形成巨涨落，巨涨落的出现是系统从一种稳定态演化到另一种稳定态的前奏。

在知识创新网络中，涨落就是一种创新的驱动力，对知识创新网络进行"创造性破坏"，往往能带来网络结构和功能的变革与发展，涨落是知识创新网络自组织演化的诱发条件（江妮等，2009）。在复杂多变的外部环境中，一方面，企业具有某些力量如战略规划的力量、组织结构和控制的力量推动着系统趋向于稳定与秩序；另一方面，企业还同时具有某些力量如非正式组织、创新、个人创意和试验推动着企业趋向于不稳定和无序（罗文军等，2006）。在技术创新系统中，没有涨落就不可能有新结构的出现，更没有自组织系统的进化。引起技术创新的涨落有来自系统内部的内涨落因素和系统外部的外涨落，外涨落主要有科技推动、需求拉动、市场竞争、投资和政府作用等；内涨落主要有创新主体的创新意识（企业家创新的偏好、创新员工的创新点子）、新机构对经济利益最大化的追求、形成并利用企业技术传统提高企业技术竞争力的内在要求等（王崇梅等，2007）。创新过程受多种不确定性因素的影响，同时创新本身也是一个适应性"试错"过程，因此，创新过程的不确定性通过随机"涨落"在临界点上决定了创新系统在失稳之后的演化路径，即在多种可供选择的要素组合状态之间决定其中之一作为新的路径分支（叶金国等，2002）。因为涨落的不可预测性和不确定性使得失稳状态之后的演化路径往往具有很大的不确定性和不可预测性，演化仅仅是在不同路径或称分支之间的一种随机选择。自组织临界状态是系统行为或者结构发生急剧变化的区域，这一区域既具有足够的稳定性，同时又具有足够的创造性，因此这一区域又称为"混沌的边缘"（罗文军等，2006）。在这个"混沌的边缘"区间，系统能否出现新的稳定态就取决于巨涨落出现，尽管涨落具有方向、频次和时间方面的不确定性。

社会组织不仅具备自组织行为，同时也是以关系网络为基础的学习共同体。社会组织作为一个系统以关系网络为载体，建立了组织内外部环境的关系，不断进行物质、能量与信息的交换。这种交换使组织中的个体产生了系统内的多样性和差异性，并通过非线性相互作用进一步强化和放大了这种差异性，表现为自组织的不平衡性，使社会组织处于远离平衡的状态。这种远离平衡的状态总是表现出很多微涨落，当很多的微涨落逐渐地累积、发酵、激化，最终转化为巨涨落，成为社会组织从一种稳定态演化为另一种稳定态的潜在爆发力。当巨涨落使非平衡态接近于一个临界值时，质变的爆发力突然出现，系统会由一种无序状态进入另一种有序状态。在这个系统的演化过程中，组织学习总是相伴而生、相伴而行，从一定意义上来讲，社会组织的自组织行为过程本身就是组织学习的过程。自组织的演化机理总是以关系网络为载体，而组织学习正是关系网络的构建与修复机制。没有组织学习行为，就无法形成有效的组织内外的关系网络，没有关系网络，社会组织就无法实现自组织行为。但是自组织理论并没有将社会组织所独有的个人心理因素纳入其中，社会组织与自然组织所不同的地方就在于社会组织的个人心理因素的存在。所以，社会组织不仅是一种以自组织行为为演化机制的组织学习系统，而且是复杂群体行为的非自然系统。

第三节　组织学习与群体行为

社会生物学理论认为，群体和社会是有区别的（爱德华·O. 威尔逊，2008），群体的界限是通过基因流动的急剧减少确定的，因为从生物遗传学来讲，在有性繁殖生物的情形中，群体就是在自然条件下可以彼此自由交配且在地理上被隔离的一群个体，生物学意义上的群体必须有源自遗传基因的影响，一旦基因的影响日趋衰弱时，群体就会消失。社会的界限是通过交往的急剧减少来确定的，这就意味着社会更多强调成员之间的交往和关系，实际上群体中最基本的交配产生的遗传基因的影响也是交往的原始形式，只是在社会化的进程中交往日益宽泛。所以，在社会学中，群体和社会基本上同义反复，我们强调的群体就是社会化组织，形成群体的基本力量源自组织自身的运行过程（埃德加·沙因，2009）。那么，群体为什么会出现呢？人为什么会积极加入群体，并以群体行为作为自己的基本行为模式呢？

一、群体及其特征

社会是有意识、有目的行为的产物，社会通过劳动分工与协作和他人合作实现某一确定的独立目标，人天生就是一种群聚性社会动物，社会只不过是个体为了合作而聚集起来的集合体（路德维希·冯·米塞斯，2010）。从群体的角度能够更好地理解组织运行的基本原理及其组织中人的行为活动，但一个人进入到群体中时，其行为举止、心理活动等都会发生改变。一个人独处的行为意识和在群体中个体的行为意识不同，同一个个体在群体中的行为意识与在群体中的时间长短有很大关系。群体既是个体的复杂行为聚合，同时每一个体也同样受到群体的影响。这种在群体中的不同和变化与群体中的组织学习有很大关系，群体本身的行为变化往往与组织学习紧密相连。

（一）群体的出现

脑科学家从人的身份甚至是生存的角度解释了植根于我们大脑中、身体中的追求一致性的社会化能力，他们都认为，人类是一种强烈的社会性物种，相互依赖的群聚是人类生存的基本形式，群聚、组成共同体是人类生命的本能，是一种生存的方式（吕林海，2013）。就人类社会而言，群体行为由来已久，人的群体特性具有基本的生物种群性质和渊源。从经济角度来讲，最高的经济效率不一定能由理性的私利行为达成，反而由个体组成的群体共同努力才能容易达成，其原因就在于这些社会成员之间存在着共同的道德观，使他们合作起来更有效率（弗兰西斯·福山，1998）。从生物生存特性来讲，群体性是所有社会性生物的生存手段，是生物种群适应环境的必要行为模式，人类的基本动机就是提高其自身效用（曼特扎维诺斯·C.，2009）。地球生命的延续主要依赖于三种方式或途径（方宗熙等，1978）：一是依靠群体，不是依靠个体，只要群体存在，许多个体死了，物种的生命还是存在的。二是依靠生殖作用，产生后代使生命存在于后代之中。三是依靠变异，这因为同类生同类的遗传现象总是相对的，不是绝对的，生物所产生的后代不仅跟亲本有所差异，而且彼此有所差异。研究发现，群体成员彼此间的紧密性是物种社会性的一个重要特征（爱德华·O. 威尔逊，2008）：（1）群体防御和取食的有效性促进了群体性的形成，食物的可利用性和质量可以反映动物群体化的程度；（2）使广泛的通信渠道［在适应方式中，一个个体（或细胞）某部分的行为或作用可改变另一个个体行为的可能模式］发挥作用，通信渠道会通过群体内的关系网络实现，意味着交往是形成群体性的重要目标。

群体性存在的理由可以用马斯洛的需求层次理论做进一步解释，最原始的群体活动都是满足基本的生物种群生理需求，比如食物的获取、性的需求，其次才是安全及其防御的需求，包括对人身安全、生活稳定以及免遭痛苦、威胁或疾病等。很多动物种群往往会在食物获取和安全之间进行抉择，如果食物的缺乏导致生命受到极端威胁时，往往会放弃安全的需求而极力追求对食物的获取，甚至冒着生命的危险。随着生物种群的长期进化，特别是人类社会的出现和发展，群体产生的基本条件日益多元化。高级灵长类物种，特别是人类社会在群体的追求方面更加注重于社交的需求（比如友谊、爱情、归属等方面），自尊的需求（比如成就、名声、地位和晋升机会等，尊重需求既包括对成就或自我价值的个人感觉，也包括他人对自己的认可与尊重），以及自我实现（包括针对真善美至高人生境界获得，以及对自我价值实现的追求等）的需求。对于人类社会来说，生理和安全的需求已经上升到了对更高人际沟通与交往、受人尊重以及实行自我价值的需求，而通过群体能够更加容易和便捷的实现这些需求。群体之所以存在是因为群体成员把自身理解为群体中的一分子，并获得认同感和归属感，并且，这种身份归属有基本的社会共识，亦即至少有一个他人表示认可（方文，2005）。人们加入群体是要完成某项任务或是要满足自己的社会需要，具体说来，人们在群体中可以获得如下需要的满足（张德，2003）：（1）安全或归属需要，群体可以为个人提供安全感，作为一个大型组织的成员可能会产生不安全感和焦虑，但归属于一个小群体则可以减轻这种恐惧；（2）情感需要，群体可以满足个人的友谊和情感需要，被他人所接纳是一种重要的社会需要，它可以增强个体的自信心；（3）尊重和认同的需要，群体给个人提供了称赞和认可的机会，使他们感到自己的重要性；（4）完成任务的需要，群体产生的主要原因是为了完成任务，有许多工作必须协同努力才能完成；（5）建设自我概念（大多数人都觉得，通过自己与他人的关系或扮演某个角色，可以更容易的定义自己）（查尔斯·汉迪，2006）。

（二）群体的界定

群体定义为两人或两人以上的集合体，他们遵守共同的行为规范，在情感上互相依赖，在思想上互相影响，而且有着共同的奋斗目标（张德，2003）。在共同目标的作用下，个体聚集在一起，形成比较一致的观点和态度，个体逐渐将自己的群体看作是内群体，并认为自己是群体的一员，在此基础之上，个体之间通过交往和共同活动中的协作、竞争等途径，逐渐形成集体心理，从而形成群体（李维杰，2010）。心理学意义上的群体是一定数量的人们在相互交往中，心理上能觉察到彼此的存在，且意识到他们是一个群体（埃德加·沙因，2009）。在特定的社会语境中，每个人都被分类或范畴化，因此获得多重确定的群体身份或范畴成员资格，并占有自身确定的社会位置（方文，2005）。群体的主要特征是各成员之间必须具有一定的结构，有共同制定、共同遵守的团体规范和目标（孙观华，1987），共同目标是群体形成的基本条件之一（李维杰，2010）。尽管道德被定义为持久的尊重一定的社会习俗，不断抑制私心的冲动，但是，群体不具备任何的道德（古斯塔夫·勒庞，2011）。群体在表面上是一群人的相互交往、相互沟通与相互联系，实则是这些人心理上的相互接受和心理共存，群体内的成员之间在心理上有一定的联系，相互作用，相互影响，最终导致这些人的行为趋同和一致。群体的界定以及群体成员资格的获得，是内群自我界定和外群的社会界定交互作用的结果，由于外群社会界定的导入而引发的共识性的社会评价，使群体自我界定的主观意识具有客观内涵（方文，2005）。从个人心理角度来看，群体的基本功能包括（埃德加·沙因，2009）：（1）群体是满足我们相互交往需要的基本手段；（2）群体是发展、加强和确定我们的自我认同感并维持自尊的基本手段；（3）群体是建立和检验社会现实的基本手段；（4）群体是减少不安、焦虑和无力感的基本手段；（5）群体可以成为其成员解决问题、完成任务的机构。

（三）群体的特征

群体有三个基本特征（李维杰，2010）：（1）群体是个体的集合；（2）个体通过某种方式或者因为某种原因聚集成为群体；（3）群体具有区别于个体的特征，并且这些特征不为个体所拥有。1961年，社会心理学家谢立夫进行了一项经典实验研究，完整地揭示了人们从个体形成群体的全过程，研究发现，群体形成的基本条件是交往、共同活动和目标一致（章志光，2001）。

1. 共同目标

从群体的形成演化来看，无论是低级群体还是高级群体，乃至人类社会，群体存在的首要条件是在成员之间建立起的共同目标，群体就是两个以上的成员直接接触的联合体，他们相互影响，相互依赖，共同去达到特定目标的组织（栾贵勤，1987）。任何一个个体都具有不同其他个体的私人目标，这些目标之间往往会存在较大的冲突和矛盾，但是当大家聚集起来形成一个完整的群体时，所有的参与个体都会将自己身上具有的相同点进一步放大，形成了所有参与个体的目标的交集，个体目标的交集就是群体的共同目标，比如为了大家的生存而团结起来抓捕猎物、共同聚集形成安全的屏障等。对于一个组织来说，群体是十分重要的，因为群体有潜力实现关键的组织功能和心理功能，如果通过组织设计，使群体中的心理因素和组织目标相一致，那么就更有可能使长期的组织效能和个体需要满足这两者均达到最大化（埃德加·沙因，2009）。群体存在的意义就在于实现群体成员的目标，所以，进入群体和退出群体的前提就是群体是否为提供了个体可以实现目标的条件，由此，群体存在的首要条件就是群体成员形成的共同目标。

2. 交往

群体共同目标的形成并不是一帆风顺，往往需要一个相互交流与沟通的过程，这个过程就是群体产生的第二个必要条件：交往。交往是群体形成与维持的唯一手段，交往涵盖了很多的内容，包括信息的交流，相互的物质交换等。交往不仅仅是相互之间物质、能量以及信息的交换，更重要的是成员之间形成共同目标交集的基础，如果没有相互的沟通与交流，则很难形成对共同目标的共识，也难以达成形成群体的基本心理契约。共同目标不是群体成员的所有个体目标的叠加，或者个体目标共性的抽取，这个共同目标不能是静态的呈现，而是群体成员在共同活动中逐渐形成的共识与价值趋同。如果要让群体有效的工作，其成员必须在目标、基本价值观、沟通媒介上具有某种程度的一致性，一旦成员个人背景、价值观或地位差异阻碍这种一致性或沟通，群体就不能运行良好（埃德加·沙因，2009）。交往还有一个非常重要的作用就在于非线性关系的形成，人在社会互动中能有效地识别自身和他人的群体所属，并能犀利而灵便地觉察到我属群体与他属群体之间有形和无形的差异或边界（方文，2005）。根据群体的组织化、正规化程度来划分，群体有正式与非正式之分，正式群体诸如现代社会的社会组织等，其成员的地位、角色和规范以及权利、责任和义务都有明确的规定，并有相对固定的成员身份的群体，如企业、机关、学校等。正式群体的组织化、正规化程度高，其成员间的互动采取制度化、规范化的方式。所谓非正式群体，主要是指社会组织内部的成员在日常互动中自发形成的人际关系系统。20 世纪 50年代，梅尔维尔·道尔顿的一项经典研究发现，组织不但有跨越多种职能和层级边界的非正式群体存在，而且它们对组织的正常运转非常重要（埃德加·沙因，2009）。群体的形成一定是群体成员之间的非线性交互，这种交互一定要建立在成员相互的作用和相互的影响基础上。在群体中，个体的行为模式有一个小的进化变化，通过其对社会生活的多方面影响，都会放大成显著的社会效应（爱德华·O. 威尔逊，2008）。这种个体之间非对称性的相互影响可能以正反馈或者负反馈的形式展开，对群体的形成与维护起到非常重要的作用，所以，交往是个体目标交集形成的基础性唯一性形式，在大家相互的交往和作用中相互之间更加了解，更加容易融合，双方的共识会越来越多，共同目标就会越来越清晰。

3. 共同活动

交往和非线性交互关系不是空中楼阁，不是空中飘来的云，而是以所有参与个体之间的共同活动为最基本表现形式，交往都是以具体的活动为载体，通过活动或者劳动过程逐渐加深了交往，加强了沟通。群体是社会生产过程的产物，群体生活是社会生活的本质特征，包括物质生产、精神生产、人口生产、社会关系的生产等方面，由此，群体本身也是一种实践共同体。交往是至少两个个体之间的共同活动，交往是实实在在的生产与生活，而且社会生产和生活本身就是个体之间相互作用和相互影响的过程，在实践中增长了见识，增强了共识。方文对基督徒群体的形成做了较为详细的研究（方文，2005），他发现基督徒群体的形成在很大程度上要取决于以基督教为主要内容的实践仪式来强化和维系。基督徒群体在其个体性的圣经阅读和祈祷中，或者在其团契生活的主动参与中，都惯例性地不断与神沟通、和主交流，并受同伴成员的社会促进，通过这些典范性的社会行为，基督徒不断地体验和重构跨时空的神圣共同体的群体记忆，不断地形塑和再生产群体社会表征体系，并不断生产和再生产群体社会认同以及与他群体的符号边界。从群体的基本特性来看，群体与实践共同体具有很多的相同点，但二者还是有一定的区别，群体不一定就是实践共同体，但实践共同体肯定是一个群体。实践共同体更像正式群体，比如家庭、邻里、朋友和亲属等属于群体的范围，但不是实践共同体。家庭、邻里属于初级群体，所谓初级群体是指由面对面互动所形成的、具有亲密的人际关系和浓厚的感情色彩的社会群体。而实践共同体则是次级群体，即次级群体的成员为了某种特定的目标集合在一起，通过明确的规章制度结成正规关系的社会群体。群体理论认为群体就是一种具有权威性的，具有边界的实体机构（Brown J. S. et al.，1991）。群体建立了实践共同体，一方面通过频繁复杂的交往构建了群体内的关系网络，另一方面将群体的共同目标和真实关系建立在具体的实践活动中，个体实践活动体现群体的所有特质。群体的实体性，对于目标群体的社会信息加工，群体边界的维系和群体成员的社会认同，具有重要意义，高实体性的群体会被感知为真实的社会实在，而不是社会建构，它所勾画的群体边界会更为牢固，而群体成员的认同感和隶属感会更为强烈，其所负荷的认知、情感、价值意蕴也会更为显著（方文，2005）。

（四）群体的分类

群体可以分为行为群体和心理群体。行为群体表现为群体的行为一致性，而心理群体表现为群体的心理一致性。行为群体中每个人会从事一种大家认可的活动，或具有雷同的行为举止、行为方式、行为动机、行为趋向和行为过程，这种行为群体通常具有共同的目标，共同的事业，共同的行为模式，共同的价值理解，这更类似于组织中的团体活动或团体行为。心理群体主要是基于共同心理特征和共同心理期望的人群，他们可能不会有共同的事业或活动，但具有共同的价值认同，共同的文化理解，共同的心理特征，共同的兴趣偏好和共同的语言特征。心理学上，群体是指具有一定集体心理的一群人（李维杰，2010），集体心理是指在某些既定的条件下，一群人表现出一些新的特点，它非常不同于组成群体的个人所具有的特点。聚集成群的人，他们的感情和思想全都转到同一个方向，他们自觉的个性消失，形成了一种集体心理。心理群体是一个由异质成分组成的暂时现象（古斯塔夫·勒庞，2011），在群体中的每个人都具有自己的性格特征和心理素养，但同时具有不同于个人的共同心理因素，比如感情、动机、思维、情绪等。无论是哪一种群体，群体中的人有两个共同的特点：一是每一个人个性的消失；二是他们的感情与思想都在关注同一件事，心理群体形成后，就表现为一种共同的、暂时的，然而又是十分鲜明的普遍特性（古斯塔夫·勒庞，2011）。在现实中，行为群体和心理群体往往难以有效区分，通常来讲，行为群体更可能会首先是心理群体，很多的心理群体可能最终导致行为群体的形成和发展；反过来，行为群体的不断演化会更进一步地促进群体的心理一致性和同质性。在群体的心理特征变化中，有一些可能与独立的个人没有任何不同，而另外一些特征却是完全属于群体所特有的，这些特性从未在一个人身上具体体现出来，可是当这个人成为群体中的一员的时候，他的举止表现也就不可思议地体现出了这一特性，他们就拥有一个共同的心理——集体心理（古斯塔夫·勒庞，2011）。

二、群体行为与情绪

无论是行为群体还是心理群体，都表现为以众多人之间的相互交往、相互沟通、相互模仿、相互影响、相互作用、相互竞争和相互博弈。个体和群体内在的信念、态度和价值观对个体和群体的行为产生显著的影响（方文，2005）。不仅仅是在行为举止上，比如做事风格，语言表达等方面，还是心理特质上，比如共同的认知，共同的理解，共同的情感等方面，更有可能会表现为生理特征方面，比如常说的"夫妻相"就是属于这种。

（一）群体冲突

群体行为在群体产生的初期首先表现出群体中个体的冲突，蒂姆等（Timm Paul R. et al.，2004）认为人际冲突有三种主要类型：简单冲突、假性冲突和自我冲突。简单冲突是指群体中个体的目标冲突，是因为个体在实现自己目标时任何一方都无法做到既实现自己的愿望又不阻碍对方达到目标。假性冲突是群体中个体间由于沟通无效引起的理解误区和分歧。自我冲突是当人们在情感上受到困扰危机他们的自我时发生的维护自我导致的行为冲突。不管哪一种冲突都表现为个体的行为特征或心理特征与群体已经形成的行为特征和心理特征的不一致和不协调。但所有冲突几乎都属于沟通冲突，而且通常可以采用某种技巧来避免、解决和缓和（Timm Paul R. et al.，2004）。

有效的冲突管理要求个人做出的反应能够减少对方刻薄的、愤怒的或讽刺性的回应（这些回应只会引发或加剧冲突），它使得人们能够看清冲突中的各个方面，并将他们的观感综合统一起来，使冲突保持简单化，推迟双方的相互影响，并将冲突置于共同的非竞争性环境中。通过沟通让群体成员在目标、基本价值观、沟通媒介上具有某种程度的一致性和认同感，一旦成员个人背景、价值观或地位差异阻碍这种一致性或沟通，群体就不能运行良好（埃德加·沙因，2009）。冲突的缓解肯定是个体行为特征和心理特征的不断弱化，共同行为特征和心理特征的不断强化。也就是说，如果你要加入一个群体，就需要接受群体所既定形成的共同模式、行为举止和需求偏好。无论这种群体的行为和心理是否是一种合法、合理的，你必须无条件地接受和认同。群体的显性与隐性规则使群体中的人丧失了对自己行为的辨别和控制能力，也缺乏认知的意识，正如同催眠的患者。群体中的人理智的力量与自控的能力遭到了毁灭性的破坏，而另外一些能力却得到了不可思议的强化（古斯塔夫·勒庞，2011）。

　　群体的冲突总是暂时的、短暂的，通过一段时间的沟通、交流和共同活动，冲突自然会消失。冲突的解决最终有两种结果：接受和离开。通过持续不断的沟通，群体中的个体会不断地调整自己的目标和动机，会逐渐地打消完全个人化的特质，表现为共同的认知和理解，最终形成一致的理解和期望，当个体开始逐渐接受对方或其他个体的意见、目标特征时，共识就自然而然了，所以，群体的形成就是一种不断沟通而形成相互的认可和接受的过程，即所谓的达成"心理契约"（埃德加·沙因，2009）。心理契约是最能决定日常行为的部分，也就自然而然构成了小群体的规范（subgroup norms）。归根结底，个人基本的认同感很大程度上来自小群体内部成员之间面对面的接触以及群体之间或者单位之间的争执。认同感是人的特征的心理力量的产物，旨在增进组织内各小群体间交流和相互理解的心理过程。个人与组织之间的关系是相互影响的、不断演变的，它们是通过彼此间的相互影响与相互协商，从而订立和重新订立一个可行的心理契约。心理契约总是在不断进行再协商，而且贯穿组织生涯始终。另外一种情况则是完全的水火不容，不容者选择离开群体，从个体来看，离开群体意味着个体目标或行为举止与群体行为的差异性，或完全相悖。

（二）群体行为

当人们的行为或选择依赖于其他人的行为或选择时，通常不能通过简单加总或外推得到群体行为（谢林·托马斯，2005）。群体行为通常具有这样一种共同特征：一定数量的自主个体通过相互合作和自组织，在集体层面上呈现出有序的协同运动和行为，这种行为可以使群体系统实现一定的复杂功能，表现出确定的集体"意向"或"目的"（楚天广等，2010）。由此，群体行为建立在自组织行为基础上，是自组织的集体性表现，同时，群体行为也是组织学习的表征。个体对群体的认同是群体行为的基础，社会认同理论认为个体通过社会分类，对自己的群体产生认同，并产生内群体偏好和外群体偏见（张莹瑞等，2006）。群体之间存在符号边界，群体符号边界的建构以社会范畴化作认知基础，在社会范畴化的基础上，我群体与他群体的区分，通过社会比较得以强化，并产生内群分化和外群同质性。我群体在社会行动中，通过群体记忆，不断地表征和再生产自身的群体风格和社会表征体系，进一步再生产群体符号边界（方文，2005）。

群体成员是一个智能的个体，他们有学习和积累经验的能力，根据所学的知识和经验，每个成员会改变自己的知识结构和行为，以适应环境的需要或是获得自己所要得到的东西（黄晚霞等，2005）。每个个体都具有一定的自主能力，包括一定程度的自我运动控制、局部范围内的信息传感、处理和通信能力等（如配置传感器和通信装置的移动机器人）（楚天广等，2010）。尽管个人具有自己的认知和判断，当长时间融入群体行动时，尽管他看起来并没什么根本性的变化，但随着时日的推移，不久就表现为——或者是在群体发挥催眠力量的有效影响下，或者是由于另外一些我们或许也无法弄清楚的原因——他让自己进入了一种特殊的存在状态（古斯塔夫·勒庞，2011）。这种特殊的存在状态就是群体特性对个体特性的潜移默化，一旦形成群体的共同模式或行为习惯，就不是某一个个体所能左右的。加入一个群体的初衷可能是个体的有意识、有目的行为，但当进入该群体后，其自身的行为举止会受制于群体的共同影响，有些时候会不由自主，可能会变为一种无意识，或被动的行为过程。人们为加入组织或在其中存留而付出失去人身自由，遵从社会标准的代价，一旦成为某个组织的成员，人们就不能再随心所欲的做任何事情了（Timm Paul R. et al.，2004）。群体中的个人行为表现具有如下四个特点（古斯塔夫·勒庞，2011）：（1）自我人格消失；（2）无意识人格起到决定性的作用；（3）情感与思想在暗示与传染的作用下转向一个方向；（4）暗示的观念具有即刻转化为行动的冲动。群体中个体的行为微乎其微，但是因为个体的行为变化作为微涨落对群体整体起到一定的影响力，从自组织原理来看，这种个体行为变化的微涨落会随着在群体中的不断扩散和传播，微涨落会逐渐演变为巨涨落，最终会导致群体的行为改变，所以，群体行为的改变先源自个体行为或者情绪心理的微弱变化，自然也源于个体学习的结果。

（三）群体情绪

群体就像一个活的生物，它有自己的感情，有自己的思想，这种群体中共同的感情与思想，就是所谓的"群体心理"（古斯塔夫·勒庞，2011）。"群体心理"是不可靠的，是暂时的，一旦构成群体的人群四分五散，每个人立即恢复到了自己以前的状态，但在群体之中，他的个性却消失了，不见了，这时候他的思想与感情所表达的与群体的思想感情完全一致。

1. 群体心理及其情绪

构成群体的种族不同，群体心理就有所不同。同一种族的构成方式或比例不同，群体心理同样有所不同。刺激群体心理的要素不同，群体心理就有所不同。即使群体承受着同种类型的刺激，但如果刺激的强度不同，群体的心理表现仍然会有所不同（古斯塔夫·勒庞，2011）。群体心理既是个体的，又是群体的，个体对群体心理具有一定的影响，但这种影响要取决于群体的规模以及同样心理特征的个体在群体中所占的比重及其地位。群体心理的特殊之处在于，尽管组成群体的个体具有差异性的个性与心理特征，不管他是谁，不管他们的生活方式有多大区别，不管他的职业是什么。不管他是男是女，也不管他的智商是高是低，但是一旦进入一个群体后，完全不同的个体就会组合成一种全新的存在。这种全新的存在正是群体的心理特征，而且这种群体心理往往与个体心理具有很大的距离，即使是智力上的悬殊差异或是后天教育的效果也无法弥补。在群体心理中，原本是突出的才智被削弱了，导致了群体中的每一个人的个性被削弱了，表现出的异质化被同质化吞没了（古斯塔夫·勒庞，2011）。

群体行为中特别重要的一个特征是群体情绪，组织情感产生的社会认知条件有两个：共同的事件评估倾向和情感气氛触发机制（原献学，2007）。所以，群体情绪产生先是群体成员对事件的一致性判断和认知，并产生相似的情绪反应，事件的共同认知是情绪反应的基础，情绪反应是共同认知的结果。情绪反应并非群体情绪，关键在于这种情绪反应在群体中的传播，形成情感气氛。"情感气氛"是指一种集体情感状态（原献学，2007），这种集体的情感是众多情感中居于优势地位，具有最重大影响的某种情感，它代表了群体集体的情感认知和情感体验，这种情感渗透于社会相互作用网络中并支配着群体中个体的所有情绪感受。情感气氛以组织成员的情感趋同为特征，组织活动中发生的内外部事件可以引发激情或心境，这一情感趋同的结果不是个人情感的总和，而是个体情感互动的集中涌现（原献学，2007）。触发情绪气氛的机制有两个：情感传染和共同信息处理。情绪感染是通过言语、表情、动作等方式引起他人相同情绪的一种情绪模仿现象（于洋，2011）。群体情绪的产生往往具有偶发性，在群体活动中，可能是因为内外部的某一事件引起了部分人群的集体认识，在不断的相互影响和作用下逐渐在群体中传播，并不断地激发更大群体的情感趋同和利益趋向。

2. 群体情绪的特征

群体情绪具有涌现性、盲从性、传染性三个重要特征。

（1）涌现性。群体情绪具有层叠效应，传播过程由慢到快，由局部到整体，这种传播具有涌现层叠效应，类似于一石激起千层浪。这种涌现性层叠效应使得初始状态的情绪特征随着不断的传播，层叠效应将快速放大，产生更大的情绪反应。群体有着自动放大非理性冲动的能力——暗示的作用对于群体中的每一个人都会起相同的作用，这种作用随着群体的情绪链条的传递，会越来越强大，直到突破人的思维想象，仍然不会停止下来（古斯塔夫·勒庞，2011）。

（2）盲从性。如果说最初的情绪或行为过程具有一定的目的性和意向性，那么随着更大范围的涌现和传播，群体行为逐渐由目的性趋向盲从性。很多个体对事件本身的理解已经不重要，或者根本处于无知状态，大家对激发这种涌动的情绪不是源自事件的本源，而是源自与自身最近的人的情绪与反应，并以级数快速发酵、强化和反应。盲从性表现为个人认知的非理性行为，非理性意识是指人的情感、意志、动机、欲望、信念、信仰、习惯、本能等，非理性意识是人类的本能意识之一，对人类认知活动的发生与停止，对主体认识能力的发挥与抑制起着重要的控制与调节作用（于洋，2011）。

（3）传染性。盲从性使得群体中的个体往往完全对情绪产生的具体事件无所知晓，而且可能会产生无数多种不同的猜测和疑虑，并进一步放大和发酵。盲从性和涌现性往往是身边人的反应和传染，这种层叠效应总是从信息源层层叠叠地传播出去，传播速度逐渐加快，传播强度不断增强，情绪反应程度无限放大。群体情绪的相互传染对群体的特点形成起着决定性的作用，决定着群体行为选择的倾向（古斯塔夫·勒庞，2011）。传染具有感性的、本能的情绪特征，在情绪的传染中理智和冷静往往起不到丝毫作用。群体情绪的所有特征都是群体的自组织行为过程，非平衡性、非线性作用、涨落等都是群体行为与群体情绪产生、演化乃至特征形成的重要因素。

三、群体心理

人总是群体的、社会的，任何一个人都无法离开群体、离开社会，都会极力地争取社会的认同和群体的参与。认同是人文社会科学领域中的一个重要且复杂的概念（陈思慧，2011）：从民族学的角度来看，它强调个人或群体的归属意识，是"一个关于自我"的定义，关于特殊群体的身体、心理、情感或社会属性的选择。就本质而言，它是自我意识的反思，其核心思想，即"我或我们是谁"。人类个体出生于一定的社会结构中，由于出生地点、肤色、家世和生理机能等的不同，他们落入某些范畴而不是另一些范畴。他们内化了居支配地位的价值观，认同这些外界划定的范畴，结果他们获得了一些独特的社会认同，这些认同会影响他们获得积极的或是消极的评价性自我感知（迈克尔·A. 豪格等，2011）。群体复杂于个体的地方就在于群体中个体之间存在着复杂的交互或者自组织行为，使得群体心理不能等同于所有个体心理的简单集合，往往因为相互之间的影响和作用而产生的非线性交互使这种心理和行为更加难以捉摸。

（一）组织认同

尽管每个人都有独具特色且鲜明的个性特征，但是一旦进入一个群体时，个体不仅开始认同群体的个性特征，而且通过群体行为强化了自己所具备的群体性个性特征，特别是在心理特征和情感等方面认定为自己属于某一类群体或组织，而不是其他的群体或组织，由此产生了一定的社会认同感。

1. 组织认同的内涵

个体的群体成员身份或资格是确定的认知实在，对个体具有基本的认知、情感、价值意涵，它也是个体社会认同的基本源泉（方文，2005）。个体通过实现或维持积极的社会认同（social identity）来提高自尊，积极的自尊来源于在内群体与相关的外群体的有利比较（张莹瑞等，2006）。组织认同是社会认同的一种特殊形式，二者都反映了个体渴望在群体或组织中获得心理或情感方面的归属感、自尊与认同感。个体由组织认定最终形成对组织认同的过程，实质上是个体社会情绪需求（如自尊等）逐步得到满足的过程（沈伊默，2007），从一定意义上来讲，组织认同与社会认同是同义反复，二者都反映了个体的心理与情感感受。组织认同是从社会认同的角度对个体和组织间的关系进行探讨，它强调组织成员身份对于个体自我概念的影响，强调个体对组织的归属感和与组织的一致性；同时，组织认同是个体寻求自我概念的一个过程，而不仅仅是一种态度或一种状态（孙健敏等，2009）。

组织认同就是个体源于组织成员身份的一种自我构念，它是个体认知并内化组织价值观的结果，也是个体在归属感、自豪感和忠诚度等方面流露出的情感归依（魏钧等，2007）。公司身份由组织边界来确定，组织边界可以解释谁是组织的成员，谁又不是组织的成员（Huemer L. et al.，2004）。从社会学角度，个体把自己和组织视为一体的自我认定；从认知角度，则是个体认知并内化组织价值观的结果；从情感角度，则表现为个体对于组织在归属感、自豪感和忠诚度等方面流露出的情感归依。"认同"具有"归属感"或"身份感"的含义，它是一种辨识的过程，其目的在于确立自己的"身份"，找到自己的"归属"（甘开鹏等，2012）。组织认同是个人进入组织的必然路径，也是个体与组织之间关系的重要表征，组织认同（organizational identification，OI）被看成是个体和组织之间的一种心理和情感纽带（沈伊默，2007）。社会认同理论认为，基于个体的自我强化和减少不确定性的动机，个体倾向于将自己和他人归为不同的社会团体，个体因对某一社会类别或团体的知觉，以及对自己归属该类别或团体的认识，使得个体的自我概念与该类别或团体发生联结（韩雪松，2006）。组织认同的本质在于强调个体从心理上和情感上感受到自己属于这个组织或群体，而非另外一个组织和群体。组织认同通常被表达为组织成员如何将自己认定为一个群体，如何理解自己与其他组织成员的差异性（Empson L.，2004）。

在心理分析文献中，认同是指一种特定的情感联系（宝贡敏等，2006），组织认同意味着个体因为成为组织的成员而自豪和拥有归属感，表达了群体中所有个体对自己的接受与认同。组织认同包括心理和行为两个层面（王彦斌等，2011），心理上表现为组织认同感，行为上即组织公民行为（李保东等，2008）。心理层面分为三个方面：一是现代社会中的个体觉得自己的生存必须依赖于自己的组织所提供物质支持的利益认同心理；二是随着参与组织生活的不断深入，实现自身的自我增强和自我发展的成功性认同心理；三是通过与组织成员的相互交往，实现其情感交流与建立良好人际关系，在此基础上谋求成员资格需求的归属性认同心理。行为层面分为对组织事务热心的行为和对组织事务尽心的行为两种类型。前者意味着组织成员时时、处处关心组织，会急组织之所急、想组织之所想；后者主要涉及的是作为组织成员的个体，能够表现出有效提高组织效能的组织认同行为。

2. 组织认同与组织学习关系

组织认同反映了个体与整体的关系，而非个体与个体之间的关系，这种个体与整体的关系同样具有非线性交互特征，既反映了个体对群体特征的认同，也反映了整体中所有个体以同样的标准对任意个体的认同。组织认同有两大特性（宝贡敏等，2006）：（1）组织认同反映的是一种关系，是员工自我概念（self concept）与组织之间的一种关系；（2）组织认同是以员工自我为中心，按照员工的自我标准对其自我身份的确认与寻求，组织认同是从组织那里折射出来的员工自我。组织认同是个体定义自我，从而归属组织的一种过程，它是个体和组织之间的联结和心理纽带（刘钊，2009）。组织是一个关系网络的实践共同体，群体行为反映了群体中所有个体之间交互性关系演变，而组织认同则解释了任意一个个体与群体中所有个体之间的关系，组织认同程度越高，其任意个体与其他所有个体的关系越紧密。组织认同是个体与组织之间的关系表征，既是个体学习的过程，也是组织学习的过程。个体学习表现了个人对组织的群体个性特征的不断认知与学习，而组织学习则是组织中所有个体对其他任意个人的了解与知晓的过程。

组织认同不仅是在个体与组织建立紧密的关系，更重要的是在个体心理上形成的归属感、自尊以及自我特征的强化，是成为群体一员而产生的被信任、被认可、被尊重的心理感受和情感。构建一个良性的组织气候对形成和维护有效的组织认同非常重要，组织气候来自组织成员的感受和印象，比如管理者们如何对待其下属、公司的"理念"、工作的氛围以及组织所追求的目标等（Timm Paul R. et al.，2004）。蒂姆等认为一个组织的气候是由五个组成部分共同决定的：（1）管理层对其员工工作的支持程度；（2）采用员工参与式决策的广泛程度；（3）员工们在管理中受信任的程度；（4）进行坦率沟通的自由度；（5）公司对高绩效目标的强调程度。建立良好的组织气候，最为重要的一个因素就是组织成员间的信任（Timm Paul R. et al.，2004）。

（二）心理契约

人的组织认同倾向源自人类自身存在的固有特性：人的交换意识与心理占有倾向。根据社会交换理论（social exchange theory），为了维系个体与组织的一致性，个体与组织之间进行着交换，这种交换不但有物质的（如工资报酬等），而且也有心理的，如支持、信任、自尊和威望等（刘钊，2009）。个体的社会情绪需要得以满足以后，会产生义务回报组织的感觉，从而做出有利于组织的行为。社会交换理论更加关注于个体之间的情感或心理方面的满足，以及由此产生的回报义务。在大多数组织体系中，个体之间学习的约束与激励都处于非规范性的状态，组织成员之间的学习行为只能依靠潜意识的心理契约来调整和维系，任何组织都不可能制定出一种完整的显性规则来对组织成员的知识转移行为与知识转移绩效进行规划、测量和改进（刘良灿等，2011）。

群体中个体与组织的社会交换会形成个体与组织之间的心理契约，心理契约（psychological contract）是对雇员与组织双方责任和义务的交换关系的感知和理解（魏峰等，2005），心理契约是个体与组织之间心理上的互惠与互换。心理契约是联系员工与组织的纽带，反映了员工对组织行为的主观期望。当员工感觉到组织背信弃义或自己受到不公平对待时，就会在组织未能充分履行心理契约的认知基础上，形成一种压力甚至愤怒的情绪体验，即心理契约违背（彭正龙等，2011）。就心理契约理论与社会交换理论相比，二者并不是同义反复，心理契约更多关注于个体对未来的期望和心理预期。心理契约表现为当事人并未通过某种显然的形式直接而明确地进行意思表达，但却通过各种心理暗示的方式，使双方相互感知并认可各自的期望，进而形成的一套隐性权利义务关系的协议（曹威麟等，2007）。心理契约意味着一个组织的每个成员与其各种管理者以及其他成员之间，总是有一系列不成文的期望在发挥作用（埃德加·沙因，2009）。

心理契约包括两个视角：（1）员工视角，员工个体（或雇员）对于组织与员工相互责任的期望与理解，称为员工心理契约；（2）组织视角，组织（或雇主）对于组织与员工相互责任的期望与理解，称为组织心理契约（李原等，2006）。心理契约的一方是个体，感受到的组织对个体行为的认同、尊重以及对个体精神、情感和心理的满足。心理契约意味着，作为角色扮演者的员工对诸如工资或工资率、工作时长、福利、与工作相关的特殊待遇以及保证不被裁员等这类事情有着期望（埃德加·沙因，2009）。另一方是组织，感受到的个体对组织的价值认同与组织公民行为，心理契约意味着组织对它的员工也有着更加含蓄和微妙的期望——希望员工提升组织形象、忠于职守、保守组织秘密，尽力维护组织利益（即总是充满激情并且乐意为组织做出牺牲）（埃德加·沙因，2009）。心理契约能够更恰当地描述个体的组织公民行为对组织绩效的影响，更好地反映了个体与组织之间的心理默契（Coyle-Shapiro J. A. M.，2002）。组织成员之间的学习行为只能依靠潜意识的心理契约来调整，而这种心理契约往往随着企业外部环境的变迁而变化（刘良灿等，2011），心理契约会随着组织与员工需要的变化而改变（埃德加·沙因，2009）。个人与组织之间的关系是相互影响的、不断演变的，它们是通过彼此间的相互影响与相互协商，从而订立和重新订立一个可行的心理契约。从而，心理契约总是在不断进行再协商，而且贯穿组织生命周期始终。

（三）组织公民行为

当组织重视个体的贡献，增强了个体的成就感，满足了个体的自尊需要时，个体会感受到组织对自己忠诚且负责任地接纳，也感受到自己在组织中是受欢迎的，这满足了个体的归属需要；同时，组织支持感增强了个体对组织的期望，即当其在工作中遇到困难时，组织会帮助自己，因而这满足了个体的情感支持需要。因而，当个体的社会情感需要得到满足时，个体对组织的责任感进一步增强，同时会感觉自己是组织中重要的一分子，从而增强了组织的认同（沈伊默，2007）。尽管这种交换没有真实的经济利益的互换与交易，但也是心理和情感的无形交换，最终仍然会提高组织与个人的绩效。

组织公民行为①就是个体对组织的无形回报（Mahdiuon R. et al.，2010），是组织员工与工作有关的自主行为，既与正式奖励制度无任何联系，又非角色内所要求的行为，但能从整体上有效地提高组织效能（张小林等，2001）。组织公民行为是一种自愿合作行为，它能自觉维护整个组织的正常运行，促进同事和管理人员生产效率的提高，有效地协调团队成员和工作群体之间的活动（张宇，2007）。组织公民行为表现为利他主义（altruism）、一般性顺从（generalized compliance）、文明礼貌（courtesy）、助威行为（cheerleading）、维和行为（peacekeeping）、运动员精神（sportsmanship）、公民美德（civic virtue）和责任意识（conscientiousness）等（张小林等，2001）。柯丽菲等（2008）通过实证研究发现，组织公民行为可以解释成一个单独潜在结构：团队任务反馈、内在满意的工作任务对团队组织公民行为具有显著的正向影响；团队组织公民行为对团队工作绩效具有积极的影响作用。由此，组织认同的形成既是个体与组织之间基于社会交换关系的心理契约所致，同时也是个体对组织所表现出的组织公民行为的心理与情感表达。

可以说，组织认同既有前因，也有后果，组织认同的前因可归纳为个体特性、组织特性和环境特性，组织特性集中表现为组织形象、组织氛围、工作特性和文化特性；组织认同的结果主要表现为对合作意图、满意度、基于组织的自尊、组织公民行为和离职意图的影响（宝贡敏等，2006）。和组织公民行为具有不同性质的另一种公民行为称为强制性公民行为，强制性公民行为强调这些行为是组织成员受到外部压力被迫表现出来的公民行为（彭正龙等，2011）。强制性公民行为强调这些行为并非因员工具有良好的人格品质而自然展现的，具有明显的工具性、功利性动机，比如逢迎、升迁、印象等。但是，强制性公民行为对组织学习的危害性要远远大于组织公民行为，因为强制性公民行为是非自愿的，甚至可能是强制性的，具有非常明显的功利性特征，这种心理契约具有被动的迎合成分。当员工的付出与努力不均

---

① 奥根（Organ）组织公民行为（organizational citizenship behavior，OCB）定义为：一种员工自愿性的个体行为，这些行为并没有得到组织中正式的报酬系统直接或明确的回报，但能从总体上提升组织的有效运作（张睿，等，2011）。

衡，尤其是初始动机未能得到满足和实现时，就会不自觉地认定组织存在故意或无法兑现承诺与履行义务的可能性，从而在成员心理会产生更为强烈的压力或失望心理，并形成心理契约违背的认知。员工越是表现出强制性公民行为，越是可能产生心理契约违背（彭正龙等，2011）。所以，在组织学习的培育和维护中，不仅仅要关注激发强烈的组织公民行为以获得更大的成员努力和组织认同，而且还要很好地矫正强制性公民行为带来的员工心理违背认知，组织要尽力建立良好的学习氛围，使员工尽可能表现出强烈的组织公民行为，而回避或者抵制强制性公民行为。

（四）心理所有权

人经常会有这样一种感觉，当你对某种东西或者某种工作或者某个单位投入更多的努力，包括精力和时间，那么他将越加珍惜这种东西、工作或者组织单位，而且对该事物的心理所有权感受越加强烈。无论从哪一个角度来讲，心理所有权的强化本身就是组织认同的强化，或者说，心理所有权的形成是个体组织认同的重要机制。

1. 心理所有权的内涵

组织认同形成的另一个重要因素是人天生存在的占有欲，即心理所有权，心理所有权是心理上对物的占有感受。占有感无处不在，既可以指向有形物体，又可以指向无形物体，既可以基于法律所有权发生，又可以在法律所有权缺失的情形下发生（王浩等，2007）。所有权感觉是人的心理状态的一部分，面对多种多样的目标，包括自然界中的物质还是非物质东西，都会在心理上产生所有权感觉或者占有欲（Pierce J. L. et al.，2001），相对于一个组织来说，可以称为组织成员的主人翁精神（feeling of ownership）（李锐等，2012）。心理所有权表现为企业员工对目标对象产生的占有感的心理体验现象，心理所有权对员工态度（包括组织承诺、工作满意度以及组织自尊）和工作行为（包括绩效和组织公民行为）有积极的影响（Dyne L. V. et al.，2004）。占有感或者心理所有权在现实中表现为个人对某种事物拥有所有权的心理感觉，似乎该事物就是"我的"或"我们的"。尽管从结果上看这种所有权或者占有完全是一种心理感受，但这种感受往往会带给个体更强的组织公民行为，也就是这种虚无的心理感受会导致真实的行为导向和行为结果。

皮尔斯等（2002）认为该种心理状态有三个鲜明的特性：（1）所有权的心理感受类似于某种事物在心理好像是我自己的一样，其核心就像人对某目标对象的占有感觉，这种虚无的心理感觉和真正拥有某种事物的法律所有权具有同样的感受和心理体验，类似于那东西就是"我的"或者"我们的"，就像自己经常使用的计算机或者机床设备，通常使用者都会有心理上属于自己的感觉和体验。（2）心理所有权反映了人对目标对象的紧密关系，心理所有权不是一蹴而就的，而是在人与目标对象的长期关联中形成的心理感受，比如对组织办公电脑的使用、对车间机床的使用等，随着使用者长期的使用过程中好像和这些目标对象产生了感情一样，始终感到这些东西就像是自己的一样。当一个人长期在一个公司工作时，长时间的组织生活和工作使员工感到该组织就像自己的一样，自己完全具有一种所谓主人翁感觉，这种感觉实际上就是长期形成的组织认同感。（3）心理所有权的内容比较复杂，包括认知和情感两个方面的内容。所谓认知方面是指个体对目标对象的意识、感想和信念；所谓情感方面是指也为感觉到主人翁地位，或者心理占有的愉悦感、效能感和胜任力。由心理所有权形成的复杂心理状态会表现为因为拥有感或者占有感而产生兴奋、自豪或者荣誉感等多种心理体验。

2. 心理所有权的机理

心理所有权的出现是因为它在一定程度上满足了一些人类的动机，既有基因遗传的成分，也有后天经验的成分，这些动机基本可以分为三类（Pierce J. L. et al.，2001）：（1）效能感与有效性（efficacy and effectance），占有和所有权通常表现为对环境或事物的控制、探索和改变。比如，一个公用车被授权由一位固定的司机来使用和接送企业领导时，该司机对该车实质上的一种控制与使用导致司机自身感受到的对公用车的占有感和心理上属于自己的认知与情感体验，满足了司机对公用车的控制欲望，实际上是满足了司机比其他人更为强烈的自豪感、虚荣心和荣耀感。所以，这种心理所有权的动机主要是因为目标对象的工具性使用而使使用者往往会通过使用而实现自己预期的结果，这种效能感体现在使用者对目标对象（比如公用车）的独有控制权和使用权，尽管自己并没有法律意义上的所有权，由此形成的个体对该对象的心理占有与控制意向和心理感受，实现了使用者虚荣心和控制欲。（2）自我认同，表现为这是"你的"，那是"我的"，实际上都不是自己的，在法律上他们都没有所有权。所有权往往是自我的代名词（Pierce J. L. et al.，2002），所有权从字面上就将我和他在目标对象上就进行了明确的区分，在个体与目标对象的长期交往关系中将个体的自我融入目标对象，使目标对象成为个体自我的象征物。占有物和"我的"感觉之间的联系有助于人们认识自我。在一定的意义上，占有物是关于某人自我认同记忆的储藏库，同时还是表现自我核心价值观或个人关注的象征性表达（王沛等，2005）。通过个体与目标对象之间的交互、轮回和强化过程，给个体会带来一定的愉悦、安慰和自我理解（Pierce J. L. et al.，2002）。（3）拥有一个"空间"，人天生具有期望自己拥有一块属于自己的"空间"，将其视为自己真实的"家"，或者"心灵的归宿"，如果人失去了这个属于自己的"领地"，那么他将会感到无比的孤独与寂寞，甚至产生了失去安全的心理恐惧。"家"或者"自己的空间"是人心理的安乐窝，它给人心理的宽慰和安抚，使人感到由衷的安全和轻松，所以，拥有一个真正属于自己的"空间"往往给人带来的是心理的安全与归属，而非仅仅是实物的经济利益。当一个人对一个目标对象产生了心理的所有权感受时会将实质性的控制、自我认同以及心理上的"空间"结合起来，反过来这三个方面的动机实现就会表现为心理所有权。

基于个体心理所有权的动机，在个体与组织的群体关系中，组织成员主要通过三种方式来实现心理所有权（Pierce J. L. et al.，2001）：（1）控制目标对象。所有权表现为对目标对象的控制，组织往往会为组织成员提供各种各样的机会来实施对许多组织要素不同程度的控制以实现组织成员对组织整体或者组织中的某些部分的心理所有权。（2）熟悉的知晓目标对象。个人对目标对象了解的信息越多，理解越好，自我和目标对象的关系越深，由此对目标对象的所有权感觉越强。组织通常利用很多拥有的联系给成员提供很多机会来了解与所有权有关的潜在目标对象，比如工作、团队、项目等。当一个人在组织中参与的活动越多，并经常得到组织成员以及上级的认可和赞许，那么他会更加努力地去工作以更好地了解和理解自己与目标对象之间的关系，并加强了对目标对象的心理所有权。（3）将自我投入到目标对象中。一个人在目标对象中投入的精力、时间、努力和关注越多，他更有可能将目标对象视为我自己的东西，由此心理所有权的感受越强烈。组织会提供很多机会使成员将自己投入目标对象的不同方面，比如工作、团队、产品、项目，由此对他们拥有的心理所有权感受越强烈。

四、群体的信任机制

信任机制在群体关系网络的构建中具有不可替代的作用，也是除了组织认同之外的另一个非常重要的关系形成机制。信任是一种具有情感特征的习惯性的互惠行为，当两个人开始交流与合作，并慢慢地发现他们可以依靠对方时，信任就出现了（戴维·布鲁克斯，2012）。在群体的关系网络中，信任是一种润滑剂，信任被认为是一种最主要的社会资本，可以减少市场经济中的交易费用，简化交易程序，从而提高经济效率，也可以成为政治制度运行的润滑剂，缓和政治派别之间的冲突，提高政府的绩效和治理水平（马得勇，2008）。信任是在不确定的环境中建立起确定性，它降低了人类事务的不确定性，促成了一种现实的确定性关系和行动的可能（郭慧云等，2012）。除此之外，信任也可以促成组织成员之间的互助合作，使彼此间的沟通更加顺畅，目标更加一致，不但能够提升团体与组织的凝聚力，而且还有助于组织生存的维系。信任是社会秩序的基础之一，没有了信任，社会自身的正常运转将会出现危机（薛天山，2002）。所以，在社群活动的形成和发展中，信任具有不可替代的作用，信任可以使群体的关系网络更加坚固，使任何组织的运行更加有效。

（一）信任的本质

信任也可以被认为是一种普遍的文化特征，是人们从一个规矩、诚实、合作、互惠的行为组成的社区或群体中、从群体或组织内共享的规范和价值观中产生出来的一种期待（弗兰西斯·福山，1998）。

1. 信任的本源

信任的本源可以追踪到人的先天性生物生理特性，信任的神经生理机制研究表明：人们所表现出的信任行为与其催产素水平密切相关，而且信任与背纹状体（前脑岛以及处理奖赏信息相关的脑区）、伏隔核、尾状核、腹内侧额叶（前额脑区底部和侧前扣带皮层）的活动相关联（张宁等，2011）。对信任博弈的研究，证明催产素通过减少与恐惧相关脑区如杏仁核的激活而加强了人际间的信任（马庆国等，2009；吴南等，2012）。尽管信任的生物生理学机理仍然是一个尚未打开的魔盒，但是生物学方面的研究使得我们认识到，生物生理机制肯定信任作为一种心理认知，进而发展成为行为选择的基础（洪名勇等，2013）。研究者认为人类所表现出的互相信任存在生物进化的基础，是人类在社会进化过程中而产生的一种双赢的心理机制（张宁等，2011）。信任有三种可能的来源（王冰等，2002）：一是对利益的算计。这时所形成的信任往往是单次交易中的短期信任，但从长期来讲，信任仍然具有经济利益的考量。二是长期多次交易而形成的熟悉。当交易次数无限增加时，对长期利益的考虑会导致合作的出现，长期信任机制得以形成。三是具有可预见性和可依赖性的规则。这种规则或者由政府规定，或者是在长期历史中形成的传统、习惯和文化。信任是维系经济发展、社会和谐的有效机制，信任与制度是保持社会稳定发展的两种不可或缺的机制，法律、契约、经济理性只能为后工业社会提供稳定与繁荣的必要而非充分条件，唯有加上互惠、道德义务、社会责任与信任才可确保社会的繁荣稳定（弗兰西斯·福山，1998）。

关于信任的定义有很多种，但信任的本质仍然是人的心理特性，是人类所独有的心理状态，信任属于人类的社会认知范畴。信任是一种态度，一种心理活动，要认识信任的社会功能，首先要认识它在人的心理活动中的功能（郑也夫，2000）。基于此，信任可以定义为建立在对他人的意向或行为的积极预期基础上而敢于托付（愿意承受风险）的一种心理状态（张宁等，2011），信任被看作一种心理上对信任客体或受信者的期望，它与受信者的可能行动联系紧密（高玉林，2012）。信任是对未来公平、合作的预期，信任基于人际交流的过往，直接的合作互动的数量能够出乎预料的准确预测信任（阿莱克斯·彭特兰，2015）。正因为信任是基于受信者行为的主观心理预期与判断，所以，信任总是存在于关系中，至少是两个人之间。信任表现为关系网络中基于关系人之间的协商、期望与行为判断，是人类进化过程中发展而来的一种社会心理机制（张宁等，2011）。只有在相互的交流、沟通与交互中才可以产生相互之间的行为判断，对方行为与意向的客观性引起的信任者自身的心理理解与预期。在工作中，信任是一种具有高度指向性的心理状态，员工对组织环境和其他成员的信任会影响员工的一系列知觉、态度和行为（李宁等，2006）。

2. 信任的社会性

作为复杂的社会心理现象，信任是对他人（组织）表现出"适当"行为的预期。所谓"适当"行为并不一定要符合社会规范和道德标准，而只是个体认可并期望的（薛天山，2002）。由此可见，信任仅仅表现为关系人之间针对对方行为与意向的心理预期与感受，信任与道德和行为规范没有关系，信任是一种人格特征（乐国安等，2009），所以，信任首先是生理的，然后才是心理的，最后才是群体关系的。信任的生理属性决定了其心理属性，并决定了在群体互动中的关系。蒂利将关系网络视为信任网络（查尔斯·蒂利，2010），他认为：首先，信任网络意味着由共同的纽带——直接或间接的——联系在一起的人群，他们组成了一个网络；其次，信任网络意味着由于存在这样的纽带，因而网络成员的重大诉求得到了关注、网络成员之间彼此扶助，而网络也正是由若干诸如此类的强大纽带构成的；再次，信任网络意味着网络成员共同承担着一些重大而长期的事业，如生育、长途贸易、工匠互助等；最后，信任网络意味着网络纽带之间构成，源于将共同的事业置于其个体成员的失信、失误和失败的风险之中。信任是维持组织效能与维系组织生存的重要影响因素（高静美等，2004），信任可以有效地降低管理事务的处理成本与防范投机行为，并且能够降低未来的不确定性，促使组织内部的资源能够得到更合理的运用并提高组织效能。信任能积极影响团队成员之间的互动，通过团队互动，加强团队成员的知识共享意愿，进而增强成员的知识共享行为，提高团队研发绩效（王娟茹等，2012）。

　　信任是主观性和客观性的统一，所谓主观性是说信任者本身对对方行为的认知因人而异，因环境而异，这种主观性体现了信任者本身的认知结构及其个体学习能力的差异性。信任是一种建立在已有知识上的主观判断，是主体 A 根据所处的环境，对主体 B 能够按照主体 A 的意愿提供特定服务（或者执行特定动作）的度量（李勇军等，2010）。所谓客观性是指信任产生的对象源自受信者的行为，而受信者的行为表现对于不同的人来说都是一样的，具有一定的客观性。信任的客观性体现在受信人的行为所反映出来的信息客观性，而信任的主观性则体现在对这些具有客观性的行为信息的比较和判断则因人而异，具有明显的个体差异性，客观性主要产生于受信人，而主观性产生于信任人。正是因为不同人的认知结构、情感特征以及所处场景，特别是信任者与受信者过去交往所产生的认知经验，或者称为学习记忆等方面的影响，他们对同一客观性受信者的行为会产生不同的心理预期与判断。实际上这种信任的产生与变化可以认为是信任者的学习行为，是他（她）对受信者行为所显现出来的信息的认知过程，而且这种认知过程在信任者的信息处理过程中会产生不同的信息输出，并表现为信任者对受信者的行为方面，即信任或者不信任。所以，我们可以这样认为，信任就是关系双方相互学习的结果，同时也是学习的过程。

（二）信任是关系的一种属性

信任与关系密不可分，信任建立在关系的基础上，关系通过信任而有效地维系。对于任何工作群体和社会群体来说，连接他们的并不是爱，而是信任（戴维·布鲁克斯，2012）。信任的生物生理机制决定了任何一个人在进入群体中，并与他人发生一定的关系时信任机制就会不自觉地展开，信任是发生和存在于人际关系之中的，人际关系的形态决定了信任的状况（张康之，2005）。信任是关系的一种属性，而可信赖是包含在关系中的行为人的一种属性（卢福财等，2005），随着行动者关系网络密度的增加，信任水平也将相应提高（谢坚钢，2009）。信任与关系之间的交互性表现为二者之间的互为因果性，关系强化的结果会表现为信任的加强，而信任的加强又反过来强化了双方的关系。信任首先产生于关系构建之初，之后随着关系的进一步发展，信任将会不断地变化：信任或者不信任，信任增强或者减弱。信任意味着关系的强化，而不信任意味着关系的破裂或者至少在衰减。信任感越强的团队，成员的沟通越频繁，组织支持越易实现，凝聚力更强，因此信任有利于团队之间的互动（王娟茹等，2012）。

信任建立在关系网络的基础上，信任是交换与交流的媒介（郑也夫，1999）。信任不仅仅会产生于关系双方，信任也会在群体中不同个体之间进行弥散，对一个人人格的认知会在不同人群中传播，从而使某种人的信任度会成为群体中很多个体的共同认知，并形成群体的社会认同。至少这种关于他人的信任性判断成为其他人对该受信者人格或者心理预期的经验性认知，并形成一定的记忆，信任行为的发生是嵌入于过往的互动经验之中并受其制约（谢坚钢，2009）。当一个社群内的成员分享一套道德价值观借以建立对彼此的诚实行为的期许后，即当人们拥有共同的诚实和相互关系标准后，也就自然而然地产生了信任（郑小鸣，2005）。更为复杂的地方在于对受信者的信任性经验记忆往往也会逐渐脱离于当初产生信任的情景，从而使对某人的信任直接表述为一种可以口述或传播的语言表达。所以，在群体关系网络中信任的形成与变化不仅仅与信任最初产生的双方及其场景有关，也与群体中信任度的群体认同有关。就像大家都认为某个人是一个不讲信用的人，是一个喜欢说谎的人等，这些认知往往偏离了最初的场景，是众人之间的盲目传播，或者更专业一些说是大家相互学习的结果。

从某种意义上来讲，群体中的关系网络可以认为是一个由信任组成的信任网络，其中的关系特性与信任程度有很大关系。关系特性包括关系的利害值、关系的品质和关系的亲密度（查尔斯·蒂利，2010）。所谓关系的利害值是指在信任网络中，伙伴关系的终止对其成员的长期利益所造成的损害程度，从经济意义上，这种关系的利害值判断将会直接决定信任是否存在，或者信任是否能够不断地强化并可持续存续。所谓关系的品质是指从相对非个人的关系（如信用）到非常亲密的关系（如同居）的关系序列中所处的位置，关系的品质对信任具有很关键的影响，因为关系的品质在关系人长期的交互中形成，并逐渐转化为双方的信任，长期的关系保持本身说明了信任的存在。所谓关系的亲密度是指关系中的相互行为对个体化知识的依赖程度，以及关系中至少一方对关系的专一程度，这种个体化的知识和专一性不会延伸至第三方。通常关系双方知识的依赖或者对信息的共享取决于双方之间的信任程度，信任程度越高，信息共享的程度越高；反之，则会越低。

（三）基于关系的信任演化

人的信任生理机制决定了当两个人初次交往或认识时，就会无意识对对方的行为进行初次的学习与判断，而且这种初始状态往往会决定了双方未来关系的方向，并对下一次的交往奠定基本的预期。行动者可以从过去的信任情境（trust situation）中获得其他行动者的动机、信念以及其他特征等信息，并根据这些过去的经验来决定当前的选择（谢坚钢，2009）。由此，每一次的交往都是过去产生的心理预期与当前受信者的行为结果进行比较，并产生是否可以进一步交往下去的动因，这种过程是关系双方相互学习和认知的过程，也是信任不断调整的过程。

1. 信任、契约和关系的互馈性

信任的演变既具有关系人之间的博弈（横向博弈），也存在关系人历时序贯的博弈（纵向博弈），信任与关系人对过去经验和认知存在函数关系。信任游戏是嵌入游戏参与者之间所具有的多次交往关系的特性之中，绝大多数的信任游戏都是发生在特定的社会背景之中，在这个社会情景里，行动者相互遭遇并且渐次与对方的朋友圈和熟人圈多次、反复发生联系。这种互动、交易行为的反复发生是构成信任发生的重要交往性背景（谢坚钢，2009）。只要它们之间具备无限不确定次数交易条件或者具备长期交易条件，其理性的选择都应当是采取互相回报式合作行为，并由此建立长期的信任关系，并形成一种进化稳定策略，由此可见，重复博弈是信任产生和维持的一个前提条件（刘友金等，2007）。

就横向博弈而言，信任半径的大小与人们自发性社群组织的规模、能力、效率等要素有关（郑小鸣，2005），通常信任会伴随着群体规模的增加呈递减趋势，因为信任本身是一种关系人之间信息的传送，所以，随着群体规模的增加，信息质量因为损耗而导致信任程度的降低。信任也可以视为一系列关系双方多次的序贯博弈过程和结果，这种序贯性的演化博弈过程表现为关系人双方的心理上的相互接受与认同。信任表现为人与人之间关系的一种心理契约（何晓丽等，2011），在信任机制中，契约具有二重性（张康之，2005）：一方面，契约本身就是不信任的结果，也是不信任的标志，契约的出现是因为关系人之间的不信任而致，因为契约通常都是显性契约，而不像心理契约那样表现为心理的默认和隐形。制度本身也是契约的一种，人类社会的秩序维系有两种重要的机制：契约和道德。契约表现为制度对秩序的维持，具有很强的强制力和约束性，而道德则是心理的一种相互认同或者认可，信任正是这种心理的秩序维系机制。另一方面，契约可以使相互不信任的陌生人交往，使他们通过契约而相互信任，契约强化了关系，关系强化了信任。在长期的关系中，关系人双方序贯性演化博弈导致二者具有维系关系的动机，信任自然扮演了这种维系机制，信任，契约和关系具有互馈性。

2. 信任的成本与收益

从行为生态学意义上赋予了信任一种特定的内涵，即信任并不是无条件的合作，而是意味着一种合作回报或者基于合作回报的合作预期（谢坚钢，2009）。从经济学角度看，信任的产生仍然是关系双方对对方行为的预期收益及其风险的判断和抉择。信任是人际关系中的一项资产，人们就此彼此之间承担着失败与背叛的风险（查尔斯·蒂利，2010），正如王绍光所述，甲是否信任乙取决于两个考虑（王绍光等，2002）：（1）甲对乙失信可能性的判断（失信概率）；（2）甲对乙失信所可能带来的损失有多大的承受能力（价值损失），也就是甲的相对易损性（relative vulnerability）①。影响甲对乙守信可能性判断的因素包括：甲对乙的了解程度，甲在本地居住的时间，甲的社会网络规模、生活经历、生活态度、判断能力、社会地位等。而甲对损失的承受能力则是甲自身的风险意识，越是风险偏好越容易轻信乙，越是风险厌恶则越谨慎，对人通常总是报有怀疑。信任网络之迥异于其他类型的社会关系，就在于它构成了对失信的常规化控制，构成了对失误或失败的常规化预防（查尔斯·蒂利，2010）。由此，作为理性行为的信任发生，是建立在行动者对于信任可能带来的收益与成本的比较基础之上，这种判断和比较都是建立在充分的信息基础上。

信息经济学认为任何信息的获取既存在一定的收益，也存在一定的成本，由此，在一定程度上，信任的成本收益分析实际上就是信息的成本收益分析。谢坚钢认为在信任机制中的理性比较所需要的信息主要通过两种基本机制来获得（谢坚钢，2009）：一是根据过往的互动经验来判断受信人的可信度，我们把由此种机制生成的信任称为"经验为基的信任"；二是根据对受信人滥用信任的动机的控制能力来判断受信人的可信度，我们把经由此种机制生成的信任称为"控制为基的信任"。信息本身并不是信任，而对信息

---

①　相对易损性＝潜在损失的绝对值/潜在受损者所拥有的总资源。甲对乙的信任程度＝1－（乙失信的可能性×甲的相对易损性）。

的认知及其比较判断则是信任的主要内容。在由信任构建的关系网络中，成员常常通过相互之间的信任而保持一致，并在一致行动中获得补偿，使信任者由于信任而获得了收益。保持一致成为获得这种保障的补偿，信任网络控制其成员，同时也为其成员提供回报——这使被集体拒斥得不偿失（查尔斯·蒂利，2010）。信任网络降低了交易成本，强化了契约的安全性，加速了弱关系向强关系的转化。在关系网络中，既可以因为信任而保持一致行动而获得经济、精神等方面的收益，也通过信任对其他成员进行控制，使成员因为失信而付出巨大的成本代价。由此，在信任网络中，信任是否可以延续下去，取决于信任的保持使成员获得收益的多少，以及因为失信而付出代价的大小，每个成员都要比较收益和成本来决定是否将信任保持下去。

| 第四章 |

组织学习模式及其群体行为演化理论

在群体的关系网络中，个人之间总是通过各种各样的方式相互关联着，相互影响着，这种相互的作用导致了组织的群体行为。群体行为是组织中个体行为的群化现象，表现为个体行为通过关系网络在群体中扩散。学习被视为在一个更大的群体中寻找具体成员的搜索过程（Roberts P.，1983）。群体行为首先是个体行为，但个体行为通过关系网络在个体间相互影响，并不断扩散时，群体行为逐渐显现，当这种扩散达到一定的阈值（一定数量的个体出现同一种行为表现）时就会反映一种整体的行为状态，即群体行为。这种群体行为的形成就是个体行为通过复制、合作或竞争等行为模式在个体间扩散，这种个体行为在群体中的扩散既是组织学习的结果，也是组织学习的过程。正如自组织理论，组织在相互之间的非线性作用下，个体行为往往会以不同的形式，在群体的不同个体之间传播、复制或者变异。在阿里·德赫斯的《长寿公司》一书中曾举过一个关于山雀和牛奶瓶的真实例子（梁梁等，1999）生动的解释了群体结构对组织学习的影响。20世纪初，英国的牛奶瓶都是没有盖子的，而且山雀和红知更鸟这两种很普通的英国鸟禽都学会了如何从瓶口吸食乳脂，但在"一战"期间，英国牛奶公司用铝箔封住了瓶口。在20世纪50年代之前，英国全部的山雀（约有100多万只）学会了如何用嘴刺穿铝箔封口来适应这种变化，并重新获得这一丰富的食物资源。与此相反，红知更鸟却没有学会重新吸食乳脂的方法。从个体差异上看，红知更鸟与山雀一样富有创造性，偶尔也有一两只红知更鸟学会如何刺穿奶瓶封口。此外，它们有着同样多的交流方法：羽毛颜色、行为、动作和鸣叫。但为什么红知更鸟和山雀在觅食中有如此大的差异呢？据专家研究，其原因在于两种鸟类的社会结构，而不能归咎于红知更鸟交流能力的缺乏。因为山雀是群居的鸟类，个体的创新能够得到广泛的推广，当有一只山雀学会穿透铝箔吸食乳脂后，不久所有的山雀都学会了。但红知更鸟是有领地观念的鸟类，都保持固定的领地互不穿越。这种社会结构阻碍了红知更鸟的相互学习。由此，群体行为决定了组织学习的有效性，群体的行为演变是一种组织的自组织行为，组织认同与信任成为保证自组织行为产生与运转的组织机制，也是组织关系网络形成与维系的重要方式，同时也是组织学习的主要形式。当然，也可以反过来说，组织学习可以被认为是群体的行为演化，组织学习既是群体行为演化的动力，也是群体行为产生的基本源泉。实际上，组织学习就是群体行为的演化过程，组织的学习并非像个人学习那样运行。

第一节　群体行为与组织学习

群体行为的形成完全是自发的个体行为的趋同过程，群体行为的产生需要两个必要的条件：个体数量的增加，个体行为的趋同。二者不可或缺。单纯数量的个体仅仅是没有任何意义的众体，只有当这些个体拥有了共同的行为特征，并形成相互的影响和作用时方可出现群体行为。群体行为出现有一个数量阈值，一旦个体数量达到这个阈值时就会出现群体行为的集体表现，表现为个体行为的积少成多，成为一定的行为气候。如果在该阈值以下，尽管有很多个体，但群体行为通常不会出现。个体数量仅仅是群体行为出现的充分条件，单纯数量的增加并不一定会出现群体行为，个体行为在群体中的行为收敛或者趋同是群体行为出现的必要条件。个体行为在群体中的扩散导致个体行为的逐渐收敛，并表现为行为的基本趋同，就会自然出现群体行为。所谓行为收敛不是单纯的行为的完全一致性，重复性模仿，而是行为在个体之间的非线性作用，在相互之间的非线性作用下产生集体共鸣，即所有的个体认为"大家都在这么做"，行为的群体性共振是群体行为产生的基本表征。

有时候群体行为并非是个体理性的选择，而可能存在一些非理性成分。群体行为的理性选择是个体利益动机所致，而是非理性从众心理，"别人都在这么做，我就应该这么做"。当个体在自己现有的信息条件下无法做出科学合理的决策，甚至根本无法做出判断时，从众、模仿是最好的选择，毕竟群众的眼睛是雪亮的，群体的非理性行为会产生。群体行为的个体理性选择意味着个体的利益追求，实际上，无论是在个体活动中，还是群体活动中，个人学习都具有趋利性。个人进入群体或组织的目的只有一个：个人利益的实现。因为个人存在经验或信息处理的能力不足，即所谓有限理性（西蒙·赫伯特·A.，1997），依赖于群体或组织可以扩展信息的处理能力，并可以通过他人的学习或行为便捷地获取自身实用的经验或信息，同时，通过组织中的知识分工实现自身利益最大化。组织学习就是个体基于个利益最大化的合作性学习，基于理性的合作学习动机是有条件的最大化个人收益（原献学等，2007）。无论是理性选择的群体行为还是非理性选择的群体行为，个体之间的行为扩散有三种基本方式，即模仿、合作和竞争。

一、群体行为：模仿

模仿本身就是一种人的学习行为，模仿的过程通常被用来描述经济学中的学习过程（托马斯·勃伦纳，2009）。模仿是群体行为形成的重要机制，模仿也是组织学习的一种重要方式，通过组织学习产生群体行为。

（一）模仿行为的不同解释

社会心理学认为模仿行为是人的本能，是人的一种自然冲动和选择，是人的天然行为倾向（任寿根，2002），从心理学意义上模仿是有意或无意地对某种刺激做出类似反应的行为方式（王敏，2005）。大部分人类学习都是通过观察、模仿等社会学习的形式进行的（姚梅林，2010），模仿的过程首先表现为观察学习，人类大部分学习是在社会环境中以观察学习为特征的社会学习（姚梅林，2010）。观察学习过程主要有四部分组成，即注意过程、保持过程、动机再现过程和强化动机过程（梁宁建，1984）。实际上个体接受新的行为习俗，或者说群体中很多个体习得新的决策知识，并非直接来自自己的反复练习等亲身经历，他们往往是通过观察别人的行动和结果，形成自己的新知识（朱宪辰，2009）。神经心理学与神经生物学的理论研究发现，镜像神经元可能是模仿的神经基础（丁峻等，2009）。当人观察某一动作时，可能在自己的大脑中激活相似动作行为的镜像神经元。人类可能与他人的思想产生共鸣，也可以身临其境地体验他人的情感体验，甚至将类似的动作也表达出来（即所谓的"感同身受"），镜像神经元的发现可以在一定程度上解释这种共情现象（陈巍等，2009）。镜像神经系统的根本特点就是建立对外界观察的内部行为表征使得我们能够居身模仿（embodied simulation），模仿的核心机制就是当观察他人行为时，该信息可以激活自己大脑中负责编码及执行这些行为的皮层，包括运动皮层，从而进行居身模仿并完成动作的输出（胡晓晴等，2009）。镜像神经元的发现并不是说模仿就是人类对他人信息的再处理与重现，而是他人的行为会通过镜像神经元而映射到自己的某个神经区域和神经元系统，并引起相应的动作反应或表情。尽管关于模仿的神经学机理仍需进一步的深入研究，但至少我们可以肯定人类的模仿能力具有天生的生理机制。

经济学角度讲，模仿是人的自利性选择，是个体追求自身收益最大化的优选结果，也同样是低成本学习的过程，是对行为或信息的复制。用经济学的语言解释，模仿行为是指在经济运行中，后动经济行为主体受先动经济行为主体的影响，在经济利益和规避风险动机的驱使下，学习先动经济行为主体的一种经济行为，模仿行为是经济活动中的一条普遍规律（任寿根，2002）。在一个群体中，某个人（原创者）在长期不断重复地完成某一个工作或流程工序时，发现该具体流程或环节可能会有进一步的改进和优化，比如零部件移动路线的改变、工序业务流程的变化、计算机程序的简化操作、新的操作技术等，这种改进或优化可能会节约劳动时间、节省体力，或者可以增加自己的绩效工资等，即存在一个绩效缺口（原欣伟等，2006a）。一旦原创者真正实施了学习，并取得了预期的边际绩效，弥补了绩效缺口，那么这种结果将作为一种经验或信息引起了周边同事的注意和关注，他们会对原创者的创新进行复制和模仿。模仿的动机建立在对他人经验的绩效提升，即自利性目标的追求。模仿学习是对同一种知识的共享，是同质性知识或技巧在同质性场景中被参与者低成本或无成本的模仿与使用。班都拉指出模仿具有三种功能：（1）可以使个人学到一种前所未有的新行为；（2）使原有潜伏着但不明显的行为表现出来；（3）使已有的行为得到加强或改变（梁宁建，1984）。在个体决策过程框架下，模仿通常被看作是一个用于收集重复场景下适当行为信息的有用过程（托马斯·勃伦纳，2009）。

根据塔德的模仿几何级数律，模仿行为会产生累积效应，使示范人的行为得以迅速传播（王敏，2005）。模仿行为除了几何级数律以外，还有一条重要规律，即模仿"从众"律（任寿根，2002）。模仿"从众"律是指在经济群体中，当群体中的大部分选择某种经济行为时，群体中的少数成员也会跟着采取这种行为。温州的服装、皮鞋生产企业就是靠快速模仿来保持与国外企业同步，参与国际市场竞争。国际市场上出现的新流行款式、新生产工艺，不出半个月，就会在温州企业的生产流水线上出现。义乌小商品生产企业也总能在很短时间内生产出国外最新潮最畅销的各种小商品（李永刚，2004）。这种对原创者行为结果的复制或模仿以几何级数律和从众律叠加效应逐渐从原创者身边的同事开始，像投入河中的石子一样由近及远，逐渐波及组织的所有人，最终导致了群体整体行为的改变，从而个人的绩效提高了，组织的绩效也提高了，久而久之形成了约定俗成的行为规范或行为模式，表现为由模仿导致的组织学习。

（二）模仿的有效性

1. 信息类型

信息本身的先天性决定了模仿的可获得性，有些信息容易模仿，有些信息天生难以直接模仿或者模仿成本高昂。信息的先天性有三个方面：信息的复杂性、信息的显性程度和信息的稳定性。越复杂的信息，模仿难度越高；同样，信息越显性，其模仿程度越容易，如果信息是完全的默会知识，则需要在操作中体验、干中学或不断的心领神会，如药品的配方、化学品的生产工艺、尖端电子机械产品的制造，非经技术创造发明者的刻意传授等（李永刚，2004）。另外，信息的稳定性也会影响到模仿的有效性，信息的稳定性与信息发生的环境具有很高的关联性，信息具有情境性，一旦信息环境发生了变化，则信息本身就是存在变异，导致模仿无效，所以，模仿无效源自情境变化导致信息的差异。

2. 信息环境

任何信息的模仿都需要在一个特有的场景下实现，环境的差异性会影响模仿的有效性，即存在拟同质成本（王昭凤等，2005），当被模仿信息发生的场景发生了变化，则模仿可能会产生信息的变异或失真。完全模仿发生在同质性的环境或场景中，毕竟原创者和模仿者是两个具有不同个性的个体，对信息表层的理解可能容易实现，但对于影响原创者信息发生的环境不一定准确地把握，往往在物理环境下更容易模仿，而人文环境则具有很大的变数。

3. 群体的密集性

模仿通常发生在一个共同生活的群体中，有效的模仿一般很容易在密集性群体中发生，一方面信息发生的环境具有较大的一致性；另一方面模仿容易快速地传递。社会网络理论表明，当组织的网络联系越多时，它们彼此就可能拥有更多的详细信息，这有助于它们之间的模仿（魏江等，2008）。传染病模型关注的是社会关系网络在信息传递上的效率，强调一个有利于信息传播的网络结构更有利于技术扩散（翁瑾，2008）。群体的密集程度决定了模仿的传播速度，如果群体具有高度密集性，则信息会快速传播至群体所有个体，并形成群体的一致行为，如果群体非常分散，则模仿传播速度很慢，导致群体行为非稳定性转移，或组织学习难以实现。假设产业集群企业之间存在"血缘、业缘、学缘"等多种人际联系，并依人缘网络形成密致的信息交流传递通道，企业相互传递技术信息的成本非常低，可忽略归零（李永刚，2004）。这种基于"地缘""血缘""亲缘"等关系的社会文化环境氛围促使集群企业之间形成一种相互信任的关系，这种信任关系能够促进群内企业的频繁交流，加速集群的知识流动与企业的学习进程，在一定程度上有利于模仿源信息的传播和扩散（魏江等，2008）。

4. 个体对信息的产权保护程度

知识的产权保护既是对原创者的保护与激励，也是原创者对知识被模仿的意愿。基于理性的合作学习动机是有条件的最大化个人收益，在组织学习存在"外部性"情况下，个人理性会强化个人知识保护，以维护自己的知识权益。保护意识是已有知识精细程度的函数，已有知识越精细，将要获得的知识潜在的时间效益和经济收益就越明显，知识拥有者就越意识到保护它的重要（原献学等，2007）。从客观上来讲，任何的原创者都希望对自己的发明都有严格的技术保护以激励原创者的创新动力，但在一个群体中过于严格的知识保护往往会导致群体的萎缩，甚至消亡，导致群体创新性不足。如果给予原创者更多的精神与物质激励补偿，原创者就更愿意与同事分享经验或信息，促进组织的学习能力，形成组织共同研究，共同学习的氛围，组织学习的气候会日益浓厚。当然，信息保护机制越强，群体的交流与沟通越拥堵，其群体行为越难以形成。集群自身具有的隔离机制以及相关特点使得集群外企业往往在对缄默知识的模仿上具有较高的模仿壁垒（魏江等，2008）。在一个严格守旧的群体中，所有的个体都是一个严格的保密者，群体会逐渐地萎缩，失去活力，最终消亡，比如产品更新换代速度放慢、新技术新工艺采用数量降低、外部竞争能力减弱等（李永刚，2004）。所以，作为一个群体的个体必然是一个善于知识共享，善于信息分享的参与者，这样方可促进群体行为的形成和演化。

5. 模仿者的模仿意愿和接受能力

对信息的模仿是模仿者对信息本身的认可，模仿是模仿者将对信息的认知与自身的知识结构的结合，所以要恰当的实现对信息的准确把握，则需要受模仿者主观意愿的配合。模仿者的意愿直接取决于模仿者对模仿信息所带来的预期效用，即绩效风险、边际绩效和绩效预期的权衡，这个完全是个体的自利性测算。预期也是影响技术扩散的因素，潜在的技术引进者如果预期未来资本品的价格将下降，或者未来会出现更好的技术，那么潜在的新技术利用者就会推迟引进的速度，从而打破内生技术扩散的良性循环（翁瑾，2008）。模仿带来的对绩效缺口的弥补存在一定的风险，即绩效风险。风险是主观与客观的统一，模仿本身存在客观不确定性，但是否模仿则是模仿者的主观判断和对风险的态度，他会判断是否能够通过模仿实现与原创者具有一样的边际绩效，是否可能会给自己带来其他的损失或不确定性。"贝叶斯学习模型"认为新技术的收益水平存在着不确定性，采用新技术可能为企业带来收益，也可能造成亏损。企业的管理者根据既得的信息，做出对新技术风险的先验概率判断，然后根据外部机构进行技术测试所得到的结果来调整概率判断，形成后验概率。通过不断地调整，后验概率会趋近真实的客观概率（翁瑾，2008）。另外，模仿者的接受能力也会在很大程度上影响模仿是否完全实现。杨俊等（2007）研究发现模仿存在"门槛效应"，即人力资本存量在一定程度上影响着模仿的程度。人力资本积累不仅影响了本国自主研发创新速度，而且还决定了技术模仿效果（包群，2007）。集群企业所获取的知识资源对其模仿创新能力具有显著影响，集群企业获取的知识资源越多，则其模仿创新能力越强（代吉林等，2009）。达到一定知识和技术水平的个体才有可能对原创者的信息或知识进行有效的模仿和理解。技术扩散的快慢，既受限于扩散的通道，又受限于技术引进者的能力（翁瑾，2008）。

二、群体行为：合作

组织学习中的群体行为不仅是个体之间的相互复制和模仿，还存在大量的相互合作。当个体依靠自身的力量达不到一定的目标时，为了实现各自的利益，就需要相互配合、共同行动，从而形成合作（黄少安等，2011）。

（一）合作的内涵

一个社会中，最根本的社会现象就是劳动分工和与之相应的人类协作，自然条件决定了劳动分工会提高每个人的劳动效率（路德维希·冯·米塞斯，2010），这个自然条件包括：（1）人天生对各种劳动所表现出的能力有所不同；（2）地球上天然的、非人工操作的生产条件分配的不平衡；（3）有些任务的重担超过一人承受的范围，只有通过合作方可完成。合作博弈理论认为，组织成员可以采取行动的总时间等于在组织中工作的时间，博弈是可重复的（苏磊，2006）。组织成员心理因素多变，不易明确察觉，因此博弈在不对称信息条件下进行。从长期来看，组织策略偏好和员工策略偏好是可以调整的，收益也不确定，博弈是动态的。考虑劳动分工形成的合作关系之后，博弈可以是合作的也可以是非合作的。超越囚徒困境中个体理性的局限，谋求合作和合作剩余，可能是我们人类行为、人类心智与人类社会包括人类文化与人类制度共生演化的最终原因。建立一个更完善、更有效率的合作秩序，也许是我们这个物种在生存竞争中的最大优势（汪丁丁等，2005）。

对合作通常有两个不同理解（黄少安等，2011）：一是基于"行为性"定义，认为合作是一种有意识的或刻意的（intentional）协作行为，合作不仅仅是人类社会进步和发展的必要条件，而且人天生具有合作的基本神经生理机制，研究发现，尾核的激活与感知对方的公平从而促进合作的目的有关（马庆国等，2009），相互合作与伏核、尾状核、腹内侧前额叶和前扣带回喙部的一致激活有关（林彬等，2010；余荣军等，2007）。合作是一种奖赏过程，合作是双方在对共同努力成果的分享与实现，合作与利益必然存在特殊的关联，而自利行为本身具有一定的生理特性。很多研究发现，预期奖赏能够激活伏隔核，合作能激活奖赏系统，表明社会性合作行为本身就有奖赏的意味（马庆国等，2009）。以往的研究发现前额叶通过抑制人类对即时奖赏的本能追求，使注意力集中在共同利益上，从而促使合作行为的发生（林彬等，2010）。二是基于行为的"经济性"定义，认为合作是一种联合行动（joint action），并且这种共同行动可以给各经济主体带来利益，即这种利益是相互的利益（mutual benefit）。如果说模仿学习是人类以更低的成本获得期望的收益的方式，那么合作则是通过与他人的协同完成共同任务并同样获得期望收益的方式。从宽泛的意义上来讲，合作存在无意行为，但就社会组织的群体行为和学习来讲，所有的合作都是有意的行为，都是趋于自利性的实现。

合作有两个基本的特质：（1）合作为自愿选择的结果，并不是超经济力量干预下的强迫选择；（2）合作为自利性与互利性的统一，这也是合作的最本质特征（盛天翔等，2010）。合作性学习与复制性学习的不同在于拥有不同知识的个体为了完成同一项任务将不同专业知识进行关联，不同个体之间具有很强的专业知识互补性和异质性，重复性知识可以共享，但不可以合作。团队生产就是真正意义上的合作行为（Alchian A. et al.，1972），组织中的团队具有共享目标、技能互补、任务互依、充分沟通与信息共享等特征（向常春等，2010）。互补性是合作的本质特征，它意味着群体的发展：事物的互补性导致合作，合作导致社会化，社会化导致今天气象万千的共生化世界（汪丁丁等，2005）。

（二）合作的前提条件

任何合作不可能随意发生，合作行为都是建立在一定条件下，是特定条件的产物。

1. 个体的自利性

任何个体的行为和学习都是基于自身利益最大化的目标，没有自利性的追求就没有合作的基本动机。个人理性就是个人出于自身利益最大化的学习动机，而合作就是以个体追求自身收益最大化而产生的个体之间交互关系的结果（罗伯特·阿克塞尔罗德，2007）。合作在本质上都是每一个合作者对自身利益的追求，但表面上会表现为整体利益的最大化，而且必须首先是整体利益的最大化。合作并不源于友谊或至少不源于友谊，而是与合作双方是否具有长期交往的利益关系有关（吴彤，2000）。在相同的经济环境与经济条件下，互惠性个体之间的行为博弈的结果可以使双方的收益之和显著高于自利性个体之间行为博弈的双方收益之和，并且委托方在互惠条件下的收益显著高于在自利条件下的收益（张同健等，2009）。

2. 个体的有限理性

任何个体在知识结构上总是存在各种各样的缺陷和不足，知识具有不完备性（西蒙·赫伯特，1997），如认识能力、知识结构、思维定式、信息量、信息处理能力等方面，这使得个体无法独自完成某一任务以实现自身利益的目标。组织存在的目的是完成个人单独完成不了的事情（Timm Paul R. et al.，2004）。群体行为中的个体一般仅仅根据所获得的局部信息做出相应的基本反应，而与群体运动行为或目标一般并无直接的关系，群体行为是所有个体通过关联合作而涌现出的自组织运动（楚天广等，2010）。共同协作和联合生产才是唯一的选择，合作是克服个体有限理性的有效手段。当知识所有者意识到他们拥有的知识经验与他人知识经验之间存在互补性，就会意识到潜在的利润机会（经济租），人们就会通过分工与合作试图获取和分享这一"经济租"，"经济租"为分工与合作提供了强烈的经济激励（原献学等，2007）。

3. 个体的知识分工

企业是建立在专业化分工与协作基础上的生产性合作组织，分工意味着劳动者知识结构的专业化（慕继丰等，2002），组织分工必然导致知识的局部化或专业化，这是个人理性在知识领域的一种表现（原献学等，2007）。在群体的合作性学习过程中，每一个参与者个体都要在完成共同任务中扮演着不同的角色，在知识结构和技能技巧方面具有明显的差异性和分工。分工导致专业化，专业化导致更细的分工，而合作是协作的必然形式。随着社会的进步，分工越来越精细，群体中个体越具有局限性，个体的专业化程度越深，他们越加具有深度的理性有限性，所以分工的不断加深导致了对合作的必然需要。

4. 个体的知识异质性

异质性是拥有不同知识的个体在专业化知识方面的差异性，专业分工强化了个体知识的异质性，异质性促使合作的形成。如果群体中的个体拥有同样的知识结构和信息，那就不存在合作，知识的异质性是知识互补性的基础和前提。合作一定是不同知识的集成，而不是同种知识的重复。知识互补性是组织学习的动力之一，由互补性而激发知识个体"寻租"动机是个体间合作学习的基本动力（原献学等，2007）。由于知识异质性的存在，使得合作对于创新产生重要意义（张化尧等，2011）。一般来讲，个体知识结构的差异性越大，其互补性越强，但二者之间存在着倒"U"型关系，差异性存在一个极值，当差异性达到极值时，互补性达到最大值，之后随着差异性的增强，互补性反倒逐渐减弱。导致这种关系的根源是个体知识结构的联结性。大量的产业集群演化案例说明，产业集群的形成存在着多样性，形态存在着多样性，演变的动力机制也存在着多样性。模块化网络组织是由具有异质性能力要素的企业，按照模块化分工方式参与价值链整合而形成的网络组织（余东华，2009）。不同类型的产业集群其演化机制各有差别，异质性、多样性是产业集群演化的结构和过程解释的基本核心（王海峰，2008）。

5. 个体知识结构的联结性

合作性学习表面上是不同个体之间的合作关系，实则是异质性知识的联结，异质性知识处处都是，但是建立合作必须是能够在这些异质性知识之间建立不同程度的关联性，以便于通过知识的互补来完成共同的任务和目标。创新者的合作提高了对互补性技术的吸收，而企业之间的联合同样使得具有异质性的企业特有技术能够获得互补性技术的支持，两者将孤立的创新行为转化为有序的网络化创新，是提高创新效率的关键（张化尧等，2011）。合作是异质性知识的联结，但当知识的异质性非常大，以至于这些知识之间没有任何的联系时，合作就戛然而止了。

6. 群体的共同目标

尽管个体都是为了实现自身收益最大化而来，但合作必须建立在首先实现共同目标的基础上，没有群体的共同目标就没有个体目标的实现。合作是指多个主体互相配合做某事或共同完成某项任务，即协作、配合的意思（盛天翔等，2010）。合作的收益充分大，合作行为就会长期存在（张克英等，2011）。复制性学习首先是原创者的绩效提升，然后才是组织的绩效改进，个体绩效提升导致了组织绩效提升。而合作性学习不可能首先提升个体的绩效，也不可能实现个体的绩效提升，而应该是集体的绩效提升，只有组织绩效的整体实现，方可提升个体绩效。社会两难中的人际合作程度越高，组织获益越大，组织中的个体获益也越大（王沛等，2011）。绩效缺口既存在于组织层面，同时也存在于个体层面，绩效缺口的弥补需要组织整体的绩效改进与优化，但组织整体绩效的改进又需要团队所有参与者的联合行动，共同改进，群体的共同目标由此产生。

（三）影响合作行为的因素

合作行为的程度会受到很多因素的影响，具体包括以下几个方面。

1. 群体的自身特征

群体的自身特征包括群体成员的异质性，群体成员财富的平均程度，群体的规模和群体的生命阶段等（黄少安等，2011）。通常群体成员的知识、能力、性格等存在较高的差异性，个体的差异性和异质性是合作的基本条件，只有各具优势，方可优势互补。一般来说，随着个体之间优势的差异程度逐渐扩大，其可能的合作程度会不断增加，也即分工越精细，联系越紧密，但是这种合作的增加具有边际递减性，它们之间存在着倒"U"型关系，群体的合作程度存在极限值（盛天翔等，2010）。当差异性大到一定程度时，合作会趋于最大值，之后差异性增加，合作程度将会逐渐降低。一旦个体之间的差异性异常巨大时，二者之间就不存在优势互补，没有任何的合作基础了。同样，合作规模的扩大会增加感知对方不出力的难度加大，且伴随协作成本的提高，合作的效果会有所降低（张化尧等，2011），由此，群体规模越大，其合作的难度越高，在供应链群体中的企业之间同样存在合作的变化，由于企业个体的有限理性、趋利性以及企业地位的差异性，使得企业间虽因供应链功能实现和优势互补而形成了上下游依赖的合作关系，但各自的行为及策略又不断受到收益变化的影响，进而导致在合作中双方积极投入的程度有差异性，因此经历较长时间的演化博弈后，供应网络企业间或形成较稳定的合作关系，或者解体（何喜军等，2013）。

2. 群体的制度安排

群体的制度安排包括有无惩罚和激励性措施，存在道德和文化的约束等（黄少安等，2011）。人类社会天生存在"合作"的一面，然而，合作行为又在一定程度上必须依靠一定的组织形式和制度规范来维持。合作的天生生理动因并不一定可以保证合作的有效展开，因为合作中个体总是存在"搭便车"和偷懒的动机，由此，随着合作规模的扩大，监督偷懒和"搭便车"的程度将会增加，偷懒和"搭便车"会最终破坏合作的正常运行。人类社会的本质是合作，但合作不是必然产生的，因为合作伴随着可能的"卸责"行为，合作产生的可能性随着人们"卸责"行为变化而变化，合作不是必然的，而卸责却必然存在（原献学，2007）。惩罚能有效地增加社会两难中对他人合作的预期，但惩罚对人际信任和合作行为具有消极影响（王沛等，2011）。惩罚是指针对某种行为的出现所采取的具有减弱该行为倾向的措施，可通过给予厌恶刺激或取消产生愉快的刺激两种方式进行，即正向惩罚（positive punishment）和负向惩罚（negative punishment）（姚梅林，2010）。正向惩罚是指给予物理的或心理上的厌恶刺激或痛苦事件，即给予个体不想要的。负向惩罚是指因为不恰当行为的出现而导致强化的丧失，即拿走个体想要的东西。黄少安等（2010）研究认为，当合作者的比例小于惩罚者的比例时，群体的合作程度会逐渐好转（但不能超过1）；当合作者的比例等于惩罚者的比例时，群体的合作程度不会发生变化；当合作者的比例大于惩罚者的比例时，群体的合作程度会逐渐恶化。同样在合作中需要考虑合作收益的分配问题，合作的自利性要求必然需要关注对合作收益的分配，反过来合作收益的分配对合作程度本身具有较大的影响，实际上合作收益的分配就是对合作者的激励安排。互惠偏好对代理人行为选择的影响与利润分享系数、项目团队合作对代理人产出的影响、代理人的努力成本、代理人数目等因素相关（韩姣杰等，2012）。另外，合作往往会受到道德伦理与文化的影响，具有高素质的道德修养和文化素养会使个体趋于合作的理性，减少了偷懒与"搭便车"的动机。群体文化使群体中的个体拥有较为相似的价值观和客观认知，这种一致性的理解可以降低破坏合作的风险，并使个体更容易协同合作。

3. 个体间的信任机制

在合作管理中已经将信任看作是合作成功的一个关键因素，合作行为以互相信任为基础（张宁等，2011），信任可以减少摩擦，降低交流成本（戴维·布鲁克斯，2012）。信任存在着基于认知的和基于情感的这两个维度（张克英等，2011）。认知信任是一种基于特定可靠行为的对伙伴依赖的意愿。对群体中其他个体的认知程度越高，双方合作的契合度就越高，合作意愿将会增强。个体间的信任机制建立在相互地充分了解，一旦有了充分的了解，相互之间对行为的可靠性的认识将会逐步增加，信任度会逐步增强。认知信任主要集中于对个体的行为认可和了解，从而降低合作的风险。情感信任是基于与伙伴交互作用中的情感经历。情感信任强调个体之间感情与心理的交流和沟通，而不仅仅是对行为的可靠性认知。情感信任会达到情感共鸣、心理寄托和情感认同，诉说就是一种情感信任的表现。信任感强的团队，成员的沟通越频繁，组织支持越易实现，凝聚力更强，信任有利于团队之间的互动（王娟茹等，2012）。研究发现，内群体认同对合作行为的影响，只有通过快速信任的中介作用才能发挥出来。可见，内群体认同带来的好感与积极评价还不足以成为行为的直接动力，还需达到信任水平后才能影响合作（许科等，2012）。合作是交往行为和交往关系的正向价值得到充分实现的过程，是人们之间的信任充分发挥作用的过程，合作是与信任联系在一起的，而且合作又是促进信任和增强信任的基本途径（张康之，2005）。社会认同类似于信任一样影响着合作的程度（丁文朋等，2012），在一个较高社会认同的群体中，成员会将自己的得失与群体的利益联系在一起，合作自然会增强。参与者的合作信心和预期就是相互之间的知识合作信任程度（原献学，2007）。合作中同样存在冲突，往往冲突导致了合作者之间的信任度降低。合作中的冲突大体分为两类：认知（或任务）冲突和情绪（或关系）冲突（陈捷，1998；郎淳刚等，2005）。认知冲突是一种与任务有关的冲突，由决策时的分歧所引起。情绪冲突是指向于人的冲突，由个性与人际关系方面的摩擦、工作中的误解以及挫折等引起。由于认知冲突与情绪冲突相伴而生，认知冲突可能导致情绪冲突；反过来，情绪冲突可能导致认知冲突升级（万涛，2007）。所以，合作中的冲突具有负面影响，冲突是合作的直接障碍。冲突通常不是合作的对立面，合作本身就建立在个体之间认知的冲突基础上，群体中个体之间的异质性本身意味着冲突，但是这种冲突，特别是认知冲突是合作产生的基础，而情绪冲突可能经常是合作的绊脚石，情绪的冲突导致个人之间利益以及人际关系的直接矛盾。冲突和矛盾不是一回事，冲突是合作的基础，只有个体在知识结构、技能技巧等方面存在异质性，合作方可出现。但是矛盾则不会导致合作，矛盾本身意味着合作的破裂。

4. 个体的合作预期以及合作意愿等方面

个体的合作行为不仅仅受到自己合作动机的影响，还依赖于对他人合作的预期（王沛等，2011）。个体的合作学习动机（预期和信心）强弱直接影响其在组织学习过程中的合作行为高低，个体合作动机来源于组织学习成员之间的交互作用程度，成员个体合作动机、组织内的交互作用又受组织协调因素（学习制度、文化和领导等）的影响（原献学等，2007）。高交互性说明学习事件具有可重复性，成员之间沟通良好，通过学习达到双赢，合作既追求合作绩效的增加，也是一种有风险的联合行动。在临时团队中，风险认知在快速信任和合作行为之间起负向调节作用（许科等，2012）。不同的个体对合作的风险判断有较大的差异性，合作绩效对合作者带来的满意程度也有很大的差别，由此，导致了个体合作预期与意愿的差异。个体之间的异质性不一定必然导致合作，合作的产生必须有个体主观的利益追求和对利益获得的风险判断。合作信心与预期处于一个较大的分布空间中，其出现是概率性的，集体中理性个体之间合作存在高度的不稳定性和概率性，这是一切社会合作问题的共同特征（原献学，2007）。合作就是个体突破自身的缺陷与不足而与他人一起共同创造价值，并使自己受益的过程。但是这是否必然产生收益以及是否可以合理地进行收益的分配都存在风险，个体的合作预期与意愿，特别是风险意识直接决定了合作的程度。

合作中的学习行为不仅仅是向别人学习，而是不断发现影响团队整体绩效的个体不足，并持续性改进这些不足的过程，所以，合作性学习具有一定的被动性。在合作组织中，总是存在短板，合作性学习的过程就是在群体中个体不断寻找木桶短板的过程，通过这些短板的知识改进和技术优化，逐渐形成组织的长板，而过去是长板的个体逐渐变为短板，由此这个木桶总是在不断地加深，即企业的绩效就会不断地提高。由于组织中合作者之间的相互弥补和相互促进，个体的行为逐渐群化为组织的行为，而且这种组织行为逐渐形成了一个长期有效的模式，最终实现了组织学习。加强合作性学习的关键在于参与者的共同交流与沟通，一方面使参与者知道自己的知识结构在整个团队中的地位和作用；另一方面使参与者知晓与自己知识结构相关联的知识存在于哪些其他参与者身上。尽管每一个个体都有不断增加自身利益最大化的动机，但真正实现自身利益最大化的前提是促动所有团队成员的共同提升。如果激励措施不恰当，则会导致短板更短，长板更长的情况，最终组织的激励措施没有得到有效的实施。所以，在合作性学习中，不能针对个体的激励，否则，受激励者创造和学习的动力更强劲，但其他参与者的学习动机不足，导致长板更长，短板更短，组织效能总体下降。

三、群体行为：竞争

竞争已经成为整个社会普遍崇拜的信仰，政治、经济、军事领域都把竞争当作普适的生存法则，竞争是促进学习的重要机制（刘华杰，2010），竞争创造了特别强势的防止文化倒退的机制（迈克尔·托马塞洛，2011），我国严格的高考制度就是一种竞争性学习的重要体现。竞争就是系统要素或系统之间通过相互争胜，力图取得支配和主导地位的活动（陈金祥，2008）。竞争是系统演化的最活跃的动力，系统诸要素或不同系统之间对外部环境和条件的适应与反应不同，获取的物质、能量以及信息的质量也存在差异。差异性必然导致事物内部的各个子系统的或事物之间的竞争。事物发展的不平衡性实际上是竞争存在的基础，反过来，竞争可能造成系统内部或系统之间更大的差异、非均匀性和不平衡性（吴彤，2000）。

（一）竞争的机理

个体之间的合作和竞争都存在冲突，但两种情境下的冲突具有差异性。合作中的冲突是因为个体的异质性导致个体之间协同的匹配程度不够，个体在联合行动中因为默契程度不够导致个体之间产生冲突，所以，合作中的异质性表现为具有关联性的差异，合作是个体之间同生死共命运的结果；而竞争中的冲突是个体之间不具有关联性的利益、任务、价值观等方面的直接对抗，在竞争中，个体的异质性所带来的冲突是完全的竞争关系，表现为有你没我，有我没你的抉择。合作中的冲突直接影响着合作的实现和程度，合作中的冲突都是以能够实现共同的目标为根本出发点；而竞争中的冲突往往具有一定程度的正面效应，竞争中的冲突都是以能够实现个体自身利益最大化为基本出发点。竞争中的冲突往往是因为不同个体为了获得更好的绩效和利益分割而展开的争夺和对抗，所以，竞争中的冲突因利益而起，竞争本身也是因利益冲突而起，没有冲突就没有竞争。通常来说，群体中个体的异质性意味着个体之间存在知识结构、思想、方法、价值观、技术、文化、观念等的多元化，这些多元化在群体的共同目标架构和资源约束下存在一定程度的冲突，这些冲突最终依赖于多数认可和一致原则而被消除。竞争因冲突而起，而合作则是为了消除冲突，两种情境下的冲突具有本质的区别，二者之间区别的关键变量是：（1）资源约束。在合作的冲突没有资源的约束性，个体各自拥有不同的资源，并相互合作；而竞争中的冲突表现为个体在共同资源约束下的相互争夺，是完全的对抗性占优。（2）关联性（或互补性）。在合作中的冲突表现为个体之间的互补和联结，任何一个个体都无法独自完成一项工作，合作中的冲突都是因为合作的关联性实施效果的欠缺，可能是误解，可能是信任度不够，可能是关联点上的契合度不够，合作中的冲突存在于合作过程中。竞争中的冲突表现为个体之间的无关性，个体之间更多地表现为重复性或相似性，比如技术、方法等，这种冲突是因为个体为了实现自身利益最大化而运用不具有互补性的知识、技术、方法等，冲突导致竞争，竞争导致冲突。（3）利益分割。合作中的冲突建立在利益共享基础上，任何一个个体都不可能离开其他个体而实现自身利益最大化，只有实现了共同目标，个体目标方可实现，即你好我好大家好；而竞争中的冲突建立在利益的分割基础上，某一个体利益的最大化意味着其他个体利益的最小化，任何竞争的结果都是对利益或资源的重新分割，竞争者的胜利和占优都是以对手的损失为代价。

人类的竞争与合作，就像一枚硬币的两面，相对于人类的实际运行和人类进步而言，是同等重要的（黄少安等，2011）。竞争的本质是"替代性"，它意味着个性的发展：事物的可替代性导致竞争，竞争导致专业化，专业化导致今天气象万千的个性化世界（汪丁丁等，2005）。在组织学习的群体交互中，个体、部门、群体和组织之间既存在合作，也存在大量的竞争。竞争是由于个体面临总体资源或收益不变情况下争取个体收益最大化而导致的相互的利益切割。在企业或其他组织中任何的排名，激励或奖金发放都是因为员工之间的竞争所致，优秀者获得更多的激励和奖金，组织的绩效管理在很大程度上都是以各种各样的排名为基础来奖勤罚懒。谢晓非等（2006）认为，合作和竞争具有不同的人格倾向，为了追求共同目标，合作个体具有愿意与他人进行协作的倾向性，在这一协作过程中，个体能够顾及他人利益，并从中体验因人际协调而带来的愉悦感。竞争是在挖掘自身潜力、追求自我成长或达成某一目标的过程中，个体力图比他人表现得更加优秀、超越他人的倾向性。相对于合作而言，竞争使个体希望比其他参与者更加优秀和突出，并得到物质和精神方面的奖励，反而，合作可能更希望他人比自己更优秀。在群体中，竞争必须要进行有效的排名，以此进行奖励和惩罚。

（二）群体的竞争性学习

正因为竞争的自利性，所以，复制性学习是个体之间知识的共享，而竞争性学习则是个体之间知识的保护。群体中的个体往往为了获取更大的组织"经济租"而极端地保护自己拥有的知识和信息，使自己能够在群体的活动中保持更高的绩效和收益。群体行为中的竞争性学习正如达尔文主义的"优胜劣汰，适者生存"竞争机制。所以，在竞争性学习中，个体都努力的充分利用自身的优势获得在群体中的优势地位，并获得更多的利益分割。冲突常发生在两个或更多简单概念产生竞争的场合（宋源，2012），竞争性学习不同于合作性学习的关键是不同知识的择优性，完成某一任务可能存在不同的方法或技术，这些技术分布于不同的个体，最终使用哪一种技术可能是分布于不同个体的知识之间的竞争。竞争性学习的含义就是网络成员在单位时间内学习的质与量的竞赛，或者是学习效率与效果的竞赛（周九常，2008），适者生存就是以这种竞争性学习而展开。合作学习是拥有不同优势的个体通过优势互补来共同完成一件事，而竞争学习则是拥有相同或相似能力与技术的个体力争获得完成一件事情的独享权，并独自获得收益。所以，竞争性学习是大家竞相去做一件事，而合作性学习则是大家一起做一件事，竞争带给每一个个体的是零和博弈，而合作带给大家的是双赢或多赢。群体中的竞争性学习通常以两种形式展开。

1. 群体竞争占优

竞争总是有优劣之分，由于双方的学习能力、知识吸收能力、知识保护水平、竞争情报和反情报能力上的差别，必然造成学习结果上的不同。有的网络成员实现了成功的学习，成为获取知识的佼佼者，而有的网络成员的学习就没有成功，处于落后的地位（周九常，2008）。在一个群体中，个体往往都会为了获得更多的利益和资源而展开竞争，最终都是以某一知识、技术、方法、文化、价值观的总体占优结束。一旦群体中出现了某一占优结局后，所有参与者出于自身利益最大化的目的，竞争的失败者将会以无条件认同和一致性同意接受这种知识、技术、方法等，并服从于占优者的学习模式。赵瑞斌等（2010）利用元胞自动机模型研究发现，对于一个特定的学习环境，当某种类型的学习者比例占优时，该类型的学习者就会同化掉另一类型的学习者，其中，交互程度越高，同化速度越快。"物以类聚，人以群分"，这种现象的产生不仅仅是由于相同类型的个体在社会活动中有意地靠拢，还一个重要原因是在学习过程多数对少数的同化。所以，竞争总会产生榜样和模范，在竞争的过程中自然成为其他参与者纷纷效仿的榜样和模范，从而促进了群体整体的学习，带来整体绩效的提升。文明社会的先进事迹、模范人物、榜样标杆往往是推动社会进步的重要力量，比如技术能手、科研标兵、优秀企业等，这种力量的产生就是因为在一个群体中因为竞争导致了这些榜样、模仿或标杆会获得更多的奖励、利益和资源，或者受人尊重、敬仰，表现了自我价值的实现。

2. 竞争情报

如果说群体竞争占优是一种基于结果的显性学习，那么竞争情报则是一种基于竞争过程的隐形学习。竞争情报是指一个地区或企业为了取得市场竞争优势，对竞争环境、竞争对手进行的情报获取、情报分析与研究，从而得出有利于提高本地区或企业竞争力的策略和方法（周九常，2004）。在一个群体的互动学习中，任何一个个体有意无意地会通过相互的竞争来获得其他参与者的知识、信息、诀窍等，学习过程必然伴随着竞争情报过程，不然就无法获得最有价值的知识（周九常，2008）。任何一个群体都是一个独立的网络，在群体中个体通过"竞争情报"的方式可以达到有效的竞争性学习。竞争情报是企业网络组织学习的一个重要条件，网络组织学习需要与之相适应的竞争情报，网络组织学习过程与竞争情报过程合二为一（周九常，2007）。竞技运动，特别是有多人参与的竞技运动往往并不一定都要争取每一次的优胜，更多的可能是在多人的竞技中能够获得参与者的优势和绝招，以备日后自己学习和效仿。所以，每一次竞技都会使所有的群体成员在技能、知识、操作等方面获得更大的进步和提高。在竞争性学习过程中，网络合作伙伴之间最容易发生竞争情报，因为竞争是驱动竞争情报产生的根本；合作双方中的知识保护和防范，又给竞争情报的发生提供了进一步的需求；合作双方的学习动机又加强了竞争情报发生的可能；双方频繁的接触互动又为竞争情报的开展提供了便利（周九常，2008）。从某种意义上来说，没有竞争就没有学习，没有学习就没有更强劲的竞争。竞争不仅仅是群体中个体获得自身利益最大化的重要手段和方法，同时通过有效的竞争可以达到群体整体收益的最大化，整体绩效的提升，所以，要善于学会在竞争中学习，在学习中竞争。

第二节　群体行为与演化学习

群体行为的演化表现为群体行为从一种均衡稳定状态发展到另一种均衡稳定状态的过程，这个演化过程类似于一壶水从一个温度水平到另一个温度水平的变化过程，这个演化过程是从量变到质变的循序渐进过程。群体由具有追求利益最大化的个体组成，群体行为表现为一定量行为趋同个体的集体行为的涌现，群体行为的演化过程伴随着由量变到质变的循序渐进过程。根据系统的自组织理论，群体行为的出现首先表现为群体中某一个体的行为变化，然后在其他个体间传播开来。例如，幸岛的猴子由拍泥土进食到用溪水清洗后进食，经三年时间再由母猴引导而发展到整个猴群都学会清洗动作，同时，还有少部分公猴固守原本的习性（冯仁厚，2004）。1950 年，日本研究人员对一群住在为"幸岛"的孤岛上的猕猴群做了一实验——用番薯喂食猕猴。起初，猕猴用手将番薯上的泥土拍掉后进食，年后的一天，一只母猴首先将番薯用溪水清洗后食用，渐渐地其他猕猴模仿着学会了清洗动作，虽然有少部分成年公猴固守着原本习性，但绝大多数猕猴最后都养成了新的行为。后来岛上的河川干枯，猕猴们改到海边洗番薯，也许是海水的盐分增添番的美味，它们竟然还会"洗一下、吃一口"。更令研究人员惊异的是，不久之后，在与幸岛相隔一段距离的高崎，和其他岛屿上的猴群也陆续开始了同样的行为。"百只猿猴效应"的现象说明，不只是动物群间的学习是以演化方式进行的，人类社会的组织学习过程也是以演化的过程进行的。社会学习无论作为学习的内容还是学习方式，都强调个体通过与其他个体或群体的相互作用，习得社会化进程中所需的各种知识、技能和社会规范，强调学习的社会互动特性以及替代特性（姚梅林，2010）。

一、演化是个体之间的交互行为

演化是基于群体的个体交互行为的一种机制，个体群思维有助于说明经济学演化方法的特征，演化的内核关注于群体和用群体统计特征的变化对演化的测量（库尔特·多普菲，2004），演化本身就是群体中个体的交互关系，或者说就是群体的演化，所以，演化理论无法运用个人主义方法，只有借助于群体中个体的交互关系方可对演化做进一步的探究。

（一）演化学习机理

交互是指学习者之间通过信息的传播和共享使彼此发生作用和变化的过程，是学习者个体发展和学习环境状态演化的重要原因（赵瑞斌等，2010）。群体中个体的交互是产生群体行为涌现的基本方式，这种动态交互机制正是群体行为的组织学习机制。模仿、合作和竞争是三种不同状态下的完全静态的交互模式，而演化则是复合了三者基础上的动态交互机制。社会学视角的演化与生物学视角的演化具有一定的差别，通常演化概念强调了生物遗传学的自然选择思想，它既包含了对某种特性的继承，又考察了变异的出现，体现出长期和渐进的变化过程（汪浩瀚，2003）。与达尔文对生物演化的解释一样，有关社会经济系统的演化必然涉及三种机制：遗传机制、变异机制和选择机制，在这些机制的相互作用下，在遗传基础上进行变异以适应新环境，此即为"达尔文进化"（刘梅英等，2008）。社会进化是在系统发育惯性制约的范围内，群体对生态压力的遗传响应的结果（爱德华·O. 威尔逊，2008）。系统发育惯性类似于物理学的惯性，由群体更深层次的特性组成，这些特性决定着群体进化方向和速率。生态压力主要是一整套环境影响，包括物理环境（如温度和湿度）和生物环境（如猎物、捕食者和竞争者），这套环境构成了自然选择的作用因子，引导了物种进化的方向。但从社会学和经济学来讲，学习和模仿的社会机制要比自然选择的基因机制更为重要（Friedman, D., 1991），生物学更关注于演化中自然选择的基因机制。

演化学习机理（evolution learning mechanism）揭示了人类如何获得比较持久的行为经验（即个体经验和社会经验），导致行为能力和心理倾向性比较持久的变化（刘海飞等，2007）。群体中的演化学习主要是个体通过交互共生不断地获得知识（技能、技巧、方法等）的改进或提高，并不断加强了群体整体的社会适应度和生存能力。学习制度设计必须遵循两个原则（原献学，2007）：第一，激励个人学习而不破坏组织结构；第二，强调组织学习主体而不窒息个人创新。演化学习把模仿、合作和竞争结合到了演化三原则中，即变异原则、选择原则和遗传原则。变异原则强调一个相关群体的成员在传递选择信号的特征上的变化；遗传原则强调个体特征可通过合适的机制被复制；选择原则强调在特定环境下实体间的交互作用必然使一些实体具有更好的适合其生存和增长的特征（库尔特·多普菲，2004）。演化学习是一种以遗传机制、变异机制和选择机制为基础，以模仿、合作和竞争为混合模式的循环往复式累积学习。遗传机制、变异机制和选择机制是演化学习的运行机制，模仿、合作和竞争是演化学习的具体形式，这三种形式在不同的运行机制中起到不同的作用。

（二）群体行为演化的两个维度

群体行为的演化分为两个维度：一是空间维度，从个体到群体的行为扩散；二是时间维度，行为的历时演化过程。两个维度相互缠绕，空间维度的扩展总是伴随着时间维度的进程。一方面，行为的扩散需要一定的时间和过程，在时间的进程中，行为逐渐地从个体改变扩展到众多其他个体，并使行为逐渐趋同化，当这个行为扩散到一定数量的个体时，群体行为发生了质变，表现为群体的另一种均衡状态。另一方面，行为的历时演化过程中，不仅仅是个体之间的简单扩散，更多包含了行为的进化与演进，演化反映了行为的历时动态变迁与进化。由此，时间维度又可以分为两种情况：一种情况是，在时间的进程中，行为从某一个体扩散到众多个体，表现为行为在空间上的简单扩展，在同一代际群体中不同个体之间的扩散，这种情况严格来讲并不是行为的演化，而是简单的复制与模仿；另一种情况是，在历史的进程中，行为在不同代与代之间扩散，或者称为遗传，表现为行为的代代相传。

实际上，演化的本质是变化，演化是变化的扩散与传播，从一种变化发展到另一种变化。从演化的路径来看，演变总是伴随着变化的连续性，总是表现为一种变化引起另一种变化，形成变化的层峦叠嶂，一个初始的微小变化可能在历史的演变长河中引起相对于初始状态的巨大改变，变化总是导致变化，变化总是源自变化。研究发现，学习环境演化后学习者良好率总体上随初始状态下学习者良好率增大而增大，但并非呈线性关系，对特定学习环境而言，演化的趋势和演化的结果还与初始状态下不同类型学习者的分布情况有关（赵瑞斌等，2010）。但从变化的一个局部或者一个小的细节来看，变化总是经过一个过程后可能会引起另一个变化，在这个过程中，变化总是不断重复性蔓延或者扩散，这种变化可能就是从一个行为改变的个体逐渐扩散到其他个体，可能就是时间维度中的一个均衡状态的持续。所以，从历时演变的整个过程来讲，总是伴随着无数多的变化，变化连着变化，变化产生变化，但是从具体的一个局部片段来看，是不变状态的扩散与复制，由此，演化是变与不变的统一体。从变化的根源来看，无论是哪一种时间维度与空间维度的演化，演化都源自某一个体行为的改变，并从这个已经发生了行为改变的个体开始逐波扩散开来，并形成了集体性的行为改变。

二、群体行为的演化过程

基于以上的分析，就出现两个需要解决的问题：一是变化为何在某一个体中产生？变化产生的根源是什么？二是这种变化引起的行为改变如何以及为什么会在其他个体身上发生，并最终演变成为集体性的行为改变？

（一）变化的起因与变异机制

变化源自两个方面：变异或者称为基因突变和思维创新。用进化论的思想，我们可以将这两个方面统一称为变异机制。

1. 基因突变

达尔文主义的生物进化论强调生物进化中的基因突变，就其词义而言，基因突变指有机体细胞染色体上的遗传因子突然发生变化，如一对等位基因中的一个基因由 A、a 或 DNA 分子片段上一对或若干对碱基突然发生替换、缺失或增添（即严格意义上的点突变）（张乃烈，1988）。而社会学的演化则强调个体的思维创新，即大脑的神经活动过程，实际上意指个体的学习过程。前者表现为被动的随机变化，或者具有偶然性，这主要表现在突变发生的过程和后果上，表现在现象上（方宗熙等，1977），具有漫长的历史演进特征。这种历史演进包含了变化中的不变，也包含了不变中的变化，演化总是变化与不变的统一（方宗熙等，1978）。后者表现为积极的主动创新，具有快速的社会进步特征，尽管创新性的成功往往也具有一定的偶然性，当然，思维的创新能力在一定程度上建立在基因突变的基础上。变异机制意味着对基因遗传的突破或创新，所以变异意味着新奇的创生。如果是简单的代际遗传，那么演化就是简单的复制，演化的本质是对历史的改进，演化缘起于新奇，所以，变异机制是演化学习的根本，没有变异演化也就无从谈起。就群体而言，群体变异源自群体中个体的学习，但个体学习所带来的新奇或绩效改进并不必然引起群体的变异，或群体绩效改进。自然界中生物的进化都表现为"适者生存"的环境决定性，基因的环境与内部结构决定了基因突变的必然性（方宗熙等，1977）。但是基因突变是被动的适应，其适应性完全取决于"自然选择"机制，达尔文曾用这个科学理论完满地解释了生物多样性和适应性（合理性）的起源，打倒了目的论（方宗熙等，1978）。变异的结果是有规律的，变异的过程是自然选择的结果，先有变异，后有自然选择。所谓"适者生存"，变异本身是与外界条件没有对应规律的，变异是纯粹偶然的，选择才成为必然（刘吉，1977），所以，基因突变是必然性与偶然性的辩证统一。但其源自生物个体的基因突变绝不具有目的性与方向性。

2. 思维创新

在社会学中，变异意味着旧制度的破坏，新制度的构建，即所谓熊彼特的"创造性毁灭"。个体变异实际上就是通过个体学习过程实现某一方面的创新，即思维创新，形成了对现有群体行为、习惯、惯例、制度或知识的重新构建。对于低智能个体来说，基因突变是引起变化的关键要素，而对于高智能个体来说，思维创新则是引起变化的关键因素。人类社会的进化既有漫长的基因突变性，也有快速的思维创新力量，由此可见，导致群体行为改变的组织学习肯定以群体中的个体学习为基础。没有个体学习产生的个体行为的变化，就没有产生群体行为改变的基本因子。从变化产生的速度来看，基因突变要远远比思维创新漫长很多，可能是几十年，几百年，甚至几万年。从变化的方向来看，基因突变具有随机游走特性，演变的漫漫长途也可能就是因为变化的随机游走而导致了不断的试错过程，而思维创新则具备基本的方向选择与导向性，思维创新的快速变化正是因为变化的选择性。尽管思维创新也存在试错过程，但是这个试错的成功概率要远远高于基因突变产生的成功可能性。

思维创新是主动地适应，表现为积极地搜寻、探索与发现，寄希望于对自然界的改造，思维创新的选择性本身就是主动适应环境的表现。人类社会的思维创新总是伴随着目的性和方向性，人类社会的创造性表现为有目的的实践探索，是主动性创造。科学的发展史告诉我们，科学根本不是凭着所谓天才的好奇心或灵机一动而一下子出现的，科学的起源和发展是跟社会的发展分不开的，是跟人们社会实践分不开的，科学是人类所特有的，是社会实践经验的总结（方宗熙等，1978）。就个体神经系统活动而言，基因突变导致了大脑中神经元细胞的变异，并影响到个体学习的差异性，而思维创新则是因为个体学习而导致神经元联结方式与结构的改变。但是，就社会群体来讲，群体中的个体可能会因为新进入者的加入而带来了相对于原有群体所不具有的行为特征，这种新加入者的行为特征也可以视为群体整体中的基因突变。由此，在社会群体中，变化源自两个方面：新个体的加入带来的异族特征（即所谓基因突变）和群体中原有个体的学习所产生的行为改变（即所谓思维创新）。

（二）遗传机制、选择机制与群体性行为的出现

当个体行为的变化发生后，又怎么会导致群体行为的集体性改变呢？关于群体行为演化的第二个问题又可以分为三个问题：一是发生了变化的个体行为为什么会引起其他个体的行为趋同；二是个体之间的行为趋同如何实现；三是集体性行为的改变如何实现。

1. 个体行为的逐利性与选择机制

群体某一个体行为的变化可能会引起其他个体的注意和模仿，其基本动因是个体的趋利避害，或者个体追求自身利益最大化。"百只猿猴效应"说明了低级动物的行为模仿都符合趋利避害的自利性特征，更何况具有认知与趋利避害动机的人类社会。群体中个体的行为趋同动机源自个体的选择机制，选择机制既有主动性选择，也有被动性选择。趋利避害或者个体收益最大化的选择是个体趋于自身利益的主动性选择，而"适者生存"或者"优胜劣汰"的自然选择则是被动性选择。"自然选择"的作用完全在于保存和累积各种变异，这种变异对于每一生物，在其一切生活期内所处的有机和无机条件下都是有利的（达尔文，1995）。达尔文主义的自然选择理论以三个原理为基础（杰弗里·M. 霍奇逊，2007）：第一，在物种或者人口成员中必

然有持续的变异，变异可能是盲目的、随机的或者有目的的，但如果没有变异自然选择就不会起作用。第二，必然存在某些遗传原则或者连续性原则，根据这些原则，后代肯定更像他们的父母，而不是更像物种的其他成员。换言之，肯定存在某种机制，靠它把个体特征传递给下一代，或者更多地把优质（适应性更强）的基因遗传下来。第三，自然选择本身能发挥作用，既是因为更适应的有机体留给了数量更多的下一代成员，也是因为有利于生存斗争的变异或者基因组合得以保存。自然选择机制完全是个体被动地接受环境的淘汰机制，任何生物或者植物的存活实际上主要是以环境的适应性作为基本的选择依据，弱肉强食，优胜劣汰都是自然选择的结果。

2. 群体中的行为趋同

在生物博弈中通常使用马尔萨斯动力系统，即 RD 模型，如果某个群体的适应能力超过了种群的平均水平，那么这个种群的个体数量就会增加，而如果某个种群的支付低于平均水平，那么这个种群在整个种群中的比重就会减少（刘良灿等，2011）。群体的演化是自然选择和层级选择的综合过程，自然选择是在个体层次上发挥作用，而生态、气候和地质的突变导致在层级水平上的物种选择（王海峰，2008）。生物种群的任何基因突变是否可以有效地遗传与扩散取决于变化是否能够维持生物的环境适应性。在生物进化过程中，总是表现为强者更强，弱者更弱，一代代繁衍下来的都是强者，并通过强者的生存与繁衍将突变基因代代相传，而弱者因为突变基因的不适应性而反遭淘汰，以致消亡。赵瑞斌等（2010）利用元胞自动机模型研究发现，当一个学习环境在初始状态下的学习者良好率越大，该学习环境就会越容易向良性方向演化，而且演化后学习者良好率也越高。究其原因，主要是学习者在相互学习的过程中少数待提高学习者逐渐被多数良好学习者同化。在人类社会的群体演化中，被动性淘汰机制仍然存在，如果某种创新将证明有利于生命的延续，那么这种创新会在社会群体中保留并高效的扩散开来（Hannan M. T. et al.，1984）。任何个体的思维创新是否可以被其他个体模仿与学习，都取决于其是否保证该个体行为改变的适应性，群体行为演化中的竞争性学习将"适者生存"推向极致。

社会群体中，竞争性学习更为明显得表现为主动性选择。主动性选择机制是以个体基于自身利益最大化为基本出发点，以个体过去经验和知识结构为参照物，对未来预期的收益与风险做权衡。当某一个体的行为改变带来了自己的绩效增加时，其他个体会注意到这种行为改变引起的边际收益增加，从而促使自己自觉地学习与模仿这种行为。群体变异是群体行为从一种旧的模式或惯例演进为另一种新的模式或惯例，这个过程需要通过选择机制完成。在互惠性假设的前提下，互惠性群体的自我演化将使互惠性群体在总体中占据主导地位，从而实现经济群体的互惠性改造，最终完成整体社会福利的扩展与改善（张同健等，2009）。群体中的行为趋同要么是为了更好地实现自身收益最大化，要么降低行为改变可能带来的不确定性。这意味着在趋利避害的基本动机下，要么在一定不确定性条件下追求更高的边际收益，要么在当前收益不变的情况下进一步降低行为改变可能带来的不确定性。我以你为榜样是因为这样可以给我带来更好的回报，我们共同遵守规则是因为我希望生活在更为稳定的环境中。所以，任何一个个体行为的变化能否引起其他个体的趋同意向取决于该行为的变化是否可以使所有个体在进行了同样的行为改变后可以达到同样的趋利避害。

3. 遗传机制与行为趋同

那么这种趋利避害的基本目标在群体中如何实现呢？群体中的行为趋同是如何实现的呢？群体中个体行为的趋同主要依赖于遗传与模仿机制，群体中个体行为的变化既通过遗传机制在其他个体中进行被动性传播，也通过模仿机制进行主动性扩散。遗传机制更多地表现在生物种群中基因的代代相传，这种传播就某一个体来讲，并不是主动的学习，而是通过机体的生理遗传实现。当然，在人类社会中这种被动性遗传导致的行为扩散也是存在的，群体行为的延续往往不会因为某些个体的消失而消失，而是通过制度、文化、流程等方式绵延传播。在社会群体中，被动性遗传机制可能用强制性学习表述更为恰当。人类社会的一切制度变迁过程都是一个适应性的学习过程，这种学习是基于个人心智、历史和文化以及意识形态的学习过程，在这一过程中，习俗或社会规范在制度变迁的速度和方向上起到了决定性作用（傅沂，2008）。正如生物基因一样，制度、习惯、惯例和组织结构等历史的载体，它们通过模仿而传递（贾根良，2004）。在社会群体中，主动性模仿机制可能更为关键，演化学习就是群体中的个体对过去知识、制度、习惯、习俗，文化或意识形态的模仿和复制，这种复制既表现为对历史的延续，同时也是对群体个体相互之间的学习和模仿。在行为整合过程中，群体内部的行为规范、文化以及价值观等无疑会对整合效果产生非常重要的影响（卞吉华等，2010），学习过程决定着制度的演进方式（傅沂，2008）。所以，演化学习是对历史的复制性学习，是对类似于基因的制度、文化、习惯等的代际遗传，遗传和模仿机制既有同一代群体中个体之间的复制性学习，也有不同代与代之间个体之间的复制性学习。正如"幸岛"的孤岛上的猕猴群对清洗的模仿学习一样，模仿学习在生物种群特别是人类社会中群体行为的形成具有更为重要的作用。

第三节　群体行为演化与组织学习

群体行为的演化既包括引起演化的变化的根源与起因，同时也包括这种变化在群体中的扩散机制以及集体性行为改变的涌现。如果某一个体行为的改变引起了其他个体的模仿与学习，那么群体中集体性行为的改变是如何发生的呢？这种行为变化的涌现如何表现为组织学习呢？

一、演化与组织学习的辩证性

群体行为并不是作为一个整体的瞬间突变，而是从量变到质变的过程。这个量变主要是个体行为的不断扩散导致行为趋同化个体数量的增加，当这个数量达到一定阈值时，质变发生了，群体中众多个体行为产生共振，由此，群体的集体性行为出现了。这个从量变到质变的过程包含了变异机制、遗传机制和选择机制三种生物演变的主要机制。

（一）群体行为演化中的组织学习

个体层面的变异或新奇创生一开始并不会引起群体的整体变迁，而是在群体整体结构或群体的部分小群体中产生一定的影响，并在复制、合作和竞争的群体行为中不断传染和扩散。变异机制的根本机理不仅仅是个体变异的扩散，更重要的是在不同个体之间不断地形成双向反馈过程。一般的个体交互学习行为是单向的反馈，而变异机制在群体行为中表现为反复的双向反馈过程，即变异从 A 到转移 B，然后在 B 处又出现另一种新奇创生，并反过来从 B 转移到 A，或者更为复杂的反馈过程，即从 A 到 B，从 B 到 C……经过很多次的发酵，正反馈后又返回到了 A。这些复杂循环或双向反馈过程通过正反馈增强效应形成变异链，在变异链上，每经过一个反馈环节，变异都会因为正增强效应而产生更大的变异，即变异的变异。这样变异会像瀑布的层叠效应一样在群体中的所有个体中不断叠加、发酵、传染、扩散，形成了群体的整体性行为迁移。研究发现，在同质学习者分布比较离散的情况下，提高学习环境的交互程度可以显著地提高学习环境演化的速率（赵瑞斌等，2010）。

许多不同的群体系统会表现出相同或类似的整体动态行为，如群体收敛、集体振荡等，而这些整体行为并不依赖于群体中的个体动力学的具体形式（当然，个体的动力学确定了它们在群体中的相对运动）（楚天广等，2010）。无论是遗传机制还是变异机制都要依赖于个体针对新信息的选择性注意，并做出相应的学习决策。社会学习认为一个具体的经济人的行为受制于其他经济人的学习行为（Boerner C. S. et al.，2001）。群体行为演化以个体的变异、遗传和选择为爆发点，通过模仿、合作和竞争转化为集体性的变异、遗传和选择，并导致群体行为的一致性改变。群体演化的关键不仅仅是简单的变异、遗传和选择，而是通过模仿、合作和竞争这种群体中的大量交互机制催生了更大的变异、遗传与选择，群体成为一个发酵池，不断地激发新的变异，广泛扩展遗传基因的传播与蔓延。在这种演化学习中，形成了变异、复制、再变异、再复制……如此不断地发酵、扩散和传染，逐渐从个体的创新转变成为整个群体的创新性一致行动，最终导致了群体的行为转变，产生组织学习。

（二）组织学习中的演化机理

演化过程不可能出现从一个静态均衡到另一个静态均衡的现象，演化总是从一种变异转变为另一种变异，变异总是以以前的变异为基础，也即演化经济学所谓的"路径依赖"。演化具有一定程度的方向性，同时具有一定程度的不可预知性，看似矛盾的力量决定了群体行为演化的短期稳定性和长期动态性。方向性决定于遗传机制，遗传机制具有"路径依赖"效应，路径依赖导致了群体演化的惯性，因此，组织学习无法摆脱惯性的作用。不可预知性取决于演化的变异机制，因为变异具有偶发性和突变性，从静态来讲，变异导致了行为的异质性突变，但从长期动态来讲，变异在不断的酵化过程中会进一步加大之前的目标差异性。自由的演化无法确定一个预期的方向和目标，因为演化过程中的变异总是以一种无法预知的方式产生，更可怕的是这种变异在不断的酵化过程中进一步加大了之前的目标差异性，即差之一毫，错之千里。所以，这次的变异无法再预知下次的变异将会在哪个方向产生，也不知道会导致哪个方向的运动，从某种意义上来讲，演化具有一定的盲目性（Hannan M. T. et al.，1984）。但是不是说演化就是完全盲目性呢？特别是在人类社会群体中？不是这样的，演化正因为有"路径依赖"，所以任何演化的随意性和盲目性都是以演化前的方向为前提，自然就有一个基本的方向倾向。在社会群体中，群体行为中的演化有一个因素是确定，即任何一次变异的形成（即思维创新）都是新奇创生的个体达到自身利益最大化的结果，否则就不会导致个体自身行为的变化，也就是说变异是因为个体基于自身利益最大化的目的而创造的。这个因素在群体行为的演化学习中非常重要，因为无论变异的方向是什么，但都是以利益最大化为基本目标，所以，任何变异的产生都会导致群体整体的绩效增加，演化学习导致了群体的不断改进与环境适应性。

在组织学习中，遗传机制使群体中的个体通过模仿，传承了组织的传统和文化，保持了组织的原有属性，而变异机制使组织真正产生了学习，即行为的改变。当然，在由人组成的群体中，也会存在一种变异，即负变异，也就是一种导致整体绩效降低的变异，尽管这种变异对于某一个体来讲可能会产生自身收益最大化的结果。但对于个体来讲，不存在正负变异之分，因为所有的变异都是个体基于自身收益最大化的选择。在演化学习中，变异机制存在两种完全相反的变异：正变异和负变异，正变异会导致群体绩效的增强，负变异导致群体整体绩效的降低。同样，组织学习也存在两种完全相反的学习：正学习和负学习，学习并不总是增强学习者的有效性，或者潜在效益，学习也并不总是会产生真实的知识（George P. huber，1991）。但个体学习同样不存在正负学习之分，对个体有益的学习对群体来讲就不一定是正学习，可能是负学习，比如偷懒、投机取巧等极端私利化的方法创新。在群体的演化学习中一旦出现了错误的学习，就会导致群体整体的绩效下降，比如组织涣散、人浮于事等。一个实体可能会错误的学习，或者正确的学习错误的东西（George P. huber，1991）。例如，正在马路上行驶的汽车，从演化角度来讲，所有车辆的行驶都是以前面车辆的信号灯为依据，假如由于某种原因前面的车辆可能停止，后面的车辆应该是以前面的信号灯为依据依次停止，但有一辆车并没有这样做，而是从其他车辆的左侧出行，希望能够顺利通过此路，这样后面的车辆也会依据该车信号灯从左侧随行，这样导致马路拥堵现象。

二、群体行为演化的自组织解释

群体行为的出现是众多个体趋同化行为的同时爆发，而群体行为的演化则是从一种状态发展到另一种状态的过程，这个演化过程就是一些系统自组织过程，导致自组织运行的基本动力是组织学习。

（一）组织学习的自组织行为

根据自组织理论，群体中的个体学习是导致系统不稳定的基本原因，任何一个组织都是一个由可以自己学习的个人组成的群体，每个人都会不断地通过个体学习改变着自己的态度，情绪和行为。每一个个体的学习可能是随机的，或者对于自己来讲是有目的性的，但对整个群体来讲可能完全是具有随机性。但这种个体学习引致的行为改变在很多个体中产生影响，并引起他们的行为改变，群体行为变化的苗头就出现了。小小的变化给系统带来巨大的差异性一方面需要时间过程，另一方面需要系统内不同元素之间的交互与演化。关键的创新在刚刚出现时平淡无奇，但是对以后的进步具有显著的影响，任何一个技术改进都是建立在之前很多非常细小的变化基础上（Roberts P.，1983）。正如有人认为毛泽东与蒋介石的性格从一开始就决定了中国的命运，但是这个过程如此漫长。时间决定了系统三角张口的大小，随着时间的推移，组织作为一个系统所产生的差异将会渐行渐远。和最初的小小变化相比似乎与其没有任何关系，但是这种变化随着时间的历史变迁逐渐累积起来，变化就大了。引起差异性越行越远的另外一个因素是交互与演化，如果说漫长的时间进程仅仅是系统发生巨大变化的过程因素，那么系统内部的交互以及演化则是系统发生巨大变化的根本动因，漫长的过程就是小小变化在系统内不断的演化过程。

这种系统内的演化过程源自不同类型的学习，学习可以分为累积性学习和转换性学习，所谓累积性学习是学习者行为的微小变化，而转换性学习是指学习者的根本性变化（Crossan M. M. et al.，1993）。实际上，累积性学习与转换性学习是量变与质变的关系，任何学习都会带来行为或认知的变化，只是这种变化可能非常微弱，但这种微弱的变化引起整个系统的改变时，质变就发生了，转换性学习就会出现。累积性学习是转换性学习的基础，转换性学习由许许多多累积性学习构成。另外，认知的变化不一定马上会体现为行为的变化，但是所有的学习最终都会表现为从认知变化到行为变化的过程。在学习过程中可能先有认知的变化，然后才会出现行为的变化，比如显性知识的学习就是从认知到行为变化的过程；或者先有行为的变化，然后由认知的变化，比如隐性知识的学习就是从行为变化到认知变化的过程。在一个组织中，如果个人学习相对于自己的行为来讲，可能是转换性学习，但是相对于整个组织而言仅仅是累积性学习，当有很多的趋同性行为出现后，这种累积性学习就会转换成为群体的转换性学习了。由个人组成的社会群体总是处于不断地变化中，每一个个人都会因为自己的个体学习而发生行为的变化，这种变化会在不同的个体之间发生交互，这种交互具有非线性特征，总是使某一小小的行为改变可能在整个群体中形成巨大的涟漪，甚至可能波澜壮阔、汹涌澎湃，这个交互的过程就是组织学习的过程。树欲静而风不止意味着很多变化不是因为自己的变化动因和动机，而是因为外界的影响。一般来讲，个体学习引起的变化是导致整个系统不稳定、群体非平衡性的关键因子，小小的错误可能是巨大灾难的前兆。

（二）组织学习与群体行为的因果关系

任何事物的发展从很长的历史来看确实在发生着很大的变化，但是从某一个片段来看，往往是静止的，稳定的。组织行为同样可以分为两种情况：一是对过去活动的重复运行，二是对新业务的拓展与探索。前一种情况我们可以称为"稳"的力量，后一种情况我们称为"变"的力量。在一个组织的运行中，这两种力量通常都会起作用，有时候"稳"的力量占优势，有时候"变"的力量占优势，组织的发展就是在这个"稳"和"变"的力量的交替变换中不断发展和演化的。所以，学习具有跳跃性和间断性是有道理的，一方面群体行为的改变是组织学习的结果；另一方面组织学习又是群体行为发生的动因。因为个体学习具有随机性，以及对群体行为影响具有不可预测性，所以，组织学习具有间断性和跳跃性，而非连续性和累积性（Cangelosi V. E. et al.，1965b），组织学习的这种特性使群体行为同样具有一定程度的间断性和非连续性。静止和稳定不是说这个系统没有任何的变化，只是这个变化太小以至于没有引起人的注意。在一个组织中，任何个体都会因为学习而产生行为的改变，但是这种个体行为的变化没有引起其他众多个体注意，并没有对整个群体产生任何的影响，实际上不是没有影响，而是这个影响太小可以忽略不计。

尽管个体的行为改变是一个随机事件，对群体行为并没有明显的影响，甚至根本就无伤大碍，但是个体学习引起的行为改变却是导致群体行为涨落的基本因素。一个不同寻常事件往往是两个或两个以上很小可能性的小概率事件的同时发生而引起，这些小概率事件的概率，概率分布以及排列组合对整个事件的影响很关键（Roberts P.，1983）。所以，其他个体通过关系网络中的交互产生了行为趋同化趋势，并且这种程度越来越大，使个体行为趋同的数量达到一定阈值时，群体行为的新改变就会发生。由个体学习导致的行为改变的趋势在整个群体中通常呈几何指数的增长，正如学习函数：$L = KX^n$，n表示学习指数（Roberts P.，1983）。在整个群体行为爆发的原因中，个体行为的小小改变是直接导火索，这种小小行为的改变以及不断演化则是群体行为爆发的动力，这些趋同性行为同时出现则是群体行为出现的表象特征。

　　具有趋同性行为特征的个体数量是决定群体行为是否出现的关键因素，这种数量存在一个阈值，一旦达到或超过这个阈值，群体行为瞬间出现，而一旦低于该阈值，尽管有很多个体具有相同或相似的行为特征，但它绝对不会导致整体性群体行为的发生。从表面来看似乎这种整体性的变化是瞬间完成的，事实上是一个完全的积少成多过程，这个过程本身就是一个行为的演化过程。当群体行为出现时，我们认为群体行为演化的一个阶段将完成了，但是在这个过程中同时又会聚集着另外一次群体行为爆发的基本因子，因为任何一个群体中的个体总是处于不断地变化与动荡中。由此，群体行为的演化过程可以分为无数多个片段，对于某一个片段来讲，都表现为群体中个体学习引致的个体行为的变化。当这种变化在群体不断扩散和传播时，整个群体行为会发生改变。这个过程不会产生新的变化，仅仅是某一变化在群体中不同个体之间的扩散与无限复制，是否引起群体性改变取决于这种变化是否可以达到引起群体行为改变的数量阈值。一旦达到该阈值，一次演变就完成了。群体行为的演化就是由这些无数多个由一种状态到另一种状态的片段连接和嵌套在一起形成的。在某一个变化的片段中，组织学习成为个体行为逐渐扩散与传播的动力机制，在不同变化的演化中，组织学习成为导致变化产生变化，差异引起差异的基本因子。当一个变化在逐渐爆发时，另一个变化在一些个体中开始涌现，变化的波浪一波接着一波，一浪接着一浪，波连波，浪连浪，演化由此无限推演下去。

第五章

组织学习效应：组织知识与组织惯性

组织学习正如个体学习一样是一个过程，在这个过程中，组织学习最终会产生两种东西：组织知识和组织惯性。组织知识与组织惯性的边界往往难以区分，但二者在组织中的作用以及作用机理是完全不同的。组织知识和组织惯性都表现为组织记忆的形式，都通过组织记忆实现、保持。组织学习产生组织记忆，组织记忆形成组织知识和组织惯性。组织学习通常是一个中性概念，同样存在事物的两面性，组织学习最终通过组织记忆产生两种效应：正效应和负效应。正效应形成组织知识，负效应形成组织惯性。一般来讲，组织知识和组织惯性相互之间会产生演化，组织知识的固化会形成组织惯性，有时候无法清楚地区分二者的界限，因为组织惯性并非总是负面效应，组织惯性有利于组织更低成本的实施重复性业务。组织知识和组织惯性是一个硬币的两面，关键是看对组织创新与变革的影响程度和方向。组织惯性和组织知识都是组织学习和组织记忆的结果，组织惯性形成组织防卫，阻碍了组织的变革和创新。而组织知识促使组织不断创新与变革，两种相反的力量都源自组织学习，但又需要不断优化的组织学习机制。即所谓成也学习，败也学习。

第一节 组织记忆与组织忘却

当一个组织具有了类似于人类生物特性的学习行为时，组织也就具有了记忆和忘却的功能。与个人学习、记忆与忘却相比，组织学习、组织记忆与组织忘却实际上一脉相承。组织记忆与组织忘却是组织学习的必要条件，如果一个组织失去了基本的记忆与忘却功能，那么这个组织必将寿终正寝，组织学习成为过眼云烟，或者组织学习过于频繁而导致组织运行无效。从一定意义上来讲，组织记忆和组织忘却本身就是组织学习的特殊形式，组织学习的过程就是组织记忆和组织忘却的过程，组织学习必然伴随着组织记忆和组织忘却。组织记忆与组织忘却和组织学习一样将在组织的群体行为中互为掣肘，组织学习、组织记忆和组织忘却都无法离开群体而存在，即所谓集体学习、集体记忆和集体忘却。

一、组织记忆：组织学习的黏合剂

记忆因学习而发生，学习因记忆而更为便捷与有效，学习与记忆总是相伴而生，学习和记忆是硬币的两面（Weiss R. P. ，2000），如果没有记忆，学习将无从谈起，也无法有效展开。学习是信息的获取、产生与使用，记忆则是信息的储存，记忆使学习成为一个序贯的过程。由此，学习和记忆不是简单的因和果的关系，学习不一定必然发生记忆，但记忆必然是因学习而产生，二者之间并不是一一对应的相互影响。学习导致记忆的发生以及存在的必要性，记忆又直接影响到以后的学习。记忆使学习的积累成为可能，学习总是以记忆为基础，从而形成了越学习，则越记忆；越记忆，则越学习。学习因记忆而成为一个连续的序贯式循环，记忆将无限细小的片段学习联结成为一个永续的过程。记忆对学习的促进作用可以分为两个方面：一是记忆使重复性活动可以更加便捷，并低成本实施，摆脱了反复学习带来的成本耗费；二是记忆可以使每一次的学习都以上一次的学习为基础，更有利于以后的学习。一般记忆是社会记忆的前提，它在认识的形成和发展中起着至关重要的作用，奠定了一切认识形式的功能性基础（孙德忠，2005）。个体学习具有这样的特性，组织学习同样具有这样的特性。组织记忆意指随着人员流动和时间推移，组织是如何解读、储存与再现历史信息的（Levitt B. et al. ，

1988）。就当前的组织记忆理论研究来说，组织记忆包括三个需要厘清的方面（Walsh J. P. et al.，1991）：一是组织记忆的存在性（也就是记忆结构，或者说组织记忆的存储位置是什么）；二是信息被获取、存储和提取的过程；三是组织记忆对组织绩效的影响方式或手段。

（一）组织记忆的存在性

涂尔干的学生法国著名社会学家哈布瓦赫被公认为是集体记忆研究的鼻祖，在他的著作《论集体记忆》中，他将记忆这个概念首次赋予了社会学的内涵，强调记忆的社会性（燕海鸣，2009），记忆研究的一个重要转向就是从个体视角转向了集体视角，从生理/心理学转向社会学、文化学（陶东风，2010）。在社会学领域内使用最多的是集体记忆，在心理学领域内使用最多的是文化记忆，在历史学领域内使用最多的是历史记忆，在文化人类学领域内使用最多的是传统、习俗等概念（汪新建等，2009）。集体记忆、社会记忆、文化记忆、组织记忆等术语具有异曲同工之妙，它们的基本内涵都是一样的，都是从群体行为解释组织学习行为。

1. 组织记忆的内涵

所谓组织记忆，是指记忆在个人脑海中的东西以及嵌入个人记忆中的流程，它并非生理学或心理学意义上的个人行为，而是根植于集体和工作团队中的社会性理解（Wexler M. N.，2002）。尽管在个体学习的理论中不乏社会建构理论来解释记忆的机理，但个体学习和个体记忆毕竟是人的大脑中神经元细胞的生化反应，社会建构的解释无法离开大脑的生物生化机理。任何一个社会和组织都是由一群人组成的集体，其学习与记忆的发生与行为机理都带有很大的群体行为和社会属性。社会组织或群体如家庭、家族、国家、民族等都有其对应的集体记忆（王明珂，2001），它们往往和个人一样在成长的过程中养成回忆和记忆的能力，所谓文化记忆就是一个民族或国家的集体记忆力（王霄冰，2007）。

组织记忆的社会性与个人记忆的社会性不同，个体学习和记忆的社会性强调学习与记忆的社会建构，强调学习与记忆的社会实践性，但个体学习与记忆总是发生于脑神经系统，表现为神经元之间的关系构建与修复。任何个人的学习都是在具体场景中和具体的实践共同体中产生的环境信息在大脑中的生化反应，离开了社会实践就脱离了学习的信息源泉。社会建构论思想认为，人类的记忆、态度、情感等都不能仅仅看作是个体的心理过程，而应当看作是一种"社会事件"，是一种"集体行为"，是发生在"人与人之间的事情"，不应该将记忆看作是仅存在于现实世界里的实体或个体功能，而是应该将整个记忆与人类活动联系起来（汪新建等，2009）。而组织学习与记忆的社会性主要强调组织中个体之间的交互，同样是强调社会实践过程，组织靠做来记住，"做"成为储存信息的主要形式，甚至比正规记忆多很多，而且其存储成本更为低廉（理查德·R. 纳尔逊等，1997）。

2. 组织记忆与组织学习的关系

组织学习和组织记忆是在社会实践过程中形成的个体之间的关系网络，学习和记忆是群体中个体之间行为的交互。在个体学习和记忆理论中，社会实践性意指个体与环境之间的实践活动，在组织学习和记忆理论中，社会实践性意指组织中个体之间群体交互的环境与场所。个体学习和记忆理论认为个人学习是大脑神经元细胞之间关系的构建与修复，记忆将这种关系模式的稳定性状态保持和延续下来。组织与大脑一样都是一个系统，组织中的个体类似于大脑中的神经元细胞，组织学习与组织记忆具有同样的联结主义特性。根据组织学习的关系网络理论，组织学习是组织中个体之间关系网络的建构与修复，组织记忆则是这种关系网络模式的保持与延续。组织记忆与个体记忆的另外一个巨大差别在于组织中每一个个体都具备记忆的功能，这个与大脑神经元细胞不同。集体记忆的产生是在集体关系背景中协同沟通的结果，集体记忆的存在既是一种关系建构的结果，也是一种关系建构的过程，集体记忆与个体记忆的空间是彼此开放的，集体和个体在不断的关系交流中进行不断的建构和再建构（汪新建等，2009）。组织记忆不仅仅表现为组织中个体的记忆，更重要的是保留了组织个体之间的关系网络。

（二）联结主义组织记忆理论

哈布瓦赫（2002）认为，集体记忆必将使自己置于一个或者多个群体的视角，群体的记忆是通过个体记忆来实现的，并且在个体记忆之中体现自身。由此，组织记忆具有群体行为的特征，是所有个体记忆的有机结合，绝不是所有个体记忆的简单总和。

1. 群体记忆

群体记忆是个体通过把自己置于群体的位置来进行回忆，或者说，群体的记忆是通过个体记忆来实现的，并且在个体记忆之中体现自身（陶东风，2010）。组织记忆的信息不可能存储于组织的某一个地方，而是存储于组织的不同部分（Walsh J. P. et al.，1991）。所谓社会记忆就是这种群体性的集体行为，任何现实的社会组织或群体都有自己相对应的集体记忆，而且这些不同的集体记忆都是由组织个体的长期记忆组成。任何一种集体记忆都由特定群体内部成员分享和共有（彭兆荣等，2007），对过去的社会记忆可以使个人或社会群体通过对过去的回忆满足其在现实中的认同和相互之间的需要（陈思慧，2011），组织记忆作为记忆联合体使一个群体凝聚成一个具有深度认同的共同体（陶东风，2010）。由此，组织记忆是建立在个体记忆基础上，如果没有个体记忆，就不可能有组织记忆或者群体记忆。

2. 组织记忆和个体记忆

组织记忆与个体记忆的关系正如个体与整体的关系一样，整体是个体的整体，个体是整体的个体。组织记忆或者集体记忆分布式地体现在组织中的所有个体记忆中，组织中的任何一个个体的记忆都无法确定准确地反映出组织记忆的全貌。每一个组织中的个体都因性情各异。生活环境不同，他们的记忆能力彼此也都是不一样的，但个体记忆仍然是群体记忆的一部分或一个方面（莫里斯·哈布瓦赫，2002）。组织记忆是所有组织中个体记忆的有机结合，而个体记忆则是与组织相关的组织记忆片段。组织记忆和个体记忆的关系类似于堆积木，个体记忆是每一块积木，多种多样，形状各异，而组织记忆则是由不同积木堆砌的铁塔、房屋、桥梁等，组织学习则是堆积木游戏的过程，个体记忆与积木唯一不同的地方就在于个体记忆具有能动性，可以发生自我改变或者自我学习。

3. 组织记忆的关系联结

组织记忆的关系联结性与个体记忆一样表现为两个方面：截面上组织中个体之间的关系网络的结构模式和时间序列上的不同关系网络的关联状态。截面上的关系网络结构表现为在组织学习的某一个时间点上，通过组织中个体之间的交互产生了一定的关系网络，组织记忆将这种关系网络定格保存，成为整个时间跨度中的一个静态片段。如果把组织行为表达为一个时间数列轴，那么截面状态就是无限小的一个时间切片，每一个切片记载了整个组织在该时间点上的关系网络状态，所以，截面上的状态是组织中所有个体通过组织学习而形成的静态网络结构。组织记忆的时间切片可能无限小以至于无法清晰地分辨，但在理论上这种静态状态仍然存在。那么，组织记忆又在整个时间序列上如何形成不同切片的联结呢？在时间序列上，组织记忆更多地表现为不同时间点记忆状态的联结，使静态的记忆点连续成为一条无限点组成的记忆线，所以，组织记忆既有记忆点，也包括记忆线，正如一部电影都是由一帧一帧静态的画面组成一样。组织记忆在时间序列更有意义，因为组织记忆将组织的生命不断地延续下去，而不是定格于某一个记忆时点，记忆总是在不断地建构和重建中修改着曾经拥有的形式、外表和意义（陶东风，2010）。

（三）组织记忆的建构与失效

组织记忆是对源自组织历史的信息储存过程，这些被存储的信息对组织当前的决策具有很大的影响，而且信息的保留会随着决策以及反应的好坏程度而变化（Walsh J. P. et al.，1991）。组织记忆正是将过去的知识运用到当前活动，并可能对组织绩效存在积极或者消极影响的手段（STEIN E. W.，

1995）。在某一记忆点上，组织学习使组织中的个体之间构建起了一个较为稳定的关系或者关系网络，进而使这种关系模式成为这一记忆点的静态刻画。

1. 组织记忆的建构

在整个记忆线上，不同记忆点之间将会出现非常复杂的联结方式，一方面，组织中个体记忆将这种记忆点的关系网络的结构状态在个人记忆中保存并延续下去；另一方面，不同个体也会通过构建新的关系或关系网络使过去的记忆痕迹保留并延续下去，社会记忆成为传统的延续、文化传承和社会进步的表征（李波等，2013），记忆将过去的学习与当前的学习恰当地联结起来。学习既是关系状态的定格，也是对历史记忆的激活与重构，记忆使定格成为连续的画面，记忆把不同记忆的片段联结成为一个个画面流畅的组织活动的历史画卷。

人类社会的任何人造物都是组织记忆的载体，也是组织学习的凝结物，组织记忆的痕迹。人类文化本身就是一种组织学习的凝结物，一切文化都具有记忆的标志或记忆的踪迹（唐少杰，2007），仪式通过凸显文化符号、与历史的勾连能力以及对当前现实的诠释，既可以复活旧的集体记忆，也可以制造新的集体记忆（李波等，2013）。人造物上体现了人类关系和人类记忆的影子，同时也延续和保持了人类过去的知识和经验。在组织中，制度、规则、流程、文化以及产品都是人造物，它们都是人类社会长期实践的知识积累，也是组织记忆的延续和载体。对于新组织，很少有组织的惯例和固定的结构，也就没有组织记忆（Crossan M. M. et al.，1999）。价值的创造过程是人类思维和知识以及创新的物化过程，即将这些知识与创新融入产品和服务的过程，所以，组织学习是将组织知识不断扩散并物化的过程，而这些物化的产品或服务反倒成为组织记忆的有效载体，承载着过去组织学习的经验和知识。组织记忆是对组织中积累的知识的保存、分配和再用的机制（Romero N. A. et al.，2000）。社会记忆的储存形式则依赖和表现为人类自觉创造的独立于人类个体的人工产品，它们不因个体的消亡而消亡，从而获得了超个体的存在（孙德忠，2005）。组织记忆的表象特征是尽管组织成员离开了，但是组织仍然可以按照过去的模式和机制运行。

2. 组织记忆的失效

组织记忆的有效性与很多因素有关，比如信息的强弱、个体记忆的有效性、组织中关系网络的联结程度以及组织的实践环境等。任何记忆都必须找寻最有效、最经济的压缩记忆内容的方法，记忆的效能从根本上说要看各存储单元内信息储存量的多少，即个体记忆的功效，储存得越多，则记忆越有效（康澄，2008）。就组织关系网络的联结程度而言，组织记忆的有效性也取决于组织成员的集体性共同记忆，任何组织成员的个体差异性或者记忆的时间误差都会导致组织记忆的无效。当然，个体记忆的强弱要直接影响组织记忆，需要考虑组织中关系网络的强度，如果是强关系网络，则个体记忆发生连锁反应的可能性大，反应速度也快。在某种程度上，决定组织记忆强弱的更多表现为组织中关系网络的强度，而非个体记忆能力的高低。一旦组织记忆失效，表现为同一信息可能引起个体记忆的巨大差异性，比如个体成员对相同信息刺激的理解偏误、个体记忆功能的差异性等。

田也壮等（2001）认为组织记忆存在一定的变异特征：（1）特征编码复制丧失，这种完全是因为记忆信息的复制失效，造成了组织信息的丧失；（2）复制过程中被复制方主动接受外部信息后形成变异的组织记忆，在记忆储存时因为自身理解的误差而发生了偏离信息初衷的信息储存；（3）复制过程中一方面特征编码丧失，另一方面又从外部吸纳新信息而形成的组织记忆，从而导致了信息记忆过程中的解码和编码误差；（4）复制过程中被复制方在复制的同时创造性地提出新改革方法而形成的组织记忆，这种组织记忆的变异完全是信息重构。无论是组织记忆的变异还是组织记忆的丧失最终都导致了组织记忆无效，成为组织运行混乱的潜在风险。组织记忆无效的时间性因素主要是因为组织成员对组织信息的个体记忆存在时间上的不同步储存，这种不同步可能产生群体性的矛盾和冲突，毕竟组织记忆发生于群体中，集体性地记忆需要群体的同步交互和同步储存。时间性因素还包括存储于个体中的组织记忆被激活的时间差异性，因为任何组织记忆的有效激活都建立在所有相关记忆单元的同步激活，但在现实中，个体自身的差异性导致激活的时间和程度都会产生一定的不一致或者不同步，从而导致组织记忆的失效。

（四）个体记忆与整体记忆

记忆是信息的储存，组织记忆的信息储存方式有两种：个体记忆和整体记忆。所谓个体记忆与前面所述的个体记忆不同，组织中的个体记忆是指存储了组织运行的某一个部分，是组织所有业务活动的每一个片段的记忆。

1. 组织中的个体记忆

组织中的个体记忆离开了组织将没有任何的存在价值，正如儿童拼图一样，过去本身保存在个体记忆里面，似乎有多少个体，就能从这些记忆中采集到多少迥然不同的样品（莫里斯·哈布瓦赫，2002）。组织中的每一个个体记忆就是一个单独的拼图条，组织记忆则是一幅完整的图画。只有当所有的拼图条拼接到一起时，一个完整的拼图才会呈现在眼前，尽管单独任何一个拼图条是整体拼图图画的一部分。如果将个体记忆比喻为一个点，那么组织记忆就是一条线或者一个面，所有的线和面都是由一个个的点组成。就像家庭记忆中的成员记忆一样，家庭记忆可以还原为一系列相继出现的画面，这些画面反映的首先是组成家庭或群体的个体在情感或思想上的变化（莫里斯·哈布瓦赫，2002）。每个人在自己的生活经历中有非常丰富的记忆信息，这些信息可能是独立存在的，这些信息可能与组织有关，也可能与组织无关。存放在个体记忆中的组织信息一定是与组织有关的组织信息的一个片段，这些片段只有与其他个体存储的信息产生交互方可成为组织整体的行为。所谓整体记忆表现为存放于组织中的各种文件、档案、软件、图案设计等信息，这些信息具有无限可复制性，通过组织中成员的学习可以激活或者产生信息的价值。对于组织记忆来说，这些文件资料成为组织中个体记忆的有益补充，而且关于文件的属性仍然会存放于个体记忆中，也就是说，个体记忆仅仅存储了组织记忆的信息源，而非信息内容。组织记忆的这种特性正如个体记忆之外的学习笔记等，个人的学习笔记、图书等都是个体记忆的有效补充。组织记忆就是在组织中保留一些独一无二特性的过程，组织记忆通常保留在人的头脑中，表现为个体记忆，很少有一部分东西保存在纸质材料中（Simon H. A.，1991）。

2. 组织记忆的信息存储

尽管组织记忆与个人记忆一样都是信息的储存，但二者依然有很大的差异性，差异的根源在于组织中的个人与个人之间的关系网络与大脑中的神经元细胞之间的关系完全不同，更为重要的是作为组织中的个体—人与大脑中的个体—神经元细胞完全不同。组织的人本身就是一个记忆主体，他具有个人的记忆功能，具有主动的记忆动机，而大脑中的神经元细胞完全是被动的信息接收者，它本身不具有记忆的功能和动机。社会记忆对一般自然主义记忆观的超越主要表现在，社会记忆是社会性建构的过程和结果，而不仅仅是机械地对所获信息进行编码、储存和提取它，更强调记忆过程中人的主体性、能动性的发挥（孙德忠，2005）。在个人的大脑记忆中不存在记忆痕迹，没有任何可以映射外部世界信息的记忆单元和记忆物质，而在组织中，个人就是一个记忆单元，他不但自身保持了记忆的功能，而且可以通过与其他个体的交流与沟通来保持记忆。

正如组织学习的群体行为理论一样，组织记忆在群体的交互中一方面不断保留着任何记忆点的状态；另一方面不断地修正与改变着原有的记忆状态，将记忆点联结成为一个无限延伸的记忆线。组织记忆以组织中个体成员群体行为为基础，任何一个个体都具有一定的主动性，而大脑神经元的记忆并非如此。个体记忆借助各种感官搜集外部信息并直接将它们转化为短时记忆，然后转化为长时记忆贮存，而社会记忆则通过系统的语言符号体系，将那些与实践活动有关的并能积极促进实践活动健康持续运行的信息进行编码（孙德忠，2005）。某个具体的民族，特别是没有文字的民族，它的文化能够传承几百年甚至几千年，实际上就在于某一人群、族群通过仪式、活动等重大事件把这些记忆"在场化",把某个族群历史文化的记忆凝固、保护、保存和传承(彭兆荣等,2007)。这种仪式、活动的"在场化"实际上是族群的一种关系构建方式,组成社会的各类群体在每时每刻都能重构过去(莫里斯·哈布瓦赫,2002)。记忆的反复重现建立了一种连续性关系,并建构了我们具有连续性的身份,没有记忆的人不可能有自己的身份,意识丧失记忆就是丧失身份感(陶东风,2010)。重构是组织或群体的学习过程,重构形成的状态则构成了记忆的基本元素。

(五)组织记忆的表现形式

组织记忆在组织中会出现不同的表现形式,由此也分为不同的组织记忆类型。

1. 程序性记忆和陈述性记忆

组织记忆可以分为程序性记忆和陈述性记忆。程序性记忆是关于个人技巧的存储,而陈述性记忆是关于文件、事实等的存储(Cohen M. D. et al.,1994)。程序性记忆涉及技巧和惯例,或称为动作记忆,程序性记忆的主要特征是无意识性和自动性,往往表现为隐性知识的存储与提取,陈述性记忆的主要特征是信息的可传递性、可传授性(Moorman C. et al.,1998)。记忆也可以分为隐形记忆和显性记忆(Berry D. C. et al.,1991)。隐形记忆意指猛然想起,没有对过去事情的回顾,可能因为一个诱因就会产生记忆,比如内心的理解、顿悟、自我感知等。而显性记忆则是对可见知识的信息储存,比如、读书、信息告知等。程序性记忆和陈述性记忆是对不同信息的储存和提取方式的差异,程序性记忆主要是以隐性信息的储存和提取,这类信息通常表现为暗默性,正如只可意会不可言传之信息,很难复制和再学习,也可以称为隐形记忆,陈述性记忆则是对可复制知识的储存与提取,这种陈述性信息可以被表述、传播和直接复制,也可以称为显性记忆。无论是哪一类记忆,组织记忆总是会出现多种多样的记忆痕迹或记忆结果,如文字、人造物、仪式、规则、制度等。

2. 集体记忆

组织记忆有两种存在形式：集体记忆和个体记忆。集体记忆以显性知识为主，比如操作规范、制度、文件、计算机程序等；个体记忆以组织成员的个人记忆为主，但这种个体记忆与通常意义上的个人记忆不同，组织记忆中的个体记忆保留了与组织运营有关的知识和信息，该个体记忆是组织活动中形成的个体记忆，是组织记忆的基础和部分，类似于组织记忆这个完整结构中的积木模块。

集体记忆就是关于一个集体过去全部认识（实物的、实践的、知识的、情感的等）的总和，人们可以在文化实践活动（比如仪式、风俗、纪念、节日等）或物质形式的实在（比如博物馆、纪念碑、文献图书资料等）中找到集体记忆的存在，人们总是在我群体与他群体的互动中找到集体记忆的力量所在（汪新建等，2009）。古代的神话、传说和民谣等集体口头文学，古代建筑、壁画、石窟、雕刻、碑石和手工制品等各种有形文物，是人类古老文化记忆的重要载体（康澄，2008）。从字面上看，"社会记忆"是人们对"过去"的记忆，其表现形式无非是一些文本记录、仪式和文物等，但是，形式毕竟是形式，"社会记忆"是社会情感、心理的重构，并不是记录和史实本身（卫奕，2008）。由于局内人对自己的文化有一种心理上的依赖情感和价值认同，通过这种记忆达到族群内部的价值认同，起到历史传承纽带的作用（彭兆荣等，2007），集体记忆通过制造共识和辐射话语力量，有力地推进社会认同（李波等，2013）。通过记忆，文化的历史才没有终止或中断，至少在人的精神活动中，文化的延续或演变没有出现根本性的"空场"，没有发生总体性的"塌陷"（唐少杰，2007）。集体或社会记忆通过文化记忆模式将人类的历史及其经验有效而连续地遗传并传播。研究记忆的社会构成，就是研究使共同记忆成为可能的传授行为，纪念仪式和身体实践作为至关重要的传授行为，非正式口述史的生产既是日常生活中描述人类行为的基本活动，也是全部社会记忆的一个特征（保罗·康纳顿，2002）。

3. 实践记忆

在社会记忆中，身体实践记忆至关重要。实践记忆（practice memory）是指人们在日常交往、生活、行为或仪式实践活动中，耳闻目睹、耳濡目染、潜移默化习得的文化记忆（罗正副，2012）。文化要存在就必须保存自己过去的经验，而对于过去经验的传递和保存必须通过群体意识来构造和维持，换句话说，必须依靠集体记忆（康澄，2008）。所有的组织记忆最终都可以归结为组织的实践活动，只是在文字出现后，一些实践活动通过文字的描述而永存于世。记忆是实践的积累，是有关过去的回忆，是一个群体或者种族的传统和文化积淀（李兴军，2009），人类记忆所依赖的语言、逻辑和概念都是在社会交往中实现的（刘中一，2005）。社会记忆的实质内容是人类在实践活动中形成的主体能力和本质力量的凝结、积淀和破译、复活的双向过程（孙德忠，2005）。组织对过去的理解都嵌入到组织的系统中以及组织结构、模式和组织生态等人工系统中，同样也嵌入到个人的记忆中（Walsh J. P. et al.，1991）。过去的经验往往会被记录于文件、账目、档案、应用程序和规则文书中，以及组织结构和关系的社会与自然布局中、优秀的专业操作标准中、组织文化中、做事方法中（Levitt B. et al.，1988）。组织记忆包括个人记忆、文化、转换模式（工作设计、选择、社会化、预算、市场计划、业务活动、流程、规则、正式系统）、结构、组织的生态环境（Walsh J. P. et al.，1991）。每一个社会都有它自己的记忆方式（陈思慧，2011）；一些部落社会没有任何文字记载，而只有以歌谣和传说形式流传下来的口述的集体记忆，言语的习俗构成了集体记忆最基本同时最稳定的框架（莫里斯·哈布瓦赫，2002）；另一些社会则将它们的记忆用文字记录下来以使当时的人们以及后人们借鉴参照。文化是一个民族的精神记忆，也是一个民族赖以维系的精神纽带，文化从一定意义上标识出一个民族的个性和一个民族的历史记忆（李波等，2013）。文化本身所具有的历史性、目的性、发展性和载体性使得人的记忆与动物的记忆从本质上区别开来（唐少杰，2007）。

（六）组织记忆的激活与提取

个体记忆的激活是通过对与相关个体记忆有关的神经元细胞的激活，并使被激活的神经元达到一定阈值，从而使所有与记忆有关的神经元处于激活状态，由此发生人的某种行为。组织记忆的激活和提取与个体记忆的原理基本相似。

1. 组织记忆激活的机理

组织记忆是所有个体记忆的集合体，组织记忆的整体激活实际上就是所有与相关组织行为有关的个体记忆同时或分步激活，组织整体行为的发生表现为与该行为有关的个体记忆处于激活状态。正如家庭记忆，它就好像根植于不同的土壤一样，是在家庭各个成员的意识中生发出来（莫里斯·哈布瓦赫，2002）。组织记忆的整体性激活正如群体行为的产生一样，并非群体中某些个体的独自行为，群体行为的产生必须要建立在产生相关个体行为的一定数量基础上，当达到一定激活阈值时群体行为将突然爆发。组织行为的发生本身就是群体行为的一种形式，这同样要以组织记忆为基础，任何内外部信息的刺激首先激活相关部分组织记忆。所谓部分组织记忆实际上就是一部分个体记忆，组织记忆的激活与提取并非是对整体组织的记忆激活，也并非所有个体记忆的同时瞬间激活，而是首先发生于部分个体记忆。当部分个体记忆被激活后，因为个体之间的关系而引致其他个体记忆的激活，由此，被激活的个体记忆逐渐增多，当被激活的个体记忆达到一定的数量规模，或者类似于达到神经元关系网络的数量阈值时，组织的整体记忆将被激活，组织的整体性行为将会发生。组织记忆的整体性激活往往不一定必然需要所有相关个体记忆的全部同时激活，个体记忆的激活可能会随着个体之间的交互而引起连锁反应，并引起越来越多的个体记忆的激活，但被激活的个体记忆数量达到引起组织整体行为的出现时，剩余没有被激活的个体记忆会不自觉地被强制性激活，从而使组织记忆整体性激活。由此，组织记忆的激活实际上首先是个体记忆的激活，然后随着个体记忆通过关系网络而引起其他个体的连锁反应，并产生其他个体的记忆激活。

2. 影响组织记忆激活的因素

组织记忆是否可以有效激活取决于惯例的使用频率、使用的新近程度以及与组织的紧密程度，越是使用频繁的惯例越容易被激活，使用越新的惯例越容易再现（Levitt B. et al.，1988）。组织中的个体就是一个存储单元，对于组织，记忆的有效性直接决定于组织中个体记忆能力。通常来讲，信息的强度越高，引起个体记忆的强度也越大，既是记忆激活也会使更多的个体记忆处于激活状态，这样产生组织记忆整体激活的可能性就会越高。信息的强度一方面增强了组织学习的强度，同时也增强了组织记忆激活的强度。某一个体记忆能力对组织记忆具有一定的影响，但不是完全的影响，因为组织记忆是很多个体记忆的有机结合，所以，个别的个体记忆不会直接影响到组织记忆的正常运行。但是当出现一些功能问题的个体记忆数量较大，或者无法很好地应对信息刺激时，组织整体性记忆就会受到很大影响。由此，提高企业的个人素质非常重要。素质越高，文化知识丰富的员工更容易保持个体记忆，并在有效的信息刺激下成功激活，快速形成企业的整体组织记忆的激活。

组织的实践环境对组织记忆的产生与激活有很大作用，个体记忆的恢复和提取是由于受到了某些偶然因素的刺激而被唤醒，社会记忆的恢复主要取决于实践活动之需要，它总是有意识地根据社会条件的变化唤起某些记忆，并压抑另外一些记忆（孙德忠，2005）。组织记忆产生于组织中群体的实践互动，激活于群体的实践互动，没有实践地环境就没有群体的互动，就没有个体记忆的连锁反应，从而也就没有组织记忆。记忆场所总是成为组织记忆的痕迹而保留完整，记忆场所不仅见证变迁中的集体记忆，还可以持续性地提供社会交往的渠道，维系与促进地域文化认同感的建构（李波等，2013）。组织的实践环境不仅仅直接影响组织记忆的过程，而且实践环境本身可以作为组织记忆的实践载体存在，正如记忆场所一样不断强化与构建组织记忆。记忆场所被认为是一种具体化了的文化认同，是个体在所属文化群体和场域中保持并创新自身文化的一个社会心理认识（李波等，2013）。组织记忆的发生与提取都需要在实践的活动中，在个体的持续性交互中不断地记忆着组织学习的行为模式，并又不断地激活过去的经验和知识。由此，组织记忆将组织学习形成的截面片段有效地联结起来，一方面形成了组织的稳定关系网络，另一方面又不断地修正与更新关系网络。组织记忆总是伴随着组织忘却，组织学习的过程是组织记忆的过程，也是不断激活组织记忆的过程，而组织忘却则保证了组织记忆的不断更新。

二、组织忘却：组织学习的"催化剂"

记忆本身就是一种建构，因为记忆和忘却是同时进行的（彭兆荣等，2007），记忆是知识的建构，忘却是知识的更新，组织忘记是企业消除原有组织知识的过程。忘却是个人或组织为了容纳新信息与新行为而获取新知、减少旧知（包括概念假设和心智结构）的过程（Becker K.，2005）。根据组织学习的联结主义关系网络理论，组织忘却是对组织中个体之间关系的重新调整与维护，组织记忆是关系的构建，组织忘却是关系的重构与更新，关系的重构包括关系强度的改变、关系维护制度的调整或者组织运行规则的调整。

（一）组织忘却的界定

在组织成长过程中往往会发现组织现存的策略、核心竞争力、信念、价值观以及文化会对组织发展有消极影响，人们总是会注意到支持旧惯例、旧价值观的信息，甚至愿意为了适应旧惯例、旧价值观而改变对现实的看法、知觉（周宪等，2013）。组织忘记能够帮助企业消除原有无用或低效的旧知识，摒除僵化的知识搜寻模式，使企业充分认识到外部新知识的价值，建立高效的知识搜寻和知识获取的新方式，提高企业对外部知识获取的绩效（王向阳等，2011）。所以，企业应当有意识地促进成员的组织忘记行为，同时团队成员也要不断提高自身的吸收能力，从而达到更高的开发绩效（阮国祥等，2012）。过去植根于组织文化和企业惯例的学习对于组织有良好的导向作用，但也会阻碍组织进一步的学习、发展（周宪等，2013）。通过消除和改变知识管理过程中的诸多组织惯例、文化信念、规范标准，保证企业内外部知识交换通道的顺畅，显著促进企业的知识管理（王向阳等，2011）。

组织忘记具有主动性和目的性，它存在于每个企业中，如文件资料的销毁、经营模式和组织战略的改变、组织人员的流动，组织常规的变更等（潘安成等，2010）。组织学习文献将组织忘记视为组织记忆的消除，尤其是对文化信念、规范标准、价值观念、工作流程和组织惯例的改变。组织忘却学习包括对信念、惯例的改变（周宪等，2013），王向阳（2011）将组织忘记定义为为了促进组织学习而对组织原有观念和惯例的摒弃，并建立新规范的过程，组织忘却是指旧惯例被新惯例取代的过程（Tsang E. W. K.，2005），即所谓推陈出新。但组织忘却并非是为了促进组织学习而导致的对原有结构的破坏，而是组织学习导致了对原有组织记忆的调整，没有组织学习就不会存在组织记忆，也自然没有组织忘却，组织记忆和组织忘却都因组织学习而生。

（二）基于关系的组织忘却

组织记忆系统是有限的记忆系统，新知识必须要有记忆空间和原有知识的阐释两个条件才能被吸收，所以组织记忆系统内的无用知识减小了新知识的存储空间，同时也降低了搜索原有知识对新知识进行理解阐释的速度（潘安成等，2010）。组织遗忘是组织学习的一个过程，组织学习经常依赖于组织遗忘（周宪等，2013）。忘却与学习一样并不简单，它有可能是偶然、无意识的；也有可能是有意识而主动的，它既有可能会降低企业的效率，也有可能为企业带来好处（帕比洛·霍兰等，2004），但从组织学习的进步性来讲，组织忘却无论主动还是被动对组织来说都是促进组织的有效学习。学习和忘却是对立统一的，学习的过程本身就包含有忘却的因素，只有不断地进行忘却才能更好地进行学习（李春景，2003）。

组织学习是组织关系模式的构建，组织记忆是关系模式的保持，而组织忘却则是关系模式的摒弃。组织忘却导致了过去已经形成的组织行为的改变，这种改变无法再次启动，只能被通过组织学习产生的新组织行为取代。根据组织学习的关系网络理论，组织忘却既可能是组织中关系网络的断裂和失联，也可能是组织中个体忘却的发生，但组织中关系网络的断裂最终仍然是个体忘却的结果。组织忘却与组织记忆一样具有群体性特征，作为组织整体的行为改变不仅仅是组织中某一个体的忘却，而是占有多数个体的集体性忘却，或者占有一定数量的个体一致性的忘却。有些情况下，关系网络的断裂可能会被恢复，这种恢复是在原有基础上的记忆激活，而因为组织忘却导致的关系网络的断裂是集体性地关系重构或者改变。组织忘却先发生于个体忘却，并以个体忘却为基础，表现为所有个体的集体性忘却。

在组织中，任何制度的取消或战略的改变都表现为每一个组织中的成员的行为改变或制度废弃，而当一个组织真正实施了一项新的政策时，会表现为每一个成员的重新理解，以及组织结构或关系的调整。真正意义上的组织忘却就是集体性地个体忘却，组织中的成员会改变过去的记忆。但是组织忘却中的个体忘却与一般意义上的个体忘却不同，每个人都会有时时刻刻的忘却，而组织中个体忘却是关于个体对组织有关事项的记忆的摒弃和调整。每个人在组织中总是扮演着不同的角色，这种角色的定位和职责都成为成员的有关组织的个体记忆，随着组织对内外部环境的调整和改变，每一个成员都会根据需要不断地调整自己的角色定位和职责，这个调整的过程就是个体忘却的过程，而所有个体的集体性忘却就是所谓的组织忘却。组织忘却的集体性行为先从个别成员的调整和改变开始，包括流程的改变、操作手法的重新修正等，在组织压力或者群体作用的基础上，这种改变逐渐从个别成员扩大到其他成员，最终表现为集体性地改变。在这个集体性地改变中，关系网络的群体交互是主要的桥梁和工具，由此，组织忘却和组织学习一样都是以关系网络的群体行为基础上，离开了关系网络，离开了个体之间的交互，组织忘却将成为空谈。

(三) 主动性忘却和被动性忘却

在组织的运行中，经常出现不同步忘却现象，也就是一部分成员很好地接收了新的信息，并进行了正确的解读和实施，而一部分成员则由于自身的理解差异性，或者根本就没有做及时的行为调整，导致了内部成员关于相关事项的矛盾和冲突，这种冲突是导致组织忘却无效的直接原因。在组织忘却中，造成组织忘却无效的原因主要有两类：个体忘却的时间差异性和个体忘却的空间差异性。所谓时间差异性是指组织成员对相关组织知识的调整或组织行为的改变的理解与实施没有同步发生，在时间上存在前后差距，这种前后差距的程度很大时，组织忘却将完全无效，并可能导致组织运行的混乱。所谓空间差异性是指个体成员对于相关调整的理解误差，不同的人有不同的理解，由此导致了组织忘却的巨大偏差。正是因为这种差异性的存在，所以在组织中一定要培育一种一致的价值观和企业文化，这种共同的价值观有利于更好地组织学习、组织记忆和组织忘却。

组织忘却是指组织中用新的方法替代旧的方法，组织忘却可能存在有意而为之，也有可能是无意所为（Tsang E. W. K.，1999），由此组织忘却可以分为主动性忘却和被动性忘却。所谓主动性忘却是指组织整体或者组织成员对组织记忆的主动性摒弃，主动修正组织制度规范或战略调整，公司中的各种新发明新创造都是基于过去经验或操作流程的点点滴滴的改变和调整，这些都是主动性忘却的表征，主动性忘却是组织成员或高层管理者主动实施的推陈出新，是能动地调整和修正组织的关系网络。只有主动忘却旧的既定思维，方可摆脱过去的羁绊而不断创新（帕比洛·霍兰等，2004）。主动性组织忘记是组织及其成员主动丢弃组织处理问题的常规，为组织广泛地寻求和尝试解决实际问题的路线和方法提供支持，避免组织陷入惰性，积极排除与新知识相抵制的旧知识，消除了组织学习新知识的障碍（潘安成等，2010）。所谓被动性忘却是指因为不可抗力因素导致的组织记忆的突然失效或者个体记忆提取失败，比如组织中关键岗位成员的离职、死亡等导致整个组织的暂时性休克，以及关系网络的突然断裂、政策实施的失效、战略决策的错误等。被动、无意识的忘却往往导致企业有价值的信息丢失，因此这种忘却会削弱一个企业的竞争力（帕比洛·霍兰等，2004）。一般来讲，主动性忘却是组织忘却的主体，而被动性忘却则是小概率事件，但存在很多的潜在风险。主动性忘却是积极性忘却，忘却会使组织更有效地运行和学习，被动性忘却导致了记忆的丧失，成为组织学习的障碍。在组织学习理论中，主要强调积极的主动性忘却，使企业学会运用和管理组织忘却，积极发挥主动性忘却，摆脱企业业已形成的强势逻辑以及陋习的影响，为学习新知识腾出"信息仓库"，保证企业长期积累有价值信息（帕比洛·霍兰等，2004）。组织忘却是因为内外部环境的改变而导致的组织原有行为模式的失败，由此组织忘却意味着进步，意味着组织学习的有效发生。正如潘安成所言，忘记是为了获取新的知识而不是纯粹的丢弃，组织忘记以改变组织记忆为途径，为组织学习新知识和形成动态能力创造条件（潘安成等，2010）。组织学习使组织行为从一种状态改变为另一种状态，在这个过程中，组织忘却成为一种"催化剂"（阮国祥等，2012）。忘却是为了更有效的学习，更有效的记忆。

第二节　组织知识的形成、维护与更新

一、知识及其个人知识

知识是人对客观事物认识的结果，是主观见之于客观的结果，是客观事物的主观化，主观见之于客观的过程是个人的学习过程，由此，知识是主观与客观的统一。

（一）知识的属性

知识是学习的结果，知识是一种信息，但又与信息不同，信息是客观事物的特征表征，而知识具有主观性，知识一定是经过学习，是通过大脑的神经活动产生的主观认知。建构主义学习理论认为，人的学习过程以及知识的产生都是在一个特定的场景中，在与他人实践活动的交互中发生的，知识就是一个不断建构的过程。人的思想、认知或知识都是在一个文化系统中（包括人工制品和实践）情境化的东西，该系统本身就是由先前思想和知识所构成的。知识内嵌于这个系统中，并跨越时空，个人的思想和行为受到这个系统的启动和约束（赵健，2006）。知识的主观性体现在两个方面：一方面是客观信息经由每个人的神经系统之后已经发生了改变或者过滤（因为个人神经网络的差异性和个人实践经验的差异性），认知结构是将外部知识同化进来的心理条件（认知结构本身其实就是一种默会知识）（赵健，2006），认知结构决定了信息转化知识的生物心理差异性；另一方面是对行为的有用性选择。实践是检验真理的唯一标准就是确定了实践是判断行为是否有用的唯一标准。知识的主观性使得是否为知识并非一视同仁，而是因人、因时、因地而有所不同，你认为是知识，而他可能认为是谬误，因为每个人的判断标准有差异，每个人的自利性依据有差异。

知识的客观性就在于信息源自客观世界和人体自身机体，任何知识都具有产生的场景条件，如果离开了知识生存的这种所谓"文化系统"，知识将是一种空洞的符号。所有人类的知识都是对客观事物的反映，知识不仅仅是神经系统的加工处理，任何知识都蕴含了自身产生之初的场景与环境，随着这种场景和环境的改变，知识的内涵与意境会发生变化。知识是具有主观性、目的性和特定性的信息（野中郁次郎等，1995）：知识的主观性意味着知识与信念、承诺密切关联，知识反映一种特定的立场、视角或意图；知识的目的性意指知识是关于行动的概念，知识总是"为了某种目的"而存在的；知识的特定性是指知识具有依照特定情境而定的特征，知识存在此一时彼一时的状况。知识首先表现为信息，但当这些信息经过大脑神经系统的信息处理以后可能带有个人的认知特性，正如横看成岭侧成峰一样。同样一个具有客观属性的事物在神经系统的加工以后可能转化成为另一种不同的认知和理解，并导致行为的发生，正所谓如此，知识就是客观信息经由学习而转化的认知结果。

知识具有三个重要属性：源自社会实践（无论是直接还是间接），学习并转化为行为，行为的自利性。无论书本知识还是实践知识都是源自社会实践活动，因为大脑的任何信息都是人体自身以及外部环境的客观表征，除此之外没有其他。个体知识是存在于个体的头脑中和身体机能中的一个知识库（repertoire of knowledge），个体可以针对具体的任务或问题类型而独立地运用这些知识（赵健，2006）。所有知识的产生都需要学习过程，学习是知识的源动力与加工场，而且所有的知识都要表现为学习之后的行为表现，没有行为结果的知识不是真正意义上的知识，可能是伪知识。最后一个重要的属性就是所有产生知识的行为表现都是有利于自身利益最大化的，即自利性。也就是说信息经由学习是否转化为有用的行为是判断知识是否确认的标准，而所谓有用性是以是否有利于自身目标的实现为基础，一旦认定为有利于自己的知识，则自动通过记忆功能将其保持，如果是无利的信息，则自动忘却。有些情况下，此时为有用知识的信息，随着场景的变化，随着个人认知能力和结构的改变而主动忘却，在知识的建构中仍然服从"用进废退"的原则，以保持知识的持续更新。

（二）个人知识的分类

个人知识是存在于个体大脑上的教育或训练的经验积累、思维方式、解决问题方法和风格、价值观和道德素质、工作经验和规范的复合体（李承宏，2007）。个人知识就是每个人对事物的认知与理解，而且这种认知与理解可以经过人的思考与加工创造出更多的复杂性知识。所以，个人的知识具有无限复制与加工的累积能力，知识积累越多，繁衍复制的知识也更多。

1. 信息性知识和推理性知识

个人知识的获得途径有六个：感觉、经验、直觉、启示、计量、推理（吴素文等，2003）。从知识的来源来看，每个个体的知识由以下三个部分组成（曼特扎维诺斯·C.，2009）：遗传知识、文化知识和原子式知识。遗传知识蕴含于我们的感觉器官之中（即内在于有助于辨别某些情况的感觉器官中）；文化知识通过文化向一个文化体的成员进行传播；原子式知识由个体通过他的"经历"获得，并且没有与文化体或社会中的其他成员共享。就知识的来源途径，个人知识可以分为信息性知识和推理性知识：所谓信息性知识正是人对客观事物的认识的结果，是主观见之于客观的结果，信息性知识是经由大脑神经系统学习之后的知识。所谓推理性知识是完全通过人的大脑的推理而形成的知识，是大脑逻辑思维的结果，是对知识的创造。当然，推理性知识的素材依然来自对客观事物的认识，推理性知识是在认识基础上的进一步分析与逻辑总结，是一种由认知到认知的过程，由主观到主观的过程，推理即思考。信息性知识与推理性知识之间是一种互动和互相促动的关系。人的信息性知识与推理性知识的获取，使得人对客观事物不仅仅是认识，而且更多表现为对客观事物的改造。信息性知识是初次信息，是人的社会实践的经验总结，而推理性知识是对知识的深加工，是在信息性知识基础上的知识创造，即人的思维活动的结果。

2. 可表达知识与不可表达知识

信息一旦成为人类的知识，那么就会自然存在知识在大脑中的自身繁衍功能，使得知识的创造不断发生。个人知识可以分为可表达知识与不可表达知识，也可以分别称为显性知识和隐性知识（余绪缨，2004）。可表达知识也称为显性知识，或者"可编码的知识"，是可以通过语言将其表达出来并可以传播的知识，这一类知识可以用计算机进行编码和加工处理。显性知识指可以用语言、文字或图形等有形体的东西进行系统化处理和传播的各种传统和现代知识，显性知识是客观的、有形的知识，通常以语言、文字等结构化的形式存储的，并且表现为产品外观、文件、数据库、说明书和计算机程序等形式，也可以称为档案知识（吴素文等，2003）。不可表达知识也称为隐性知识，或者默会知识，或者"不可编码的知识"（non-codified knowledge），是指无法通过语言表达的，只能意会不可言传的知识，这种知识的传播需要通过长期的体验和领会。这种知识很难用文字、语言、图像等形式来表达清楚，是难于共享的知识，通常以个人经验、印象、感悟以及组织的技术诀窍、组织文化等形式存在（吴素文等，2003），这种知识深藏于人的头脑内部，属于经验、诀窍、灵感、创意等。默会知识的获得总是与特定的问题或任务的"情景"联系在一起，默会知识又具有社会实践性，因此，默会知识与一定文化传统中人们所分享的概念、符号、知识体系是分不开的（赵健，2006）。顿悟就是人类通过学习掌握隐性知识的特有形式，所谓顿悟就是个体领会到自己的动作为什么和怎么样进行，领会到自己的动作和情境，特别是与目的物的关系（王仁欣，1991）。

在人类所有的知识中，不可表达知识要远远大于可表达知识，人对客观世界的认识有许多是以意会知识而存在，很少或者无法通过语言的形式进行传递和分享。个人知识是否为可表达知识是相对而言的，往往会因时因地因人而异。比如，有些人就善于表达，可能会将其更多的知识表达出来，有些人不善于表达，自然就无法将其所思所想恰当地表达出来以传播给大家。另外，隐性知识一定条件下可以转化成为显性知识，通过把逼真的、动态的隐性知识在实质性的载体（人造物品）上面具体化得到的，人造物品包括如手册、法则、报告（任何一种文献，包括图表和草图）、程序、组织方法和结构、设备一类的东西，显性知识就是所谓的"固化"了的隐性知识，是隐性知识的投影（郭延吉，2004）。就技术方法来讲，有些技术方法的有效性并不是因为技术方法有多么高明和先进，而是因为更加频繁而娴熟地使用这种技术方法产生了专业化的有效性，熟练程度带来的有效性和方法本身的有效性是不同的，劳动效率的提高不一定必须是高级先进的劳动工具，而是对劳动工具的熟练使用，或者使用方法本身的改进。熟练程度是一种隐性知识，是学习的累积，而方法本身是显性知识，相对于显性知识，干中学形成的隐性知识可能更重要。

（三）知识更新

知识的更新是一个连续不断的过程，引起知识更新的因素有三个：知识环境、认知结构和判断标准。知识建构性意味着知识总是蕴含了产生时的场景和环境因素，我们要理解任何一种知识都要放到具体的情境中，知识的特定性就是这个道理。人的心理发展是个体和社会性的统一，个体的知识构建过程是和社会共享的理解过程不可分离的（赵健，2006）。但是知识的环境总是在变化，经常发生时过境迁的状况，由此，将知识的意义再放到一个新的情境中可能无法有效地解释知识的本质内涵。知识会随着环境的改变而发生循序渐进的变化，有时候这种变化可能微乎其微，但从一个很长的时期来看，知识的量变自然会转化成为一个突发的质变。知识的形成总是伴随着人的认知结构的构建，知识记忆是大脑神经系统关系网络的构建与保持。根据学习的联结主义理论，学习是神经元之间的关系构建，个人知识就是这种神经元关系的网络结构特征，知识不是简单的环境信息的神经系统"映射"，或者在神经系统中的信息"投射"，而是神经元关系网络的分布式存在。随着人接收信息的程度，这种分布式神经网络总是不断地调整与改变，并以最新的信息特征将这种神经网络保持下来，所以，神经网络总是在不断的更新中，尽管这种更新可能会随着人体机能的老化逐渐减弱，或者存在神经网络的固化现象，但通常这种更新仍然时时刻刻在发生。神经网络的更新意味着知识的更新，或者知识的更新必然是神经网络的更新。第三个因素是判断标准，因为知识是否被认定为知识关键是看这种信息是否导致有利于人自身利益的最大化，是否满足人体自身的需求。任何知识的产生都是人体主动或被动地判断与选择，判断的依据和标准决定了知识是否可以被记忆。人的这种判断依据和标准并非客观和一贯，它会随着环境的改变，随着神经网络的更新而产生更新的认识和理解，由此导致这种判断依据和标准也在不断地改变。伴随着判定依据的改变，过去已经形成的知识通过忘却从记忆中删除，新接收的信息或知识被自觉地放弃。每个人所处的环境不同，每个人经历的事件不同，每个人的认知结构或者说神经网络不同，导致每个人的知识内涵不同，更新的程度和步伐也不尽相同。

二、组织知识

组织知识不是所有组织成员的个体知识总和，也不是组织整体的知识。一个组织的先天性知识是该组织产生之初所继承的知识和之后获得的新增知识的综合（George P. huber，1991）。组织知识正是分布于组织成员当中并被成员所共享的知识，其中包括：（1）由个体成员所存储或掌握的与组织活动有关的知识和技能；（2）存储于组织所创造的人工制品（规则、产品、程序、惯例、共同规范等）和社会关系网络中的知识（赵健，2006）。根据系统学习理论，组织正如人的大脑一样，组织成员就像大脑中的神经元，组织学习是各成员之间关系的构建与维护，而组织知识则是这种关系网络结构的特征表征，任何一个成员的个体知识可能与组织知识有关系，也可能没有任何关系。所谓与组织有关的知识主要是有利于组织目标实现的知识，这些组织知识既可能存储于个体成员的个体记忆中，也可能以人造物的形式存储于各种制度、文本和人造物品中。组织知识就是组织内个体知识有机协同下产生的整体的知识生产能力（无形知识）和组织知识和信息资料等（物质形式）知识，包括信息化基础设施、文本知识、组织中的专业团队、拥有专业知识和能力的员工、专利、技术秘诀、特殊生产能力、管理方法和组织学习的方法体系等（李承宏，2007）。由此，组织知识以个体知识为基础，但又不是个体知识的全部。

（一）组织知识的本质特性

组织知识不同于个人知识的地方就在于，组织知识不是个人知识的简单加总，依赖于个人知识，却又不是个人知识。在组织中，任何一个成员所知晓的组织知识仅仅是一个片段，但他不仅仅知道这个小片段应该如何运用，也知道如何与他人合作使这个小片段发挥更大的优势，与其他人优势互补，产生知识的合作共赢。

1. 组织知识是信息的联结

组织基于便利性而保留了可用于交流、共鸣和整合的知识，这些知识把组织的各种活动整合起来、协同起来，甚至运用这个系统进行新知识的传播（Walsh J. P. et al.，1991）。对于每一个组织成员，他所拥有的与组织有关的知识分为两类：一类是对自己所属业务的操作规范和技术的知晓；另一类是对可以与自己业务进行协同的其他成员或岗位的知晓，简单地说，就是每一个成员既知道自己如何做，也知道还有谁会做，既知道我是谁，也知道我与谁有关，谁与我有关，既知道我知道什么，也知道其他人知道什么。如果将组织中的每个个体作为一个知识中心，那么每一个成员首先是属于自己知识的知识中心，同时也知道与该知识中心有关的其他知识单元，也即个体与个体的关系。对于一个管理运行有效的组织，每一个成员不需要知晓更多的关系网络和关系节点，只需要知晓与自己有关的其他成员及其知识状况，只需要知道谁与我有关联，那么这个组织就可以非常高效地运行了。

组织知识中的个体知识既保持了知识的独立性，也保持了知识的关联性。在组织中，任何一个组织成员都是一个丰富的"信息仓库"，组织知识是这些"信息仓库"的有机联系，组织的关系网络也是有丰富多彩、各具特色的"信息仓库"组成的知识网络。每个成员在组织中都承担相应的角色，每一个角色意味着一个知识单元。通常每个人可以承担各种各样的社会或组织角色，意味着每个人拥有不同的知识单元，这些不同的知识单元组成了每个成员的"信息仓库"。任何一个组织的活动都需要很多不同成员的知识单元的联结，知识通过关系网络传输，组织中形成的关系网络是知识传输的通道和渠道。通过正式和非正式关系将不同个体的知识单元有机地联系起来，组织的劳动分工实则是知识的分工，劳动分工越精细，知识的分工就越精细，由此联系越紧密，协作越紧密。企业的存在就在于生产活动可以将拥有不同类型的知识的专业化人员的努力协同起来创造价值，而市场是不可能做到，因为隐性知识的不可转移性和显性知识交易的风险性（Grant R. M.，1996）。跨国企业的存在就在于它具有比市场更有效的在企业内部转移和开发知识的能力（Gupta A. K. et al.，2000）。

2. 组织知识是个人知识的协作化过程

随着社会的进步，社会化的分工越来越精细化，知识的分工也越来越精细。这种知识的分工导致了知识的价值创造已经无法完全离开其他的知识主体来完成自己的价值，所以，个人的知识越来越依赖于其他的个人知识来实现知识的价值创造，而这种知识的协作化正是企业组织形式出现的必要条件之一。在价值创造中的知识不可分性导致了知识的持有者必须相互协作才可以完成一定的知识创新与开发。知识经济时代，个人知识已经变得非常微弱了，取而代之的是大量的组织知识的出现，现代知识经济时代的任何一个知识个体都是某一专业领域的专家，但他们无法将知识转化为生产力，除非这些知识专家的通力合作。个体在"行动"中产生的某种知识都是以自己经验或对环境的理解为基础，只能解决组织发展过程中的某一类或某一方面的问题，也只是被个别人所占有。为了克服个体知识的局限性，必须通过群体互动（组织学习）把片面的、局部的知识（个体知识）转化为全面的和整体的知识（集体知识）。为了使整个组织都能得到个体知识，必须通过"制度化"手段来诱使或强制个体知识转化为组织知识（卞吉华等，2010），从这个意义上来讲，组织知识是个人知识的协作化过程的结果。所以，组织知识总是要远远大于组织中个人的知识总和，特别是随着组织知识规模的急速增加，个人知识对组织知识的依赖性越来越强，以至于个人知识很难离开组织而独自创造价值。

（二）组织知识的维度

组织知识具有三个维度：知识的商业化程度、知识的复杂性以及知识的独立性（也就是知识的效用是否必须通过其他综合系统的作用才可以发挥，即知识的协同性）（Edvinsson L. et al. , 1996）。任意一种组织知识都包含这三个维度，不同的组织知识总会在至少一个以上的维度上有一些差异，同一组织具有丰富多彩的、各具特色的组织知识，不同组织更是具有差异化的组织知识，这些组织知识的差异性总会表现在三个维度的不同方面，因为每一个维度都具有无数多种类型，三个维度的组合将使组织知识成为不计其数的集合体。

1. 组织知识的商业化

组织知识的商业化意指知识的可交易性，可交易性的前提是组织知识的可确认与可计量。凡是可确认与可计量的知识则可以对其价值进行估计，并可以有效地实现知识本身的市场交换。组织知识的商业化程度需要考虑两个问题：产权主体和货币度量。组织知识中有很多知识都是以个体知识的形式存储与保留，组织知识是相关知识个体地交互与协同，所以，构成组织知识的产权主体不应该是组织中的个体，凡是存储于个体的组织知识都是不可交易性知识，产权主体是组织知识可交易性的可确认基础。组织知识的产权主体应该是整个组织，而非具体拥有知识的组织成员或者个体。实际上，组织整体所拥有的组织知识屈指可数，比如专业技术、商标权、知识产权等。另外，货币计量是组织知识商业化的基础，凡是可供交易的知识都是可以用货币来度量其价值的，货币计量是组织知识可计量的基础。组织知识可分为可交易性知识和不可交易性知识，从组织知识的商业化程度来看，组织的所有知识都是从可交易性知识到不可交易性知识构成的线集上的一个点。组织知识的很大部分都是不可交易性知识，因为这些知识无法准确确认与计量，知识的价值与组织实体的运行不可分离，一旦离开了组织，组织知识将失去存在的意义和价值。

2. 组织知识的复杂性

组织知识的复杂性主要是因为组织知识都是由很多组织中的个体知识构成的集合体，是所有个体在知识上的交互与协同，任意一个组织都是知识的实践共同体，也可以称为学习共同体或者知识共同体，在这个实践共同体中，每一个个体都在与其他个体通过实践活动实现知识的协同与共享。复杂知识总是由无数多简单的知识要素组成，组织知识的复杂性可以从两个角度来讲：从横向来讲，越复杂的知识越需要很多组织中的个体知识，生产线越长，工序越多，意味着需要越多的个体知识的协同。在一个组织中，任何一项工作需要的个体数量越多，说明这种工作的知识复杂性程度越高。从纵向来讲，越复杂的知识需要越长时间的不断累积，组织文化不可能一蹴而就，任何一个组织的整体性知识都是长期实践活动的不断累积与融合，正如生活习惯、社会习俗等都是在长期的实践活动中不断形成的，甚至有很多文化习俗都是在几千年的历史中逐渐形成的。知识越复杂，形成的时间越长，知识协同的个体数量越多。

3. 组织知识的独立性

组织知识的独立性与商业化程度有关，所谓独立性是指组织知识是否可以独立于组织实体而存在，独立性组织知识可以离开组织实体而存在，可以完全复制到其他的组织中，而无法独立的组织知识都是该组织特有的组织知识，无法被复制与模仿。通常来说，越是独立存在的组织知识，越容易商业化，比如专利权、商标权、商业模式、组织结构、文件、制度等就是这种组织知识；而无法独立存在的组织知识需要在该组织的特有经营活动中体现，比如专有技术、商誉、组织文化、业务流程、工作语言等，这些知识更多的是组织中的隐性知识。从组织知识的本质来说，越是组织知识越不具有独立性，其隐性成分越多。

（三）组织知识的类型

根据竹内弘高与野中郁次郎的研究，组织知识同样可以分为隐性知识（tacit knowledge）与显性知识（explicit knowledge）（野中郁次郎等，1995a；竹内弘高等，2005）。显性知识是以文字、数字、声音等形式表示的知识。它是以数据、科学公式、视觉图形、声音磁带、产品说明书或手册等形式进行分享的。而隐性知识是看不见摸不着的，是很难表达出来的组织知识，比如组织文化、专有技术。这种知识具有高度的个人化，难于形式化。从组织的角度来看，隐性知识不一定都是隐藏于人的大脑中的知识，更多的应该是存在于企业的生产活动中的，不能直接描述出来的知识，比如存在于过程或流程中的惯例、企业文化、企业价值观等。这些组织知识都是企业员工所共享并心知肚明的知识，大家在工作中都在不自觉的使用，潜移默化的遵从，但要用一种恰当的语言或者其他什么方式表达出来确实非常困难的。隐性知识是企业的核心知识，因为它无法复制，很难传播并商品化。当然，隐性知识也有一定的缺陷与不足，比如隐性知识一旦形成很难解脱，就像惯例，这些隐性知识在长期的影响中往往会阻止了企业的改革与创新，成为企业的惰性。

　　显性知识则主要是企业的各种文件，战略规划，使用手册、计算机程序、工作流程、专利技术、商标权等。这些显性知识可以通过其载体进行企业内部部门，个人之间或者企业之间有效的传递，而且可以通过市场进行商品化交易，即不需要将其知识转化成为商品来进行交换，而是直接将知识以其不同的载体进行知识本身的交易。如果将隐性知识和显性知识用埃德文森（Edvinsson）的知识三维度来解释的话，隐性知识和显性知识就是知识量纲的两个极端值。一端是完全的隐性知识，另一端是完全的显性知识。纯隐性知识不可交易，不具有商业化特征，其复杂程度高，独立性比较强。而显性知识则具有比较高的交易性，复杂程度比较低，独立性比较弱。组织的知识具有非常多的存在状态，不可能完全可以区分为极端的两种形式，每一种组织知识都是不同程度的隐性知识或者显性知识的组合，是由纯隐性知识和纯显性知识形成一个线集上的一个点。

　　根据知识的可编码性和复杂性，可将组织知识分为信息性知识（information）与技巧性知识（know-how）（Zander B. et al. , 1992），这种分类与显性知识与隐性知识的分类有一定的相似性。信息性知识与技巧性知识类似于人工智能中的陈述性知识和程序性知识。所谓信息性知识是那些在一定的解密规则条件下可以完整转换的知识，比如事实、不证自明的假说和信号等。信息性知识一般是比较标准化的、可以在最小成本下理解的知识。技巧性知识则是那些使用非常频繁但很难定义的知识，这和隐性知识的内涵相似。技巧性知识通常是在生产活动中不断积累的知识与技巧，很难通过其他转移方式进行复制或者学习。信息性知识隐含着知道是什么的知识，这种知识可以通过市场来作价交易，而技巧性知识则意味着关于怎么做的知识，这种知识很难进行交易，而只能将其通过生产活动转换为一定的产出。影响企业差异性的核心要素正是那些不可复制的、不可编码的复杂性知识，即技巧性知识或者程序性知识。由于信息性知识或者陈述性知识是可以编码并作价进行交易的知识，所以，任何一个企业都可以从市场中获得这种知识。从经济上来讲，企业的趋利性促使企业去市场中寻找这些可以带来收益的信息性知识，从而使得所有的企业都可能会拥有这些信息性知识，其收益也就趋于平均化，企业的差异性也随之缩小。但技巧性知识则不同，它们往往是企业的竞争核心，是企业区别于其他企业的优势能力。企业优于市场就在于企业可以分享和转换组织中的个人与部门的知识。正是这样，尽管处于同一个行业中，不同的企业同样可以正常地生存下去，其关键就在于每一个企业都拥有不同于其他企业的具备竞争优势的技巧性组织知识，这种竞争优势对于拥有者以外的企业是无法购置也无法学习或者模仿的技能。

（四）组织知识与劳动

在企业的生产经营活动中，组织知识源自三个方面的劳动：技术人员的发明创造、管理人员的管理协调和操作人员的劳动协作，分别包含了技术性知识、管理性知识和操作性知识。越是知识性企业，其技术人员的发明创造和管理人员的管理协调越显重要。甚至有许多知识性企业已经是完全意义上的知识的生产与销售。史正富将劳动按照两个维度来分析：劳动的重复性和劳动的不可测性（史正富，2002）。所谓劳动的重复性是指劳动的内容与方式在不同时间里是否简单重复，每一次劳动都要涉及对新信息的处理与新情况的应对。所谓劳动的不可测性是指劳动成果在多大程度上可以进行定量的测度。根据这两个指标的组合，可以把劳动具体分为作业型劳动、管理—专业型劳动和创新—领导型劳动，如图 5－1 所示。

根据史正富的分析，劳动效果的不可测性与监督成本密切相关，从而影响该种劳动对净剩余参与的必要性。劳动效果越不好测量，则使用工资奖金这些外部刺激手段的效果越差，也就越有必要把追求劳动效果最优化的动力加以内在化。而要促使劳动者把追求劳动业绩的动机内化，就离不开把他收入的一部分与企业净剩余的分享权挂钩。相反，如果劳动成果可以直接计量，例如搬运工人的运量，则使用计件工资或计时工资加奖金，就能有效调动劳动者追求劳动效果的积极性了。简言之，劳动效果测量难度越大，外部监督成本越高，该种劳动参与剩余分配的可能性就越大。技术人员，管理人员和操作人员在企业的智力发挥方面具有非常大的区别，正如史正富的三类劳动的分析，操作人员拥有并执行作业型劳动，管理人员拥有并执行管理—专业型劳动，技术人员拥有并执行创新—领导型劳动。由此，对于使用不同知识的劳动者应该采用不同的激励机制和方式，激励机制和方式与劳动绩效测度紧密联系，越是测度容易的劳动应该采用更加直接的现金激励，越是测度难度大的劳动更应该采用间接的剩余价值分配模式，这样在企业中就会形成丰富多彩、各显神通的绩效管理模式，进而全面促进所有人员的积极性和创造性。

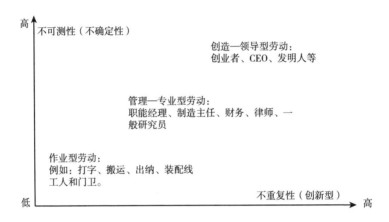

图 5 - 1 劳动的三种类型

资料来源：史正富. 劳动、价值和企业所有权——马克思劳动价值论的现代拓展 [J]. 经济研究，2002（2）：28.

在企业的生产活动中，技术人员以其发明创造或者技术设计作为知识资本投入生产活动中，并将其体现为对物质的改变和加工处理的结构、程序、流程等方面。但是，这种关于物质的结构、特性的改变都是技术人员的思想，完全处于技术人员的大脑中和设想中，或者完全是体现为各种发明创造的技术性文件中。由此，技术人员的劳动具有更高的不可测性、不确定性和不可重复性，技术人员的劳动成果往往表现为创新性，这种创新性的实质就是不可重复性。技术人员的发明或研究成果如果没有表现为现实的生产力或物本化的产品，那么其成果的优劣无法通过一些有效的方法进行度量和考量，而且其研究成果的成功程度和可实施性也很难合理地度量和评价。要将其真正变成物质的变化，就需要操作人员的精心操作。操作人员的工作就是将技术人员的思想转变为现实，转化为真正的物质的变化，由此才实现了知识的结晶化、物本化，类似于木头变成家具的过程。操作人员的劳动往往是高度重复性劳动，在具体的生产活动中最为忌讳操作人员的随意性和任意性。最为优秀的操作人员就是严格地按照设计要求一丝不苟地完成所有的工作流程和工艺程序。所以，操作人员的劳动具有很高的可观测性，通过计件工资或者计时工资就可以有效地实现对其劳动成果的度量和评价。

三类劳动参与企业运行的状况描述如图 5 - 2 所示。

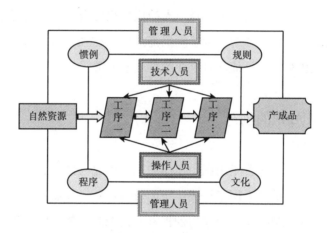

图 5 - 2 三类劳动参与企业运行的状况描述

由于现代技术的复杂性和产品的多样化以及生产的多阶段性，当代绝大多数的物品都要经过很多人员的共同劳动来完成，使得技术人员的知识转化与操作人员的操作过程都需要管理人员的高度协调与管理。管理人员的知识就是组织、协调、计划、控制、领导、规划等方面的知识与经验，在实施管理过程中还应该具备心理学、组织行为学等方面的丰富知识，他们将所有的管理知识汇集于企业生产活动有效运转与协调配合中，并保持生产的顺序性和并行性。生产活动在地理上的配置、时间上的排序、人员上的匹配以及内与外的协调都需要管理人员的统一安排与调配，企业生产什么、生产多少、怎么生产都需要管理人员根据市场与企业现有状况进行统一的预测、计划、协调、组织和控制。在企业的生产活动中，由于长期的共同劳动形成了企业特有的惯例、规则、程序和文化，逐渐成为企业的组织资本。这些组织资本是企业特有的无法复制的优势。这种组织资本最大的优势在于降低了企业运行的成本以及促进了企业内部人员的知识创新与积累。组织的程序和文化都会使企业人员具有通畅的沟通与协调，从而为个人的知识传播与创新带来良好的制度环境。实际上，组织资本从更大的程度上降低了管理人员的管理强度，并保持企业长期的竞争优势。当然，竞争优势的保持建立在这些惯例的先进性和进步性。企业组织资本的投资是企业长期生产经营活动的结果，是长期积淀的结果，所以，这些资本的价值也不是哪一个个人可以拥有的。惯例和规则越是先进而丰富，企业对个人的依赖程度越弱，个人对企业的机会主义威胁也就越弱，企业的可持续发展能力也就越强。由此可见，建立一个良好的企业文化和企业价值观对企业的发展至关重要。

三、组织知识的创造

组织知识的创造过程是组织中个体关系的构建与修复过程，通过重新构建与修复个体之间的关系网络形成组织的行为更新，并通过这种更新后的行为模式来促使组织的环境适应能力的提升。组织知识创造的过程就是组织学习的过程，组织学习就是现有知识的获取与运用或者为了提升经济绩效而创造新知识的过程（Boerner C. S.，et al.，2001）。尽管组织知识的创造与个体知识的创造都是对关系网络的重新构建与修复，但是二者仍然有些不同，通常，对于一个成年的个体来讲，大脑中的神经元细胞数量基本趋于稳定，所以，个体学习的过程和知识创造的过程是现有神经元细胞关系网络的重新构建与对已有关系网络的修改过程。而组织知识的创造则不然，因为每个组织都中不断地有新成员加入，每一个新成员都是一个新的知识单元，新成员的加入引入了新的知识，并引起了原有关系网络的改变，重新构建新的关系网络则成为必然。企业组织是收集、加工并出售知识和信息的一种特殊的经济制度（慕继丰等，2002），组织知识的创造最终都要体现在知识转化为有价值的产品和服务中，企业就是利用一系列高效有序的规则将个人与社会的技术知识转换成为经济上有用的产品和服务（Zander B. et al.，1992），这才是组织知识的真正价值，也是组织学习的正效应。个体知识的创造是否成功取决于个体学习导致的行为是否实现个人利益的最大化，而组织知识的创造是否成功取决于组织学习导致的组织行为是否有效地将组织知识转化为有价值的产品与服务。

（一）知识转换

人类知识是通过隐性知识与显性知识之间的社会化相互作用而创造和扩展的，这种相互作用就是"知识转换"（knowledge conversion）过程，该过程包括四个知识转换模式（SECI 模型）（竹内弘高等，2005）：社会化（socialization）（群化）；表出化（externalization）（外化）；联结化（combination）（同化）和内在化（internalization）（内化）。每一个知识创造的循环就是从社会化开始，顺序地经过表出化、联结化，最后到内在化的过程，每循环一次将会激发创造出新的知识，每一次循环都会引起组织知识的更新，引起组织成员个体知识的更新，组织知识的创造过程实际上也是个体知识的创造过程。竹内和野中认为知识创造就是隐性知识明示化的过程，这个过程具有三个特征：第一，为了将不易于表达的事情表达出来，人们会更加依赖比喻性语言和象征性手法；第二，为了传播知识，个人知识必须与他人共享；第三，新知识是从"模糊"和"冗余"中涌现出来（野中郁次郎等，1995）。知识的循环就是这样一个从个人的隐性知识，通过一系列的学习与理解，最终又回到个人隐性知识的过程，这就是知识的创造过程，也是组织学习的过程，如图 5-3 所示。

1. 社会化

社会化即群化，就是个人之间通过相互的体验来分享隐性知识。组织知识的社会化过程主要是通过参与者之间的共同参与和活动以及心智的体会和理解来达到知识的共享。学习者如果缺乏文化和实践层面的交往以及由此达成的观念理解与共享，那么言语和各种符号的沟通实际上就失去了理解的土

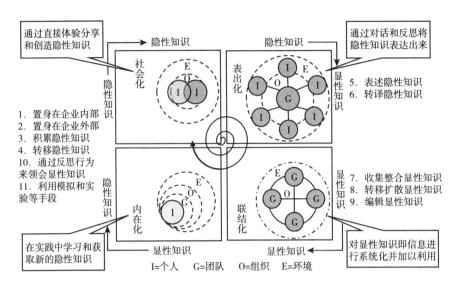

图 5 - 3　知识创造的 SECI 模型

资料来源：竹内弘高，野中郁次郎．知识创造的螺旋——知识管理理论与案例研究（中译本）[M]．李萌，译．北京：知识产权出版社，2005：91．

壤，共享实践是共享观念的前提（赵健，2006）。社会化的过程最为典型的例子就是师傅带徒弟的过程，有很多的知识无法通过语言和其他的方式进行交流与学习，但是可以通过具体的活动来实现知识的共享，比如中医脉象学就需要亲身的体验和观察，无法通过直接的语言学习或书本文字学习来传播，或者通过口头的语言表达来分享脉象原理，唯一的办法就是亲身地把脉和切身地体会，方可感知脉象的变化，中医把脉是一门深奥的科学。组织成员的共同劳动和亲身体验是最为有效的隐性知识传递手段，通过个人的知识体验和传递来达到知识的共享。组织知识内嵌于组织的社会网络中，内嵌于群体成员的关系中。这些知识根植于组织的实践共同体中，促成组织内有效的交往，是组织内共享的信念和理解的基础（赵健，2006）。组织知识的社会化过程就是组织成员在实践共同体中共享实践并共享知识的过程，社会化不是成员之间单纯地沟通与交流，而是成员之间在共同的实践活动中体验认知、共享信息的群化过程。组织知识的社会化过程完全是组织成员在具体实践活动中的亲身体验和体会，这种体验可能无法用自己的语言或者数学模型表达，但是，每个成员可以在具体的活动场景中熟练地操作，可谓"只可意会不可言传"。

2. 表出化

表出化即外化，指将隐性知识表达为显性知识概念的过程。它采用比喻、类比、概念、假设或模型等形式将隐性知识明示化，是知识创造过程的精髓。把从隐性知识到显性知识的转变这一知识流动的过程称为"映像"（mapping）或者"表达"（representing）或者"具体化"（embodying）（郭延吉，2004）。表出化是将隐性知识概念化的过程，是将其进行编码的过程。理论著作和课堂教育等都是隐性知识表出化的结果。如果没有表出化的过程，没有将其隐性知识的总结和概括就不可能存在对知识的广泛传播。表出化的关键就在于将无法表达的知识通过概念、比喻等方式模式化，编码成为大家可以共同理解和共享的知识。表出化阶段将隐性知识转化为显性知识，主要通过个人在团队之间的合作与共同劳动，使知识以一定的形式（比如文字、体会、语言、理解等方式）在团队成员之间进行传播，以达到知识的共享。在这个阶段知识的共享已经不是在个人之间的互动和体验，而是在团队成员之间的共同体会和理解，团队的共同协作是知识从隐性知识到显性知识转换的有效方式。可以表出化的知识一定首先要经过社会化的知识转化过程，在劳动成员一起工作和操作的过程中真实体验了具体的隐性知识，体验了具体的操作方法和技能技巧，没有社会化的隐性知识的广泛传播就没有表出化过程，因为只有更为广泛的社会化过程，同样的技术操作与技巧可以在不同场景下使用，在不同成员中使用。在大家使用的过程中会反复的体验、总结，并不断地在实践中进一步检验，最终把具有共同特性的表征属性用口头或书面语言表达出来。表出化一方面是需要很多组织成员共同对同一个业务进行广泛的亲身体验和体会，另一方面需要组织成员在一个很长的时间内不断的实践、检验、再实践。经过这样无数次、很多人的体验，就会发现可以用语言表达的显性知识。表出化的过程是通过大量的实验、实践，并广泛地在不同场景和不同方式中不断检验，以此概念化、抽象化的总结出来，以语言、文字或者数学模型、计算机语言等反映出来，成为组织成员可以学习和传播的显性知识。通过团队的知识表出化过程，很多无法表述的隐性知识可以变成可交流和相互学习的显性知识，并通过各种载体广泛地传播，由此，知识在组织内部的转移与共享就成为现实。

3. 联结化

联结化即同化，则是将各种概念综合为知识体系的过程。这种知识创造模式包括将不同的形式知识彼此结合，通过对显性知识的整理、增添、结合和分类等方式，重新构造既有信息，可以催生新知识。联结化的过程是对现有的显性知识通过各种方式，比如书面的学习和学校的教育培训等方式来对知识的传播与交流，以达到大家对可分享知识的共同理解与学习。联结化的过程是知识广泛传播的过程，在广泛知识表出化的过程中，使组织成员对相关知识具有共同的认知；同时，在共同认知的基础上，经过个体学习过程，对已有知识进行深加工，并广泛重构和修复已有的关系网络。所以，联结化的过程实际上就是组织内关系网络的重构与修复过程。在联结化阶段，知识通过书籍、网络、媒体、语言等许多方式在广大的成员之间进行传递，使这些知识从原来一人或部分人拥有转换成为所有组织成员共有的知识，达到了知识的推广和泛化。知识的同化直接会转化为有形的产品或者服务，真正表现为知识的价值创造性。同时，知识的同化不仅仅将知识转化为有形的产品和服务，而且将知识本身转变为可以交易的商品，使知识商品化，进一步促进了知识的广泛传播与传递。组织知识的联结化不仅仅是同类知识的广泛推广与传播，更重要的是组织成员不同知识的联结，重构或修复了以关系网络为载体的知识网络。组织知识的联结化过程中，关系网络是显性知识传播的有效通道，关系网络的紧密性促进了知识的快速准确传播；反过来，知识在不同成员之间的传播加强了成员之间的关系网络，进一步强化了关系网络。二者相互促进，相互影响。

4. 内在化

内在化即内化，是显性知识到隐性知识的转化，是个人对显性知识的理解和思考创造新知识的过程，是一个完全知识内化和思维的过程。内在化是完全的个人思维活动，是个人对已学习知识和对客观事物认知的基础上，利用自己现有的知识结构对其进行深加工的过程，最终又形成了个人知识，一种属于个人大脑中的隐性知识。知识的内在化主要体现为个人通过参与社会活动以及各种生产活动对已有知识的分析和逻辑推理等思维方式重新构建大脑内的知识网络。联结化后获得的相关组织知识，在组织成员的具体实践中，通过自己的亲身体会，并结合自己已有的知识结构，重新建构了大脑内的神经元网络，从而成为新的隐性知识。这种内化源自两种方式：一是因为每个组织成员自身知识结构的差异性，对通过联结化获得的知识产生了重新的认知，并导致新的改造动机；二是组织成员对联结化的知识在不断重复的实践中，产生了新的改造和改进，即所谓小革新、小发明，涓涓细流汇聚大海。组织知识的内化使组织成员的知识进一步升华，从隐性知识到隐性知识，此隐性知识非彼隐性知识。组织知识经过这样一个循环过程，每个组织成员的知识结构会不断地调整和改变，实践出真知就是这样的道理，也是这样的过程。

（二）组织知识循环

秦世亮等（2004）将组织知识的转化过程与知识资产联系起来，将知识的转化过程视为不同知识场的互动过程。在不同的知识场中，个人之间或者集体之间进行知识的交互与沟通，最终形成不同的知识资产，比如经验型知识资产、概念型知识资产、系统性知识资产和惯例型知识资产，这些知识资产分别产生于不同的知识场中，在组织中表现为不同形式的知识资产。知识转化过程在隐性知识与显性知识之间的相互转化，实际上是知识资产的创造过程，如图 5 - 4 所示。

在这个知识创造的循环中，个人是基础，团队、组织与环境是知识创造和传播并激发知识创新的机制。知识的创造不仅仅是隐性知识和显性知识之间的不断转换，而且也是个人、团队、组织和环境不同层次上的知识传递与思想激发的过程。知识并非是储存于个体脑内的抽象的观念，而是在个体和他所处的物理、社会、文化环境之间进行对话和相互影响中的社会性的建构物；同样，集体的知识也是在集体中的个体成员之间的交互影响中，集体与所处的物理、社会、文化环境的对话和相互影响中建构起来的（赵健，2006）。不同层面知识交互与实践共享使得知识的创造活动越显复杂，同时也产生了大量的冗余信息，正是这些冗余信息可能会促进知识的不断创新，正如竹内与野中所言，知识在"糊涂"和"冗余"中创造。知识的创造过程会随着知识的传播不断地从第一层次向高一层次跳跃，这种跳跃会越过不同的层面的界限形成知识创造的螺旋上升的动态过程，如图5-5所示。

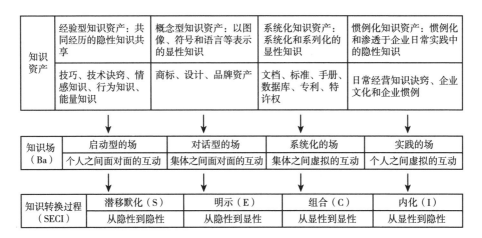

知识资产	经验型知识资产：共同经历的隐性知识共享	概念型知识资产：以图像、符号和语言等表示的显性知识	系统化知识资产：系统化和系列化的显性知识	惯例化知识资产：惯例化和渗透于企业日常实践中的隐性知识
	技巧、技术诀窍、情感知识、行为知识、能量知识	商标、设计、品牌资产	文档、标准、手册、数据库、专利、特许权	日常经营知识诀窍、企业文化和企业惯例

知识场（Ba）	启动型的场	对话型的场	系统化的场	实践的场
	个人之间面对面的互动	集体之间面对面的互动	集体之间虚拟的互动	个人之间虚拟的互动

知识转换过程（SECI）	潜移默化（S）	明示（E）	组合（C）	内化（I）
	从隐性到隐性	从隐性到显性	从显性到显性	从显性到隐性

图5-4　知识资产的创造过程

资料来源：秦世亮，万威武，朱莉欣．个人知识和企业知识创造 [J]．研究与发展管理，2004，16（1）：55-60．

（三）知识创造的时间维度

知识创造不仅仅是个人的知识传递、扩展和内化的过程，同时也是在不同层次上的跨越和螺旋式上升的过程，而且知识的创造在时间维度上也具有不同的变动。知识创造要随着时间的推移不断地调整与拓展，在不同的时间知识创造会表现出不同的形式，毕竟知识的创造不是一蹴而就的，要经过一个立体的、螺旋的、不断往复循环的过程。竹内和野中将知识创造的时间维度分为五个阶段：共享隐性知识、创造概念、验证概念、建造模型和转移知识。组织知识创造过程的五阶段模型如图 5 - 6 所示。知识的创造过程是一个开放的，个人及其团队、组织等不断和外部环境进行信息交流的过程。

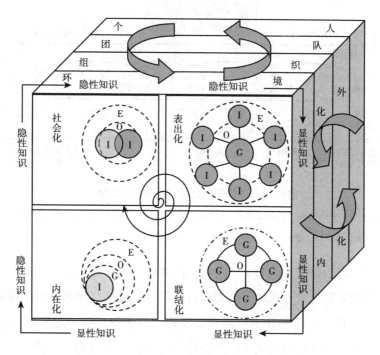

图 5 - 5　不同层次的知识创造螺旋扩展模型

第一个阶段是共享隐性知识。不管从哪一个角度来分析知识的创造过程都是从个人知识的社会化开始，知识首先是隐藏在人的大脑中的隐性知识，当每个人和其他人进行交流的时候，特别是在同一个团队进行工作和生活，大家将自己的隐性知识通过体验、协作等方式得到共享。劳动分工促进了企业组织专门知识的累积和增加，劳动分工及其知识分工，使人们专注于本专业领域内的知识（慕继丰等，2002）。这个社会化的过程可以将不同知识背景、不同思想、不同动机的个人融到一起，通过大家思想的碰撞和充分的交流，特别是在工作中的"干中学"以不同的心智模式更进一步地激发大家对知识的重构。所以，知识创造的第一步就是知识的共享，这种共享主要是个人的隐性知识的相互沟通与表达。

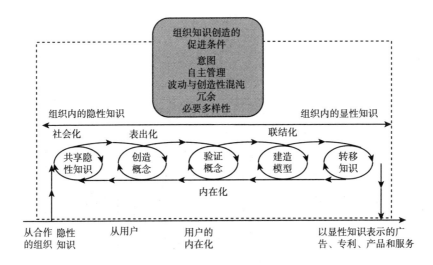

图 5-6 组织知识创造过程的五阶段模型

资料来源：竹内弘高，野中郁次郎. 知识创造的螺旋——知识管理理论与案例研究（中译本）[M]. 李萌和高飞，译. 北京：知识产权出版社，2006：100.

第二个阶段是创造概念。当在团队的合作中不断地交流与沟通，形成了大家共享的心智模式，这样团队的成员会尽可能地将这种共享的隐性知识以很多方式显性化，比如比喻、演绎、推理、归纳等，以一定的概念总结出来。这个概念化的过程就是对已经显性化的知识"结晶化""浓缩化""抽象化"，恰当地表述出对知识的理解。

第三个阶段是知识验证。知识的验证阶段是对前面阶段的知识的概念化的进一步强化。通过对已经显性化的概念在团队或者组织的生产和劳动中进一步的实施，以判断对其隐性知识的恰当性总结。验证概念的过程是对现有概念知识的筛选过程，这个筛选的过程已经不是停留在个人层面，而是在团队、组织的层面以不同的场景和不同的环境来验证概念的可适性，判断概念知识对创造动机的拟合程度。如果从组织目标的角度来看，概念的验证过程就是将其构建的概念放到实际的生产管理环节以判断对组织目标的实现程度，以此总结规律性的知识。

第四个阶段是构建模型。这种模型实际上就是将已经验证了的概念性知识转化为有形的物品，比如可销售商品或者服务等，就是知识的物化过程。对于一个企业组织，知识就是产品和服务，如果不能将创造的知识转化为产品或者服务，即转化为生产力，那么知识就不是适合企业的知识，对这个企业来讲就不是知识，而仅仅是一种信息。所以，这个阶段就是将组织的各个部门、各个人员的知识形式化，并形成一定的文件、图纸、流程、管理方法等，以此成为企业可持续发展的有形保障与产出。

第五个阶段是知识转移。知识转移实际上是新知识创造的开始，为了便利于知识的转移，企业作为一系列的高度有序的组织规则的机制，将知识编码成为可获取的信息以便于在广泛的个人圈内进行转移。企业的功能性知识会锲入这个高度有序的机制中（Zander B. et al.，1992）。企业是转移社会知识和创造新知识的机制。知识扩散行为促使了企业知识水平的增长和知识在企业的均匀分配，更新速度越快的技术在组织系统内的分布越趋向于均匀，也就是说高新技术企业要比传统企业具有更为均匀的知识分布（黄训江，2011）。组织的知识创造总是无穷尽的不断循环的过程，在已创造出来的知识的使用过程中，往往会不断发现新的问题、新的思路与方法、新的技术更新与发明。这些新思想都是在知识的共享和不断的应用中不断地被验证、不断地被修正、不断地被重构，最终可能会在组织的成员中重新迸发出对原有知识的新观念与新突破。这个知识转移的过程是知识的实践在个人脑海中的重新思索和研究。重新回到了知识创新的起点：个人的隐性知识的产生。

组织知识的创造过程实际上就是知识在人和组织两个系统中的系统学习过程，不仅仅是不同系统内部的关系网络构建，更是不同系统之间的交互与促动。隐性知识的创造是个人大脑神经元之间关系网络的构建与调整，显性知识是组织成员之间以及组织与组织之间关系网络的构建与调整。但无论是哪一种知识的创造，知识的价值都要体现在系统的效用价值方面，比如个人知识帮助实现了个人目标和个人利益最大化，而组织知识帮助组织实现组织目标，实现组织整体利益最大化，这既是知识的价值，也是学习的价值，所谓组织学习正效应就是组织学习可以带来丰富多彩的组织知识，以使组织不断地调整组织行为适应内外部环境的变化，同时也实现组织整体目标，通过组织的生产经营活动将更新后的组织知识物化为满足市场需求的产品和服务，并使产品和服务低成本、高质量、快节奏的生产出来，组织知识的正效应正是更有效、更便捷的组织生产经营活动，将新知识物化为更有价值和更有创意的产品和服务。但是组织学习并非完全只具有正效应，学习是一个中性词；同样，组织学习也可能会产生负效应，即所谓组织惯性。

第三节　组织惯性的形成与作用机理

如果将学习视为变革的力量，那么惯例就是阻止变革，保持过去行为倾向的力量，学习是变的力，而惯例则是不变的力。组织惯性可以描述为组织结构和组织行为保持一致的趋势，正如物理学的惯性一样，它可能表现为保持静止不动，还可能表现为重复以前采取的行动（赵杨等，2009），即组织行为的静止状态或者匀速直线运动状态。

一、组织惯性的本质属性

惯例的词义本源是惯性，在英语语系中，"Inertia"翻译为惯例和惯性，或者惰性，在物理学中称之为惯性，在行为学中称为惯例（routine），在心理学中表述为惰性，但三者的基本含义是相同的，意指保持不变的状态。根据惯性的物理学定义，惯性是物体抵抗其运动状态被改变的性质，惯性原理可以表述为：一个不受任何外力（或者合外力为0）的物体将保持静止或匀速直线运动，表现为物体保持运动状态不变的属性，惯性代表了物体运动状态改变的难易程度，惯性是一种抵抗的现象。在行为学中，惯例是行为的惯性，是个人或组织过去行为的不变状态，或者个人或组织抵制行为被改变的力量或性质。从心理学角度，惰性意指因主观上的原因而无法按照既定目标行动的一种心理状态，它是人懒惰的本性，不易改变的落后习性。

组织惯性（organization inertia）是组织的一种属性（赵杨等，2009），描述了组织维持现状的趋势和对当前战略框架之外的战略性变化的抵制（王龙伟等，2004a）。组织惯性表现为过去组织行为的延续，并成为组织学习的障碍，组织惯性意味着稳定性，是变革与柔性的对立面（Feldman M. S. et al.，2003），组织惯性反映了组织抵抗变化的性质（邸强等，2006）。组织惯例也称为组织惰性，是一种固化内存于组织之中的保持或维护现有工作活动模式与习惯的工作行为倾向（许小东，2000），这些固化的行为模式源自对历史经验的记载和存储，无论人员流动和时间推移，都会被保存和累积（Levitt B. et al.，1988）。尽管组织惯性是组织中群体行为的学习结果，表现为所有组织成员的个体行为，然而，这种行为一旦形成，无论组织成员的流动与调整，组织惯性将永久的保留和沉淀下去，而且随着时间的推移，组织惯性具有不断强化的趋势，除非存在强有力的组织学习改变。组织惯例被喻为人的习惯、组织的程序、生物的基因，强调惯例的惯性特征，倾向于降低组织的变革与柔性（Feldman M. S. et al.，2003）。

（一）组织知识与组织惯性的异同

组织学习是在个体学习和群体行为基础上的行为改变，学习的本质是已有行为的改变或者新行为的形成，组织学习导致了组织行为的形成与已有组织行为的改变。组织知识和组织惯性是这种行为及其改变的表征，但二者仍然有很大的差异，组织知识是组织学习导致的组织行为的信息表征和保持状态，而组织惯性则是过去组织学习形成的组织行为模式的保持状态，惯性是对过去的解读，而非对未来的预期（Levitt B. et al.，1988）。组织惯例是个体企业特有的生产经营中的知识积累和特殊技能（包括技术的、管理的等）的组合，是组织特有的协调和配置相关资源的能力（刘晔等，2006）。组织知识表现为行为特征的信息表征，而组织惯性则是行为表征，表现为过去组织行为本身的稳定性倾向。如果说组织学习是组织中关系网络的构建与修复，那么组织知识则是这种关系网络状态的信息表征，组织惯性是这种关系网络形成的行为模式的保持。组织知识既包含显性知识，也包含隐性知识，而组织惯性主要是以隐性知识为核心的行为模式的传播，尽管组织惯性可能会通过组织规则、制度、文件和操作规程等显性知识表现出来，但其组织惯性的本质仍然是显性知识引致的行为模式，表现为隐性知识特征，组织惯性的本质是隐性知识的行为表征。

从作用机理上讲，组织知识与组织惯性的区别关键在于是否有利于组织学习的有效展开以及是否有利于组织目标的实现。组织的目标是实时适应内外部环境的变化。适者生存，组织学习有利于组织更好地适应环境的变化，及时地根据环境的调整而改变自身的行为与运行方式，而组织惯性则是过去行为的延续，是对变化环境适应性的阻滞。尽管组织惯性也可能意指适宜度，是组织的行为能力与环境的一致性程度（Hannan M. T. et al.，1984），但很多时候表现为对环境适应性的迟滞性改变，组织行为的改变总是比内外部环境的改变缓慢很多，我们也可以将这种情形称为组织黏性。组织惯性是那些组织历史所导致的、不符合环境变化要求的行为和认知范式，并导致了企业对环境变化的反应迟钝（陈扬等，2011）。组织知识和组织惯性都因组织学习而起，但组织知识具有促进组织更有效学习的正效应作用，组织惯性则具有阻碍组织学习的负效应作用，尽管组织惯性在促进组织有效的低成本运行方面具有一定的积极作用。

（二）组织惯性与组织记忆的关系

组织记忆伴随着组织学习而生，同样也伴随着组织学习而终，组织记忆与组织知识和组织惯性具有很大关系。组织记忆是对组织学习的信息存储与保存，而组织惯性则是对组织行为模式的保留与存续。组织知识和组织惯性都是因为组织记忆而存在，没有组织记忆则没有组织惯性，组织惯性必然意味着组织记忆的存在。但反过来则不一定，组织记忆的存在并不必然意味着组织惯性的存在，由此，组织记忆是组织惯性存在的必要条件而非充分条件。一个组织的活动惯例化构成存储该组织专门操作知识的重要形式（理查德·R. 纳尔逊等，1997），惯性会沉淀成为组织记忆，这些记忆有时有条有理，有时乱七八糟，有时持久，有时会马上丢失掉（Levitt B. et al.，1988）。

尽管组织惯性与组织记忆具有紧密的关系，但组织惯性不像组织记忆一样存在集体层面的行为模式，因为集体行为最终都表现为个体行为，表现为组织成员的个人行为，只不过这种个人行为之间产生群体交互，并保持了协同性和一致性。组织惯例不是具体实物的运转流程，物的运转是机器的机械化和自动化过程，组织惯性是一系列人的行为协调行动，表现为众多个体的行为的协调一致，是人的行为的自动化。组织惯性是组织的群体行为的表征，它是群体中所有个体的共同习惯。所以，尽管组织惯性定义为组织行为模式的延续，但具体都表现在组织成员个体行为的延续和沉淀。组织惯性经过很长时期发展形成，将会深深印刻在每一个成员的心理和血液中的文化积淀，形成组织成员的精神世界（樊耘等，2008）。换句话说，组织惯性表现为组织成员个体行为的趋同性和协同性，组织记忆可能会导致组织惯性的形成，但这个过程需要在组织这个实践共同体中经过长期的重复实践，并强化为所有组织成员的行为一致性和协同性。

组织行为、组织知识、组织记忆、组织惯性和组织学习可以表达为这样一种关系：组织学习产生组织行为，并表现为组织记忆，组织记忆表现为两种情况：信息记忆与行为记忆。信息记忆是对组织学习乃至组织行为的信息特征的保留，其结果为组织知识，比如企业制度、文件、操作规范、战略规划等。而行为记忆是对组织学习引起的组织行为本身的保持，这种行为特征可能不会表现为一定的信息特征，或者无法用组织知识将其特征表征清楚，但它仍然会延续下去，并影响着下一阶段的组织学习和组织记忆，其结果为组织惯性，比如操作习惯、企业文化、价值理念等。由此，组织知识是组织行为信息特征在组织记忆的存在，组织惯性则表现为组织行为自身在行为记忆的存在。组织记忆既可能是信息记忆，也可能是行为记忆，而组织惯性只能是由行为记忆所致，当然，信息记忆也可能会通过组织学习而转化成为行为记忆。组织惯例依赖于个人的行为活动，因为它们最终要靠个人去实施，或在个人的活动中大量的传播（于海波等，2008）。尽管组织惯性通过行为记忆而表现为组织中个体的行为记忆，但组织惯性与执行它的个人没有关系，人员可以流动，惯性可能会仍然存在下去（Levitt B. et al.，1988），除非组织集体性缺失。

二、组织惯性的形成——组织基因

组织惯性的行为记忆特性使组织惯性成为组织的固有属性，并持续地延续下去，成为类似于个人性格一样的组织个性，组织惯例类似于个人习惯（Cohen M. D. et al.，1994）。组织惯性形成企业个性，企业个性是主宰组织成员行为方式的思想、感情、行动程式，企业个性通常由价值观、仪式、符号、规范等来体现和传递，是组织成员在长期实践中逐步形成的（倪文岚，1997）。组织惯例可能以组织的潜意识形式存在（Cohen M. D. et al.，1994），是"组织身份"的自然反映，具有很强的隐性知识特征，因而难以被模仿（吴价宝，2003）。组织惯例对组织行为的记忆与延续，执行着传递技能和信息的功能，在企业进化的过程中所起的作用与基因在生物进化中的功能类似，具有遗传性和变异性。但它还有自身的特性，即难以模仿性和进化的目的性，不易模仿是由于企业的惯例中含有大量超文本化的默会知识，模仿成本非常高昂（刘晔等，2006）。组织惯性本身并不是历史，而是历史经验的沉淀，以行为记忆形式遗传下来，组织成员或者组织尽管没有经历过这些历史的经验，但可以通过惯性的执行来获取（Levitt B. et al.，1988）。组织惯例是嵌入在组织行为记忆中的组织基因，它决定着组织演变的基本路径，组织就是通过编码推理将历史转化成为导致目标行为的惯性的学习过程，组织学习以组织惯性为基础，具有路径依赖和目标导向特征（Levitt B. et al.，1988）。由此，作为组织基因的组织惯性决定了组织的个性，自然也就决定了组织的差异性。

组织惯性起着基因在生物进化过程中所起的作用，是有机体的持久不变性，并决定了可能的行为（理查德·R. 纳尔逊等，1997）。组织惯性是组织知识的固化，是组织关系网络的固化。从关系网络的视角，组织知识、组织惯性和组织学习都是以关系网络而发生，都以关系网络为运行模式。象棋大师与普通象棋爱好者的差异性在于象棋大师会把纷乱的棋子看作具有一定规律性的排列，会将孤立的单个棋子排布为具有一定棋理的布阵，而普通象棋爱好者仅仅视为乱七八糟的单个棋子。所以，每个人专业技能的形成是因为通过无数次的练习使小小的的片段化的信息内部联结为更大规模网络的信息集成，学习不仅仅是积累事实，更重要的是内化信息片段间的关系（戴维·布鲁克斯，2012）。如果说个人的惯性思维和行为方式是这样逐渐形成的，那么组织惯性的形成同样是建立在组织内部的关系网络基础上。越是惯性的组织行为越具有强而大的关系网络，关系网络越大，涉及的个体成员越多，惯性的力量越大，关系的强度越大，惯性的力量越大。组织惯性很多时候并非有意而为之，组织知识的形成及其反复的使用，会自然形成惯性化的思维和行为模式。所以，组织惯性产生两个方面：个体成员的惯性以及个体成员之间的关系。组织惯性源自两个方面：组织成员的个人行为惯例和组织结构惯性。在组织发展的初期，组织领导者的个人习惯对组织惯性的影响很大，但随着组织逐渐发展壮大，组织学习导致的组织惯性将会起到决定性作用，组织结构和组织制度对组织惯性的形成具有很大作用和影响。组织结构和组织制度是组织基因的基础和核心，它们既是组织惯性的因，也是组织惯性的果。

（一）个人行为惯例

组织惯例作为组织基因从组织创办就存在，并成为发展中组织性格差异性的重要因素，组织惯例从一开始就受到组织创办者的直接影响。在企业创立的初期，人员比较少，企业的创始人和有限的员工一起工作，一起面对解决企业经营过程中出现的问题，那些多次解决群体问题的方法和减少群体成员焦虑的事物会在群体中保持下来，形成人们的习惯（樊耘等，2008）。组织惯性和个人习惯不同，个人惯例或者习惯是代与代之间的基因遗传，是一代人与另一代人之间的遗传，人的基因只能遗传，无法创生，而组织惯性起始于组织的初创期，组织惯性从组织生命的开始就逐渐积累起来。组织惯性缘起于组织的出现，组织基因完全依赖于自身组织学习中的自身创生，不可能从其他组织遗传，组织之间并不完全都存在代际关系。如果说组织惯性有遗传，那就一定是源自组织的初始创办者，或者说遗传于组织的创办者。一个组织的特性会受到该组织创办者的特性以及创办本身很大程度的影响（George P. huber，1991）。组织惯性从一开始受到组织创始者的性格或者个人习惯的直接作用，或者说最早的组织惯性源自组织创办者的个人基因，当组织创办时会因为创始者的个人性格和做事风格而影响到整个企业组织。组织惯例意味着多个行动者的模式化的有序学习行为，这些行动者通过交流或权威关联起来（Cohen M. D. et al.，1994）。当创办者作为个人时表现为个人习惯或者惰性，而当成为组织的成员，特别是作为初始企业的创办者时，个人习惯和行事风格会体现在具体的企业经营活动中，以权威者自居的领导者往往会通过权威和命令的方式影响企业员工的行事方式和企业的管理模式。组织的层级制和官僚制使领导者的做事风格在所有管理层级中一层一层蔓延下去，个人习惯和性格通过两种模式影响了组织的经营管理活动，并形成组织惯性。

1. 人际星系模式

第一种模式以领导者（或者创办者）为中心向外围扩展，形成人际星系模式，这种模式主要以非正式关系建构起来。从领导者关系最紧密的身边员工开始，比如秘书、副职、行政办公室人员等，这些人经常和领导者接触，在言谈举止和行为方式等方面受到创办者的潜移默化的影响，日久天长，这些人的行为习惯逐渐与领导者风格的交集越来越大。领导者就是那些以某种方式赢得了他人忠诚的人，这些人心甘情愿地追随他们。这种心甘情愿的追随来源于人们对领导者地位及其个人特征的看法（Timm Paul R. et al.，2004）。甚至在很多时候领导者的权力迫使身边的工作人员为了迎合领导者的喜好而在行为举止方面有意而为之。在权力至上的组织中，唯领导喜好事成为必然，长此以往，领导者的个人喜好和行为习惯成为身边工作人员的个人习惯，这也是隐性知识的学习过程。领导者身边的工作人员的行为方式会依次向外蔓延，慢慢地会影响到企业的全体员工。随着企业的成长，企业规模逐渐扩大，新的员工不断进入企业，这时企业的创始人、核心管理团队和老员工便会给这些原来形成的习惯以合理的解释，并向这些新员工宣传、演讲、教化这些已经成形的习惯（樊耘等，2008）。领导者对身边人的影响依赖于非正式关系而发生，这种影响模式同样以非正式关系的形式在其他身边人的身边人上体现出来，形成了一个以领导者为中心的影响圈，像击水石一样引起了一圈圈的波纹，并逐渐扩展开来。这种蔓延态势总是以任意一个个人为中心，组织创办者是所有组织的核心，个人习惯和性格以隐性知识方式潜移默化地影响到紧邻领导者的员工，形成领导紧密层。紧密层成员会重新形成以自己为核心的二级外围，并将创始者的个性延续到自己的紧密层……形成层层嵌套。这种结构完全类似于宇宙星系一样，从创始人开始，会形成许许多多的以组织成员为中心的人际圈，创始人的个人性格和行为习惯就以这样的星系模式传播下去，并直接影响到组织的所有成员，最终形成组织惯性。

2. 权威命令模式

第二种模式是领导者的个性风格和行为方式会通过管理层级从最顶层逐渐扩展到最底层，这种影响方式依赖于正式关系而发生，比如工作会议的议事形式和发言习惯、制度文件的起草和制定、业务流程的实施等。组织的权威性使领导者风格从最高层通过会议、文件等方式层层影响到最基层，甚至一些从企业最基层干起的领导者会将自己的领导艺术和风格或者习惯直接从最基层的员工开始蔓延。组织的领导者总是命令的发布者，他们在任何工作的实施与绩效测评中总是或多或少的以个人的喜好和口味作为一定的评判标准，这个标准通过组织命令与权威贯穿到组织的每一层级，最终这种领导者个人习惯和性格逐渐转化成为整体组织的行为习惯，自然形成了组织惯性。IBM 的创始人汤姆·沃森要求 IBM 所有员工都要穿着正规的职业套装，其真正含义是：尊重你们的客户。然而，随着时间的流逝，尽管 IBM 着装规范一直持续下来，但沃森所发出的尊重客户理念却被长时间遗忘，郭士纳临危受命担任 IBM CEO 后，以变革 IBM 着装规范为契机，再一次发出了真正尊重客户的声音（尹波等，2010）。

组织惯性普遍表现为组织的隐性知识，其传播与学习都是以行为的潜移默化展开。正是因为组织惯性的隐形特征，正式契约和规则在其传播与实施中无济于事，其实现的效果与结果都取决于组织领导者的个人判断，而非组织的制度与规则，所以，在组织惯性的传播与学习中，个人的影响程度更大，非正式的影响程度更大。企业家所具有的思维方式、理想、信念、意志以及心理素质等要素（汪岩桥，2004）都可能成为组织惯性的影响因素。特定的心智模式，特定的认知假设和核心价值观，决定着高层管理者如何对待客户、如何对待员工、如何对待股东、如何思考和定义竞争与合作、如何承担社会责任，从而决定了一个企业的行为标准和风格导向（骆志豪等，2010）。一个善于节俭的领导者往往会特别注重于企业勤俭持家的理念和行为习惯，具有非常强的时间观念的领导往往会使组织的整个流程和业务以及所有经营活动严格遵守时间的规定，使组织具有非常强的时间观念，工作自然紧凑并按部就班。一个具有很强文学艺术爱好的领导者在组织的制度、文件等方面的起草，对文案人员的基本素质以及人员招聘的文学功底等方面会有非常高的文学艺术素养要求，这种早期形成的习惯会在组织中逐渐传扬，逐渐成为组织中默认的基本做事规则，并成为组织惯性。

（二）组织结构惯性

随着组织的出现，组织的结构、制度、规范会成为影响组织成员行为模式的重要力量，直接决定了组织的运行模式和行为范式，组织惯例根植于具有规则化与持续化特征的社会学的官僚组织（汪克夷等，2009）。与组织结构和制度有关的组织惯性可以称为结构性惯性，是指由行业环境、组织结构、组织文化以及组织为实现特定战略目标而设定的奖惩制度等结构性要素所引发的组织惯性（陈立新，2008）。

1. 组织惯性的征兆

组织结构引起的惯性原因还包括以下两个方面（王龙伟等，2004b）：一是纵向层级结构；二是横向组织部门之间的耦合关系。通常来讲，纵向管理层级越多，组织内部官僚化程度越严重，导致上下级之间信息交流不畅，随着时间的延续，这种组织结构越发僵化，严重阻碍变化的发生。另外，组织内部不同部门之间的耦合程度也会影响组织惯性的大小，组织内部的耦合性越强，各部门之间的联系越多而且越复杂，打破这些联系的难度将会越大，相反，组织内部不同部门之间的耦合性越弱，企业越容易实时变化，灵活性更强，组织结构表现出的惯性会比较弱。如果说组织惯性的个人习惯影响仅仅是非正式关系的表现，那么组织结构对组织惯性的影响则是正式关系的直接表现。组织是一种权威机构，整个机构的运行以及成员的行事规程都是以严格的制度为依据，在这种组织中，权威命令具有强制性，根据制度经济学理论，组织中的制度就是组织与员工签订的一份契约，一旦个人成为组织的一员，就有义务服从组织的制度安排，要按照制度规定的业务标准和流程来执行属于自己的任务和工作，这样在长期的工作中，逐渐形成了工作的特有习惯和暗默知识，这就是组织惯性的征兆。

2. 制度性学习是组织惯性的根源

尽管组织忘却有利于组织的制度性学习，但是制度性学习也会阻碍组织学习的有效展开（Crossan M. M. et al.，1993），实际上，制度性学习同时也成为组织惯性的根源。组织的稳定性和可说明性要求组织结构是可重复的、稳定的，而这种稳定性和重复性主要通过制度化和标准化得以实现。在面临变化时，制度化和标准化会严重阻碍变化的发生，从而使组织表现出较大的惯性，同时，组织的纵向层级结构和横向部门之间的耦合关系也可以导致组织惯性（汪克夷等，2009）。组织的制度规范是组织中成员之间关系网络建构与运行的契约机制和维护机制，形成了组织的正式关系，并在这种正式关系中养成了无法用语言表达的习惯和做法。组织中日益增长的复杂度和相互依赖度则会阻碍组织进行革命性的变革，组织惯性也就随之产生（陈锟，2010）。在组织中，制度是显性知识，但当这种显性知识转化成为组织成员的行为习惯时，显性知识就转化成为隐性知识，表现为知识的内化和组织行为，并最终成为组织惯性。正式组织和非正式组织都会产生组织惯性，但二者产生的组织惯性的性质是不同的。正式组织的组织惯性更多表现为制度、流程、技术、规范等；而非正式组织的组织惯性则更多表现为强关系，如由于沟通、交流产生的相互嵌入的关系网络的固化以及心理惰性。具有规则意识的组织往往会在组织中贯穿严格的业务流程和规则，所有的组织成员都要严格承担属于自己的业务和职责，使整个组织活动处于严密的流程规范中。

3. 结构层面的惰性行为

结构层面上的惰性行为根植于组织中的内在结构系统、操作流程中，受组织内在结构系统的模式、复杂性、相互依存关系的影响（许小东，2000）。随着企业的不断发展，组织规模的不断膨胀扩大，工作复杂性的提高，组织结构越来越复杂，组织系统越来越庞大，结构系统的不断生成并相互缠结，最终使组织不得不依靠它生存并使组织变革越来越困难，变革成本越来越高，于是，内化于组织结构上的惰性开始出现。惠普计算机和安捷伦仪器都是电子产品业务，遵循共同 HP 之道，但是两者业务之间有较大不同：安捷伦仪器业务状态是人多、产值低、利润高；而惠普计算机业务的状态是人少、产值高，但利润低。仪器仪表行业特点是节奏慢，5 年才换一代。计算机行业则是更新很快，仪器业务和计算机业务行业价值观念存在很大差距，如果依旧统一在一个文化体系下，常常产生矛盾，影响到组织士气和经营绩效。这种情况下，惠普及时调整组织结构，将公司拆分为惠普计算机和安捷伦，安捷伦提出了惠普传统文化的补充要素：速度、专注和责任。这既是对惠普之道的良好继承，又是对惠普文化的积极创新（尹波等，2010）。

4. 组织惯性的生成

组织结构与组织制度对组织惯性的决定性在于直接影响了组织中所有成

员的个体行为的习惯化，组织结构和组织制度决定了组织成员在具体业务活动中的行为模式。垄断作为一种组织结构是组织惯性容易滋生的温床，垄断往往会形成关系网络丰富多彩的强关系，这种强关系成为行业经营模式而保存下来，并使这些垄断企业往往不思进取，躺在功劳簿上坐享其成。惰性和懒散就是在这种没有任何竞争压力的环境中形成的，组织惯性必然产生，而且难以有效的变革和调整。组织惯例是多个参与者之间可重复的和可识别的相互依存的活动模式（Feldman M. S. et al.，2003），长此以往的行为模式将会被固化，并逐渐稳定化为类似于基因的组织行为模式。在企业的发展壮大过程中，或者企业到达一定的规模，并处于一个相对平稳的状态时，企业创始人及其核心团队就会对企业组织的基本使命和组织的基本运作模式形成一致的、清晰的认识（樊耘等，2008）。在现有企业的组织成长过程中，组织群体会逐渐形成自己的期望，组织群体的期望最终会成为组织成员行为处事的规范，组织越是成功，组织群体的期望和规范就越容易固化，从而导致组织成员形成自己的行为惯性（陈立新，2008）。

（三）组织惯性的变化

任何组织的运行都是以劳动的分工与协作为基础，对于每一个组织成员完成任何一项组织业务活动，只需要知道两种事情：一是自己应该做什么？二是与自己有紧密关系的其他组织成员是谁？组织可以按照惯例运行建立在一切成员都继续"知道他们的工作"，即惯例所确定的那些工作（理查德·R. 纳尔逊等，1997）。劳动的分工使每一个组织成员都非常熟练地操作属于自己的业务活动，而劳动的协作使得所有组织成员都可以最便捷地找到与自己业务紧密联系的其他成员，并联合起来完成任何难度的任务和活动。在这样一个活动场景中，每一个组织成员都强化了属于自己的具体活动，形成了相应的行为模式，并在强化中习惯化。每一个组织成员不仅仅习惯化了属于自己的任务和活动，而且也习惯化了与自己任务有关的其他组织成员，由此导致组织惯性的形成。组织惯性将组织的劳动分工与协作固化了，并在组织的运行中不断地延续下去。组织惯性与组织的劳动分工有很大的关系，尽管在具体工作流程中不断地有组织成员流转和转换，但业务活动仍然按部就班的实施，形成固定化的业务流程，并年年月月延续下去。专业化分工越精细，专业劳动熟练程度越强，惯性化程度越高。分工的精细化导致在某一专业中的个人专业于越来越细小的领域，而逐渐远离了其他专业或其他领域，专业化程度越高，跨专业或跨领域转移的成本越高，难度越大，正如隔行如隔山，而且这种隔阂随着专业化程度越高和熟练化程度越高而越加遥远、越加陌生。由此形成了一个非良性循环，即跨专业或跨领域转化越难，在某一领域或专业的成熟度越高，该专业或领域的经验越丰富，行为模式和思维定式越加强化，行为惯性越大，组织惯性越强。反过来，这种强化了的惯性促使该专业或领域的个人更愿意或更喜好低成本地专攻于自己熟悉和得心应手的工作，最终劳动的熟练程度越高，跨专业或跨领域转化的成本更高，难度更大。这种循环形成了"熟悉的越熟悉，陌生的越陌生"的马太效应。

同时，专业化分工导致联系越紧密，强关系导致关系稳定性越强，惯性化程度也越高。专业的精细化分工导致了任何一个组织成员都难以离开他人有效地展开工作，而且精细程度直接决定了联系的广泛性。越专攻于细小的专业或领域，越难以独自地完成整体的活动，依赖于他人的数量和可能性也越大。组织关系网络的密集程度和关系强度很大程度上取决于关系节点个人的专业化领域。专业程度越高，需要他人联合的可能性越大，由此，专业化程度越高，合作的程度越高，关系网络越紧密，强关系在关系网络中的占比越高，群体的整体性行为越普遍，组织惯性强度也就越大。所以，组织结构和组织制度产生的组织惯性表现为两个方面：一是劳动熟练程度产生的组织成员自己完成工作任务的行为习惯化；二是与其他组织成员相联系而产生的关系固定化。再具体一些，组织惯性表现为：组织成员个体行为的习惯化和组织关系网络的固化。惯性包括组织构建和运行的各种形式（forms）、规则（rules）、程序（procedures）、约定（conventions）、战略（strategies）和技术（technologies），也包括信念体系（beliefs）、架构（frameworks）、范例（paradigms）、规范（codes）、文化（cultures）和知识（knowledge）（Levitt B. et al.，1988）。这些组织惯性决定了在组织运行中个人如何行为，同时决定了个人如何与他人行为，由此，一方面强化了个体的行为习惯，另一方面强化了组织中关系网络的稳定性。组织结构和组织制度从一开始直接决定了组织成员的个体行为和组织成员之间的交互行为，但当这种行为一旦形成，并在不断的组织运行得以强化时，组织惯性得以产生，并反过来进一步强化了个体的行为模式和个体之间的交互过程。

作为组织基因的组织惯性，其先天性因素取决于组织的创始人或者初始创办者，这些个人的行为习惯和偏好直接决定了组织的个性和行为模式，甚至日后的组织文化。但随着企业规模的扩大，企业业务活动的复杂化，个人崇拜形成的先天性组织惯性日渐式微，而组织结构和组织制度产生的组织惯性成为主导的力量。由此，任何一个组织的性格不仅受制于组织早期创始人的个人性格的遗传，还受制于后天组织运行中组织结构和组织制度的规范与制约。无论是组织初期的先天性创始人个性的组织遗传，还是组织后期结构与制度的强化，组织学习都是组织惯性形成的基础力量，没有组织学习就不会存在组织惯性，当然，组织惯性的突破同样需要组织学习的力量，正所谓"组织惯性成于组织学习、败于组织学习、突破也在组织学习"。

三、组织惯性的演变——组织基因变异

尽管组织惯性是组织过去学习导致的行为稳定性和固化现象，但组织惯性并非一成不变，组织惯性会随着组织学习而发生不同程度的变化，组织的进化实际上就是组织惯性的不断变革。组织惯性是在一个稳定不变的环境中保持过去组织行为的正常运行，一旦组织内外部环境发生了变化，组织惯性存在的基本条件发生改变，组织惯性与组织行为的现实将会发生冲突，并导致组织惯性的被动性调整，组织惯性的演化表现为组织惯性的变异。这种调整过程非常漫长，很多时候调整无法赶上组织内外部环境变化的节奏，组织经营失败就发生了。企业的规模不断扩大时，比较有效的控制手段便是企业的各项规章制度，但是，这类企业的弊端之一便是官僚主义，有时，制度、文牍会成为企业的枷锁，妨碍企业对外部环境、客户需求的反应（樊耘等，

2008）。从这个意义上来讲，组织惯性表现为组织的行为能力与环境的拟合程度，如果组织的变革速度远远低于环境的变化，则认为组织具有很强的结构惯性（Hannan M. T. et al.，1984）。组织惯性实际上就是组织对外部环境的反应速度，反应速度越快，战略和结构的调整越灵敏，组织的成功可能性越大。但组织惯性是迟缓的反应速度，所以，组织惯性越强其组织的反应速度越慢。组织和人这个系统组织一样天生具有路径依赖的惰性，存在惯性依赖。组织所面临的环境确实时时刻刻在发生着变化，这种变化必然要求组织延续的过去的行为模式、组织结构、组织制度等方面都尽可能适应环境的变化，组织惯性的演变是组织环境变化的必然要求。

（一）组织惯性：方向性与时间性

惯性理论的本意认为，任何一个组织都受到强大的惯性力量的控制，当面临环境改变的冲击时，它们很少能够成功地在战略和组织结构上做出根本性的改变（赵杨等，2009），组织惯性天生的黏性和滞后性使得组织惯性的调整总是处于迟钝状态。组织存在惯性并不是组织从不改变，而是对于外部环境中产生的威胁和机遇，组织反应缓慢（赵杨等，2009）。组织的变化时时刻刻都在发生着，但是一般的产品、技术、市场和人员等调整和改变并不改变组织的根本性质，或者无关乎组织个性。一个组织的成功不仅仅是灵活地应对内外部环境的变化，而是从根本上改变了组织的基本属性或者组织惯性，正如物种演进一样都是为了完全地适应环境的变化，由此组织惯性的及时调整可能是组织成功的重要法宝。所谓"成功"有两层意思：方向性和时间性。成功的惯性调整意味着既有调整方向上的一致性，也有时间上的及时性要求，二者不可或缺。

1. 方向性

方向性是指组织行为的调整方向没有符合组织内外部环境的变化要求，产品数量没有实现基本的市场供求，产品质量无法满足消费者的需求，企业对整个行业发展方向的研判出现了战略性偏误，导致企业经营失败，等等。

诺基亚和摩托罗拉智能手机业务的失败恰当地说明了他们对手机功能的战略性判断失误，他们的失败并非技术上面的缺陷，而是没有准确地预判出手机的智能化需要以及对功能手机的替代，源自对手机产品的发展方向的误判。一旦这种预判出现了错误，将使整个公司一落千丈，名落孙山。两个公司的经营失败源自对自己曾经成功的过度自信以及对手机行业变革方向的判断失误。如果说战略调整可能不是组织惯性的问题，但成功依赖症则完全是组织惯性所致。战略管理者的心智模式是战略管理者在多年的社会生活和战略管理实践中形成的比较固定的思维习惯模式和认知结构（冯海龙，2006），战略管理者的心智模式在一定程度上会成为组织惯性，并导致了组织变革的滞胀。管理者的战略思维惯性阻碍战略创新，现有的战略框架导致变化环境下的战略盲点（弋亚群等，2005）。管理者的战略思维成为组织惯性的根源在于管理者的过于自信，或者对过去经验的过于信奉，归根结底就是个人的思维惯性。

伴随着组织的成功与成长，人们行为处事往往会受困于组织群体的共同期望之中，这种期望产生于组织长期形成的群体非正式规范、价值观念、群体意识以及传奇性事件和精神人物之中，一个组织的过往历史越是成功，这种观念认识就越容易固化，根深蒂固而难以改变，助长惰性的产生（许小东，2000）。组织惯性与管理的方向性失误与管理者过度自信有很大的关系，通常对于一个企业的高层管理者，他们都更愿意相信自己的经历和经验，特别是这些管理者都是在自己的亲身经历中成长和成功，事实告诉经验的正确性，并不断地在这种经验中获得了成功，成功进一步强化了对经验正确性的认识。这种经验在企业中会逐渐演化成为组织记忆，并很深地沉淀到组织的各种活动、行为和战略中，这在很大程度上就形成了组织惯性。组织存在自信与傲慢，因为过去的成功而骄傲自满，而忽视了潜在的威胁（陈锟，2010），实际上，组织惯性不仅是在制度和流程上的惯性，还是心理的长期固化，或者称为思维定式。

已经取得过巨大成功的企业往往倾向于从历史的经验中总结成功的原因，并将其作为今后管理业务遵循的基本理念和思维逻辑，即主导逻辑（陈立新，2008）。主导逻辑是组织成长的历史产物，因此具有促使组织承袭组织记忆和过去传统去从事某种活动的惯性。成功依赖症导致组织惯性和完全的惯性依赖。管理者过度自信源自管理者的过去成功经历的主导逻辑。主导逻辑容易使管理者以固定思维去看待新事物，造成对外部变化不敏感，从而不能及时、正确地识别技术变革中酝酿的新机会，从生物心理学角度，思维定式会屏蔽信息引起的注意，从而阻止学习，并导致行为固化。即使管理者意识到外部变革，惯性思维也会导致他们倾向于站在保护现有业务的立场上来诠释变革，从而驱使他们对技术变革形成消极的威胁认知（陈立新，2008）。组织长期形成的群体非正式规范、价值观念、群体意识会形成一种惯性思维（高良谋等，2009），这种组织惯性可以称为认知型组织惯性，是由管理者特别是高管团队识别和解释外部事件并根据外部环境进行决策所涉及的认知性要素所导致的组织惯性（陈立新，2008）。认知型组织惯性是导致组织惯性方向性偏误的重要因素，认知方面的惯性思维在组织中特别是组织的领导者中普遍存在，这与人的思维定式有很大关系。管理者的思维惯性导致的组织惯性迟缓要比组织中其他成员的思维惯性的危害程度大很多。

2. 时间性

所谓"时间性"因素关键是组织惯性变革的时间历程，是指从识别到环境的变化直至有效调整组织惯性的时间长度，是组织惯性调整的速度快慢，"时间性"就是速度。组织惯性节奏方面的迟缓主要源自组织惯性的群体性因素，组织惯性是组织中所有成员之间的正式与非正式关系的固化，要打破这种长期形成的固有关系则非常困难，或者需要比较漫长的过程，或者需要更大的成本消耗（这种成本消耗包括金钱、精力、时间等方面）。一个人的行为习惯的改变取决于自身的决心与毅力，而整个组织惯性的改变则取决于群体行为的交互模式和交互有效性。江山易改本性难移，更何况由成千上万人组成的一个组织，要同时改变所有组织成员的集体性认知和行为显然难上加难。组织的成员数量越大，规模越大，其组织惯性调整的难度也越大，正所谓"船小好掉头"。在认知方面的整体一致性更便捷于组织惯性的变革，越是认知差异性的组织，变革的速度越慢，越迟缓。领袖崇拜下的组织通常更容易变革，其原因就在于组织成员在心理上和行为上受到崇拜领袖的直接控制，或者称为精神控制，这种控制建立在长期实践中形成的个人崇拜，固化了所有组织成员的行为和心理，崇拜领袖一声令下，组织整体力行令止。

组织是一个复杂的关系网络，其组织惯性的形成需要很长的组织成员之间认知、行为、业务流程等方面的习惯化过程。要改变这些既已形成的组织惯性不仅仅是组织成员个体的习惯改变，关键是组织成员总体的状态改变，这个过程特别漫长，也特别艰难。组织规模、组织结构、组织年龄等因素都会影响组织惯性改变的时间长短。组织规模越大，组织结构越复杂，组织存在的时间越长，其组织惯性的调整越困难，耗费的时间越长。一旦企业的认知风格、组织流程及关系网络变成企业的惯例，它们就会阻碍企业对新战略的选择和创新（弋亚群等，2005）。组织惯性在关系网络中表现为个体之间的强关系，强关系的形成与打破都需要一个漫长的、复杂的过程。企业的发展导致了关系网络的不断强化，但当关系网络发展到一定阶段时则会成为组织惯性，所以，企业的发展一方面要善于构建关系网络，同时也要善于打破关系网络，积极发展弱关系。事物的两面性总是表现在组织记忆导致组织关系网络的稳定性，越是稳定性的组织，其运行的成本更低，更容易便捷地按照过去的模式持续地运行。同时，这种稳定性的强化反过来又直接反作用于组织学习，稳定性导致组织惯性的形成，并成为制约组织学习的障碍。组织就是在这种不断的构建、打破、再构建、再打破的过程中成长、发展、壮大。

（二）组织惯性的正效应与负效应

通常组织规模、年龄和复杂性与组织惯性有很大关系，规模越大，年龄越大，复杂性越高的组织组织惯性越大（Hannan M. T. et al.，1984）。一个刚刚创办的企业，企业员工较少，组织成员之间的关系较为简单，组织结构也较为简化，组织惯性更多地受到组织创办者或者领导者意志和个性的影响，组织惯性的强度比较弱。随着组织规模的扩大，组织成员之间的关系呈级数增加，关系网络的复杂性快速增加，强关系数量在整个组织关系网络中所占的比重越来越多，组织惯性也会快速强化。一般来说，企业成长早期就可能陷入了一个复杂的、各成员之间彼此相互承诺和相互依赖的关系网络中，这使得企业很难对后来的环境改变做出反应（赵杨等，2009）。随着企业的不断发展，组织规模的不断扩大，工作复杂性逐渐提高，往往就相应产生出各种有关的结构和系统，这些结构系统的不断生成和相互缠结，最终使组织不得不依靠它生存（任凤玲等，2005）。随着规模的增长，企业会更加强调可预见性以及正式的角色和控制系统，随之而来的就是企业行为变得更为可预见、僵化和死板，因此，组织变化的可能性往往会随着规模的增大而降低（王龙伟等，2004a）。组织惯性犹如一把双刃剑，既有利于有效的协同行动，同时也可能产生不协调反应（Cohen M. D. et al.，1994）。随着企业不断成长壮大，组织惯性也在逐渐增大，企业内形成了大量的惯例，较高的组织惯性迫使企业仍然保持原来的发展轨道，从而很难改变经营方向，对环境的变化和机遇无动于衷（侯杰等，2011）。组织惯例的存在初衷可以减少组织的复杂性、降低不确定性、减少冲突，组织惯例可以使相关活动熟能生巧，达到提高效率的作用。

组织惯例的产生是因为组织惯例的功能性，组织惯例可以降低管理成本，增强管理控制，使组织更具有规范性（Feldman M. S. et al.，2003）。但随着组织惯性的持续增强作用，组织惯性的价值效应将出现递减，随着时间的推移，组织惯性的存在价值逐渐从正向有用性发展到负向障碍，成为影响组织学习有效进行的障碍。所以，惯性积累有助于强化组织的管理控制系统，有效控制组织成员的行为，有力支撑现有业务的运行，但也会对现有企业开展突破性创新活动构成巨大的组织障碍（陈立新，2008）。伴随着组织的成功与成长，在"成熟"的组织中，人们行为处事往往会受制于组织群体的共同期望，这种期望产生于组织长期形成的群体非正式规范、价值观念、群体意识，这种观念认识就越容易固化，根深蒂固而难以改变，助长了惯性的产生（任凤玲等，2005）。

　　组织惯性具有两面性，过于强烈的组织惯性会导致组织僵化、缺乏创新，而过于弱化的组织惯性则往往会导致组织交易成本的提高。组织生命周期阶段的发展历程实际上就是组织惯性收益递减的过程，随着组织日趋成熟，组织惯性给组织绩效带来的促进作用日渐衰退，在组织的整个寿命周期中，组织惯性价值效应呈递减规律。组织学习有利于克服组织惯性，组织学习是企业战略变革的动力，组织惯性是企业战略变革的阻力（汪克夷等，2009）。组织学习与组织惯性呈倒"U"型关系，随着组织学习的不断加强，组织惯性将逐渐形成，组织惯性反过来激发了更大的组织学习，但是，当组织惯性达到最大时，组织惯性成为组织学习的障碍，阻止了组织学习的有效运行。如果进一步加强组织学习，有效地突破了组织惯性的滞胀，则不断的组织学习会快速地削弱组织惯性的负面作用。组织惯性形成于组织学习，终结于组织学习。组织惯性最大的状态实际上是组织学习和组织惯性的张力均衡，这时候取决于组织学习的强度是否大于组织惯性的强度，或者组织惯性的强度是否大于组织学习的强度，从而决定了组织是否出现变革或者沿着过去的道路继续前进。

　　组织每时每刻都在发生着各种各样的变化，但这些变化并非组织惯性的改变和调整，也许这些变化对组织惯性的调整和改变具有一定的影响。计算机技术就是一个非常典型的事例，计算机技术本身可能对组织的惯性没有直接的影响，但随着计算技术的普及、办公自动化程度的提高、互联网技术的进一步发展，组织中很多传统的工作方式发生了翻天覆地的变化。形成于传统的工作习惯无法适应计算机时代的基本要求，写作与文字排版、绘图技术、网络会议等对工作提出了新的要求和规范，最终改变了组织惯性，改变了每一个组织成员的行为习惯，改变了大家的思维方式。组织还可能对员工新的态度与行为及时给予正面的强化，经过一定的时间，新文化所提倡的价值观、行为模式已经为组织成员所接受，并成为员工的工作行为准则，新的文化便全面代替了旧的文化（樊耘等，2008）。组织惯性作为组织的个性，完全取决于组织基因，而基因本身具有不变性，但随着内外部环境的改变，在一个漫长的时期，基因可能会发生变异，组织惯性的调整和改变正如基因变异一样，和生物进化一样是一个漫长的过程。

（三）组织惯性的演化

组织惯性的演变产生于两种动因：领导者的权威意志和群体的自发演化。前者属于激进式变革，后者属于渐进式演化。

1. 激进式变革

领导者的权威意志在组织惯性的演化中往往具有举足轻重的作用，领导者的个性往往决定了组织惯性的变革。组织创始人的性格和行为模式对组织惯性的形成产生了重要影响，组织后期的领导者更迭导致了组织惯性的激进式变革。新任领导者的性格特征和行为模式有意和无意地影响了组织成员的行为模式，并促使了组织惯性的突变。任何一位领导者一旦成为组织的领导，他个人的性格特征和做事方式无不影响组织的具体活动，可能领导者并非有意地给组织成员强加自己的意志和个性模式。个人的性格与做事方式是人一生中逐渐形成的个人习惯和思维定式，难以在短时间内改变，在自己的工作和行为中可能会不由自主地表现出来，并影响到组织的其他成员，特别是组织的领导者。有一些领导者会特意地将自己的意志和行为模式强制地推行，并自上而下地蔓延。领导者的无意识行为引起的组织惯性变革往往较为微弱，甚至不会给组织的整体特性和行为模式带来关键性的影响，但领导者有意识地强制变革会带来组织的激进式变革，导致组织基因的突变。

由此，领导者权威意志具有主动性和进攻性，往往引起组织的快速变革，组织惯性的突变与创始人对组织惯性的形成不同。组织惯性的突变有很多因素，如内部的因素、外部的因素、人的因素、环境的因素等，但创始人对组织惯性的影响完全是依赖于领导者的个人意志引起的强制性组织变迁和惯性固化，组织惯性的变革经历先破后立的过程。领导者引起的组织惯性突变有两种情况：一种是领导者个性与行为模式引起的组织惯性变化；另一种是领导者出于改革的目的有意推行新政而引起的组织惯性的改变。组织惯性的演化源自组织不适应环境的变化，一些组织惯性一旦形成，并固化于组织成员的行为中、认识中、组织的运行流程中，则会严重地阻碍组织的良好运行，成为组织变革的滞胀因素，阻碍了组织的变革。强势的改革主义领导者会采取激进的方式清除这些滞胀因素（比如人浮于事、浮躁浅薄、任人唯亲、拖沓迟缓、缺乏时间观念、缺乏责任意识、缺乏规则意识、缺乏进取精神、人心涣散等），破除组织惰性。这些组织发展的毒瘤需要激进的改革派领导者通过强势的领导风格强制性清除，通过先破后立原则逐步改进，使新的组织惯性逐渐形成，养成良好的组织行为习惯和认知习惯。但是领导者引起的组织惯性的变革不一定都可以解决环境不适应问题，有些时候可能会带来更大的组织失败，导致组织惯性的强化，使组织的整体运行更为低效，更为迟钝。这种组织惯性的变革失败与领导者个人的性格特征、行为模式、认知结构、思维定式、战略认知等很多因素有关，在一个组织中成功的行为模式不一定可以成功地应用到其他组织中，而英雄式领导者往往存在过于自信的惯性思维，总是会将过去成功的经验全盘复制于新任职的组织，最终导致水土不服，失败成为必然。

2. 渐进式演变

组织惯性的渐进式演变类似于温水煮青蛙，通过缓慢的行为演化最终达到组织惯性的变革。组织惯性的形成往往需要一个漫长的过程，特别是在组织中，组织惯性的形成往往是群体行为演化的过程，组织惯性的演化同样也是群体行为演化的过程，这种组织性格的改变同样非常缓慢。群体的演化总是从个体开始，组织惯性的渐进式演化同样先变化于组织成员的个体行为和认知模式，如果这种个体行为与认知模式的改变得到了组织其他成员的认可，则会复制与学习，通过组织学习形成自己的行为模式和认知，由此，这种局部的行为改变可能会慢慢地蔓延开来，并形成组织的惯性。组织可能采用多种方式，例如：员工教育与培训，向员工宣传新的组织文化所倡导的各种理念、制度、行为；开展多种积极有效的活动，将组织文化理念寓意于各种活动之中；英雄启迪，以行动带动和影响其他员工，树立业务骨干为变革典型,进行表彰和宣传,激励更多的人开始理解并认同新的理念(樊耘等,2008)。可见,组织惯性的演变本身就是组织学习的过程,而组织惯性本身则是组织学习的结果,组织惯性产生于组织学习,消失于组织学习。

渐进式组织惯性的演变更多的情况下表现为非正式的关系构建与行为模仿,所以,这种渐进式的演变往往会产生与组织目标不一致的组织惯性。从任何组织中的成员个体来讲,选择何种行为与认知取决于自身对收益最大化的判断,组织中个体的学习都具有趋利性,行为的群体交互都是建立在个体自身收益算计的基础上。从这个意义上讲,任何组织中的个体都是“经济人”,自身收益最大化是所有行为变化的基本动因,同样也是适应环境的结果,因为任何一个组织中的个体最终的目的还是很好地适应环境,符合于“适者生存”的基本原则。企业外部环境的复杂和易变性决定了企业进化不同于生物进化的渐进过程。当社会、经济及技术和市场环境发生急剧变化时,企业的原惯例会表现出不适,此时,组织会有意识地在已知技术中搜寻与自身已有资源、能力最匹配的能力技术因素或者实验性地创造一些新的原来不存在的技术(创新)而产生变异(刘晔等,2006)。组织惯性通过两种主要的机制对环境变化做出反应(Levitt B. et al.,1988):一是试错机制;二是组织搜索机制。惯性的运用受制于是否实现期望的目标,如果成功的实现目标则会增加惯性的应用,如果失败则会减少惯性的应用。另外,组织会通过搜索机制寻找最好的工作惯性,搜索成功的可能性取决于两个因素:可供选择的惯性数量,搜索的强度与方向。搜寻与可选惯例池的丰富程度以及搜寻的密度与方向有关(于海波等,2008)。

“渐进式演化”就在于从个体行为和认知的变化到整个组织所有成员的整体性认同需要一个漫长的演化过程,而且演化的有效性取决于组织中关系网络的状况,取决于组织信任机制和组织认同。在关系网络中强关系越多,行为和认知模式复制与传播的速度越快,组织的认同与信任程度越高,新的组织惯性的产生与固化越快。弱关系往往难以有效地快速形成和变革组织惯性,更有利于组织的不断变革。办公室效应就是这种渐进式组织惯性演化的结果，一个办公室工作的成员往往具有很多相似的行为模式和个性特征，甚至认知结构。比如，清洁的办公室会促使一旦在该办公室工作的成员都必须有遵从和维护办公室清洁的行为，如及时清扫、小心轻放、积极清理垃圾、不随地吐痰等。这些小环境更容易形成次级组织惯性，在这个小环境中，所有成员形成强关系，大家长期在一起工作，对每个人的行为习惯和性格特征了如指掌，每个人的一些行为变化和认知调整都会直接影响到其他成员。大家可能会相互学习和模仿，不一定都会对组织的整体目标有帮助，但至少对这个小环境是有帮助的，对每一个环境中的个体都是有帮助的。组织惯性的演化就是这样从一个人到另一个人，从一个小环境到另一个小环境，从一个系统到另一个系统，最终形成了组织整体的惯性。总之，组织惯性的形成和演化与组织学习和组织知识有密不可分的关系，组织学习形成组织知识，并最终形成组织惯性。组织惯性反过来会更好地促进便捷而低成本的组织学习，以及更好的应用组织知识。但是当组织惯性达到一个非常严重的状态时，便成为组织学习的严重障碍，阻止了组织创新。在这种情况下最为有效的方式就是继续强有力地推动组织学习以突破组织惯性的障碍，促进组织的进步。由此可见，一个优秀的组织应该保持持久而强有力的组织学习，学习、学习、再学习。

结　语

本书想法的缘起有些让人没有想到，我本人一直做会计的教学与理论研究工作，本书从内容看似乎与会计基本没有关系，但就是有这么一个机会让我开始喜欢学习和研究这个主题。本人毕业于厦门大学管理学院，师从管理会计学教授傅元略先生，傅老师在这个领域让我走得越来越远或许越来越近了，先生影响了我很多想法和思考。一个偶然的时机，在博士论文的选题上让我对智力资本会计有了很大兴趣，之后就专注于智力资本领域的学习和研究，毕业论文的选题就确定为"企业智力资本价值创造行为及其度量研究——利益相关者企业契约理论的视角"。博士毕业后自己有一个不知道是否宏大（但对自己来说确实宏大，因为宏大，到现在为止没有完成）的规划：研究智力资本会计。但研究智力资本会计的基础是深入透彻搞清楚智力资本，搞清楚智力资本的前提是了解组织学习，理解组织学习的基础就需要弄懂学习是怎么回事情。于是自己就确定了一个计划，先研究组织学习行为和组织知识，然后研究智力资本，最终在智力资本会计方面有所建树。于是2011年本人以博士论文为基础申报了一个国家社科基金项目，选题为"组织学习行为与智力资本理论研究"，同年获得资助，这样就开始了本书的研究写作工作。比较遗憾的是历时近十年后才准备出版关于该想法的第一本书。关于这个研究分为上下两部分，一部分是该书的主题"关系网络型组织学习行为与组织知识理论"，另一部分是准备出版的另一本书"企业智力资本及其价值创造理论"。今天拿出第一本书仅仅是想表达自己对组织学习行为和组织知识的理解，期待能够在该领域有一些自己的见解和想法，更重要的是为智力资本及其智力资本会计理论研究奠定基础。但让人更遗憾的是至今与之前的初衷依然遥不可及，自己的这些研究仍然没有企及智力资本会计本身，因为从我理解，随着未来知识型组织的广泛发展和知识型员工的普及，现代会计越显捉襟见肘，关于企业的知识度量和记录，特别是真正反映企业价值的智力资本无法准确及时地反映到会计信息中，这个领域是 21 世纪会计理论和实践需要突破的地方。可惜了，当然也聊远了。我还是从总体上再回顾一下本书的一些思想和见解，也作为本书的一个结束语。

学习的生物心理学认为，学习就是脑活动，所有的认知活动都是神经活动的结果，这意味着模式识别、阅读、注意、记忆、想象、意识、思维、语言的运用以及其他的认知形式都反映了神经元的活动。从经验到行为改变的学习过程中，脑活动作为一个中介和桥梁，学习必须以脑功能和脑活动的生物生化反应为基础，脑细胞的活动机理是研究人的学习行为的生物学基础。任何一个人的学习无论心理还是行为的变化都是源自大脑的物质基础的运行，即大脑中神经细胞的生化反应。学习改变了神经元群的活动，不同程度的学习会改变神经元之间的网络联结及其联结程度。学习可能会使神经元之间建立新的网络联结，也可能会以新的网络联结替换旧的网络联结，所以，学习就是神经元网络联结的不断修复或再造。就生物心理学而言，个人学习就是个人大脑中神经元之间的网络联结，学习的过程是神经元网络的修复与联结过程。学习理论的研究表现为从外部（行为主义）—内部（认知主义）—外部（建构主义）—内外结合（统一论）的理论演变过程，人的认知活动是心理、大脑、身体和环境的统一体。基于此，学习的认知统一论综合了行为主义、认知主义以及建构主义三大理论，其中认知主义强调的脑机制及其神经系统是学习的物质基础，行为主义的"刺激—反应"是学习的表象，社会建构强调学习中个体与环境的互动及其反映。该理论强调学习的三大属性：认知属性、社会属性和行为属性。三大属性体现了心理—身体—社会的相互关系，由此，共同构筑了学习的理论全貌。

　　组织学习的研究源自对组织行为的理论解释，组织是否存在学习行为，关键要看组织是否具备个体学习的基本特征和属性，组织是否是一个类似于个体的有机体。根据系统论的观点，无论是个人的学习，还是群体学习、组织学习或者跨组织学习，都是系统的学习，而系统的学习就是信息对系统的刺激引起系统心理活动后的系统行为及其潜在行为改变的过程，由此，可以将所有的学习都视为系统学习。根据视企业是生命体的隐喻思维，组织可以类比为一个具有学习能力的个人，由此，组织学习自然可以从个体层面扩展到组织整体层面，不仅个人能学习，组织整体也可以学习，最终发展成为系统学习。如果将组织视为一个由人组成的系统，那么组织的运行就是一系列人的行为的有序排列，要使这些人的行为有条不紊地运转，就需要行为之间的有序协同，这个过程既是个人的学习，也是组织的学习。组织学习的关系网络理论从组织内部关系网络的视角揭示了组织内部的学习机理及其内部黑箱，通过与个人学习行为的类比分析将组织学习定义为组织内外部信息刺激引起组织内部关系网络的构建与修复，并导致组织整体行为及其潜在行为的变化，也可称为联结主义学习。从更加广义的角度，无论是个人学习还是组织学习，都表现为个体之间的联结，唯一的不同在于，个人学习是脑内神经元之间的联结，而组织学习则是组织中人与人之间关系的联结，暂且我们将其称为组织学习的关系网络理论，以区别于其他组织学习理论。

　　组织学习应该是在组织层面的个体学习的群体集合，是一种集体行为的变化和个体学习的群体化现象。组织学习具有组合系统涌现特征，即组织学习具有不可相加性、不可还原性（新奇性）以及不可预测性。组织学习就是个体之间的交互，并通过构建与修缮个体之间的关系网络而形成的群体行为改变或调整。群体行为先是个体行为，但个体行为通过关系网络在个体间相互影响并不断扩散时，群体行为逐渐显现，当这种扩散达到一定的阈值（一定数量的个体出现同一种行为表现）时就会反映一种整体的行为状态，即群体行为。群体行为的形成就是个体行为通过复制、合作或竞争等行为模式在个体间扩散，个体行为在群体中的扩散既是组织学习的结果，也是组织学习的过程。正如自组织理论，组织在相互之间的非线性作用和影响下，个体的行为往往会表现出不同的形式，并在群体的不同个体之间传播、复制或者变异。群体的行为演变是一种组织的自组织行为，而组织认同与信任是自组织行为产生与运转的组织机制，也是组织关系网络形成与维系的重要方式，同时也是组织学习的主要形式。所以，组织学习被认为是群体的行为演化，组织学习既是群体行为演化的动力，也是群体行为产生的基本源泉。

组织学习通常是一个中性概念，同样存在事物的两面性，组织学习最终通过组织记忆产生两种效应：正效应和负效应。正效应形成组织知识，负效应形成组织惯性。一般来讲，组织知识和组织惯性相互之间会产生演化，组织知识的固化会形成组织惯性，所以，有时候界限并不明显，因为组织惯性并非总是负面效应，组织惯性有利于组织更低成本地实施重复性业务。组织知识和组织惯性是一个硬币的两面，关键是看对组织创新与变革的影响程度和方向。组织惯性和组织知识都是组织学习和组织记忆的结果，组织惯性形成组织防卫，阻碍了组织的变革和创新。而组织知识促使组织不断创新与变革，两种相反的力量都源自组织学习，但又需要不断优化组织学习机制。即所谓成也学习，败也学习。组织学习并非完全只具有正效应，学习是一个中性词，组织学习可能会产生负效应，即组织惯性。组织惯性的形成是群体行为演化的过程，组织惯性产生于组织学习，消失于组织学习。组织知识与组织惯性的区别关键在于是否有利于组织学习的有效展开以及是否有利于组织目标的实现。组织知识具有促进组织更有效学习的正效应作用，组织惯性则具有阻碍组织学习的负效应作用，尽管组织惯性在促进组织有效的低成本运行方面具有一定的积极作用。

组织的生命力并不仅仅是组织拥有具有超常智慧的个体成员，组织的聪明之处在于组织中成员之间的交互，交互是组织智慧存在的基础。正如人的智慧源自大脑中神经元之间的交互与联结，神经元网络的高效运行是人类智力的基本基因。同样，组织成员之间的关系网络则是组织智力的生物基础，组织智力水平的高低取决于组织中关系网络的运行效能。组织智慧在很大程度上是因为组织成员之间存在类似于神经元之间的交互，并形成了具有一定目的性的网络结构。群体之中的个体相互对话、讨论、反驳、自省等方式激发群体以及个体的智慧，从而使群体远胜过单独个体和孤立个体的简单综合。由此一个富有创造性的组织一定是一个善于不断学习的组织，一个不断激发交流与沟通的组织，这才是未来组织的状态。

参考文献

［1］阿莱克斯·彭特兰. 智慧社会——大数据与社会物理学［M］. 汪小帆, 汪容, 译. 杭州: 浙江人民出版社, 2015.

［2］埃德加·沙因. 组织文化与领导力［M］. 马红宇, 王斌, 译. 北京: 中国人民大学出版社, 2011.

［3］埃德加·沙因. 组织心理学［M］. 马红宇, 王斌, 译. 北京: 中国人民大学出版社, 2009.

［4］爱德华·O. 威尔逊. 社会生物学——新的综合［M］. 毛盛贤, 等, 译. 北京: 北京理工大学出版社, 2008.

［5］爱德华·R. 弗里星. 战略管理——利益相关者方法［M］. 王彦华, 梁豪, 译. 上海: 上海译文出版社, 1984.

［6］爱德华·桑代克. 人类的学习［M］. 李维, 译. 北京: 北京大学出版社, 2010.

［7］B. R. 赫根汉, 马修·H. 奥尔森. 学习理论导论（第七版）［M］. 崔光辉, 等译. 上海教育出版社, 2011.

［8］柏阳, 陈泉静, 青紫馨. 学习前后情绪唤醒对内隐和外显记忆的影响［J］. 中国特殊教育, 2010 (7): 71-76.

［9］包群. 自主创新与技术模仿: 一个无规模效应的内生增长模型［J］. 数量经济技术经济研究, 2007, 24 (10): 24-34.

［10］宝贡敏，徐碧祥．组织认同理论研究述评［J］．外国经济与管理，2006（1）：39－45．

［11］保罗·康纳顿．社会如何记忆［M］．纳日碧力戈，译．上海：上海人民出版社，2002．

［12］卞吉华，陶厚永，沈晓笑．论"四位一体"的组织学习动力学机制［J］．科学学与科学技术管理，2010，31（4）：168－175．

［13］C.曼特扎·维诺斯．个人、制度与市场［M］．梁海音，陈雄华，帅中明，译．长春：长春出版社，2009．

［14］曹威麟，朱仁发，郭江平．心理契约的概念、主体及构建机制研究［J］．经济社会体制比较，2007（2）：132－137．

［15］曹忠胜，刘二中．组织与自组织［J］．自然辩证法研究，1995（3）．

［16］查尔斯·蒂利．信任与统治［M］．胡位均，译．上海：上海人民出版社，2010．

［17］查尔斯·汉迪．组织的概念［M］．方海萍等，译．1版．北京：中国人民大学出版社，2006．

［18］陈国权．组织学习和学习型组织：概念、能力模型、测量及对绩效的影响［J］．管理评论，2009，21（1）：107－116．

［19］陈捷．认知冲突和情绪冲突对组织绩效的影响［J］．外国经济与管理，1998（5）．

［20］陈金祥．经济学演化动力的系统论视角［J］．经济评论，2008（2）：31－36．

［21］陈锟．创新者窘境形成机制及对策研究［J］．科研管理，2010（2）：65－73．

［22］陈立新．现有企业突破性创新的惯性障碍及其超越机制研究［J］．外国经济与管理，2008（7）：20－25．

［23］陈思慧．瑶族归侨的社会记忆与认同建构——以广西十万山华侨林场为例［J］．广西民族研究，2011（4）：132－137．

［24］陈巍，丁峻．镜像神经元：从个体认知到社会行为［J］．华东师范大学学报（教育科学版），2009，27（1）：51-55，96．

［25］陈伟东，李雪萍．社区自组织的要素与价值［J］．江汉论坛，2004（3）：114-117．

［26］陈伟东，李雪萍．自治共同体的权利认同——对一个拾荒者社区的考察［J］．当代世界社会主义问题，2002（3）：28-39．

［27］陈燕．神经元的突触可塑性与学习和记忆［J］．生物化学与生物物理进展，2008，35（6）：610-619．

［28］陈扬，陈瑞琦．基于惯性视角的企业变革能量损耗影响因素研究：一个概念模型［J］．科技进步与对策，2011（6）：94-98．

［29］陈子凤，官建成．合作网络的小世界性对创新绩效的影响［J］．中国管理科学，2009（3）：115-120．

［30］成桂芳，宁宣熙．虚拟企业知识协作自组织过程机理研究［J］．科技进步与对策，2007，24（4）：160-164．

［31］楚天广，等．群体动力学与协调控制研究中的若干问题［J］．控制理论与应用，2010（1）．

［32］褚孝泉．认知科学视野中的心智问题［J］．复旦学报（社会科学版），1994（1）．

［33］崔刚，姚平平．联结主义引论［J］．外语与外语教学，2006（2）：4-8．

［34］崔翔宇，许百华．一种自上而下加工的注意选择新机制：视觉标记［J］．心理科学，2007，30（2）：498-499，484．

［35］崔允漷，王中男．学习如何发生：情境学习理论的诠释［J］．教育科学研究，2012（7）：28-32．

［36］D. C. 菲利普斯，乔纳斯·F. 索尔蒂斯．学习的视野（第4版）［M］．尤秀，译．教育科学出版社，2006．

［37］达尔文．物种起源［M］．周建人，叶笃庄，方宗熙，译．北京：商务印书馆，1995．

［38］代吉林，张书军，李新春．知识资源的网络获取与集群企业模仿创新能力构建——以组织学习为调节变量的结构方程检验［J］．软科学，2009，23（7）：76－82．

［39］戴万稳．组织学习理论研究视角综述［J］．南大商学评论，2006（4）：156－166．

［40］戴维·H. 乔纳森．学习环境的理论基础［M］．郑太年，任友群，译．上海：华东师范大学出版社，2007．

［41］戴维·布尔库克．新管理革命——知识经济如何重塑组织和管理［M］．赵竞欧，译．北京：中信出版社，2017．

［42］戴维·布鲁克斯．社会动物——爱、性格和成就的潜在根源［M］．余引，译．北京：中信出版社，2012．

［43］道格拉斯·C. 诺斯．制度、制度变迁与经济绩效［M］．杭行，译．上海：上海三联书店，2008．

［44］邓肯·J. 瓦茨．六度分隔［M］．陈禹，译．北京：中国人民大学出版社，2011．

［45］邓晓红，周晓林．注意瞬脱神经机制的研究［J］．心理科学，2006，29（2）：508－510．

［46］邓玉梅，何先友．学习理论的社会文化观与建构观的本体论比较［J］．外国教育研究，2004（9）．

［47］邓铸，黄荣．情绪与创造力关系研究的新进展［J］．南京师大学报（社会科学版），2010（4）：92－97．

［48］邸强，唐元虎．基于组织惯性的组织能力演化系统动力分析［J］．上海交通大学学报，2006，40（4）：659－661．

［49］丁峻，陈巍，袁逊飞．阐明心理理论机制的新途径——来自镜像神经元研究的证据［J］．南京师大学报（社会科学版），2009（1）．

［50］丁峻，张静，陈巍．情绪的具身观：基于第二代认知科学的视角［J］．山东师范大学学报（人文社会科学版），2009（3）．

［51］丁文朋，王丽．两难情境中群体合作行为的影响因素回顾［J］．

重庆交通大学学报：社会科学版，2012，12（3）：51-55.

[52] 樊建芳. 基于认知风格的组织学习管理干预 [J]. 中国软科学，2003（8）：69-73.

[53] 樊一阳，张家文. 基于自组织理论的创新互动研究 [J]. 科技管理研究，2008，28（3）：18-19.

[54] 樊耘，等. 组织文化的形成与流变 [J]. 西安交通大学学报：社会科学版，2008，28（1）：30-35.

[55] 范吉智，朱萱平. 刺激形成记忆的机理 [J]. 自然辩证法研究，1994（3）：1-7.

[56] 方崇仪. 学习和记忆及其神经基质和机理（连载）[J]. 心理学动态，1988（4）.

[57] 方文. 群体符号边界如何形成？——以北京基督新教群体为例 [J]. 社会学研究，2005（1）：25-59.

[58] 方宗熙，江乃萼. 生物进化的性质——三评莫诺的《偶然性与必然性》[J]. 遗传学报，1978（1）：67-79.

[59] 方宗熙，江乃萼. 突变的必然性与偶然性——二评莫诺的《偶然性与必然性》[J]. 遗传学报，1977（1）：12-22.

[60] 房中申. 学习的生理机制及教学效率 [J]. 新校园（理论版），2011（2）：98-99.

[61] 斐迪南·滕尼斯. 共同体与社会——纯粹社会学的基本概念 [M]. 林荣远，译. 北京：北京大学出版社，2010.

[62] 费多益. 记忆的建构论研究 [J]. 哲学动态，2010（8）：92-98.

[63] 冯海龙. 基于组织学习的企业战略转型研究 [J]. 科学学与科学技术管理，2006，27（3）：169-170.

[64] 冯海龙. 组织学习的概念界定及测量 [J]. 中国科技论坛，2009（1）：89-93.

[65] 冯仁厚. 组织学习的反思（二）——以演化方式进行组织学习 [J]. 中外企业文化，2004（12）：54-55.

［66］冯锐，金婧．学习共同体的思想形成与发展［J］．电化教育研究，2007（3）：72-76.

［67］冯晓杭，张向葵．自我意识情绪：人类高级情绪［J］．心理科学进展，2007，15（6）：878-884.

［68］弗兰西斯·福山．信任——社会道德与繁荣的创造［M］．李宛蓉，译．呼和浩特：远方出版社，1998.

［69］傅沂．路径依赖经济学分析框架的演变——从新制度经济学到演化经济学［J］．江苏社会科学，2008（3）：63-70.

［70］甘开鹏，黎纯阳，王秋．历史记忆、族群认同与国家认同——以云南河口县岔河难民村为例［J］．贵州民族研究，2012（5）：24-29.

［71］高峰强．行为主义学习理论进展的内在轨迹——尝试性的透视和探索［J］．外国教育研究，1997（3）：1-6.

［72］高华．认知主义与联结主义之比较［J］．心理学探新，2004，24（3）：3-5，9.

［73］高静美，郭劲光．企业网络中的信任机制及信任差异性分析［J］．南开管理评论，2004，7（3）：63-68.

［74］高静，吴馥梅．伏衬蛋白与学习记忆的突触机制［J］．生物化学与生物物理进展，1991（3）.

［75］高良谋，李宇．企业规模与技术创新倒U关系的形成机制与动态拓展［J］．管理世界，2009（8）：113-123.

［76］高文．情境学习与情境认知［J］．教育发展研究，2001，21（8）：30-35.

［77］高玉林．信任与不信任的频谱［J］．江苏社会科学，2012（1）：14-21.

［78］葛鲁嘉．联结主义：认知过程的新解释和认知科学的新发展［J］．心理科学，1994（4）：237-242.

［79］龚雨玲．情绪与认知关系的研究综述［J］．求索，2011（2）.

［80］巩天雷，等．基于实践社团的知识转换与组织持续学习力形成机

制研究 [J]. 情报理论与实践, 2010, 33 (7): 71 – 74.

[81] 古斯塔夫·勒庞. 乌合之众——大众心理学研究 [M]. 戴光年, 译. 2 版. 北京: 新世界出版社, 2011.

[82] 郭慧云, 丛杭青, 朱葆伟. 信任论纲 [J]. 哲学研究, 2012 (6): 3 – 18.

[83] 郭婷婷, 崔丽霞, 王岩. 情绪复杂性: 探讨情绪功能的新视角 [J]. 心理科学进展, 2011, 19 (7): 993 – 1002.

[84] 郭延吉. 组织中的隐性知识的共享 [J]. 情报理论与实践, 2004, 27 (2): 130 – 133.

[85] 郭跃华, 尹柳营. 创新网络组织学习研究 [J]. 管理学报, 2004, 1 (3): 345 – 349.

[86] H. 哈肯. 信息与自组织——复杂系统中的宏观方法 [M]. 郭志安, 译. 1 版. 成都: 四川教育出版社, 1988.

[87] 韩姣杰, 等. 基于互惠偏好的多主体参与项目团队合作行为 [J]. 系统管理学报, 2012, 21 (1): 111 – 119.

[88] 韩雪松. 从冲突到协调: 知识型员工的组织认同培育模型 [J]. 财经科学, 2006 (12): 71 – 76.

[89] 何德富, 等. 杏仁体与情绪及感觉功能的关系 [J]. 心理科学, 2001, 24 (5): 576 – 579.

[90] 何喜军, 武玉英. 基于演化博弈的供应网络企业收益与合作行为的关系仿真 [J]. 计算机应用研究, 2013, 30 (3): 825 – 828.

[91] 何晓丽, 王振宏, 王克静. 积极情绪对人际信任影响的线索效应 [J]. 心理学报, 2011, 43 (12): 1408 – 1417.

[92] 赫伯特·A. 西蒙. 管理行为 [M]. 詹正茂, 译. 1 版. 北京: 机械工业出版社, 1997.

[93] 洪名勇, 钱龙. 多学科视角下的信任及信任机制研究 [J]. 江西社会科学, 2013 (1).

[94] 侯杰, 等. 基于组织生态学的企业成长演化: 有关变异和生存因

素的案例研究 [J]. 管理世界, 2011 (12): 116 - 130.

[95] 侯先荣, 田添. 实践社区——知识管理的新趋势 [J]. 科技管理研究, 2005, 25 (3): 91 - 93, 90.

[96] 胡晓晴, 傅根跃, 施臻彦. 镜像神经元系统的研究回顾及展望 [J]. 心理科学进展, 2009, 17 (1): 118 - 125.

[97] 黄国群. 组织学习研究的本体论进路: 进展及贡献 [J]. 图书情报知识, 2011 (4): 97 - 103.

[98] 黄敏儿, 郭德俊. 情绪的早期哲学思想 [J]. 心理学探新, 1999 (3).

[99] 黄少安, 韦倩. 合作行为与合作经济学: 一个理论分析框架 [J]. 经济理论与经济管理, 2011 (2): 5 - 16.

[100] 黄晚霞, 王志明. 员工群体行为复杂性分析 [J]. 科技管理研究, 2005, 25 (11): 109 - 111.

[101] 黄晓晔, 张阳. 关系网络视角下的企业知识管理研究 [J]. 科技管理研究, 2006 (2): 130 - 133.

[102] 黄训江. 层级组织知识扩散绩效及其优化策略 [J]. 科学学研究, 2011, 29 (3): 413 - 419.

[103] J. 莱夫, E. 温格. 情境学习: 合法的边缘性参与 [M]. 王文静, 译. 上海: 华东师范大学出版社, 2007.

[104] 贾根良. 演化经济学——经济学革命的策源地 [M]. 太原: 山西人民出版社, 2004.

[105] 贾林祥. 联结主义认知心理学 [M]. 上海: 上海教育出版社, 2006.

[106] 贾林祥. 认知心理学两种研究范式的争论与反思 [J]. 西北师大学报 (社会科学版), 2005, 42 (2): 45 - 49.

[107] 贾林祥. 新联结主义产生的心理学背景 [J]. 心理科学, 2004, 27 (1): 140 - 142.

[108] 江妮, 孙锐. 企业知识创新网络自组织演化研究 [J]. 科技管理

研究，2009，29（9）：233-236．

[109] 蒋军，陈雪飞，陈安涛．积极情绪对视觉注意的调节及其机制[J]．心理科学进展，2011，19（5）：701-711．

[110] 蒋晓．班杜拉社会学习说述评[J]．社会科学，1987（01）：72-75．

[111] 杰弗里·M.霍奇逊．演化与制度——论演化经济学和经济学的演化[M]．任荣华，等译．北京：中国人民大学出版社，2007．

[112] 杰弗里·菲佛，杰勒尔德·R.萨兰基克．组织的外部控制——对组织资源依赖的分析[M]．闫蕊，译．1版．北京：东方出版社，2003．

[113] 康澄．象征与文化记忆[J]．外国文学，2008（1）：54-61．

[114] 康琳，李维青．学习和记忆的生理机制研究综述[J]．广西轻工业，2012（2）：154-155．

[115] 柯丽菲，黄远仅，何国煜．团队组织公民行为与工作特征、绩效关系实证研究[J]．财经问题研究，2008（4）：105-110．

[116] 克里斯·阿基里斯．组织学习[M]．张莉，李萍，译．2版．北京：中国人民大学出版社，2004．

[117] 克里斯托夫·科赫．意识探秘——意识的神经生物学研究[M]．顾凡及，侯晓迪，译．上海：上海世纪出版集团，2012．

[118] 克努兹·伊列雷斯．我们如何学习——全视角学习理论[M]．孙玫璐，译．北京：教育科学出版社，2010．

[119] 库尔特·多普菲．演化经济学——纲领与范围[M]．贾根良，刘辉锋，崔学锋，译．北京：高等教育出版社，2004．

[120] 兰·费雪．完美的群体——如何掌控群体智慧的力量[M]．邓逗逗，译．杭州：浙江人民出版社，2013．

[121] 郎淳刚，席酉民，毕鹏程．群体决策过程中的冲突研究[J]．预测，2005，24（5）：1-8．

[122] 乐国安，韩振华．信任的心理学研究与展望[J]．西南大学学报（社会科学版），2009，35（2）：1-5．

［123］李宝元．组织学习论——组织行为在社会生态学意义上的一个解说［J］．财经问题研究，2005（1）：87－91．

［124］李保东，等．组织认同心理结构三因素模型检验［J］．统计与决策，2008（12）：167－169．

［125］李炳全．当代认知心理学新取向之比较［J］．南京师大学报（社会科学版），2007（5）：80－85．

［126］李波，伍进．聚居少数民族传统文化的社会记忆载体探析［J］．贵州社会科学，2013（8）：44－48．

［127］李伯聪．论记忆［J］．自然辩证法通讯，1991（1）：1－10．

［128］李承宏．基于组织知识获取和创新的管理的协同机制研究［D］．天津：天津大学，2007．

［129］李春景．企业技术创新过程中的组织学习研究［J］．科技进步与对策，2003，20（12）：77－79．

［130］李刚．企业自主创新的自组织机理研究［J］．科技进步与对策，2007，24（9）：137－140．

［131］李恒威，盛晓明．认知的具身化［J］．科学学研究，2006（2）：184－190．

［132］李宏轩．信息自组织理论探讨［J］．情报科学，2000，18（2）：108－110，120．

［133］李鸿波，万希．通过实践社团实现组织知识共享［J］．科技管理研究，2006，26（4）：176－178．

［134］李欢欢，林文娟．神经颗粒素与学习记忆关系研究进展［J］．心理学报，2003，35（4）：563－567．

［135］李慧凤，蔡旭昶．"共同体"概念的演变、应用与公民社会［J］．学术月刊，2010（6）．

［136］李宁，严进，金鸣轩．组织内信任对任务绩效的影响效应［J］．心理学报，2006，38（5）：770－777．

［137］李其维．"认知革命"与"第二代认知科学"刍议［J］．心理

学报，2008，40（12）：1306-1327.

［138］李锐，鞠晓峰.产业创新系统的自组织进化机制及动力模型［J］.中国软科学，2009：158-163.

［139］李锐，凌文辁，柳士顺.组织心理所有权的前因与后果：基于"人—境互动"的视角［J］.心理学报，2012（9）.

［140］李书珍，纪德尚.记忆与思维机制的模型［J］.心理学探新，1987（2）.

［141］李维杰.群体特征分析——社会智能的理论基础刍议［J］.复杂系统与复杂性科学，2010（1）.

［142］李兴军.集体记忆研究文献综述［J］.上海教育科研，2009（4）：8-10.

［143］李雪冰，罗跃嘉.情绪和记忆的相互作用［J］.心理科学进展，2007，15（1）：3-7.

［144］李永刚.论产业集群创新与模仿的战略选择［J］.中国工业经济，2004（12）：46-54.

［145］李勇军，代亚非.对等网络信任机制研究［J］.计算机学报，2010，33（3）：390-405.

［146］李原，郭德俊.员工心理契约的结构及其内部关系研究［J］.社会学研究，2006（5）：151-170.

［147］李正彪.交易费用的节约——社会关系网络维度的解释［J］.云南民族大学学报（哲学社会科学版），2004（3）：36-40.

［148］李志宏，朱桃.基于加权小世界网络模型的实践社区知识扩散研究［J］.软科学，2010（2）：51-55.

［149］理查德·R.纳尔逊，悉尼·G.温特.经济变迁的演化理论［M］.胡世凯，译.北京：商务印书馆，1997.

［150］梁梁，张晶，方猛.论组织结构对组织学习的影响［J］.华东经济管理，1999（4）：21-22.

［151］梁宁建.班都拉的社会学习人格理论［J］.心理科学通讯，1984

(3).

[152] 廖列法，陈志成，张修志．区域产业网络的惯性与突破：基于组织学习的视角［J］．科技进步与对策，2011，28（12）：44-49.

[153] 廖声立，陶德清．无意识情绪启动研究新进展［J］．心理科学，2004，27（3）：701-704.

[154] 林彬，钱若兵，傅先明．神经经济学的研究进展［J］．国际神经病学神经外科学杂志，2010（5）：447-450.

[155] 刘春兴，林震．文化是人类独有的吗？——动物的文化行为及其起源与演化［J］．自然辩证法研究，2012（11）：72-77.

[156] 刘高岑．认知的表征-动力学理论评析［J］．哲学动态，2011（12）.

[157] 刘国雄，张丽锦．关于情绪以及情绪发展的理论述评［J］．宁夏大学学报（人文社会科学版），2010，32（1）：212-215.

[158] 刘海飞，李心丹．当代国际经济研究中的演化学习机理（ELM）［J］．求索，2007（9）：1-5.

[159] 刘华杰．竞争性学习观的道德后果及矫正［J］．全球教育展望，2010，39（1）：37-40.

[160] 刘惠军．当代学习动机的理论和应用研究进展［J］．首都师范大学学报（社会科学版），2002（5）：112-117.

[161] 刘吉．关于生物变异的偶然性和必然性［J］．遗传学报，1977（4）：350-359.

[162] 刘丽华，徐济超．国内外实践社区理论研究综述［J］．情报杂志，2010，29（10）：64-67.

[163] 刘良灿，张同建，林昭文．基于互惠性行为视角的组织学习微观演化机理解析［J］．科技管理研究，2011，31（4）：121-124.

[164] 刘梅英，蔡玉莲．演化经济学对新古典经济学的超越及其理论框架的形成［J］．当代财经，2008（7）：24-28.

[165] 刘明霞．企业组织冲突行为的动态分析［J］．外国经济与管理，

2001，23（8）：11 - 16.

[166] 刘仁军．组织冲突的结构因素研究［J］．南开管理评论，2001，4（4）：30 - 37.

[167] 刘儒德．学习心理学［M］．北京：高等教育出版社，2010.

[168] 刘小可，陈通．学习型组织的组织学习过程模型的构建［J］．西安电子科技大学学报（社会科学版），2011，21（1）：25 - 29.

[169] 刘亚，王振宏，孔风．情绪具身观：情绪研究的新视角［J］．心理科学进展，2011，19（1）：50 - 59.

[170] 刘晔，彭正龙．企业进化的基因结构模型及其启示［J］．商业经济与管理，2006（4）：22 - 25.

[171] 刘友金，徐尚昆，田银华．集群中的企业信任机制研究——基于种群互相回报式合作行为博弈模型的分析［J］．中国工业经济，2007（11）．

[172] 刘钊．组织认同的形成机制与衍变异化［J］．科学学与科学技术管理，2009，30（4）：194 - 196.

[173] 刘中一．社会记忆中的性别偏好［J］．妇女研究论丛，2005（5）：26 - 29.

[174] 柳恒超，许燕．情绪研究的新趋向：从有意识情绪到无意识情绪［J］．北京师范大学学报（社会科学版），2008（6）：43 - 52.

[175] 卢福财，何炜．论中国传统关系网络对外部网络的影响［J］．当代财经，2005（2）：71 - 74.

[176] 卢福财．论企业的自组织特性及其对现代企业管理的影响［J］．当代财经，2000（10）：71 - 75.

[177] 卢家楣．关于情绪发生心理机制的需要——预期假说［J］．心理科学通讯，1988（4）．

[178] 路德维希·冯·米塞斯．人类行为的经济学分析［M］．聂薇，裴艳丽，译．广州：广东经济出版社，2010.

[179] 吕林海．人类学习的研究历史、本质特征与改进努力——脑科学视角下的解析与启示［J］．全球教育展望，2013（1）．

［180］栾贵勤．组织行为学知识讲座　第三讲　群体行为［J］．工业技术经济，1987（2）：42－46.

［181］罗伯特·阿克塞尔罗德．合作的进化［M］．吴坚忠，译．上海：上海世纪出版集团，2007.

［182］罗伯特·索尔所，奥托·麦克林，金伯利·麦克林．认知心理学［M］．邵志芳，等译．上海：上海人民出版社，2019.

［183］罗纳德·波特．结构洞——竞争的社会结构［M］．任敏，李璐，林虹，译．上海：格致出版社，2008.

［184］罗文军，顾宝炎．知识创新的自组织机制［J］．科学学研究，2006，24（s2）：606－611.

［185］罗峥，郭德俊．当代情绪发展理论述评［J］．心理科学，2002，25（3）：310－313.

［186］罗正副．实践记忆论［J］．世界民族，2012（2）：47－57.

［187］骆志豪，胡金星．高层管理者的心智模式研究［J］．学海，2010（6）：56－59.

［188］马得勇．信任、信任的起源与信任的变迁［J］．开放时代，2008（4）：71－86.

［189］马庆国，等．社会神经经济学：社会决策和博弈的神经学基础［J］．浙江大学学报（人文社会科学版），2009（2）.

［190］马庆霞，郭德俊．情绪大脑机制研究的进展［J］．心理科学进展，2003，11（3）：328－333.

［191］马庆霞，郭德俊．情绪的神经心理学理论概述［J］．心理科学，2004，27（1）：150－152.

［192］马汀·奇达夫，蔡文彬．社会网络与组织［M］．王凤彬，林超威，译．1版．北京：中国人民大学出版社，2007.

［193］迈克尔·A.豪格，布拉姆斯·多米尼克．社会认同过程——群际关系与群体行为的社会心理学［M］．高明华，译．北京：中国人民大学出版社，2011.

［194］迈克尔·托马塞洛.人类认知的文化起源［M］.张敦敏,译.北京:中国社会科学出版社,2011.

［195］梅拉妮·米歇尔.复杂［M］.唐璐,译.1版.湖南科学技术出版社,2013.

［196］孟维杰.从认知心理学到认知神经科学:范式检讨与文化自觉［J］.南京师大学报（社会科学版）,2012（3）.

［197］孟迎芳.记忆编码与提取的非对称关系［J］.心理科学进展,2010（12）:1926-1933.

［198］孟昭兰.情绪研究的新进展［J］.心理科学通讯,1984（1）.

［199］孟昭兰.体验是情绪的心理实体——个体情绪发展的理论探讨［J］.应用心理学,2000（2）.

［200］米歇尔·克罗齐耶,哎哈尔·费埃德伯格.行动者与系统——集体行动的政治学［M］.张月,等译.上海:上海世纪出版集团,2007.

［201］苗东升.信息复杂性初探［J］.华中科技大学学报（社会科学版）,2007,21（5）:113-119.

［202］莫雷.西方两大派别学习理论发展过程的系统分析［J］.华南师范大学学报（社会科学版）,2003（4）:103-110.

［203］莫里斯·哈布瓦赫.论集体记忆［M］.毕然,郭金华,译.上海:上海人民出版社,2002.

［204］慕继丰,陈方丽.基于知识的企业理论［J］.经济管理,2002（2）:71-77.

［205］倪文岚.企业个性研究及其思考［J］.中国工业经济,1997（5）:62-64.

［206］聂红超.关于记忆生化机制的研究概述［J］.心理学探新,1986（1）.

［207］Paul R. Timm, Brent D. Peterson. 人的行为与组织管理［M］.钟谷兰,译.1版.北京:中国轻工业出版社,2004.

［208］Peggy A. Ertmer, Timothy J. Newby, 行为主义、认知主义和建

构主义（上）——从教学设计的视角比较其关键特征 [J]. 电化教育研究，2004（3）：34-38.

［209］帕比洛·霍兰，尼尔森·菲利莆斯，托玛斯·劳伦斯. 如何管理组织忘却 [J]. 斯隆管理学院季刊，2004（2）：15.

［210］帕维尔·皮里坎. 经济与生物演化中的自组织过程和达尔文主义选择：对组织过程信息来源的研究 [M] //约翰·福斯特，J. 斯坦利·梅特卡夫. 演化经济学前沿：竞争、自组织与创新政策. 北京：高等教育出版社，2005：127.

［211］潘安成，邹媛春. 组织忘记、组织学习与企业动态能力 [J]. 科研管理，2010，31（1）：33-37，45.

［212］彭聃龄. 行为主义的兴起、演变和没落 [J]. 北京师范大学学报，1984（1）.

［213］彭兆荣，朱志燕. 族群的社会记忆 [J]. 广西民族研究，2007（3）：72-78.

［214］彭正龙，赵红丹. 组织公民行为真的对组织有利吗——中国情境下的强制性公民行为研究 [J]. 南开管理评论，2011，14（1）：17-27.

［215］乔建中. 情绪的社会建构理论 [J]. 心理科学进展，2003，11（5）：541-544.

［216］秦世亮，万威武，朱莉欣. 个人知识和企业知识创造 [J]. 研究与发展管理，2004，16（1）：55-60.

［217］秦书生，陈凡. 技术系统自组织演化分析 [J]. 科学学与科学技术管理，2003，24（1）：34-37.

［218］Richard F. Thompson，杜坤大. 学习和记忆的神经生物学 [J]. 心理科学进展，1988（3）.

［219］R. Keith Sawyer. 创造性：人类创新的科学 [M]. 师保国，译. 上海：华东师范大学出版社，2013.

［220］任凤玲，彭启山，崔城. 组织惯性的影响及对策研究 [J]. 统计与决策，2005（4）：139-140.

［221］任寿根．模仿行为经济学分析——对经济波动的一种新解释[J]．经济研究，2002（1）．

［222］阮国祥，毛荐其．环境变化、组织忘记和新产品开发绩效关系研究：以吸收能力为调节变量[J]．科技进步与对策，2012（10）：7－10．

［223］阮平南，张敬文．战略网络的自组织机制及稳定性分析[J]．科技进步与对策，2008，25（12）：29－31．

［224］芮明杰，陈晓静．组织学习模型简要评述——基于知识论视角[J]．管理学报，2006，3（6）：745－753．

［225］沈小峰，吴彤，曾国屏．论系统的自组织演化[J]．北京师范大学学报，1993（3）．

［226］沈伊默．从社会交换的角度看组织认同的来源及效益[J]．心理学报，2007（5）：918－925．

［227］沈映珊．认知建构主义与社会建构主义在学习观的分析比较[J]．现代教育技术，2008，18（13）：21－23．

［228］盛天翔，于华楠．农村合作金融与农村经济增长关系的实证检验[J]．经济论坛，2010（1）：120－122．

［229］施杨，李南．基于社会关系网络的团队知识扩散影响因素探析[J]．科技进步与对策，2010（14）：137－140．

［230］石怀天．记忆的生理机制初探[J]．心理科学通讯，1985（5）．

［231］史正富．劳动、价值和企业所有权——马克思劳动价值论的现代拓展[J]．经济研究，2002（2）：23－30．

［232］宋倩倩，等．自组织知识系统与他组织知识系统的网络结构比较分析[J]．情报理论与实践，2010，33（3）：115－119．

［233］宋源．虚拟团队互动行为与团队创新关系研究——一个基于高科技企业虚拟团队的实证研究[J]．河南社会科学，2012（7）：47－51．

［234］苏磊．学习博弈行为对组织学习机制的影响研究[J]．华中师范大学学报（人文社会科学版），2006：28－31．

［235］孙德忠．论社会记忆的合法性根据[J]．武汉大学学报：哲学社

会科学版, 2005, 58 (2): 161 - 166.

[236] 孙观华. 群体行为理论 [J]. 经济工作通讯, 1987 (4): 39.

[237] 孙健敏, 姜铠丰. 中国背景下组织认同的结构——一项探索性研究 [J]. 社会学研究, 2009 (1): 184 - 218.

[238] 谭顶良, 王华容. 建构主义学习理论的困惑 [J]. 南京师大学报 (社会科学版), 2005 (6): 103 - 107.

[239] 谭敬德, 陈清. 建构主义学习理论的认识论特征分析 [J]. 现代教育技术, 2005 (6): 10 - 13.

[240] 唐少杰. 从文化记忆到记忆文化 [J]. 河北学刊, 2007 (2): 41 - 44.

[241] 唐孝威. 脑与心智 [M]. 杭州: 浙江大学出版社, 2008.

[242] 陶东风. 记忆是一种文化建构——哈布瓦赫《论集体记忆》 [J]. 中国图书评论, 2010 (9): 69 - 74.

[243] 田也壮, 张莉, 方淑芬. 技术与业务导向的组织记忆特征 [J]. 管理工程学报, 2001, 15 (4): 75 - 76.

[244] 托马斯·勃伦纳. 经济学的个体学习模型构建综述 [M]. 朱宪辰, 译. 杭州: 浙江大学出版社, 2009.

[245] 万涛. 团队中情绪冲突与认知冲突博弈分析 [J]. 科学学与科学技术管理, 2007, 28 (6): 164 - 166.

[246] 汪丁丁, 罗卫东, 叶航. 人类合作秩序的起源与演化 [J]. 社会科学战线, 2005 (4): 39 - 47.

[247] 汪丁丁. 制度创新的一般理论 [J]. 经济研究, 1992 (5): 69 - 80.

[248] 汪浩瀚. 从均衡走向演化——经济学范式的演进 [J]. 财经问题研究, 2003 (3): 16 - 19.

[249] 汪克夷, 冯海龙. 组织学习、惯性演化与企业战略变革 [J]. 经济经纬, 2009 (5): 92 - 95.

[250] 汪晓东, 张立春, 肖鑫雨. 大脑学习探秘——认知神经科学研究

进展［J］．开放教育研究，2011，17（5）：40－51．

［251］汪新建，艾娟．心理学视域的集体记忆研究［J］．南京师大学报：社会科学版，2009（3）：112－116．

［252］汪岩桥．关于企业家精神的思考［J］．浙江社会科学，2004（3）：157－162．

［253］王冰，顾远飞．簇群的知识共享机制和信任机制［J］．外国经济与管理，2002，24（5）：2－7．

［254］王崇梅，毛荐其．基于涨落机理探析技术创新自组织进化［J］．科技进步与对策，2007，24（7）：17－20．

［255］王革平，吴馥梅．记忆的分子开关——多功能 $Ca++/CaM$ 依赖性蛋白激酶Ⅱ［J］．心理学动态，1991（2）：1－4．

［256］王海宝，张达人，余永强．情绪记忆增强效应的时间依赖性［J］．心理学报，2009，41（10）：932－938．

［257］王海峰．演化经济学视角下的产业集群演化机制研究［J］．技术经济与管理研究，2008，156（1）：98－100．

［258］王浩，刘芳．心理所有权理论研究的回顾与展望［J］．学术研究，2007（10）．

［259］王洪录，赵丽萍．基于自组织理论的学习者分析［J］．开放教育研究，2005，11（1）：42－45．

［260］王娟茹，杨瑾．信任、团队互动与知识共享行为的关系研究［J］．科学学与科学技术管理，2012，33（10）：31－39．

［261］王龙伟，李垣，王刊良．组织惯性的动因与管理研究［J］．预测，2004，23（6）：1－4，42．

［262］王敏．从经济学角度看企业模仿行为［J］．科技和产业，2005，5（1）：60－62．

［263］王明珂．历史事实、历史记忆与历史心性［J］．历史研究，2001（5）：136－147．

［264］王沛，陈莉．惩罚和社会价值取向对公共物品两难中人际信任与

合作行为的影响 [J]. 心理学报, 2011, 43 (1): 52 - 64.

[265] 王沛, 陈淑娟. 组织心理所有权与工作态度和工作行为的关系 [J]. 心理科学进展, 2005 (6).

[266] 王佩, 王海祥, 王维平. 突触可塑性与学习记忆 [J]. 脑与神经疾病杂志, 2008, 16 (5): 651 - 653.

[267] 王仁欣. 智力心理学 [M]. 厦门: 福建教育出版社, 1991.

[268] 王绍光, 刘欣. 信任的基础: 一种理性的解释 [J]. 社会学研究, 2002 (3).

[269] 王书荣. 信息、记忆和神经网络——神经科学进展之二 [J]. 生物化学与生物物理进展, 1990 (6).

[270] 王涛, 赵亦清, 熊云影. 基于组织学习的企业能力演化研究 [J]. 科技进步与对策, 2010, 27 (15): 106 - 110.

[271] 王文祥, 信凤芹, 乔聚玲. 组织学习有效性的内涵与特征探究 [J]. 科技管理研究, 2009 (12): 408 - 411.

[272] 王向阳, 卢艳秋, 赵英鑫. 组织忘记对企业知识管理的影响机理研究 [J]. 图书情报工作, 2011 (12): 88 - 91.

[273] 王霄冰. 文化记忆、传统创新与节日遗产保护 [J]. 中国人民大学学报, 2007 (1): 41 - 48.

[274] 王彦斌, 赵晓荣. 国家与市场: 一个组织认同的视角 [J]. 江海学刊, 2011 (1): 113 - 121.

[275] 王勇慧, 张莉琴, 霍涌泉. 认知科学研究取向的转换及其意义 [J]. 西北师大学报 (社会科学版), 2011, 48 (5): 123 - 126.

[276] 王佑镁, 祝智庭. 从联结主义到联通主义: 学习理论的新取向 [J]. 中国电化教育, 2006 (3): 5 - 9.

[277] 王昭凤, 范开阳. 企业模仿成本及其对模仿结果的影响 [J]. 南开经济研究, 2005 (6): 105 - 110.

[278] 王忠明. 大脑学习与记忆机制的研究进展 [J]. 生物学教学, 2004 (3): 4 - 6.

［279］王忠义，李纲．人际情报网络自组织机理研究［J］．情报科学，2012（1）．

［280］卫桥，陆惠文．通过实践社团实现企业人力资本向组织资本的转化［J］．科技管理研究，2014（7）：133－136．

［281］卫奕．论档案编研与社会记忆的构建［J］．档案学通讯，2008（6）：45－47．

［282］魏峰，李燚，张文贤．国内外心理契约研究的新进展［J］．管理科学学报，2005，8（5）：82－89．

［283］魏江，勾丽．集群企业的模仿特征及模仿方式探析［J］．科学学与科学技术管理，2008，29（2）：142－146．

［284］魏钧，陈中原，张勉．组织认同的基础理论、测量及相关变量［J］．心理科学进展，2007（6）：948－955．

［285］翁恩琪，冯瑞本，林伟春．环境、脑和行为：学习和记忆的细胞生物学研究［J］．心理科学通讯，1987（5）．

［286］翁瑾．基于模仿的技术扩散［J］．科技进步与对策，2008，25（3）：24－28．

［287］吴超，周波．基于复杂网络的社会化标签分析［J］．浙江大学学报（工学版），2010，44（11）：2194－2197．

［288］吴刚．建构主义与学习科学的崛起［J］．南京社会科学，2009（6）：98－104．

［289］吴价宝．基于组织学习的企业核心能力形成机理［J］．中国软科学，2003（11）：65－70．

［290］吴南，苏彦捷．催产素及受体基因与社会适应行为［J］．心理科学进展，2012（6）．

［291］吴润果，罗跃嘉．情绪记忆的神经基础［J］．心理科学进展，2008，16（3）：458－463．

［292］吴素文，等．基于知识特性的组织学习研究［J］．科学学与科学技术管理，2003，24（5）：95－99．

［293］吴彤．论协同学理论方法——自组织动力学方法及其应用［J］．内蒙古社会科学（汉文版），2000（6）：19-27．

［294］吴彤．自组织方法论研究［M］．北京：清华大学出版社，2001．

［295］吴玉军，李晓东．归属感的匮乏：现代性语境下的认同困境［J］．求是学刊，2005（5）：27-32．

［296］武杰，李润珍．非线性相互作用是事物的终极原因吗？［J］．科学技术与辩证法，2001（6）：15-19．

［297］武显微，武杰．从简单到复杂——非线性是系统复杂性之根源［J］．科学技术与辩证法，2005（4）：60-65．

［298］向常春，龙立荣．团队内冲突对团队效能的影响及作用机制［J］．心理科学进展，2010，18（5）：781-789．

［299］向敬，匡培根，张凤英．选择性颞叶梗塞对鼠学习记忆能力影响的定量研究［J］．心理学报，1994（4）．

［300］肖冬平，顾新．基于自组织理论的知识网络结构演化研究［J］．科技进步与对策，2009，26（19）：168-172．

［301］谢光前，袁振辉．自组织形态的复杂性演化与主体的发生发展［J］．哲学研究，2008（6）．

［302］谢坚钢．嵌入的信任：社会信任的发生机制分析［J］．华东师范大学学报（哲学社会科学版），2009，41（1）：102-107．

［303］谢林·托马斯·C．微观动机与宏观行为［M］．谢静，邓子梁，李天有，译．北京：中国人民大学出版社，2005．

［304］谢晓非，等．合作与竞争人格倾向测量［J］．心理学报，2006，38（1）：116-125．

［305］谢志平．神经系统中心理信息运作过程和机理［J］．湖南大学学报，1999，26（2）：104．

［306］徐秉炬．学习和记忆的神经生物学研究的若干进展［J］．心理学报，1981（2）．

［307］徐全军．企业理论新探：企业自组织理论［J］．南开管理评论，

2003，6（3）：37 – 42，53.

[308] 许放明. 社会建构主义：渊源、理论与意义 [J]. 上海交通大学学报（哲学社会科学版），2006，14（3）：35 – 39.

[309] 许国志. 系统科学 [M]. 上海：上海科技教育出版社，2000.

[310] 许科，赵来军. 临时团队成员内群体认同对合作行为的影响——一个被调节的中介模型 [J]. 软科学，2012，26（10）：116 – 120.

[311] 许小东. 组织惰性行为初研 [J]. 科研管理，2000，21（4）：56 – 60.

[312] 薛天山. 人际信任与制度信任 [J]. 青年研究，2002（6）：15 – 19.

[313] 燕海鸣. 集体记忆与文化记忆 [J]. 中国图书评论，2009（3）：10 – 14.

[314] 杨贵华. 自组织与社区共同体的自组织机制 [J]. 东南学术，2007（5）：117 – 122.

[315] 杨海燕，姜媛. 情绪调节策略与记忆研究进展 [J]. 首都师范大学学报（社会科学版），2005（4）：109 – 114.

[316] 杨俊，李晓羽，杨尘. 技术模仿、人力资本积累与自主创新——基于中国省际面板数据的实证分析 [J]. 财经研究，2007，33（5）：18 – 28.

[317] 姚梅林. 学习心理学——学习与行为的基本规律 [M]. 北京：北京师范大学出版社，2010.

[318] 野中郁次郎，竹内弘高. 创造知识的企业——日美企业持续创新的动力 [M]. 李萌，高飞，译. 北京：知识产权出版社，1995.

[319] 叶浩生. 具身认知：认知心理学的新取向 [J]. 心理科学进展，2010，18（5）：705 – 710.

[320] 叶浩生. 论现代心理学的三个转向 [J]. 江海学刊，1999（3）：99 – 107.

[321] 叶浩生. 认知心理学：困境与转向 [J]. 华东师范大学学报（教育科学版），2010，28（1）：42 – 47，90.

[322] 叶浩生. 社会建构论与西方心理学的后现代取向 [J]. 华东师范

大学学报（教育科学版），2004，22（1）：43-48.

[323] 叶浩生．行为主义的演变与新的新行为主义 [J]．心理学动态，1992（2）.

[324] 叶金国，张世英．企业技术创新过程的自组织与演化模型 [J]．科学学与科学技术管理，2002，23（12）：74-77.

[325] 弋亚群，刘益，李垣．企业家的战略创新与群体创新——克服组织惯性的途径 [J]．科学学与科学技术管理，2005（6）：142-146.

[326] 易汀．学习记忆脑机制的生物实验研究 [J]．教育研究与实验，1989（3）.

[327] 尹波，刘明理，鲁若愚．组织文化创新理论框架研究 [J]．管理现代化，2010（4）：31-32.

[328] 于海波，等．如何领导组织学习：变革型领导与组织学习的关系 [J]．科学学与科学技术管理，2008，29（3）：183-188.

[329] 于萍，等．记忆过程中海马 CA1 区神经元的集群放电特征 [J]．心理学报，2011，43（8）：917-928.

[330] 于洋．群体行为中的人群动力分析 [J]．武汉公安干部学院学报，2011（3）：5-8.

[331] 余东华．基于组织学习的模块化网络组织竞争优势研究 [J]．天津社会科学，2009（2）：87-93.

[332] 余荣军，周晓林．神经经济学：打开经济行为背后的"黑箱" [J]．科学通报，2007（9）：992-998.

[333] 余绪缨．智力资产与智力资本会计的几个理论问题 [J]．经济学家，2004（4）：85-91.

[334] 原献学，何心展，石文典．组织学习动力研究 [J]．心理科学，2007，30（2）：428-430.

[335] 原献学．组织学习动力研究 [M]．北京：中国社会科学出版社，2007.176

[336] 原献学．组织学习动力研究综述 [J]．西北师大学报（社会科学

版），2006，43（1）：100 – 105.

［337］原欣伟，覃正，伊景冰. 国内组织学习研究的历史、现状和展望
［J］. 科技管理研究，2006，26（5）：173 – 178.

［338］原欣伟，覃正，伊景冰. 学习与绩效：基于学习 – 绩效环的组织
学习框架［J］. 科技管理研究，2006，26（3）：71 – 73，77.

［339］曾文婕. 西方学习理论的三重突破：整体主义的视角［J］. 外国
教育研究，2012（10）：3 – 12.

［340］詹姆斯·卡拉特. 生物心理学［M］. 苏彦捷，译.10 版. 北京：
人民邮电出版社，2011.

［341］詹姆斯·马奇，赫伯特·A. 西蒙. 组织［M］. 邵冲，译.2 版.
北京：机械工业出版社，1993.

［342］张斌，张智君，蔡太生. 工作记忆负荷对注意捕获的影响研究
［J］. 心理科学，2011（1）.

［343］张炳光. 知识产权的价值基础——智力劳动价值论初探［J］. 福
州大学学报（哲学社会科学版），2004，18（1）：17 – 21.

［344］张德. 组织行为学［M］. 北京：高等教育出版社，2003.

［345］张桂春. 建构主义学习思想解读［J］. 教育科学，2005，21
（4）：29 – 32.

［346］张化尧，史小坤. 日本企业的合作与创新：企业和项目层面分析
［J］. 科研管理，2011，32（1）：22 – 28.

［347］张建伟，陈琦. 从认知主义到建构主义［J］. 北京师范大学学报
（社会科学版），1996（4）：75 – 84.

［348］张康之. 在历史的坐标中看信任——论信任的三种历史类型
［J］. 社会科学研究，2005（1）：11 – 17.

［349］张克英，李仰东，郭伟. 合作研发中知识产权风险对合作行为影
响的研究［J］. 管理评论，2011，23（12）：76 – 83.

［350］张明，王凌云. 注意瞬脱的瓶颈理论［J］. 心理科学进展，2009，
17（1）：7 – 16.

［351］张乃烈.基因突变——一种特殊的质变形式［J］.社会科学辑刊，1988（3）：5－11.

［352］张宁，张雨青，吴坎坎.信任的心理和神经生理机制［J］.心理科学，2011（5）.

［353］张庆，等.不受知觉负载调节的注意捕获效应：生态信息的作用［J］.心理学报，2011，43（11）：1229－1238.

［354］张睿，于渤.组织公民行为对技术联盟知识转移效果的影响研究［J］.情报杂志，2011，30（1）：136－140，145.

［355］张同健，蒲勇健.基于群体行为演化角度的社会福利扩展机制解析［J］.当代财经，2009（5）.

［356］张卫东.生物心理学［M］.上海：上海社会科学院出版社，2007.

［357］张小林，戚振江.组织公民行为理论及其应用研究［J］.心理学动态，2001，9（4）：352－360.

［358］张雁，王涛.正式化组织结构情境下组织学习对价值创造的影响［J］.财经问题研究，2012（10）：79－85.

［359］张莹瑞，佐斌.社会认同理论及其发展［J］.心理科学进展，2006，14（3）：475－480.

［360］张宇.组织公民行为及其效应［J］.内蒙古大学学报（人文社会科学版），2007，39（2）：120－124.

［361］张振新，吴庆麟.情境学习理论研究综述［J］.心理科学，2005，28（1）：125－127.

［362］张志旻，等.共同体的界定、内涵及其生成——共同体研究综述［J］.科学学与科学技术管理，2010，31（10）：14－20.

［363］章志光.社会心理学［M］.北京：人民教育出版社，2001.

［364］章忠志，荣莉莉，周涛.一类无标度合作网络的演化模型［J］.系统工程理论与实践，2005（11）：57－62.

［365］赵海峰.组织学习的机制研究［J］.科学管理研究，2005，23

（3）：70 – 73.

［366］赵健. 学习共同体——关于学习的社会文化分析［M］. 上海：华东师范大学出版社，2006.

［367］赵晶辉，王岩，翁旭初. 陈述性记忆存储和巩固的神经机制［J］. 心理科学进展，2003，11（5）：494 – 499.

［368］赵瑞斌，王继东，庞明勇. 学习者个体发展与学习环境演化的模拟分析［J］. 现代教育技术，2010，20（11）：122 – 126.

［369］赵杨，刘延平，谭洁. 组织变革中的组织惯性问题研究［J］. 管理现代化，2009（1）：39 – 41.

［370］赵泽林. 联结主义范式的论证及其反思［J］. 科学技术哲学研究，2011，28（2）：61 – 65.

［371］郑葳，李芒. 学习共同体及其生成［J］. 全球教育展望，2007，36（4）：57 – 62.

［372］郑葳. 学习共同体——文化生态学习环境的理想架构［M］. 北京：教育科学出版社，2007.

［373］郑小鸣. 信任：基于人性的社会资本——福山信任观述评［J］. 求索，2005（7）：111 – 113.

［374］郑也夫. 信任的简化功能［J］. 北京社会科学，2000（3）：113 – 121.

［375］郑也夫. 信任：溯源与定义［J］. 北京社会科学，1999（4）：117 – 123.

［376］钟建安，雷虹. 情绪调节对工作记忆的影响［J］. 应用心理学，2010，16（2）：160 – 166.

［377］周建伟，刘鹏. 组织学习的进化博弈分析［J］. 云南财贸学院学报，2005，21（1）：113 – 116.

［378］周九常. 竞争情报的边界与地带［J］. 情报资料工作，2004（2）：21 – 24.

［379］周九常. 企业竞争情报的发生——基于网络组织学习的分析

［J］. 情报杂志, 2008, 27 (10): 75 - 78.

［380］周九常. 网络组织学习中的竞争情报研究［J］. 图书情报知识, 2007 (2): 88 - 92.

［381］周宪, 黄晨阳. 组织忘却学习的研究述评［J］. 学术研究, 2013 (6): 81 - 86.

［382］朱宪辰. 人类行为的法则——学习行为实验经济学研究［M］. 杭州: 浙江大学出版社, 2009.

［383］朱湘如, 刘昌. 注意瞬脱的神经机制及其理论解释［J］. 心理科学进展, 2006, 14 (3): 328 - 333.

［384］朱瑜, 王雁飞. 组织学习: 内涵、基础与本质［J］. 科技管理研究, 2010, 30 (10): 154 - 156, 177.

［385］竹内弘高, 野中郁次郎. 知识创造的螺旋——知识管理理论与案例研究［M］. 李萌, 译. 北京: 知识产权出版社, 2005.

［386］庄锦英. 论情绪的生态理性［J］. 心理科学进展, 2004, 12 (6): 809 - 816.

［387］邹艳春. 建构主义学习理论的发展根源与逻辑起点［J］. 外国教育研究, 2002 (5).

［388］Adams. Interaction theory and the social network［J］. Sociometry, 1967, 30 (1): 64 - 78.

［389］Alchian, Demsetz. Production, Information Costs, and Economic Organization［J］. The American Economic Review, 1972, 62 (5): 777 - 795.

［390］Barnett. Organizational learning［J］. Administrative Science Quarterly, 1998, 43 (1): 208 - 214.

［391］Becker. Individual and organisational unlearning: directions for future research［J］. International Journal of Organisational Behaviour, 2005, 9 (7): 659 - 670.

［392］Berends, Boersma, Weggeman. The structuration of organizational learning［J］. Human Relations, 2003, 56 (9): 1035 - 1056.

[393] Berry, Dienes. The relationship between implicit memory and implicit learning [J]. British Journal of Psychology, 1991, 82 (3): 359 –374.

[394] Bierly, Kessler, Christensen. Organizational learning, knowledge and wisdom [J]. Journal of Organizational Change Management, 2000, 13 (6): 595 –628.

[395] Boerner, Macher, Teece. A Review and Assessment of Organizational Learning in Economic Theories [M] //Dierkes, et al. Handbook of Organizational Learning & Knowledge. NewYork: Oxford University Press, 2001: p89 –p117.

[396] Borgatti, Foster. The network paradigm in organizational research: A review and typology [J]. Journal of management, 2003, 29 (6): 991 –1013.

[397] Brown, Duguid. Organizational Learning and Communities – of – Practice: Toward a Unified View of Working, Learning, and Innovation [J]. Organization Science, 1991, 2 (1): 40 –57.

[398] Cangelosi, Dill. Organizational Learning: Observations Toward a Theory [J]. Administrative Science Quarterly, 1965, 10 (2): 175 –203.

[399] Cohen, Bacdayan. Organizational Routines Are Stored as Procedural Memory: Evidence from a Laboratory Study [J]. Organization Science, 1994, 5 (4): 554 –568.

[400] Coyle – Shapiro. A Psychological Contract Perspective on Organizational Citizenship Behavior [J]. Journal of Organizational Behavior, 2002, 23 (8): 927 –946.

[401] Crossan, et al. Organizational Learning dimensions for a theory [J]. International Journal of Organizational Analysis, 1993, 3 (4): 337 –360.

[402] Crossan, Lane, White. An Organizational Learning Framework: From Intuition to Institution [J]. The Academy of Management Review, 1999, 24 (3): 522 –537.

[403] Dodgson. Organizational Learning: A Review of Some Literatures [J]. Organization Studies (Walter de Gruyter GmbH & Co. KG.), 1993, 14

（3）：375 - 394.

［404］Downes. Connectivism and Connective Knowledge——Essays on meaning and learning networks ［M］. Attribution - NonCommercial - ShareAlike, 2012.

［405］Dyne, Jon. Psychological Ownership and Feelings of Possession：Three Field Studies Predicting Employee Attitudes and Organizational Citizenship Behavior ［J］. Journal of Organizational Behavior, 2004, 25（4）：439 - 459.

［406］Edvinsson, Sullivan. Developing a model for managing intellectual capital ［J］. European Management Journal, 1996, 14（4）：356 - 364.

［407］Empson. Organizational identity change：managerial regulation and member identification in an accounting firm acquisition ［J］. Accounting, Organizations and Society, 2004, 29（8）：759 - 781.

［408］Feldman, Pentland. Reconceptualizing Organizational Routines as a Source of Flexibility and Change ［J］. Administrative Science Quarterly, 2003（48）：94 - 118.

［409］Fiol, Lyles. Organizational Learning ［J］. The Academy of Management Review, 1985, 10（4）：803 - 813.

［410］Friedman. Evolutionary Games in Economics ［J］. Econometrica, 1991, 59（3）：637 - 666.

［411］George P. huber. Organizational Learning：The Contributing Processes and the Literatures ［J］. Organization Science, 1991, 2（1）：88 - 115.

［412］Granovetter. The Strength of Weak Ties ［J］. American Journal of Sociology, 1973, 78（6）：1360 - 1380.

［413］Grant. Toward a Knowledge - Based Theory of the Firm ［J］. Strategic Management Journal, 1996, 17（Special Issue）：109 - 122.

［414］Gulati, Singh. The Architecture of Cooperation：Managing Coordination Costs and Appropriation Concerns in Strategic Alliances ［J］. Administrative Science Quarterly, 1998, 43（4）：781 - 814.

[415] Gupta, Govindarajan. Knowledge Flows within Multinational Corporations [J]. Strategic Management Journal, 2000, 21 (4): 473 –496.

[416] Hannan, Freeman. Structural Inertia and Organizational Change [J]. American Sociological Review, 1984, 49 (2): 149.

[417] Hinde. Interactions, relationships and social structure [J]. Man, 1976, 11 (1): 1 –17.

[418] Huemer, Becerra, Lunnan. Organizational identity and network identification: relating within and beyond imaginary boundaries [J]. Scandinavian Journal of Management, 2004, 20 (1 –2): 53 –73.

[419] Kim. The Link between Individual and Organizational Learning [J]. sloan Management Review, 1993: 37 –50.

[420] Kim. The Link Between Individual and Organizational Learning [J]. Sloan Management Review, 1993, 35 (1): 37 –51.

[421] Kleiner. Karen Stephenson's Quantum Theory of Trust. [EB/OL]. http: // www. netform. com/html/s + b%20article. pdf.

[422] Krikorian. The Concept of Organization [J]. The Journal of Philosophy, 1935, 32 (5): 119 –126.

[423] Lant, Mezias. An Organizational Learning Model of Convergence and Reorientation [J]. Organization Science, 1992, 3 (1): 47 –71.

[424] Levitt, March. Organizational learning [J]. Annual Review of Sociology, 1988, 12: 319 –340.

[425] Mahdiuon, Ghahramani, Sharif. Explanation of organizational citizenship behavior with personality [J]. Procedia – Social and Behavioral Sciences, 2010: 178 –184.

[426] Mitchell, Agle, Wood. Toward a Theory of Stakeholder Identification and Salience: Defining the Principle of Who and What Really Counts [J]. The Academy of Management Review, 1997, 22 (4): 853 –886.

[427] Moorman, Miner. ORGANIZATIONAL IMPROVISATION AND OR-

GANIZATIONAL MEMORY [J]. Academy of Management Review, 1998, 23 (4): 698 – 723.

[428] North. Institutions [J]. The Journal of Economic Perspectives, 1991, 5 (1): 97 – 112.

[429] Pierce, Kostova, Dirks. The state of psychological ownership: integrating and extending a century of research [J]. Review of General Psychology, 2002.

[430] Pierce, Kostova, Dirks. Toward a Theory of Psychological Ownership in Organizations [J]. The Academy of Management Review, 2001, 26 (2): 298 – 310.

[431] Ring, van de Ven. Developmental Processes of Cooperative Interorganizational Relationships [J]. The Academy of Management Review, 1994, 19 (1): 90 – 118.

[432] Roberts. A Theory of the Learning Process [J]. The Journal of the Operational Research Society, 1983, 34 (1): 71 – 79.

[433] Romero, Pino, Guerrero. Organizational memories as electronic discussion by – products [Z]. Proceedings of Sixth International Workshop on Madeira, Portugal, 2000.

[434] Sarpkaya. Types and Causes of Conflict Experienced Instructors [J]. Procedia – Social and Behavioral Sciences, 2012: 4349 – 4355.

[435] Siemens. Connectivism: A Learning Theory for the Digital Age [J]. Instructional technology & distance learning, 2005, 2 (1): 3 – 10.

[436] Simon. Bounded Rationality and Organizational Learning [J]. Organization Science, 1991, 2 (1): 125 – 134.

[437] Stata. Organizational Learning – The Key to Management Innovation [J]. Sloan Management Review, 1989, 30 (3): 63 – 75.

[438] Stein. Organizational Memory: Review of Concepts and Recommendations for Management [J]. International Journal of Information Management, 1995, 15 (1): 17 – 32.

[439] Tichy, Tushman, Fombrun. Social network analysis for organizations [J]. Academy of management review, 1979, 4 (4): 507 –519.

[440] Tsang. Organizational learning and unlearning: Transferring knowledge to greenfield versus acquisition joint ventures [Z]. 2005.

[441] Tsang. The nature of organization unlearning [J]. Encyclopedia of Life Support Systems (EOLSS Online), 1999 (3).

[442] Walsh, Ungson. Organizational Memory [J]. The Academy of Management Review, 1991, 16 (1): 57 –91.

[443] Watts, Strogatz. Collective dynamics of 'small – world' networks [J]. Nature, 1998, 393 (6684): 440 –442.

[444] Weiss. Memory and Learning. [J]. Training & Development, 2000, 54 (10): 46 –51.

[445] Wexler. Organizational memory and intellectual capital [J]. Journal of Intellectual Capital, 2002, 3 (4): 393 –414.

[446] Zander, Kogut. Knowledge of the Firm, Combinative Capabilities, and the Replication of Technology [J]. Organization Science, 1992, 3 (3): 383 –397.